JN330407

奈良朝人物列伝

『続日本紀』薨卒伝の検討

林　陸朗

思文閣出版

まえがき

本書は奈良時代に活躍した人物五十四人の伝記を叙述したものである。ただしこの五十四人は私が恣意的に選んだものではない。副題にあるように『続日本紀』の薨卒伝をそのまままとりあげたものである。『続日本紀』は周知のように『日本書紀』につづいて編纂された第二番目の国史である。内容は平城遷都の和銅三年（七一〇）より十三年前の文武天皇元年（六九七）から書き起こされ、平城京を廃して長岡京に遷った延暦三年（七八四）の七年後の同十年（七九一）を末尾とする九十五年間の歴史である。だからいわゆる奈良時代はこの中にすっぽり入っており、この時期を研究する基本的な史料とされている。

その編纂には経緯があるが、最終的には桓武天皇の勅命により『日本書紀』につぐ史書として延暦十六年（七九七）二月、菅野真道らによって編纂され、四十巻として撰進された。

ところで『日本書紀』にはじまる日本の国史は、いうまでもなく中国の国史、王朝の正史を模範として編纂されたものである。しかし中国の正史は『史記』『漢書』をはじめとして、本紀・列伝・志・表の四部からなる、いわゆる紀伝体のスタイルをとっているが、それに学んだ日本の国史はそのスタイルをとっていない。『日本書紀』は紀伝体の四部のうちの本紀の体裁だけを採用したものである。すなわち中国の本紀は皇帝の行動を基本に年月を追って事実を記述するスタイルであるが、『日本書紀』の場合、記述の史料としては天皇の行動の記録だけではないから内容も拡大されるが、基本的には本紀のスタイルといえる。

『日本書紀』の後につづいた『続日本紀』もその体裁によって編纂されようとしたが、その最終段階の延暦期の編纂において急遽、列伝的要素をとりいれる方針に変更されたらしい。これがいわゆる薨（こう）卒（しゅつ）伝である。令制では薨は三位以上、卒は四、五位の人の死去をいうが、その死去記事のあとにその人物の略伝を掲げたのである。このことについては本書の「序説」で詳しく述べるが、そのような経緯から、『続日本紀』の前半、すなわち巻二十以前、年代からいうと天平宝字二年（七五八）七月に終わる孝謙天皇紀までの間は、前紀すなわち『日本書紀』の編纂スタイルの継続的な意味で数人の例外を除いては基本的に薨卒伝はない。こうした理由から『続日本紀』の前半の時に死去した藤原不比等をはじめ、その子の藤原四卿や長屋王・橘諸兄・大伴旅人などの人々の薨卒伝はないのである。後半に入ってからは官人でいえば、原則的に三位以上および四位以下の功臣などの略伝が記載されるのを例とした。

本書では『続日本紀』薨卒伝の五十四人の伝をそのまま五十四章のチャプターとして取り扱った。それぞれ［原文］を基本とし、記載内容としては［現代語訳］［訓読文］［原文］［語句説明］［考察］の順に五つのサブセクションに分けて叙述した。詳しくは［凡例］を参照していただきたい。

奈良朝人物列伝――『続日本紀』薨卒伝の検討――※目　次

凡例

一、［序説］は、『続日本紀』薨卒伝の分析・検討を行い、その特徴・性格などについて記述し、本書の導入とした。

二、本論は五十四人の薨卒伝をそれぞれ一章として、それぞれに［現代語訳］［訓読文］［原文］［語句解説］［考察］の五項を設定した。

1［現代語訳］は、薨卒伝の［原文］（訓読文）を現代人に通ずる一般的な口語文に改めたもので、読みやすさを主眼として常用漢字・新字体を用い、適宜ルビをつけ、現代仮名遣いとした。

2［訓読文］は、［原文］の読み下し文であるが、訓読は古訓にはこだわらず、原則として学界の慣用的な読み方に従った。漢字は前項と同じく、常用漢字・新字体とし、適宜ルビをつけ、仮名遣いは歴史的仮名遣いとした。

3［原文］は、「〈新訂増補〉国史大系（普及版）」の『続日本紀』本文を底本とし、主として「蓬左文庫本（影印本）」によって対校し、「新日本古典文学大系『続日本紀』」・「六国史『続日本紀』」（朝日新聞社刊）および拙著『〈完訳注釈〉続日本紀』を参考にした。校合によって底本の文字等を変更した時には［校異］の項を設けて説明した。漢字は原則として新字体を用い、文には読点のみを記した。

4［語句解説］は、［訓読文］の右傍に数字を付した語句等についての歴史的な説明である。叙位・任官等については［官歴］として記述した。

5 ［考察］は、関係する事柄をとりあげて自由に考察・叙述したものである。

三、使用の括弧については書籍等には『 』を、一般的な引用については「 」を用い、そのなかの分注については〈 〉を用いた。また、（ ）は前の語または文の説明的な場合に用い、［ ］は主語または文の欠脱を補ったり、補完的な場合に用いた。

四、巻末に［参考文献］として主要なものを掲げた。

五、使用・引用文献の略称

『書紀』……『日本書紀』　『続紀』……『続日本紀』　『紀略』……『日本紀略』

『姓氏録』……『新撰姓氏録』　『後紀』……『日本後紀』　『続後紀』……『続日本後紀』

『三代格』……『類聚三代格』　『類史』……『類聚国史』　『紹運録』……『本朝皇胤紹運録』

『寧遺』……『寧楽遺文』　『和名抄』……『和名類聚抄』　『大古』……『大日本古文書』

『家伝』……『藤原家伝』

六、引用史料等の略記法の例

『大古』一―五〇……『大日本古文書』（第一巻五〇頁）

『寧遺』上―一五〇……『寧楽遺文』上巻一五〇頁

『万葉集』二十―四五一六……『万葉集』巻二十の四五一六番歌（歌番号は『国歌大観』による）

なお『続日本紀』を引用するときは、たとえば天平二年八月甲子25条、または天平二年八月と記して『続日本紀』とは示さない。

奈良朝人物列伝

――『続日本紀』薨卒伝の検討――

序説

――『続日本紀』の薨卒伝について――

一

『続日本紀』(以下『続紀』と略称する)には王臣・僧侶等の死没記事のあとにその人の略伝的な記事を掲げることがある。こうした伝記的な記事を薨卒(こうしゅつ)伝という。律令では、薨(こう)とは三位以上の人の死没、卒(しゅつ)とは四、五位の人の死没をいう。すなわち薨卒伝というのは、『続紀』中の親王・王臣・僧侶などの死没記事のあとに、その人の出自や祖父・父などの係累、本人の略歴、性格や特徴、あるいは特別な功労や徳行などの特殊記事、さらに死没年齢などを掲げるものを指している。

このような薨卒伝は『日本後紀』(以下『後紀』と略称する)以下の四国史においてはさらに詳細であって、撰者の批評的記事を交えて極めて特色ある史料として注目されているが、先行の『日本書紀』(以下『書紀』と略称する)には見ることはなく、『続紀』において初めて登場したものである。日本の国史の編纂は中国の正史に学んだものであるが、その体裁は『史記』『漢書』のように本紀・列伝・志・表をそなえた紀伝体ではなく、そのうちの本紀のような編年体の体裁をとるものであって列伝などをもたないのであるが、『書紀』につぐ『続紀』にいたって薨卒伝というかたちをもって「伝」の要素を編年体の体裁のなかに編入して生かされているともみられる。これについては後に改めて触れる。なお、遣唐使船等の遭難、蝦夷征討における戦死、変乱による刑死などの死去記事に係累その他が併載されていても薨卒伝としては扱わない。

二

さて最初に薨卒伝というものを全巻にわたってひろく見渡してみよう。薨卒伝は前述のように薨卒の記事に併載されているものであるから、その薨卒の記事がいったいどのくらいあるのか、それはどのような傾向、どのような選択意図が働いているか、ということを見る必要がある。ただし薨卒の記事には遣使弔賻(けんしちょうふ)（使を遣わして弔問する）や監護喪事(げんごそうじ)（使を遣わして葬儀を護る）ということを付記していることもあるが、それらは伝記記事ではないのでここでは問わないこととする。

まず薨卒記事のうち、単に薨卒の事実だけを記載しているものがある。このような単純に薨卒の事実だけを記載したものを便宜A型とする。つぎに薨卒の事実につづいて、本人の父や祖父そのほか系譜や婚姻、子女といった、いわば係累的記載が加えられている場合がある。これをB型とする。つづいて係累記載にとどまらず、略歴・性格・特殊記事・批評、その他いわば伝記的な記載があるもの。これをC型とする。このC型こそがいわゆる薨卒伝に当たるわけである。つぎの第1表は全四十巻にわたって、以上のA・B・Cの三類型の記事の数を、身分別に表示したものである。ただし本来皇后・皇太后の死没は薨去といわず崩御というが、便宜これも含めてある。

第1表によると薨卒が記事として掲載されているのは総計一九三名に達している（表の右下）。こ

第1表 『続日本紀』薨卒記事の分類

巻	親王 内親王 皇后			王臣 三位以上 (男・女)			王臣四位 (男・女)			王臣 五位以下			僧侶			小計			計
	A	B	C	A	B	C	A	B	C	A	B	C	A	B	C	A	B	C	
1		4					3			1					1	4	4	1	9
2		1			2		2			1						4	3		7
3		1		1	1		3	1								3	3		6
4		1			1		7									7	2		9
5							8			1						9			9
6		2			3		6									6	5		11
7		1			2		1									1	3		4
8				1	2		7					1				8	2	1	11
9				1	1		5									6	1		7
10		2			3		5						1			6	5		11
11		1			3		2									2	4		6
12		3			5		7	1								7	9		16
13					1		3									3	1		4
14		1			1		2									2	2		4
15		1													1		1	1	2
16					3		5								1	5	3	1	9
17					2		4								1	4	2	1	7
18		1			2		2									2	3		5
19					2		4									4	2		6
20					1		1									1	1		2
21																			0
22		1	1		3	1	5									5	4	2	11
23				1		1		1								1	1	1	3
24					2	3	3								1	3	2	4	9

25				1	1	1	2		1							3	1	2	6
26					1	2											1	2	3
27				1		2										1		2	3
28					1	1	1		1							1	1	2	4
29							3		1							3		1	4
30							1		1							1		1	2
31						2	2									2		2	4
32		2			1		4						1		1	5	3	1	9
33	2			2	1	2	3		2							7	1	4	12
34					1	3	6									6	1	3	10
35		1			1	2	6									6	2	2	10
36		2			1	2	3	2								3	5	2	10
37						4	5		1							5		5	10
38					2	2	3	1	1							3	3	3	9
39					1	4	5									5	1	4	10
40			2		1	4	10	1			1					10	3	6	19
計	2	25	3	8	52	36	139	7	8	3	1	1	2	0	6	154	85	54	
	30			96			154			5			8			293			

の数には、なお『続紀』の編纂の疎漏等による脱漏があるわけであるが、一応これによって見ると、A・B・C型全体で四位の王臣が最も多く（一五四）、ついで王臣三位以上であり（九六）、五位以下というのはわずかに五名に過ぎないことがわかる。この数は当時の官人数から見ると、まことに微々たるものであって、五位以下の卒去の記事が掲げられるのは全く例外的なものといえる。したがって『続紀』の薨卒記事は王臣の場合、四位以上の人について掲げることを原則とし、五位以下は例外的なものであろうと思われるのである。このことも含めて第1

表から読み取れる傾向として注目すべき点について整理してみたい。

第一　第一項の「親王・内親王・皇后」にあっては、B型すなわち祖父・父その他の係累併記の型は全三〇例中の二五例を占めて圧倒的であって、これを原則とするであろうこと。この項の例外として、まずA型の巻三十三の二人は井上内親王と他戸皇子であるが、この二人は廃后と廃太子として幽閉され、宝亀六年（七七五）四月己丑27条に「並卒」と表記されていて、皇后・親王の処遇を受けていないのである。つぎにC型とされる巻二十二の一例は光明皇后（仁正皇太后）、巻四十の二例は皇太后高野新笠と皇后藤原乙牟漏である。このように皇后と皇太后であるが、ことにあとの二例は『続紀』編纂時の天皇の母と后であり、伝記を掲載するにふさわしい人物であって、特殊な事例とすべきである。

第二　第二項の「王臣三位以上」にあっては、A型は全九六例中の八例という少数であって、B型またはC型が多数であるが、さらによく見ると、B型すなわち係累併記型は前半部分に、C型即ち伝記記載型は後半部分に多いのに気が付く。まず少数のA型八例をあげると、

①	大宝　三　年閏四月辛酉朔（巻三）	右大臣従二位	安倍朝臣御主人
②	養老　三　年　二　月甲子5（巻八）	正　三　位	粟田朝臣真人
③	神亀　元　年　七　月庚午13（巻九）	夫人正三位	石川朝臣大蕤比売
④	天平宝字五年　九　月乙酉4（巻二十三）	命婦従三位	曾禰連伊賀牟志
⑤	天平宝字八年　五　月庚子4（巻二十五）	正　三　位	粟田女王

⑥　天平神護二年　八　月乙巳22（巻二十七）　散事従三位　神社女王（かみこそ）
⑦　宝亀　五　年　正　月壬寅２（巻三十三）　尚蔵従三位　吉備朝臣由利（きび　ゆり）
⑧　宝亀　五　年　七　月戊午21（巻三十三）　尚膳従三位　藤原朝臣家子（やかこ）

の八例である。このうちはじめの二例、安倍御主人と粟田真人の場合は、あとであげるＣ型（薨卒伝）と比べると、その地位や活躍等から見てＡ型ではいかにも不自然である。この二例は二例とも本書の前半部分に属しているところから見て、おそらく編纂上の不整斉などによるものであろう。前半と後半にかかわる編纂上の問題については後に触れる。この二例はその意味から特例とすると、あとの六例は前半・後半を問わず、いずれも女性の場合であることが共通している。この女性の場合は、多くは後宮関係という特殊性から、一般的に原則に適応しない、いわば例外が起こり易い傾向があった。女性のことはまた後に触れる。いずれにしてもＡ型の八例は一割にも満たない少数例である。

つぎにＢ型五二例、Ｃ型三六例が問題である。まず第1表を上から巻数順に見ていくと、前半すなわち巻二十まではＣ型は一例もない。つぎの巻二十一は薨卒記事が一つもなく不自然な感じであるが、これは後述の編纂事情に関係がありそうである。つぎに巻二十二以下の後半部分をみると、ここにはＢ型・Ｃ型の双方が存在するが、Ｂ型は一七例、Ｃ型は全部の三六例であって、前半とは逆にＣ型が支配的のように読み取れる。そのＢ型一七例を検討すると表では示していないが、男六、女一一という内訳であって、このように後半部分では少数派であるＢ型に女性の例が多いのである。とすれば、やはり後半部分ではＣ型が中心であると考えられるのである。すなわち、王臣三位以上の場合を総括していうと、巻二十以前の前半部ではB型、すなわち係累併記の型が原則であるのに対して、巻二十一以降の後半部では、C型すなわち伝記記載の型が支配的である、といえるであろう。

第三項の「王臣四位」にあっては、Aすなわち卒去の事実だけを掲げる型を原則とするらしい。

第三

合計の欄に見るごとく一五四例中一三九例であることから、そのように理解できるであろう。またB・C型も散見するが、それは大部分後半部分に属する。

このようにAが大勢を占めるなかで、B型七例、C型八例、合わせて一五の例外が存するが、全体の一割に満たない少数例にとどまる。そのうちまずB型の七例は、

① 慶雲　三　年二　月庚辰6条(巻三)　従四位上　大神(おおみわ)朝臣高市麻呂(壬申の乱の功臣)
② 天平　七　年十一月己未8条(巻十二)　正四位上　賀茂朝臣比売(天皇の外祖母)
③ 天平宝字五年　三　月乙未10条(巻二十三)　正四位下　安倍朝臣島麻呂(参議)
④ 宝亀十一年　六　月己未26条(巻三十六)　従四位下　久米連若女(くめのむらじわかめ)(藤原百川の母)
⑤ 天応　元　年　六　月癸巳6条(巻三十六)　従四位上　藤原朝臣乙縄(おとただ)(参議)
⑥ 延暦　三　年　四　月己未19条(巻三十八)　従四位上　紀朝臣家守(参議)
⑦ 延暦　八　年　正　月戊辰25条(巻四十)　正四位下　大中臣朝臣子老(参議)

の如くであって、例外となった理由は、おそらく名前の下に記載した事柄であったと推測される（ただし、ほかに四位の参議のA型が二例ある）。久米連若女について補足すると、藤原百川(ももかわ)は『続紀』編纂時の天皇である桓武天皇が深くその恩を感じている功臣であり、百川の娘旅子(たびこ)は天皇の夫人、帯子(たらしこ)

は東宮妃であったから、理由としては充分であろう。つぎに、さらに特例とされるC型の例をあげると、

① 天平宝字八年十二月乙亥13条（巻二十五）　正四位上　坂上（さかのうえ）忌寸犬養
② 神護景雲元年　九　月庚午23条（巻二十八）　従四位下　上道（かみつみち）朝臣正道
③ 神護景雲二年　六　月庚子28条（巻二十九）　従四位下　高丘宿禰（たかおかのすくね）比良麻呂
④ 神護景雲三年　十　月癸亥29条（巻三十）　正四位下　大和宿禰長岡
⑤ 宝亀　五　年　十　月己巳3条（巻三十三）　従四位下　国中（くになか）連公麻呂
⑥ 宝亀　六　年　五　月己酉17条（巻三十三）　従四位上　大津連大浦
⑦ 延暦　二　年　正　月乙酉8条（巻三十七）　正四位上　道島宿禰島足
⑧ 延暦　四　年　七　月庚戌17条（巻三十八）　従四位下　淡海真人（おうみのまひと）三船

以上の八例である。いずれも後半部分に属するものばかりである。これらについてはこのあと本書において具体的に原文・訓読文を掲示し、その意義について考察するのでそれを参照されたいが、これらの人々はいずれもその功績が評価されている。それらは橘奈良麻呂（たちばなのならまろ）の乱や恵美押勝（えみのおしかつ）の乱における功績、或いは蝦夷対策における活躍ばかりでなく、大和長岡は律令学者として、国中公麻呂は大仏造営について、というようにそれぞれの分野で功労があった人物であり、最後の淡海三船は皇親賜姓者である。これらの人々は、藤原や大伴などの一流の名族ではなく、なかには卑姓から出て一道に秀でたものもいるが、いずれも国家の大事に重い功績を立てたりした人たちである。「職員令」によると式部卿の職掌に「功臣家伝」を掌るという一事を見るが、おそらく功臣の伝というのは、このような

人物の伝記かと思われるように、奈良時代屈指の功労者といって憚らないのである。

以上のように王臣の四位にあっては、原則的にはA型すなわち卒去の事実を掲載するにとどめているのであるが、なかでも特筆すべき少数の人物については、B型、特にC型の形をとって掲載したのであって、これらは後半部分に多く見られる。

第四

「王臣五位以下」は前に述べたように原則として卒去記事を掲載しないのが『続紀』の通則であったとみられ、ただ五例だけが例外として存在する。

この五例は次のごとくである。

① 文武天皇二年六月丁巳29条(巻一)　直広参(正五下)　田中朝臣足麿(たりまろ)
② 大宝　元　年　六月癸卯2条(巻二)　正五位上　忌部(いんべ)宿禰色布知(しこふち)
③ 和銅　三　年　十月辛卯14条(巻五)　正五位上　黄文(きぶみ)連大伴
④ 養老　二　年　四月乙亥11条(巻八)　正五位下　道君首名(おびとな)
⑤ 延暦　九　年　七月乙酉21条(巻四十)　正五位下　坂上(さかのうえの)大宿禰又子(またこ)

このうち①②③の三人は壬申の乱の功臣であって、①は直広壱（正四位下）、②は従四位上、③は正五位上（写本により正六位上）で正四位下の贈位にあずかっている。功臣としての贈位である。しかし、つぎの④道君首名の場合は、卒去の記事ばかりでなく詳細な伝記を併載していて、まさに薨卒伝というべきものである。五位の官人に、このような伝記的記事を掲げることは全巻を通じても異例中の異例であって、その意義については後に述べたいと思う。つぎの⑤の坂上又子の場合は、『続紀』編纂時の桓武天皇の儲宮時代からの寵姫で、高津内親王の生母であるから、特別に掲載されたものであろう。そして他の例が本書の前半部分に集中しているのに対して、これは最末巻に位置している点も異例と考えられるべきであろう。以上王臣五位以下の人の死没の記事はこの五例だけである。

第五

僧侶の場合はA型二例、C型六例、合わせて八例があげられる。これら僧侶については、貴族王臣の基準とは違った理由でとりあげられたものと思われる。

A型は、

①　神亀　五　年　十　月壬午20条（巻十）　僧正義淵
②　宝亀　四　年閏十一月甲子24条（巻三十二）　僧正良弁

C型は、

③　文武天皇四年　三　月己未10条（巻一）　道照和尚
④　天平　十　六　年　十　月辛卯2条（巻十五）　律師道慈
⑤　天平　十　八　年　六　月己亥18条（巻十六）　僧玄昉
⑥　天平勝宝元年　二　月丁酉2条（巻十七）　大僧正行基
⑦　天平宝字七年　五　月戊申6条（巻二十四）　大和上鑑真
⑧　宝亀　三　年　四　月丁巳7条（巻三十二）　造薬師寺別当道鏡

以上である。A型として義淵と良弁という二人の僧正をあげて、そのほかの著名な僧侶、恵施・智淵・弁静・菩提などの死没記事がないことについての説明は難しく、前半部分の史料の貧弱さや遺漏・不整斉に起因するのかもしれない。また義淵はともかく良弁をA型にとどめたのは延暦期における東大寺別当の立場が高くない点にあろう。一般に僧侶の場合、B型は存在しない。俗姓を記載することはあっても、係累・親族を掲載することはないから、B型に該当することはない。こうしたことからも僧侶と王臣とは同じ基準で説明することはできない。旧稿（参考文献参照）では、仏教諸宗の伝来者または弘益者という点から①〜④および⑦を括り、⑥は大僧正であるばかりではなく、菩薩と称された存在であり、⑧は法王という権力者であったという特殊なケースとして説明したが、これで説明し切れているわけではない。これは後に述べるように延暦年間の『続紀』編纂の最終過程において説明しうるものである。

以上は全巻の薨卒記事を身分・位階、そして僧侶などとして整理してきたが、それをA・B・Cの三形式別にまとめると、つぎのごとくである。

A型（薨卒記事のみ）王臣四位は原則としてこれに属する。また五位以下の人の卒去が掲載される場合はだいたいA型である。

B型（係累併記）親王・内親王および王臣三位以上は原則的にはこの型に属する。その他の場合としては、後半部にあって王臣四位でこの形式をとるものが見える一方、王臣三位以上ではつぎのC型をとるものが多くなっている。

C型（薨卒伝併記）皇后・皇太后のほか、後半部においては王臣三位以上では、この型をとるものがB型よりむしろ多い傾向であり、王臣四位にあってもこの型のものが散見する。それにひきかえ、前半部では特殊例が少数あるだけである。なおC型についてはつぎに詳述する。

三

つぎに、以上の叙述では仮に薨去記事のC型と称してきた、いわゆる薨卒伝について述べようと思う。

さて『続紀』の薨卒記事にともなう略伝、すなわち薨卒伝は全巻で五四例をかぞえるが、その具体的な人名を巻数別に表示したのが第2表である。

この表を見て具体的に知られるように、全五四例のうち、王臣三位以上がその過半数以上の三六例を占め（約六六％）、つぎの王臣四位の八例（約一五％）とは大きな差がある。そしてそれらがすべて巻二十二以降の後半部に属していることも特徴である。このことを逆にいうと、薨卒年次が前半に属す石上麻呂（いそのかみのまろ）・藤原不比等（ふひと）、あるいは長屋王らの高官も当然その薨伝が掲載されてしかるべきであるにもかかわらず、彼らの伝はまったく見えないのである。そして前半部に掲載されているものといえば、はるかに下級である五位の道首名（みちのおびとな）と僧侶四名というわずか五例に過ぎないのである。

この表に示した薨卒伝の内容を個々にあたって検討すると、(1)出自または祖父・父などの係累、(2)任官叙位等の官歴、(3)性格・特技・学問等の特徴、(4)特別な功労・徳行または事業等、(5)変・乱または事件等の関連、(6)薨卒の年齢、などの要素からなっている。もちろん、その一、二の項目を欠くものもあるが、基本的にはこのように総括されると思う。ところが最初の巻八に掲げられている道首名

第2表　『続日本紀』薨卒伝一覧

巻	皇后・皇太后	王臣三位以上	王臣四位	王臣五位以下	僧侶
1					道昭
8				道首名	
15					道慈
16					玄昉
17					行基
22	光明皇后	多治比広足			
23		巨勢関麻呂			
24		紀飯麻呂 石川年足 藤原弟貞			鑑真
25		藤原仲麻呂	坂上犬養		
26		和気王			
		藤原豊成			
27		藤原真楯			
		百済王敬福			
28		山村王	上道正道		
29			高丘比良麻呂		
30			大和長岡		
31		文室浄三 藤原永手			
32					道鏡
33		藤原蔵下麻呂 吉備真備	国中公麻呂 大津大浦		
34		藤原良継 飯高諸高 大伴古慈斐			
35		藤原百川 藤原縄麻呂			

36		文室邑珍 石上宅嗣			
37		大伴伯麻呂 藤原百能 藤原田麻呂 藤原魚名	道嶋嶋足		
38		大伴家持 藤原種継 坂上苅田麻呂	淡海三船		
39		藤原旅子 石川名足 大中臣清麻呂			
40	高野新笠 藤原乙牟漏	藤原是公 高倉福信 藤原浜成 佐伯今毛人			
計	3	36	8	1	6

注：このほか僧隆観（巻３）、袁晋卿・藤原清河・小野石根（以上巻35）、紀広純（巻36）などの係累その他が還俗・配流・賜姓・贈位・戦死などの記事に付記して掲載されているが、薨卒伝とはいえないので省いた。

の卒伝について見ると、いかに異例のものであるかが知られる。首名の卒伝ではまず「わかくして律令を修め、吏職に暁習す」（原漢文、以下同じ）とわずかにひととなり・特長に類する記載があるが、それにつぐ記事は末尾にいたるまで、すべて筑後守（肥後国兼任）在任中の良政についての記事であり、最後に賛辞を記すのである。すなわち首名の場合、伝記というよりも地方官の模範ともいうべき事歴を掲げた表彰文のごとくであって、異色というべきである。

　前半部分に記されている薨卒伝はこのほかには、道照・道慈・玄昉・行基の四僧伝だけである。このうち巻一に掲載されている道照伝のごときは、きわめて長文であり、とくに在唐中の三蔵法師や帰路の逸話等は他に類例を見ないほどであって、この巻あたりの一般記事が粗雑かつ貧弱なのに比して、まったくつりあいの取れない様相である。そこで道首名を含めた前半部の卒伝の内容を検討すると、つぎのような共通点をみいだす。詳しくは本書に載せた各伝の記事を参照されたいが、それは「今に」、または「今にいたるまで」という記載、またはそれに準ずる記述である。つまり編纂時である延暦年間の関心がこれらの卒伝に反映しているということである。

まず道照伝についていうと三点が指摘される。一つは天下を周遊して井戸を掘り、船を渡し橋を架け、なかんずく、山背(やましろ)の宇治橋は和尚の創造したもの、とする。二は死没すると教えに従って火葬したが、これを天下の火葬の始まり、とする。三には和尚の将来した経典は、今に平城右京禅院に蔵している、ということ。この第三の場合の見える「今」とは、『続紀』編纂の延暦年間をさすものと考えられる。「宇治橋」の場合「今」という語はないけれども、宇治橋は交通の要衝で、平安遷都後はとくに重要度も増し、延暦十六年（七九七）には造替事業も行われたほどであって（『日本紀略』同年五月八日条）、平安初期にこの橋に深い関心が払われていたのは当然というべきであろう。また禅院の経典は写経の基本経典として政府の保護があり、『延喜式』には治部省・玄蕃寮が僧綱(そうごう)・三綱(さんごう)・檀越(だんおち)とともに、この経論を三年に一度必ず曝涼すべきことが定められているほどである。つぎの火葬についてはことさらに述べておく必要はないけれども、仏教の貴族層への浸透によって、奈良末・平安初期の貴族層にあっては、おおむね火葬は一般化していたと考えられ、これについての関心も深められたに相違ないと思う。その火葬の始まりを有名な唐の高僧玄奘に学んだ道昭に仮託したのである。これら「宇治橋」「火葬」「禅院の経論」は奈良末・平安初期の貴族層の関心事であったのである。

つぎに道首名については、築堤・灌漑事業・農業振興など、国司の良政の模範とされたものであるが、民衆が「今に」恩恵を蒙っているものとして「吏事を言ふものはみな以て称首となす」ということは、地方政治振興が高まった延暦期における首名への評価に他ならなかったと思われる（のち貞観七年（八六五）良吏の故に従四位下を追贈）。つぎに道慈伝では、その著述『愚志』において天平仏教界を批判したことが紹介されている。それに続いて「弟子、業を伝へて、今に絶えず」と述べているが、これは道慈から善議（弘仁三年（八一二）没）―安澄（弘仁五年（八一四）没）―勤操（天長四年（八二七）没）という三論伝授のこと、また善議―勤操―空海という密教相承の法系のことでもある（『元亨釈書』）。その法系の平安初期における活躍が道慈に光りを当てているといえる。つぎの行基については、こと改めて述べるまでもなく、その遺業は平安初・中期の世に称されていたことは『行基年譜』『行基菩薩伝』などからも読み取れるところである。

以上、玄昉を除く四人の道俗の卒伝が、一般記事の比較的簡単な前半部において詳細かつ意欲的な内容で掲載されているについては、『続紀』編纂時における特殊な関心が背景になっていたものと考えるのである。

ただ、玄昉伝については若干の説明が必要である。玄昉は入唐して天子から紫の袈裟を拝領したことが述べられるが、最大の功績は経論五千巻の将来であろう。これが開元一切経で天平仏教の中核的な経典であった。延暦当時でも高く評価されるべきものであったろうが、経論五千余巻の伝来という事実をあげるにとどまっている。編纂の時点における関心は、むしろ配流地で没したことについて「時の人これをにくむ」といい、末尾に「世相伝へて云く、藤原広嗣の霊のために害せらる」というのが、編纂時点における関心事であったのだろうと思われる。平安時代の怨霊思想は有名であるが、桓武朝はその第一の高揚期であったのである。玄昉と広嗣の怨霊との結び付きはこうした時代背景において延暦期に高潮したのではなかろうか。『松浦社縁起』『元亨釈書』『今昔物語』などに伝える広嗣の怨霊の話はその所産であろう。また八所御霊の祭神のなかに広嗣を加えることもあるという。このように見て、玄昉伝には直接文字として「今」という表記はないけれども、延暦期に高まった怨霊思想の反映として見ることが可能であろう。

以上述べてきたように、一般記事が貧弱であり、高位高官の薨伝も皆無である前半部において、まさに不釣合いのような形で掲載されている五つの卒伝は、すべて編纂時である延暦期における特殊な関心が基礎になって掲載されたものであろうと考える。

四

以上、薨卒伝を検討するについて、私はしきりに『続紀』に前半部と後半部との区別を述べてきた。それは前半部と後半部で記事の繁簡・精粗、その他の点で、通読する誰しもが気付くことである。それは本書の編纂の複雑な過程にかかわっているのである。

『続紀』の編纂過程については、『類聚国史』（文部下・国史）所載の延暦十三年（七九四）八月癸丑13条の藤原朝臣継縄（つぐただ）等の上表文（『日本後紀』逸文、以下、Aと略す）と『日本後紀』延暦十六年二月己巳13条の菅野（すがの）朝臣真道等の上表文（以下、Bと略す）の二つの上表文の考察を中心とする。この上表文はいずれも『続紀』撰上の上表文である。この二つを併せ検討すれば『続紀』の編纂の過程はわかるはずであるが、ともに難解の部分があり、また相互に錯雑し、矛盾するかに見える部分もあって研究者によって見解が異なる点もある。まず両上表文の比較検討と現存の『続紀』との関係を考察して、その要約を記すとつぎの通りである。

一　「前史」（『日本書紀』）をついだ文武天皇元年（六九七）から天平宝字元年（七五七）までの記録は、おそくとも光仁朝までに集められていた。これは「記注」（A）とか「曹案卅巻」（B）とかいわれて諸司の文案等を整理編集したものであるが、満足できるものではなかった。

二　光仁朝の修史

本格的な編纂事業は光仁朝において石川名足（なたり）を首班として、宝亀十・十一年（七七九・八〇）頃に行われた。このうち、

〔イ〕　文武天皇元年から天平宝字元年までの分は、名足・淡海三船・当麻永嗣（たいまのながつぐ）らによって行われたが、その材料となった「曹案卅巻」は日常茶飯事の事項が多く、重要な事実が抜けているといわれるような性格のものであり、名足らの修史もこの旧案に因循して、結局それを直すことができなかったばかりでなく、天平宝字元年の稿本を失って撰上できず、撰上したのはそれ以外の二

十九巻であった(B)。

〔ロ〕　天平宝字二年から宝亀八年までの分は、名足・上毛野大川（かみつけぬのおおかわ）らによって行われた。これは一応取りまとめて二十巻となったが、史書としての体裁をなしていない不完全なものであった(A)。

三　桓武朝の修史

光仁朝の修史の不首尾の状況を受け継いだ桓武朝では、延暦九年（七九〇）春、藤原継縄・菅野真道らに勅して編纂事業が再開された。その結果、

(1)　延暦十三年八月、まず出来上がったのは後半部分であった。すなわち、天平宝字二年から宝亀八年までの分で、先に石川名足・上毛野大川らが撰上した二十巻の不完全本を十四巻にまとめて奏進した(A、十三年表はこのときのもの)。これは現在の巻二十一から巻三十四までの十四巻に相当する。

(2)　つづいて延暦十五年七月までに、宝亀九年以後延暦十年までの分が出来上がったので、(1)の分に追加して合わせて二十巻として奏進した(B、このときの上表文はない)。これは現在の巻二十一から巻四十までの二十巻に相当する。

(3)　さらに延暦十六年二月、これまで未完成であった前半部分、すなわち、文武天皇元年から天平宝字元年までの分について、光仁朝の修史が極めて疎漏だったので苦心惨憺の末、二十巻として奏進した(B)。これは現在の巻一から巻二十までの二十巻に相当する。ここに文武天皇元年から延暦十年にいたる全四十巻が完成した（十六年表はこの時のもの）。

このような編纂過程から見て、本稿で問題にしている薨卒伝における前半部と後半部との違いを整理しておきたい。

前半部の記録は曹案（役所の記録）として、すでに三十巻としてまとめられていたが疎漏なものであった。これを光仁朝で整理して史書にしようとしたが不完全に終わり、この部分はやり直しの桓武朝の修史事業でも最後にまわされた。これが『続紀』の前半部分である。この前半部は後半部に比して一般的に記事は簡単であり、錯誤が多いというのもこうしたことに関係がある。

これに対して、後半部は光仁朝の修史で天平宝字二年から宝亀八年までの分（後半部の前半）が二十巻としてまとめられたが、史書の体裁をなしていなかったので、桓武朝の修史では、まずこの点から始めて二十巻を圧縮して十四巻として成稿した。後半部の残りの部分（宝亀九年から延暦十年まで）は、この後延暦十六年には出来上がった（この六巻については、まとめて奏上されたものか、一巻ずつ出来た順に奏上したものか、両説がある）。最後にまわされた前半部の修史は、併行して行われていたようであるが、なにしろ稿本が疎漏なものだったので、かなり苦心惨憺して延暦十六年には出来上がり、後半部と合わせてここに四十巻となり『続紀』は全体として完成した。

五

さて「養老職員令」の式部卿の職掌のひとつとして「功臣家伝田」を掌ることが規定されている。これは功臣の伝と功田とのふたつについて記しているもので、この前者、つまり功臣の伝について

『令義解』に「有功の家、その家伝を進むるを謂ふ、省さらに撰修す」とみえている。これによると功臣の家からは、その家伝が進上され、式部省においてさらに撰修されるという。『令集解』のこの項では、諸説を引いているが、「令釈」には「家伝は書名なり、たとえば三史列伝の類の如し」とあり、「跡説」は「家伝とは功臣の子孫嫡々相継ぐ状に注し置く也」といい、また「古記」に「三位以上或ひは四位以下五位以上、功臣と為すべきことある也、漢書伝の如き也」と見えている。これらによって式部省が「功臣家伝」を掌ることがすでに「大宝令」において見えていたことが知られるとともに、「功臣家伝」なるものは、「三史列伝」「漢書伝」のようなものとして法家に理解されていたことが察知される。

ここに「三史列伝」とあるのは『史記』『漢書』『後漢書』の列伝のことで、わが国の国史には列伝はないが、編年体のなかに、こうした列伝風の記述がなされる可能性を持っていたことが推測される。

これまで検討してきた薨卒伝の傾向について見ると、その大部分は、この書の後半部に属するのであって、前半部にはわずかしか存在していない。この傾向は国史における記事のスタイルとしての薨卒伝の導入が、『続紀』編纂の最終段階である延暦期に行われたことを推定させる。延暦期の修史事業にあっては、おそらく王臣三位以上の薨去の記事に、その略伝を併記することから始められたのではなかろうか。三位以上の場合は、一般記事のほかに家伝のような公卿伝の存在も推測され、一応の選択の基準を三位以上に求めるのはもっとも可能性が高い。これの実例としては三六例ある。三位以上で薨去の記事だけの人（A型）は先にあげたが八例だけで、そのうち六例が女性である。女性には高位の女官が結構多いが、薨伝は多くの場合認められてはいない模様でA型になっているのである。ただし女性でも皇后・皇太后は別であって、これには三例とも薨伝がある。これが加わると三位以上の薨伝は三九例となる。

そのほか、先述の式部省が管理する功臣伝も材料として採用されたであろう。四位の卒伝として記された八人はその該当例である。これらは全て後半部の編纂にさいして導入された薨卒伝である。これらのことについては前述した。

延暦期の修史事業においては本書の前半部の作業は遅れたが、その部分の薨卒伝は後述の僧侶伝を別にすると、先に指摘したように巻八の道首名の一例だけである。そこに親王・内親王・皇后、王臣三位以上、王臣四位などの薨卒伝がまったくないということは、その部分を編纂する段階では薨卒伝は視野に入っていなかったことを物語っているのではないかと思う。先に示した編纂の経過に従っていうと、「曹案」の段階、つまり材料収集の段階で薨卒伝は企図されていなかったのであろう。これは前史たる『書紀』と同じ形式である。結局、前半部分の編纂の最終段階である延暦期に急遽、僧侶の伝とともに、当時非常に関心が高かった地方政治の模範とされた道首名の伝を編入したが、道首名の卒伝は、はじめに述べたように伝記というより地方官の事歴を掲げた表彰文のようである。僧侶の伝とともに、この道首名の卒伝だけが前半部分の薨卒伝としてとりあげられたのである。

僧侶の伝については先にも触れたが、前半部については、ここでもはじめは伝を記述する用意はなかったものと考えられる。しかし延暦の修史の段階で、後半部においては王臣らの薨卒伝に対応して僧侶の没伝も記述された。ここでは巻二十四で鑑真、巻三十二で道鏡がとりあげられた。なぜこの二人をとったのか、その基準は明らかではないが、考えられることはつぎのごとくである。すなわち後者道鏡は単に僧侶としてばかりではなく、法王を称した権力者であり、皇位の覬覦(きゆ)をも図ったとされているが、いわゆる道鏡事件の説明として『続紀』では欠かせないものであった（本書［25道鏡］参照）。前者鑑真については、官僧となるべき受戒の法を伝えた伝戒師として仏教では特別の存在であり、ことに桓武朝の仏教は得度受戒の厳正化を一つの特長としており、やがて最澄による大乗戒壇設立の論争になるわけであるが、やはり奈良・平安期を通じて鑑真は独自の存在であった。以上のように後半部における薨卒伝として、僧侶としては他に比すべきもののないこの二人をとりあげた。

これに対して前半部においてとりあげたのは、前掲の道照・道慈・玄昉・行基の四人だったことは先に詳述した。その基準は僧綱や僧階などではなく、編纂時である延暦年間における特殊な関心によるものであった。それは『続紀』本文編纂史料のほかには寺院や玄蕃寮などの記録などにもよるところがあったのであろう。

以上、『続紀』の薨卒伝についていろいろと述べてきた。しかし、この薨卒伝というものは『書紀』にはなく、『続紀』において初めて始められたものとして評価されるが、初めから統一してとりあげられたのではなく、その複雑な編纂過程から見て、延暦年間の修史事業において初めて企図されたものであった。それゆえ『続紀』後半部にあっては、それなりにほぼ一定の組織だった編纂形態をとっているが、遅れて完成段階にはいった前半部にあっては、はじめの曹案・記注などとよばれた稿本段階で薨卒伝採用の意図がなかったばかりでなく、史料収集の上でも疎漏なものであったから、編纂された延暦時点での関心事が基本となって特殊な薨卒伝が記載されることになったのである。

したがって前半部にあっては、大臣としては多治比島・阿倍御主人・石上麻呂・藤原不比等・藤原武智麻呂・橘諸兄・長屋王など、大納言で歌人として大伴旅人、親王では舎人親王・新田部親王、女性は県犬養三千代・藤原宮子などの薨卒伝が期待されるところであるが、『書紀』に蘇我蝦夷や藤原鎌足また草壁皇子などの伝記が載せられなかったと同様に、『続紀』においても当初は薨卒伝の計画はなかったのであり、薨卒伝というものは延暦期の修史事業の段階で中国の紀伝体の列伝の要素をとりいれて初めて現われたのである。

1　道昭和尚——三蔵法師の弟子——

巻一・文武天皇四年三月己未10条

〔現代語訳〕

〔道昭〕和尚は河内国丹比郡の人である。在俗のときの姓は船連といい、父の恵釈は小錦下であった。和尚は戒律による修行を欠かさず、とくに隠れた行いを尊んだ。ある時、弟子が和尚の本性を確かめようとして、ひそかに便器に穴を開けておいた。そのため〔和尚は〕漏らして寝具をよごしてしまった。そのとき和尚は笑って「放蕩者の小僧が人の寝床を汚したな」といい、それ以上は何もいわなかった。

初め孝徳天皇の白雉四年（六五三）、遣唐使に従って唐に入った。たまたま〔高僧として知られた〕玄奘三蔵に出遇う事ができ、師として業を受けることとなった。三蔵はとくに道昭を愛して同じ部屋に住まわせていうには「私がむかし西域を旅したとき、途中で飢えて困ったことがあったが、食物を乞うような村もなかった。そのとき突然一人の僧侶が現われ、手に梨を持ち私に与えて食べさせてくれた。私はそれを食べてからのち、気力が日ごとに健やかになった。今のお前はそのとき梨をくれた僧侶である」といった。

また〔三蔵は〕「経典はたいへん奥深く微妙であって窮めることは難しい。それよりも禅を学んで日本に伝えるのがよかろう」といった。そこで和尚は、教を守って始めて座禅を習うこととなり、悟るところ次第に広くなった。

その後、遣唐使に従って帰朝するとき、別れ際に三蔵は持っていた舎利（釈迦の骨）と経論をすべて和尚に授けていうには「『人間こそが道を広めることができるのである。［道が人を広めるのではない］』という言葉がある。そこで今この文をお前に授けよう」といった。また一つの鍋を授けていうには、「［この鍋は］私が、西域から持ち帰ったものである。物を煎じて病気の治療に用いるといつも不思議な効き目があるのだ」といった。そこで、和尚はつつしんで礼を申し述べ、涙を流して辞去した。

［帰国のとき］登州（山東半島北部の港町）にいたったころ［一行の］遣唐使の人々が多く病気になった。そこで和尚は、鍋を取り出して水を熱して粥（かゆ）を煮て、遍（あまね）く病人たちに与えると、其の日のうちにすぐに病気は治った。こうして纜（ともづな）をといて風をえて海に乗り出した。海の沖に出た頃、船は、［はげしい風波にあって］漂い揺れて七日七夜も前に進まなかった。船中の人々はこれを怪しんで「風の勢いは快調だ。日を数えると本国日本に到着する筈だ。船が進もうとしないのは、思うに何か訳があるに違いない」といった。占い師がいうには、「竜王が鍋を欲しがっている」ということであった。和上（わじょう）（和尚）はこれを聞いて「この鍋こそは三蔵法師が施して下さったものです。竜王がどうして無理にこれを求めようとするのか」といった。［これに対して］人々がみな「今、鍋を惜しんで与えなかったならば、おそらく船もろとも魚の餌食になるだろう」といった。そこで［和尚は］鍋を取って海中に投げ入れた。すると直ぐに船は進んで日本に還ることが出来た。

［帰国した道昭は］元興寺の東南隅に別に禅院を建てて住んだ。この当時、天下の仏道修行の者たちは、和尚に従って［この禅院で］禅を学んだのである。その後［和尚は］天下を周遊して路傍に井戸を掘り、各地の湊や渡し場に船を備えたり、橋を架けたりした。あの山背国の宇治橋は和尚が創めて造ったものである。

和尚の周遊は凡そ十余年に及んだが、還ってほしいという勅があったので禅院に戻って住むこととなり、もとのように座禅をした。そしてあるときは三日に一度起ち、あるときは七日に一度起つということであった。あるとき俄に香気が和尚の房から流れ出した。弟子たちは驚き怪しんで、房に入って和尚に会ってみると、縄を張った床にきちんと坐ったまま息が絶えていた。時に七十二歳であった。

弟子らは遺言の教に従って粟原で火葬した。天下の火葬はこれから始まったのである。世間で伝えていうには、火葬し終わったあと親族と弟子とが争って和尚の骨を取り集めようとすると、つむじ風が俄に起こって灰や骨を吹きあげ、ついにその行方はわからなくなった。当時の人は不思議がったという。

その後、都を平城に遷すと、和尚の弟と弟子たちが天皇に上奏して、禅院を新京に移建した。今の平城京右京の禅院がこれである。この禅院には経論がたくさんあり、それらは筆跡が整って良好であり、そのうえどれも誤りがない。これらは皆和尚が［唐から］持ち帰ったものである。

［訓読文］

［道昭[1]和尚物化す。天皇甚だ悼惜し、使を遣はして弔賻す。」和尚は河内国丹比郡[2]の人なり。俗姓は船連[3]。父恵釈[4]は小錦下[5]たり。和尚、戒行欠かさず、もっとも忍行を尚ぶ。嘗つて弟子その性を究めんと欲して、ひそかに便器を穿つに、漏らし被褥を汚す。和尚、乃ち微笑して曰く、「放蕩の小子、人の床を汚す」と。つひに復一言することなし。

初め孝徳天皇の白雉四年、使に随ひて入唐し[6]、適々玄奘三蔵[7]に遇ひて師として業を受く。三蔵とくに愛して同房に住ましめ、謂ひて曰く、「吾、昔西域に往きしとき、路にありて飢乏するも、村の乞ふべきなし。忽ち一沙門あり。手に梨子を持ちて吾に与へて食はしむ。吾、啖つてより後、気力日に健かなりき。今汝は是れ梨を持ちし沙門なり」と。また謂ひて曰く、「経典は深妙にして究竟すること能はず。禅[8]を学びて東土に流伝せんにしかじ」と。和尚、教を奉けて始めて禅定を習ふ。悟るところ稍く多し。後に使に随ひて帰朝[9]す。訣るに臨みて、三蔵、所持せる舎利・経論を以て咸く和尚に授けて曰く、「人よく道を弘む。[10]今斯の文を以て附属せん」と。また一の鐺子[11]を授けて曰く、「吾、西域より自ら将来せるものなり。物を煎て病を養ふに神験あらずといふことなし」と。是に於いて、和尚拝謝し、啼泣して辞す。

登州[12]に至るに及びて使人多く病む。和尚、鐺子を出して水を暖め粥を煮て、遍く病徒に与へるに、当日にすなはち差ゆ。既にして纜を順風に解きて去れり。海中に至る比、船、漂蕩して進まざること七日七夜、諸人怪しみて曰く、「風勢快く好し。日を計るにまさに本国に到るべし。船の敢て行かざるは、計るに必ず意あらん」と。卜人[13]の曰く、「竜王、鐺子を得んと欲す」と。和上これを聞きて曰く、「鐺子は此れは是れ三蔵の施す所のものなり。竜王何ぞ敢てこれを索めん」と。諸人みな曰く、「今鐺子を惜しみて与へずば、恐らくは船を合はせて魚の為に食はれん」と。因りて鐺子を取りて海中に抛げ入る。登時、船進みて本朝に還帰せり。元興寺[14]の東南隅に別に禅院を建てて住す。時に天下の行業の徒、和尚に従ひて禅を学べり。後に於て天下を周遊して路傍に井を穿ち、諸の津済の処に船を儲け橋を造る。乃ち山背国の宇治橋[15]は和尚の創造する所のものなり。

和尚、周遊すること凡そ十有余載、勅請[16]ありて還りて禅院に止住す。坐禅すること故の如く、或は三日に一たび起き、或は七日に一たび起く。倏忽として香気房より出づ。諸弟子驚き怪しみて、就きて和尚に謁するに、縄床に端坐して気息有ることなし。時に年七十有二。弟子ら遺教を奉けて粟原[17]に火葬す。天下の火葬[18]此れより始まれり。世伝へて云く、「火葬し畢り、親族と弟子と相争ひて和上の骨を取りて斂めんと欲するに、飄風忽ち起こり灰骨を吹き颺げ、終に其の処を知らず。時の人これを異しむ」と。後、都を平城に遷すや、和尚の弟および弟子ら奏聞して、禅院を新京に徙し建つ[19]。今の平城右京の禅院これなり。此の院に多く経論あり。書迹楷好にして並びに錯誤あらず。皆和上の将来せるものなり。

[原文]

[道昭(1)和尚物化、天皇甚悼惜之、遣使弔賻之、]和尚河内国丹比郡人也、俗姓船連、父恵釈(2)小錦下、和

尚戒行不欠、尤尚忍行、嘗弟子欲究其性、窃穿便器、漏汚被褥、(3)和尚乃微笑曰、放蕩小子汚人之床、竟無復一言焉、初孝徳天皇白雉四年、随使入唐、適〻遇玄奘三蔵、師受業焉、三蔵特愛、令住同房、謂曰、吾昔往西域、在路飢乏、無村可乞、忽有一沙門、手持梨子与吾食之、吾自啖後気力日健、今汝是持梨沙門也、又謂曰、経論深妙、不能究竟、不如学禅流伝東土、和尚奉教、始習禅定、所悟稍多、於後随使帰朝、臨訣、三蔵以所持舎利経論、咸授和尚曰、人能弘道、今以斯文附属、又授一鐺子曰、吾従西域自所将来、煎物養病無不神験、於是和尚拝謝、啼泣而辞、及至登州、使人多病、和尚出鐺子、暖水煮粥、遍与病徒、当日即差、既解纜順風而去、比至海中、船漂蕩不進者七日七夜、諸人怪曰、風勢快好、計日応到本国、船不肯行、計必有意、卜人曰、竜王欲得鐺子、和上聞之曰、鐺子此是三蔵之所施者也、竜王何敢索之、諸人皆曰、今惜鐺子不与、恐合船為魚食、因取鐺子抛入海中、登時船進還帰本朝、於元興寺東南隅、別建禅院而住焉、于時天下行業之徒、従和尚学禅焉、於後周遊天下、路傍穿井、諸津済処儲船造橋、乃山背国宇治橋、和尚之所創造者也、和尚周遊凡十有余載、有勅請還止住禅院、坐禅如故、或三日一起、或七日一起、倏忽香気従房出、諸弟子驚怪、就而謁和尚、端坐縄床、无有気息、時年七十有二、弟子等奉遺教、火葬於粟原、天下火葬従此而始也、世伝云、火葬畢、親族与弟子相争、欲取和上骨斂之、飄風忽起、吹颺灰骨、終不知其処、時人異焉、後遷都平城也、和尚弟及弟子等奏聞、徙建禅院於新京、今平城右京禅院是也、此院多有経論、書迹楷好並不錯誤、皆和上之所将来者也、

［校異］

（1）「昭」…底本「照」につくるが、『書紀』白雉四年五月条その他により改めた。

（2）「小」…底本「少」につくるが、『書紀』天智天皇三年二月条その他により改めた。

（3）「汚」…底本「汙」に作るが、同字の異体なので改めた。

［語句解説］

1**道昭**…『三代実録』元慶元年（八七七）十二月十六日条をはじめ「道照」とする本もあるが、本条の文字の校訂や『書紀』のつぎの記事などから「道昭」を採る。白雉四年（六五三）五月の遣唐大使吉士長丹（きしのながに）らの一行に従った入唐学問僧のなかに「道昭」の名が見える。

2**河内国丹比郡**…丹比郡の『和名抄』和訓では「太知比」。現大阪府松原市、堺市美原町および羽曳野市の一部などの地。船氏の氏寺とされる野中寺は羽曳野市野々上にある。

3**船連**…姓はもと史。天武天皇十二年（六八三）十一月賜姓連。応神朝の渡来と伝える百済人王辰爾（しんに）の子孫。葛井・津氏と同族。

4**恵釈**…王辰爾の子か孫と推測される。『書紀』皇極天皇四年（六四五）六月蘇我氏の滅亡のとき、その屋敷から焼ける国記を取り出した船史恵尺と同じ人物。

5**小錦下**…天智天皇三年（六六四）二月制定の二十六階冠位の第十二位で大宝令官位の従五位上または下にあたる。恵釈がこの冠位を授かったことは『書紀』等には見えないが、この冠位制は天武天皇十四年（六八五）まで使われていたので恵釈は此の間の死没と思われる。なお道昭の誕生は本条の没年七十二歳から逆算して舒明天皇元年（六二九）である。

6随使入唐…先にも触れたが、『書紀』白雉四年五月条に大唐に発遣される大使吉士長丹・副使吉士駒らの一行の学問僧のなかに道昭の名が見える。

7玄奘三蔵…唐の高僧（六〇〇〜六六四）。インドから多数の仏典を唐にもたらし、その翻訳に尽くしたことで知られている。『大唐西域記』はそのインド行を記した書。道昭が玄奘に学んだことは『宋史』日本伝や『仏祖統紀』三九に見えるが、『三国仏法伝通縁起』では道昭を法相宗第一伝とし、玄奘三蔵に学んだ時には慈恩大師（窺基）と同学だったといい、また三蔵の新翻の経論諸典を日本に伝えたと述べている。

8禅…禅行・禅定ともいう。法相宗が重視する修行。坐して三昧の境地に入り悟りを得る行。下文に見える禅院はそのための建物であろう。

9随使帰朝…『書紀』斉明天皇七年（六六一）五月条に引く「伊吉連博得書」に、この年四月越州を発して帰国した遣唐使が途中風波に漂蕩されたことを述べており、時期的にはこの使によって帰国したものと思われるが、それには越州（江南道、杭州湾南岸）を発して南路をとったように見える。本条では登州（山東半島北岸）から出帆したとあるので不審。

10人よく道を弘む…『論語』衛霊公に「人能弘ㇾ道、非㆓道弘㆒ㇾ人」と見える孔子の言葉。

11鐺子…なべ。三脚の鍋。鍋を激浪の海中に投じて竜神を鎮め無事に帰ったという話は『今昔物語』巻六および『打聞集』に玄奘のこととして見える。玄奘の説話に原型があったのかもしれない。

12登州…山東半島の北岸の湊町。山東省牟平県に属す。

13卜人…航海の安全を占うために同乗している人。『延喜式』大蔵省によると、遣唐使の一行には主神（しゅしん）・陰陽（おんみょう）

師・卜部などがいた。

14元興寺…はじめ飛鳥にあって法興寺また飛鳥寺と称した。蘇我馬子の発願によるものといわれ、『書紀』推古天皇十四年（六〇六）四月条に丈六の銅像を金堂に安置したと見える。平城遷都後の養老二年（七一八）三月に新都に移され元興寺と称したが、旧地にも伽藍を残し、本元興寺とよばれた。東南隅の禅院については『三代実録』元慶元年十二月十六日条によると、もと禅院寺は道昭が唐から帰国後壬戌年（天智称制元年＝六六二）に本元興寺の東南隅に建てた禅院であった。それが平城移転後は元興寺とは別に禅院寺と呼ばれて独立した寺となっていたのをこのときに元興寺の別院としたと述べている。なお後述参照。

15山背国宇治橋…本条に道昭の創造とするが、現宇治市放生院に現存する「宇治橋断碑」には大化二年（六四六）道登が立てたとし、『帝王編年紀』本文では道登・道昭二人の架橋とする。この地は古来交通の要衝にあたり、『書紀』神功紀・仁徳紀などにも宇治の渡しが見え、天武壬申紀にはすでに架橋されている。この後『紀略』延暦十六年（七九七）五月癸巳8条に使を遣わして宇治橋を造らせた記事（『後紀』逸文）がある。［考察］参照。

16勅請…天皇の勅による要請の意であるが、これは『書紀』天武天皇八年十月条の「凡そ諸の僧尼は、常に寺の内に住して三宝を護れ、云々」とある勅をさすものとされる（佐久間竜『日本古代僧伝の研究』）。とすれば、民間を周遊していた道昭はこれによって禅院に還住することとなったわけで「十有余歳」とあるから、道昭の民間周遊は天智朝の後半（六六五年頃か）から天武天皇八年（六七九）までで、後に見える宇治橋の架橋もその間のこととなるか。

17粟原…粟原とする写本もある。粟原は現桜井市粟原に当てられる。ここには和銅八年（七一五）銘の露盤伏鉢で知られる粟原寺跡がある。また粟原説では明日香村粟原に当てるが、ここには白鳳期の瓦を出土する呉原寺（栗原寺）跡がある。どちらかは不詳。

18火葬の始……これ以前に火葬を示す遺跡が発見されていて道昭が初めとはいい難いが、本格的な火葬墓は仏教の普及、僧侶のかかわりによるものであり、その点この時期、玄奘に学んだ道昭による採用は火葬の嚆矢に当てられるのであろう。

19新京の禅院……前述の『三代実録』元慶元年十二月十六日条によると、平城京への移建は和銅四年（七一一）八月のことで、元興寺の養老二年（七一八）より早い。「薬師寺仏足石」には右京四条一坊禅院とあり、現奈良市四条町付近となる。前述の通り飛鳥では元興寺東南隅にあった禅院が移転後は元興寺から離れて独立した禅院寺となった。この寺は本条に見えるように経論を多く所有し、東大寺写経所はこれを借用して写経の親本としている（［考察］参照）。

［考察］

『続紀』所載の伝記（薨卒伝）は合わせて五四人のうち、僧侶は道昭（巻一）・道慈（巻十五）・玄昉（巻十六）・行基（巻十七）・鑑真（巻二十四）・道鏡（巻三十二）の六人である。すべてこの時代の有名な僧侶であるが、それ以外のたとえば僧正義淵や同じく良弁などについては、卒去と遣使弔賻の記事があるだけで伝記的な記事はない。ここにあげた六人の僧侶がとりあげられた理由はそれぞれ意味があることであるが、ここでは道昭伝がとりあげられた理由を考えたい。それは『続紀』編纂の平安初期という時期および編纂者の特殊な関心事と関係すると思われる。その意味でつぎの三点があげられる。

それは①天下に周遊し、井を穿ち、舟を造り、橋を架け、ことに宇治橋をはじめて造ったということ、②道昭の火葬は天下の火葬の始まりであったこと、③禅院には唐から将来した経論が多く蔵されていたことの三である。このうち②については先に［語句解説18］で触れたように、実際の起こりはさらに遡るわけではあるが、奈良末・平安初期には貴族層一般に火葬は広まっていたものと思われ、この時期の貴族層の関心事でもあったであろう。その火葬の始まりを著名な唐の高僧玄奘三蔵に学んだ道昭に仮託したということであり、これも後述の編者の意図による可能性も考えられる。

つぎに①の天下を周遊し井を穿ち、船を造り、橋を架け、という社会事業的な民間布教ということは日本では道昭以前には見えないことである。これは道昭が伝えた法相宗の菩薩行の実践と考えられるが、こうした行動で著名なのは養老・天平期に活躍した僧行基である。行基についてはその項で述べるが、『三国仏法伝通縁起』によると道昭は行基に法を授けている。行基は十五歳の時、天武天皇十一年（六八二）に出家得度し、飛鳥寺（元興寺）で学問・修行したという。この頃道昭は元興寺の禅院に戻っていたと見られるから、ここで二人が接触・交流したことは充分考えられる。ことに行基はその卒伝（『続紀』天平勝宝元年二月丁酉2条）に「瑜伽唯識論を読みて、即ちその其意をさとりぬ」とあるように法相教学を学んでいるが、それは道昭から授けられた可能性が強く、民間布教・社会事業なども道昭の影響によるものであろう。その後の平安初期にあっては法相教学が盛んであったという時代背景もある。

さてここで宇治橋の架橋について補足しておきたい。先に触れた宇治橋断碑は現在宇治市宇治東内放生院にある石碑であるが、実物は上から三分一くらいの所で割れて上部のみが古く、下部は『帝王編年紀』大化二年（六四六）条に引いてある文で補ってある。『帝王編年記』の本文では、道登と道昭が勅を奉じて宇治川橋を造ったとし、つぎに碑文を全文引用している。これによるとこの橋は山尻（山城）恵満の家より出た僧道登が大化二年に構立したとあって道昭のことはみえていない。架橋した道登という僧侶は『書紀』大化元年八月条に十師の一人として、その名が見え、また『日本霊異記』上十二話に山背恵満の家より出て元興寺に住し、宇治川に橋を架けた、とも記されている。したがって『続紀』の道昭伝と「断碑」とは矛盾する。また『帝王編年記』の両人併記は妥協の産物であろう。まず「断碑」の真偽が問題となる。偽作説によれば、「大化」という年号は『書紀』に見えるほか、ほとんど普及していない年号であり、また大宝以前は干支で記すことが原則であったことなどの点からも不審であるとする。また道登の名が道昭と似ているばかりでなく、親と見られる恵満が道昭の父恵釈とも似ていると指摘される。

しかしこれらについていえば「大化」年号の存在は問題になるが、この「大化二年」は碑の作成年記ではなく、碑は橋が造立された以後、例えば『紀略』記載の延暦十六年の改修時などに立てられた可能性があり、「大化二年」の年記は橋の創立を後代からメモリアル的に記載されたと解釈することができる。つぎに名前の類似については不思議とも思えるが、偽作を証明するものではない。このように見ると「断碑」を生かして解釈することになるが、そうであれば、『続紀』道昭伝の記事に不審を抱かざるを得ないことになる。

ここで問題になるのは、『続紀』編纂の中心人物である菅野真道である。彼はもと津氏であり、葛井・船・津の三氏はもと同族であった。真道は延暦九年七月、津連を改めて菅野朝臣への改姓を願って許されているが、その系譜に問題がある。そのときの『続紀』の記事は、葛井・船・津の三氏は同祖で、百済の貴須王の孫辰孫王から出たという祖先伝承を述べた上表文と称讃された詔を交えた、他にあまり類のない長文のものである。それによると応神天皇が百済に有識者を求めたのに応じて百済王はその孫辰孫王を遣わし、辰孫王は皇太子の師となったが、のちその子孫が三氏にわかれたというのである。

この伝承的な話はもともと『書紀』応神紀などに見えるところであるが、そこでは応神天皇のもとめによって百済が派遣したのは王仁であり、王仁が皇太子の師となったという西文氏の先祖伝承なのである。ところがここでは王仁に替わって辰孫王のことになっている。このことは津・船氏らが西文氏の王仁の伝えをまね、さらに百済の王族に仮託して構成した虚構であると読み解かれる。これは早く井上光貞氏が述べられたところで、今日の学界の定説であるといってよい。『続紀』ではその他にもこの三氏が同族であることに絡んだ記事を載せる。このように『続紀』の編纂者の一人の菅野真道は自己の先祖の顕彰的な記事を載せる傾向がある。

そして問題の宇治橋は、瀬田・山崎と並んでとくに平安遷都後はその重要度を増し、前述のように延暦十六年に造替事業も行われたほどである。『紀略』がこの造替事業を同年五月癸巳8条に記していることに注目すると、『続紀』の編者はこの年の造替事業を見ていないし、前記のように、もしこのときに道登の名を刻した碑文が造られたとしても、もちろん『続紀』の編者は知らないわけである。平安初期にこの橋に深い関心が払われたのは当然といわなくてはならないが、こうした点から見て編者菅野真道が同族船氏の道昭の民間布教・社会事業などに依拠して、宇治橋の創始をその道昭に仮託した疑いがあるといわなくてはならない。

つぎに③の禅院寺の経典についてである。この禅院寺は本文に「今の平城右京の禅院これなり」といっているように、「今」すなわち『続紀』編纂の延暦の頃に有名な寺院であった。このことはすでに道昭伝を掲げた一つの理由になるものであるが、それは殊に経典を多く所蔵し、しかも筆跡が整っており、誤りがないというものである。おそらくそれは玄奘新訳の経典類であったろう。玄奘新訳の経典は「開元釈教録」として知られる。わが国では光明皇后の、いわゆる五月一日経が皇后宮職写経所（のち東大寺写経所）において写経されたのであるが、福山敏男氏の研究によれば、これは僧玄昉帰朝の翌年、天平八年九月二十九日から「開元釈教録」による一切経一部五〇四八巻を目標にして行われたもので、それは天平十四年十一月三十日までに目標の九割、四五六五巻が写されたという。それらは主として玄昉将来のものを底本としているものとみられるが、なおそれでは充分ではなかったと見え、各寺院や僧侶個人からも借用していることが『正倉院文書』の分析から知られる。そのひとつに禅院本・禅院寺本がある。これはすでに天平十四年に装潢に充てる経典のなかに「禅院本」があり（『大古』八—一一一）、その他十九年から二十年にかけて禅院・禅院寺から借り出されていることが知られる。同十九年十月九日写疏所解には「自禅院寺奉請疏論等歴名」（禅院寺から借りてきた経典の目録）として九一種三八八巻に及ぶ借用経典の目録が記されている（同二十四—四四三以下）。このようなことから、この頃の写経所には「禅院寺経目録」というものが備えられていたのであった（同二十四—三九〇）。このように禅院寺は貴重な経典を多く所蔵し、写経の底本として盛んに利用されていたのである。時代がやや下るが『三代実録』元慶元年（八七七）十二月十六日条に「道照法師本願記」なるものを引いて、禅院を平城京に移築するに際して「一切の経論を一処に安置し、万代に流通し以て一切衆生の所依の処となせ」と見えている。その後もなお政府は禅院寺の経典を保護しつづけ、『延喜式』玄蕃寮の項に「凡そ禅院寺の経論は三年に一度曝涼（陽に干し、風に晒す）せよ」とし、そのとき治部省・玄蕃寮の役人、僧綱（仏教を統括する僧官）・三綱（寺の役僧）ら僧侶と檀越とが、ともに検校するようにと定めてある。この三年に一度の曝涼はいつから始められたものか明らかではないが、禅院寺の経論は天平時代の写経事業の盛行からひきつづき平安初期においても重要視されていたものとみられるのである。

2　道首名（みちのおびとな）――地方政治家の模範――

巻八・養老二年四月乙亥11条

[現代語訳]

[筑後守（ちくごのかみ）正五位下] 道君（みちのきみ）首名は若い時から律令の学を習得し、官吏としての職務に明るかった。和銅の末年に地方官として筑後守となり、肥後守を兼任した。人々に生業を奨励し、箇条書きの規則をつくり、農業の経営を教え、耕地には果物や野菜を植えさせた。下（しも）は鶏や豚の飼育にいたるまでみな規則を定め、それは細（こま）かに適切をきわめていた。そのようにして時どき巡察し、もし教えを守らないものがあれば、それに応じて罪を考えて罰を当てた。初めのうちは老人も若者も影で怨み罵（ののし）ったが、その実績があがるにつれて、喜び従わない者はいなくなった。一、二年のうちに国中に教えがひろがった。また堤（つつみ）や池を構築し、灌漑（かんがい）を拡大した。肥後の味生（あじう）池や筑後の所々の堤や池はみな首名が設けたものである。これによって人々はその利益を蒙（こうむ）った。現在もなおその温（あたた）かい恩を受けているのは皆首名の功績である。そこで役人の職務を論ずるものはみな[首名を]第一にあげて称（たた）えた。[首名が]死んだのち人々は神としてまつったのである。

[訓読文]

[筑後守正五位下道君[1]首名卒す]。首名、少（わか）くして律令を治め[2]、吏職に暁習（げうしふ）す。和銅の末に出でて筑

後守となり、肥後国を兼ね治む。[3]人に生業を勧めて制条を為り、[4]耕営を教へて頃畝に菓菜を樹ゑしむ。下、雞肫に及ぶまで皆章程ありて曲さに事宜を尽くせり。既にして時案行して、如し教へに遵はざる者あらば随ひて勘当を加ふ。始めは老少窃に怨み罵る。其の実を収むるに及びては悦服せざるなし。一両年の間に国中これに化す。又陂池を興し築き以て漑灌を広む。肥後の味生池、及び筑後の往々の陂池皆是なり。是に由りて、人その利を蒙りて今に温給するは皆、首名の力なり。故に吏事を言ふ者は咸く以て称首となす。卒するに及びて百姓これを祠る。

[原文]

[筑後守正五位下道君首名卒]、首名少治律令、暁習吏職、和銅末出為筑後守、兼治肥後国、勧人生業、為制条、教耕営、頃畝樹菓菜、下及雞肫皆有章程、曲尽事宜、既而時案行、如有不遵教者随加勘当、始者老少窃怨罵之、及収其実、莫不悦服、一両年間国中化之、又興築陂池、以広漑灌、肥後味生池、及筑後往々陂池皆是也、由是人蒙其利、于今温給、皆首名之力焉、故言吏事者咸以為称首、及卒百姓祠之、

[語句解説]

1 道君…君は主として地方豪族の姓。天平宝字三年（七五九）十月、君の表記を公に改められた（『続紀』）。道氏は越道君・越国造ともあるように北陸地方の国造級豪族で、孝元天皇の皇子大彦命の後裔と伝える

（『書紀』孝元天皇七年条・『姓氏録』右京皇別上）。のち越前国加賀郡の大少領に道君が見えることから加賀地方に本拠をもつ有力豪族だったらしい。一方『書紀』天智天皇七年（即位元年（六六八））条に列記されている皇妃のうち、子女を生んだ宮人四人のうちの一人として「越道君伊羅都売」（所生施基皇子）の名がある。宮人とは後宮に仕える女官であって地方豪族が貢上する采女も含まれているので、伊羅都売は采女として天智天皇の後宮に仕えて寵愛を受け、首名はその縁で律令の学問を習得することができたのではないかと想像される。

2少くして律令を治め‥‥この頃のわが国では律令の学は最先端の学問であったろう。後述のように首名は天智称制二年（六六三）の生まれと見られるが、律令を学び始めたのを仮に十五歳とすると天武天皇五年（六七六）となる。この頃の律令の学は中国渡来の新しい学問であった。天智天皇の近江令については、こんにち法典としての存在は疑われているが、この時期の律令についての関心の高まりは否定すべくもなく、天武天皇十年（六八一）には律令の編纂が開始され、その結果として浄御原令が持統天皇三年（六八九）に頒布されている。そのあと大宝元年（七〇一）に施行された大宝律令は日本律令の確立といわれる。

首名の史料上の初見は下級官人としてこの編纂に参加している記事である。大宝元年、首名は三十九歳である。それまでに彼はどのようにして律令の学を習得したかは明らかではない。その頃は天智天皇八年（六六九）の遣唐使を最後として、日唐の交渉は途絶状態であったので直接唐に留学することはできない。あるいは新羅を通して習得する道があったのかもしれない。首名は後年遣新羅使となっているので、その可能性もあろう。首名の律令研究にはこうした時代背景があった。

なお大宝律令の完成後、『続紀』大宝元年四月朔条に首名は大安寺に派遣され僧尼令を講説したとある。この僧尼令は唐令にはなく、道僧格（道教の僧に関する追加法）を見本にしてわが国独自に考案されたものといわれている。首名がその編纂にも関与したとするると、その力量がいっそう評価されたと考えられよう。

3 **筑後守兼肥後守**……この「伝」には筑後守以前の官歴のことは見えていない。大宝元年のあと和銅四年（七一一）四月に正六位上から従五位下に叙せられ、翌五年九月遣新羅使に任ぜられ、その翌六年八月辛丑10条に帰国のことが見える。筑後守に任ぜられたのは帰国直後の同八月丁巳26条のことであるが、肥後守を兼任したことは『続紀』本文には見えない。『懐風藻』に「正五位下肥後守」とあり、後述する『続後紀』承和二年正月癸丑7条にも同様に見える。これらは首名の極位（最終の高位）であろうから、筑後守から肥後守に転任したようにもみえる。しかし「伝」の卒条は筑後守であり、後半に築池の例として肥後の味生池とともに筑後各地の池のことを並記している。両国の守を兼任することは他にも例があり（例えば霊亀二年六月甲子20美濃守笠麻呂（かさのまろ）を尾張守兼任とした）、この時期には有能な国司はそうしたことがあったのである。

4 **制条**……箇条書きにした規則のこと。下の「章程」も規則、規定のこと。国司の職掌として職員令70に「百姓を字養し、農桑を勧課し」とあり、考課令54には「田農を勧課し、能く豊殖せしむ」とある。首名は法律家なのでこうした職務に関係して農民生活の細かなことまで規則を作り、人々を指導したのであろう。以下国司としての政治などについては、つぎの［考察］の項参照。

［考察］

まず首名の年齢であるが、「伝」に没年齢が記されていない。しかし『懐風藻』に「秋宴」と題する五言一首を載せ、そこに「正五位下肥後守、年五十四」とある。この年齢は没年の年齢であるという保証はないが、一般に没年齢と推定されている。そのように見ると首名は養老二年（七一八）に五十四歳で没したことになる。これを逆算すると天智称制二年（六六三）の生まれとなる。

つぎにこの「伝」には官歴のことはなく専ら良吏としての面に集中している。これは首名の「伝」が『続紀』に掲載された所以であるが、『続紀』等でわかる履歴について触れておきたい。首名の初見は先にも触れたが『続紀』文武天皇四年（七〇〇）六月甲午17条の大宝律令の撰者への賜物の記事である。大宝律令は刑部（おさかべ）親王を総裁とし、藤原不比等を筆頭に以下一七人が撰者として名を連ねている。その中に首名は下級官人の位である追大壱（ついだいいち）（大宝令の正八位上に相当）という位階で見えている。この大宝律令撰定関係者一九人のうち実務に当たったと思われる勤位（大宝令の六位に相当）以下の下級官人は一二人である。そのうち渡来系氏族が七人と多く、また「大唐留学生」（天武天皇十三年（六八四）帰国）の土部（はじ）（土師）宿禰甥・白猪史骨（しらいのふひとほね）や遣外使等の渉外にかかわっている坂合部・狭井・額田部氏などの人々のなかで、首名は唯一明らかな地方豪族出身であることは注目される。

さらに翌年、これも先に触れたが、その律令が施行されると、僧侶たちを大安寺に集めて僧尼令の説明に当たっている（大宝元年（七〇一）六月朔条）。僧尼令は唐令にはなく、唐の道僧格を規範にしているといわれており、他の編目とは違って僧尼の統制上の禁止的条項・刑罰を規定し、律のような性格がある。これを僧侶たちに説明するのは容易なことではないと思われるが、首名がそれに当たったことも注目すべきであろう。またその時には正七位下とあり、まもなく正六位上に昇格したらしく、和銅四年（七一一）四月壬午7条に正六位上から従五位下に昇叙している。初見からこれまでの間に五階ものぼっている事になる。そして前述のように遣新羅使を経て筑後守兼肥後守に任ぜられたのであった。

「伝」の筆者が最も力を入れて記述したのは、のちに良吏といわれる首名の筑後・肥後両国における民政のことである。首名は法律学者であったため徹底した法治主義であった。人々の生活のすみずみまで規則を設け、ために怨嗟の声があがったという。しかしその成果があがると人々は「悦服」したという。ことに顕著な業績は各地の灌漑用の池を造ったことである。「漑灌」とあるのは用水路のことであろうか。築池の代表として名があげられている「味生池」については『肥後国誌』池上村の項に「当村池辺寺ノ前ヨリ今ノ池上村ノ辺ニ続キタル田地ノ中ニ往古ハ大ナル池アリ、是ヲ味生ノ池ト云」とある。池上村は今の熊本市池上（いけのうえ）町であり、地名は池のほとりによるものであろう。このような治績によって首名は人々によって祀られたとあるが、それについて熊本大学教授（当時）井上辰雄氏は右の池上町の高橋東神社、玉名市高瀬町の保田木神社が首名を祭神と伝えていると紹介されている。なお味生池のほとりにあったという池辺寺廃寺は、和銅年間の創建と伝え、九世紀前葉の遺構・遺物が発見され、国史跡に指定されている。

このように「今に」人々が恩恵を受けている、といい、地方官のことをいうものはみな首名を第一にあげていると称えているのは、『続紀』編纂の延暦期の地方政治振興という背景によるものと見られる。この時期、巡察使の派遣、勘解由使（かげゆし）の設置を初めとする為政者の熱心な地方政治充実への志向があった。首名の時代には「良吏」という言葉はまだ見えないが、それと同じ意味で首名は良政の模範とされたのである。このあと承和二年（八三五）正月癸丑7に孫の広持のとき、道公（君）を改めて当道朝臣の姓を賜わった。『続後紀』のその条に「和銅年中、肥後守正五位下道君首名、治迹声あり、永く遺愛を存す、広持は是れ首名の孫なり」と見える。また貞観七年（八六五）十一月には首名に従四位下の贈位があり、その記事に「首名は是れ良吏なり」とある（『三代実録』貞観七年十一月二日条）。このころ盛んに地方官の良吏が期待されていたのである。五位官人としては珍しく首名の伝が掲載されたのには、こうした背景があったと考えられる。なお前掲の井上辰雄氏は前述の天智天皇の宮人であり、光仁天皇の父施基皇子の生母の道君伊羅都売に注目し、道氏は光仁・桓武天皇の姻戚であったことを指摘されている。このさいとくに注目すべきは、『続紀』延暦四年（七八五）五月丁酉3条に曾祖妣道氏（伊羅都売）を太皇太夫人と追尊し、道氏の公姓を改めて朝臣とした、という記事である。このころ道氏にスポットが当たっていたのである。能吏であったことの他にこうしたことも首名の伝記が記載された理由に数えられるであろう。

3　道慈法師——仏教界の巨星——

巻十五・天平十六年十月辛卯2条

[現代語訳]

[道慈] 法師の俗姓は額田氏で [大和国] 添下郡の人である。生まれつき聡明で人々に推奨された。大宝元年（七〇一）、遣唐使に従って唐に留学した。唐ではさまざまな経典を学んだが、最も三論宗に詳しかった。養老二年（七一八）に帰国した。この頃の仏教界の秀でたものは、ただ [道慈] 法師と神叡法師のふたりだけであった。[道慈は]『愚志』一巻をあらわして僧尼のことを論じている。その要略にいうには「いま日本の俗人と僧尼が行っている仏法のかたちを観察すると、全く唐の僧尼・俗人が伝える仏の教えの法則と異なっている。もし経典に従ったならば仏法は国土を護ることができ、もしおきて（戒律）に違うことがあれば人民のためにならないであろう。一国の仏法も家々の善行も、すべて形ばかりの仕組みに従うことがあってよいであろうか。まことに慎むべきことである」とある。弟子で [道慈の] 業績を継承している者は今も絶えることがない。

このごろ大安寺を平城新京に移築するに当たり、天皇は [道慈] 法師に勅してそのことを担当させた。法師は殊に工作に巧みであって、建物の構造や部分の形作りにいたるまでその [手本である唐の西明寺の] 規模を受け継いでいる。工匠たちのなかで感嘆しないものはいなかった。亡くなったとき年七十あまりであった。

［訓読文］

［律師道慈法師卒す[1]天平元年律師となる］。法師、俗姓は額田氏[2]、添下郡の人なり。性聡悟にして、衆の為に推さる。大宝元年、使に随ひて入唐す[3]。経典を渉覧し、尤も三論に精し。養老二年帰朝す[4]。是のとき釈門の秀でたる者はただ法師および神叡法師二人[5]のみなり。愚志[6]一巻を著述して僧尼のことを論ず。その略に曰く、いま日本の素緇[7]の行ふ仏法の軌模を察るに、全く大唐道俗の伝ふる聖教の法則に異なれり。もし経典に順はば能く国土を護り、もし憲章に違はば人民に利あらず。一国の仏法、万家の修善、何ぞ虚設を用ゐん。豈慎まざらんや、と。弟子の業を伝ふる者[8]、今に絶えず。属大安寺を平城に遷し造[9]るに、法師に勅してその事を勾当せしむ。法師、尤も工巧に妙にして、構作・形製みな其の規摹を稟く。あるところの匠手、歎服せざるはなし。卒するとき年七十有余。

［原文］

［律師道慈法師卒天平元年為律師］、法師、俗姓額田氏、添下郡人也、性聡悟、為衆所推、大宝元年、随使入唐、渉覧経典、尤精三論、養老二年帰朝、是時、釈門之秀者唯法師及神叡法師二人而已、著述愚志一巻、論僧尼之事、其略曰、今察日本素緇行仏法軌模、全異大唐道俗伝聖教法則、若順経典、能護国土、如違憲章、不利人民、一国仏法、万家修善、何用虚設、豈不慎乎、弟子伝業者、于今不絶、属遷造大安寺於平城、勅法師勾当其事、法師尤妙工巧、構作形製皆（1）稟其規摹、所有匠手、莫不歎服焉、卒時年七十有余、

［校異］

（1）稟・・・底本「禀」につくるが正字に改めた。

［語句解説］

1**律師**・・・原文の割注の文は後の混入であろう。道慈が律師に任ぜられたことは天平元年十月甲子7条に見えるが、『大安寺縁起』には天平十四年に前律師とあり、『懐風藻』に「任を解き帰りて山野に遊ぶ」とあるのに照応する。冒頭の「律師」は前律師とあるべきであろう（［考察］参照）。

2**額田氏**・・・『姓氏録』（大和諸蕃）に「呉の国の人天国古より出づ」とある村主（すぐり）姓の渡来系氏族が該当するか（井上薫説）。他に首（おびと）姓（河内皇別）・臣（おみ）姓（山城神別）・連姓（大和神別）および額田部宿禰（右京・山城・摂津神別）がある。『書紀』仁賢天皇六年条に山辺郡額田邑とあるが、『和名抄』では平群（へぐり）郡額田郷（現大和郡山市額田部）。「伝」の添下郡は平群郡に隣接する。

3**大宝元年随使入唐**・・・大宝元年正月丁酉23任命の遣唐執節使粟田真人らの一行であるが、風浪によって翌二年六月渡海。道慈の在唐中のことについては、『大安寺縁起』その他に長安延康坊の西明寺に止住したとある。また『懐風藻』所載の「釈道慈」の伝に「明哲を歴訪し、講肆に留連す云々」とあり、ついで唐の皇帝が全国の学問にすぐれた高僧一〇〇人を選んで宮中に請じて仁王般若経を講ぜしめたときに道慈はその選に入り、皇帝からことに優賞を加えられた、と記している。

4**養老二年帰朝**・・・『続紀』養老二年十二月に遣唐使多治比県守（たじひのあがたもり）が帰国して節刀を進めた記事があるので、その使節に便乗して帰国したものであろう。道慈が唐から持ち帰った将来目録というものは現存しないが、井上薫氏によると義浄訳の金光明最勝王経を将来したとされる。

5**神叡法師**…『書紀』持統天皇七年（六九三）三月条に学問僧として新羅に赴いたと見えるのが初見。のち元興寺に入り、養老元年七月律師となっている。同三年十一月朔の僧綱に対する詔において、道慈と神叡とを顕彰し二人に食封を各五十戸賜わっている。『家伝』下でもこの二人を並び称揚している。神叡は天平元年（七二九）十月少僧都となり、同年没した。『元亨釈書』などでは唐国の人としている。

6**『愚志』一巻**…経論の注釈などではなく、謙遜した表題であるが、当時の仏教界に対する意見を述べたもので［考察］の項で述べる。なお道慈の著書としては『東域伝灯目録』上に「浴像経解題一巻　道慈撰和書」とあり、天平十九年六月七日写疏所解の写経目録（『大古』九―三九二）に「千手千眼経疏二巻　道慈師撰」と見える。

7**素緇**…俗人と僧侶。白衣と黒衣。普通は「緇素」が用いられる。

8**弟子伝業者**…道慈の業を継ぐものは『続紀』編纂の時点、延暦期にいたるも絶えることはないということは、先の『愚志』の著述に加えて『続紀』に道慈の「伝」が掲載される重要な理由である。道慈の三論の学統については『三国仏法伝通縁起』に道慈から善議（弘仁三没）へ、善議から安澄（弘仁五没）・勤操（天長四没）へという伝授があり、『元亨釈書』道慈伝には道慈が唐で得た「虚空蔵求聞持法」を善議に伝え、善議は勤操に、勤操は空海に伝えたという密教相承の法系のことが見える。彼らの奈良末・平安初期における仏教界での活躍が道慈に光をあてている。

9**大安寺遷造**…「属」を「このころ」と読むことは多くないが、『漢書』李尋伝の注に「属者、謂近時也」とある。延暦からみて大安寺の平城移転は近頃とはいい難いので、この文は史料となった道慈の記録にあったのではないか。大安寺の平城移転についてはその年次に問題がある。これは古くから天平元年移転説、和銅三年移転説その他があるが、今日では福山敏男氏の霊亀二年（七一六）説が有力である。それは『続紀』霊亀二年五月辛卯16条に「始めて元興寺を左京六条四坊に徙し建つ」とあるが、この地は大安寺の所在地であり、元興寺も大安寺もともに「大寺」と呼ばれていたことからの混乱で、この記事は大安寺遷造の時を示すもの、とするのである。ただしその霊亀二年は道慈帰国の養老二年（七一八）の二年前のことであるから、初めは仮建築で道慈帰国後本格的な建築が始まったということになるのであろう。その「規模」（手本）は唐の西明寺であったと伝える（『扶桑略記（ふそうりゃくき）』『元亨釈書』その他）。道慈は在唐中長安の西明寺に入ったと見られるから、彼が西明寺伽藍結構の図を作製し、これによって大安寺の伽藍が建設されたことは不思議ではない。

［考察］

ここでは道慈の著書『愚志』について考えたい。「その略に曰く」の文でまず気が付くことは、整った対句の組み合わせから成り立っていることである。はじめの「今察」からの一一字は、つぎの「全異」以下一一字と対応して、日本の「素緇」の「仏法」のありかたは、大唐「道俗」の「聖教」の法則とは全く異なっていて、日本の仏法のあり方は正しくない、とする。そして次の対句は肯定と否定の対比であって、「経典に順ふ」ことと「憲章に違ふ」ことである。この場合の「憲章」とは、律令すなわち俗界の法律とも解せられるが、「経典」に対応するのは文脈から見て仏教的な戒律「のり」の意味にとるべきであろう。前の対句をうけて日本の仏法は「聖教の法則」に反することを指摘しているのであり、いかに国中が仏法を行い、すべての家々が善を修めても「虚設」であってはならない、という。当時の日本の仏教界は「虚設」を用いていると警告していると解せられる。

この「虚設」とは何であろうか。『愚志』の成立を養老二年の帰国直後と見ると、第一句の日本の「素緇」を行基とその弟子および追従の徒の行動、したがって「憲章」を律令・国法をさす、と解し易いが、「虚設」とは「規模」「法則」などに対応して、行基の徒など一部の行動ではなく、全体の仕組みを指す語であって、日本仏教界の在り方そのものを指すとみるべきであろう。先にこの目で見た唐の仏教界に対して、わが国の当時の仏教の在り方への不満を吐露したものではないか。佐久間竜氏は大唐とは大きく異なる日本の僧尼のあり方についての批判ではないかとされる。のち戒律の師として鑑真を招くことから考えると、この当時の日本の仏教界では戒律が不備であることを指摘しているともとれる。一方道慈自身は帰朝してまもなく神叡とともに表彰され、大安寺の建設を委嘱されるなど王権と直近の立場にあり、やがて律師になり、天平九年四月には奏上して大安寺の大般若経会を創立し、同年十月には講師として大極殿において金光明最勝王経を講じるなど、国家仏教の指導者の立場となった。しかし道慈が公の立場で見えるのはこれが最後である。先に［語句解説1］で触れたが『懐風藻』の道慈伝に「性甚だ骨鯁、時に容れられず、任を解きて帰り、山野に遊ぶ」と見え、剛直な性格から、当時の人に受け入れられないで律師の任を退いたことを述べている。この集に載せている道慈の詩序に、仏門に入った身として長屋王の宴席の招きには応じられないと辞退する旨を述べた文があるが、これも剛直な性格を示す一例であろう。

他方『大安寺縁起』によると、道慈は天平十四年、十代の天皇のために、「厳導七処九会図像」を造って大安寺に施入しているが、ときに前律師とある。これから見ると道慈が律師を退いたのは天平十〜十三年頃である。天平十年といえばその前年たる九年には疫病が大流行し、政権を担っていた藤原四卿はあいついで没し、そのあと橘諸兄政権となるという政局の大転換のときである。ここまで見ていくと神亀五年の長屋王願経の奥書に検校として署名している「藤原寺僧道慈」が気になる。この道慈は今問題にしている道慈と同一人であり、藤原寺は藤原氏と関係ある寺ではないかとする説がある。もしそうだとすると、道慈の引退は藤原四卿政権の没落と関係があるかもしれない。その考えはやや覚束ないが、いずれにせよ剛直な性格の道慈は僧綱から退いたのは間違いない。それに関連して察すると『愚志』一巻は仏教界への警鐘であり、ある意味では自戒の言葉であったかも知れない。

さらに「伝」の文はつづいて「弟子の業を伝へるもの今に絶えず」とあり、前述のように道慈の法統はつづいて絶えることなく平安初期に盛んであったことを指摘する。これらのことから総合的に考えると、この『愚志』の「略」とは、「伝」の筆者が『愚志』の文の一節を引くか、あるいは要約したものであり、筆者の立場、すなわち延暦期における南都仏教に対する批判的な立場の表明になっているのではないかと思われる。このように道慈の「伝」は「今」に伝えるその法統の存在と、当時の南都仏教批判の時代風潮を背景にして成立したものと見られるのである。

4 僧玄昉——怨霊に狙われた高僧——

巻十六・天平十八年六月己亥18条

［現代語訳］

僧玄昉は俗姓は阿刀氏である。霊亀二年（七一六）に唐に渡って学問に励んだ。唐の皇帝（玄宗）は玄昉を尊んで、三品に准じて、紫の袈裟を着用させた。天平七年（七三五）大使多治比真人広成に従って帰国した。［帰国に際して］経典やその注釈あわせて五千余巻と各種の仏像をもたらした。日本の朝廷でもまた紫の袈裟を与えてこれを着用させ、尊んで僧正に任じ、宮廷内の内道場にその座を占めさせた。これから後、天皇の盛んな寵愛が日ごとに深まり、次第に僧侶としてあるべき行いに背くようになってきた。［そのことで］時の人々は玄昉を悪しざまにいった。［やがて玄昉は筑紫観世音寺に左遷され］、この時（天平十八年六月十八日）にいたって配所で死んだのである。［これについて］世間では、藤原広嗣の霊によって殺害された、と伝えている。

［訓読文］

［僧玄昉死す[1]］。玄昉は、俗姓は阿刀氏[2]。霊亀二年、入唐[3]して学問す。唐の天子、昉を尊びて三品に准じて、紫の袈裟[4]を着せしむ。天平七年、大使多治比真人広成に随ひて還帰[5]せり。経論五千余巻及び[6]諸仏像を賷し来れり。皇朝もまた紫の袈裟を施してこれを着せしむ。尊びて僧正[7]となし、内道場[8]に安

置す。是より後、栄寵日に盛んにして、稍く沙門の行ひに乖けり。時の人これを悪めり。是に至りて徙所に死せり。9 世に相伝へて云く、「藤原広嗣の霊のために害せらる」と。

[原文]

[僧玄昉死]、玄昉、俗姓阿刀氏、霊亀二年入唐学問、唐天子尊昉准三品、令着紫袈裟、天平七年随大使多治比真人広成還帰、賷経論五千余巻及諸仏像来、皇朝亦施紫袈裟着之、尊為僧正、安置内道場、自是之後、栄寵日盛、稍乖沙門之行、時人悪之、至是死於徙所、世相伝云、為藤原広嗣霊所害、

[語句解説]

1**玄昉死**……ここに「死」とあるのは庶人としての扱いである。天平十七年（七四五）十一月乙卯2条に「玄昉法師を遣はして筑紫観世音寺を造らしむ」とあって単なる左遷のような書き方であるが、後述のように罪によって移す（流す）ということである。

2**阿刀氏**……『姓氏録』には宿禰と連が見え、ともに饒速日命の後とする。河内国渋川郡跡部郷（大阪府八尾市植松のあたり）の地名によるものと見られる。壬申の乱の功臣に安斗連智徳（のち阿刀宿禰）がいる。

3**霊亀二年入唐**……『続紀』霊亀二年八月癸亥20条に任命の記事があり、翌養老元年三月己卯9節刀を賜わった押使多治比県守・大使阿倍安麻呂以下の遣唐使に随伴して渡海した。このときの遣唐使に随伴した者としては学問僧玄昉のほか留学生下道（吉備）真備・阿倍仲麻呂、請益生大倭小東人（大和長岡）などが知られてい

る。

4 **紫袈裟**…天子から拝領する最高の袈裟とされる。唐天子は玄宗皇帝。唐では三品以上の服は紫と規定されていて、僧の最高の袈裟としてこれに準じたものであろう。なお玄昉の在唐中のことについてはよくわからないが、後の［考察］の項で触れる。

5 **天平七年還帰**…『続紀』天平六年十一月丁丑20条に入唐大使多治比広成らが多褹（種子）島に来着したことが見え、翌七年三月丙寅10帰朝して節刀をすすめている。このとき下道真備も同時に帰国した。

6 **経論五千余巻**…これは開元十八年（天平二年（七三〇））唐智昇撰の『開元釈教録』による一切経五〇四八巻であろうと思われる。福山敏男氏は「光明皇后発願の五月一日経は、玄昉の帰朝の翌年、天平八年九月二十九日より開元釈教録による一切経一部五〇四八巻を目標にして始められ、（中略）天平十四年十一月三十日までに目標の約九割、四五六五巻が写し上げられ、それは主として玄昉将来のものを底本としたらしい」とされた。『続紀』天平八年二月丁巳7条に、帰朝まもない玄昉に対して封百戸・田十町・扶翼童子八人を賜わった。これは特別の待遇であって、封戸は養老三年（七一九）十一月、神叡・道慈に各五十戸を賜わったことはあるが、今回はその二倍であり、僧に田を賜わることは他にない。また扶翼童子も初見である。僧尼令6に信心童子を侍すを許しており、宝亀三年（七七二）三月に十禅師に二人ずつの童子を付けることとしているが（『三代格』三）、のち延暦十七年（七九八）六月に僧綱等に付属の童子を決めた時にも最高で六人である（同上）。玄昉の待遇は全く破格であり、これは「入唐学問僧玄昉法師」とあることから推察されるが、経論五千余巻の将来という功績のためであろう。共に将来した諸仏像については現在特定することは困難であるが、いずれにせよこれら経論・仏像の将来は仏教界は勿論、広く天平文化に資すること大なるものであった。

7僧正となす…日本の朝廷でも紫の袈裟を授けたというのは僧正に任じた時のことであろうか。天平九年（七三七）八月丁卯26僧正に任じたのは、前年天平八年に僧正弁静が没したので（『僧綱補任』）、その後任としてであろう。

8内道場…内裏における仏の礼拝・修行などを行う施設。［考察］の項参照。

9徙所に死す…「徙」はうつす、うつるの意であるが、ながす、しりぞけるの意味もある。「伝」の冒頭に見えるように「死」とある。「伝」のある他の僧侶の例を見ると、道昭・鑑真は物化、道慈は卒、行基の場合は遷化とあるが、道鏡は玄昉と同じ扱いの死である。道鏡は「造下野国薬師寺別当」として現地に送られそこで死んだのに対し、玄昉の場合は「筑紫観世音寺を造らしむ」とあるだけであるが、造筑紫観世音寺別当というようなことであろう。

それにしても玄昉については道鏡のような具体的な記述はなく「稍く沙門の行ひに乖けり」という抽象的なことだけである。僧侶としてあるべきことに背く、というのは政治への介入か異性との関係かのどちらかであろう。道鏡と同じようにその両方であるとする見方もあるが覚束ない考えである。ただ天平十二年八月に藤原広嗣が大宰府で挙兵した時の上表に、玄昉と吉備真備を除くべきことを述べているところから見ると、政治に深くかかわったようであるが、具体的には明らかではない。広嗣は「逆人」「逆賊」として討伐されたわけであるが、その後の玄昉に対する処遇を見ると、広嗣の主張を一部容れたことになるであろうか。これについてはなお［考察］の項参照。

［考察］

玄昉の功績の第一は開元一切経の将来である。玄昉の在唐中の事柄についてはほとんどわからない。『三国仏法伝通縁起』によると、玄昉は入唐すると僕揚智周大師に謁し法相宗を学んだ、という。この当時の唐の仏教界では玄奘の新訳仏教を代表する法相宗が盛行しており、その第三祖といわれる智周（六六八～七二三）の時代だった（田村円澄氏）。玄昉がその智周に学んだということはわかるが、どのようにして皇帝が玄昉を尊んで特別の待遇をするようになったか、玄昉がどのような契機から皇帝に近づき、どのようにして紫の袈裟を拝領するようになったか、語ってくれる史料はない。実はそのことが帰国後、日本の朝廷から特別の待遇を与えられるもとになり、ひいては彼の運命を変えるきっかけになったわけである。

いま「経論五千余巻及諸仏像」という唯一のヒントから考えてみると、これを日本に伝えようという壮大な玄昉の計画が智周を通して皇帝の耳に入り（あるいは智周の計画であったかもしれない）、皇帝は唐の誇る新訳経典の東伝という壮図を嘉（よみ）して、玄昉に殊遇を与えたのではなかろうか。これは想像にすぎないが、こうして「経論五千余巻」が仏像とともに日本に齎（もたら）された。丁度そのとき、神亀五年（七二八）ころから日本では国家的な大プロジェクトである写経事業がはじまっていた。これは光明皇后御願の一切経の書写であって、諸官司から書き手を動員して皇后宮職写経所において大規模に始められていた。こうしたときに玄昉の「経論五千余巻」が齎されたのであるから、朝廷とくに写経の願主光明皇后の喜びは非常なものであったと推察される。朝廷では唐朝に倣って玄昉に食封や田、それに紫の袈裟を与え、僧綱（そうごう）として最高の僧正に任じた。そればかりでなく内道場に安置したという。つぎにその内道場を考えてみよう。

内道場は宮廷内に設けられた仏教の礼拝・修行の施設で、はじめ中国に起こったものである。その実体はすでに六朝時代にあり、隋の煬帝のとき内道場という称ができ、唐の則天武后時代に整い、その後歴代にわたり内道場を基盤とする護持僧が輩出したという。わが国では『書紀』天智天皇十年（六七一）十月条に近江大津宮の内裏に仏殿があったことが見え、天武天皇十二年（六八三）七月および朱鳥元年（六八六）五月条には飛鳥浄御原宮内に僧尼を安居させた記事があり、同七月条では金光明経を宮中で読誦し、また浄行者七〇人を出家させ宮中の御窟院で斎会を設けている。したがって平城宮にもこのような内道場的な施設があったと推察されるであろう。『続紀』神亀四年（七二七）十二月丁丑10条の僧正義淵への勅のなかで「先帝の御世より朕が代にいたるまで、内裏に供奉して一の咎愆もなし」と見え、元正天皇の時から実態上内道場的な施設があったことを示している。内道場という名称は日本では玄昉のときが史料上の初見であるが、それ以前のことは大略以上のようである。

玄昉が内道場に入るのは僧正になった天平九年八月前後のことであろう。その前の天平三～八年の「正倉院文書」に「内院」という施設が見える。例えば天平三年からの写経目録（『大古』七―二五）に天平五年正月に写し始めた薬師経ほか四種の経巻が同年二月三十日に「内堂」に進納されており、またこの目録にはほかに「内進」と注記された経巻がある。これは「内堂進納」の意味かと思われ、井上薫氏は「内堂」を内道場の前身かとされた。また同じ写経目録の法華経八巻の注記に「正月十一日内堂斎会転読云々」とあり、内堂で斎会が行われていることが知られる。ただしこの「正月十一日」の年が明らかでない。このとき転読された経巻は八年九月一日「為内親王御写」とあり、内親王は阿倍内親王であり、年は前後の関係から見ると天平九年と見られる。これらのことは玄昉の内道場供奉以前のことであろう。

ところが他方福山敏男氏によると、初期の写経（五月一日経）が行われた隅院（角院・角寺）は天平七年ないし八年に光明皇后により玄昉のために建てられ、皇后宮（のちの法華寺）の東北隅の方一町を占めていたと考えられ、これが内道場であろうとされた。しかし内道場を示す語「内院」は、前掲の「正倉院文書」では書写した経巻が進納される所であるのに、隅院は写経が行われた所であって施設としての性格を異にしているように思われる。隅院すなわち内道場とするのはいかがなものであろうか。

　厖大な経論を将来した玄昉が朝廷に歓迎されて内道場に入ったことは前述したが、内道場に入ったことは礼拝・修行に携わったことだけではなく、後の道鏡の例からも知られるように玄昉にも看病禅師としての面があったのである。僧侶の治療というものは、密教的な祈禱のほかに薬物を用いることや問診して精神的な治療をすることもあったと思われる。聖武上皇の重病にあたっては一二六人の看病禅師が動員されているが（『続紀』天平勝宝八歳五月丁丑24条）、これのすべてが内道場の禅師ではなく、聖武上皇の看病にさいして医薬の効験が著しかったという禅師法栄は「辺地」から呼び出されたものであるという（同年五月丙子23条）。道鏡が内道場の禅師となり、看病に侍して寵幸されたことは有名であるが（〔18道鏡〕参照）、道鏡没落後、内道場には「持戒称するに足り」「看病声を著はす」一〇人の禅師を選び、欠があれば清行の僧を選んで補充することにしている（『続紀』宝亀三年三月丁亥6条・『三代格』三、同三年三月二十一日官符）。

　これらは後のことであるが、こうした看病禅師の系譜の上に、玄昉の皇太夫人宮子（みやこ）の病気治療の事がある。すなわち玄昉の内道場供奉の直後の天平九年十二月丙寅27条の『続紀』の記事に見える。この日、皇太夫人宮子（聖武の生母）は皇后宮に入って玄昉に会った。宮子は以前から「幽憂に沈み、久しく人事を廃す」という状態で、天皇が誕生して以来まみえることがなかったという。これはひどい鬱病であろうが、その宮子が玄昉に会って治療をうけると、はっきりと正常の精神状態に戻ったという。「法師、ひとたび看るに、恵然として開晤す」とある。

　ところが早くからこれを疑った風評があった。『扶桑略記』延暦十六年四月丙子21条の僧正善珠の死去の条に

『国史』を引いて僧正善珠は玄昉が宮子と密通して生まれたという俗言があることを記している。これは俗言とあるように、ひとびとの間で道鏡のことと共に卑猥な話を混じて、面白おかしく流布したもので採るに足らない話であるが、「伝」に「時の人これをにくめり」とあることのひとつの現われであろうか。宮子の病を治した話は、やはりひどい鬱病を玄昉の非凡な説法等によって癒したものと理解すべきであろうか。ただひどく大袈裟な記述になっている。例えば玄昉が褒美に賜わったものが「絁一千疋・綿一千屯・糸一千絇・布一千端」というすべて「一千」という数になっているのは最大級ということであろうが、いかにも作為的であり、綿一千屯などはことに現実的ではない。その他すべて誇張して書かれたものと見るべきであろう。とはいえ皇太夫人に属す官司、中宮職の亮下道真備（のち吉備真備、当時大夫は欠員）以下、中宮職の官人に叙位・賜物のことがあったことは否定すべくもなく、玄昉と真備とはこうした契機によって宮廷に深くくい込むこととなる。

こうして玄昉は天皇・皇后に尊敬される立場にあり、玄昉はこれを利用してほしいままに振舞うことになる。高野山正智院所蔵の「仏頂尊勝陀羅尼経」の奥書に「天平十一年五月四日奉勅、為玄昉僧正疹疾、敬写此経一千巻」と見える。これは聖武天皇が玄昉の病気平癒のために写させた一千巻の願経の一巻である（山本信吉『正智院聖教目録』）。これに対して玄昉は同十三年七月十五日盂蘭盆会（うらぼんえ）にさいして、聖武・元正・光明をはじめ天下万民のためにと「千手千眼陀羅尼経」一千巻を発願している（京都国立博物館所蔵）。玄昉と天皇・皇后とは仏教によってそのような関係になっていたのである。

天平十二年八月、大宰少弐藤原広嗣は上表文を進めて時政の得失を指し、天地の災異を述べ、玄昉と下道真備を除くことを主張した。容れられないと見るや翌月に北九州で兵を挙げた。これによると広嗣は、玄昉が僧侶の身でありながら政治に深く食い込み、大きな力を持っていたと見ているわけである。是れより先、藤原武智麻呂・房前（ふささき）・宇合（うまかい）・麻呂の四兄弟が廟堂に並び立ち藤原氏の全盛であったが、天平九年の疫病流行によって四人とも病没した。藤原氏の次世代は広嗣をはじめとして未だ若年だったのである。代わって廟堂を率いたのは橘諸兄であり、そのもとに新帰朝者の玄昉・真備が取り立てられたという構図である。広嗣はこれを嫌った。僧侶の玄昉と地方豪族出身の真備の二人を君側の奸として除くことを主張したのである。結局、広嗣は逆賊として斬られ、与党は多数死罪以下の罪に問われた。

玄昉が筑紫の観世音寺の造営に派遣されたことは、それから数年後の天平十七年十一月のことである。この派遣は後の道鏡が造下野国薬師寺別当とあるのに同じく、罪による左遷であったことは、つづいて同月庚午17条に玄昉の封戸や財物が没収されたことからもわかる。この玄昉の罪は本条の「伝」に「栄寵日に盛んにして、稍く沙門の行ひに乖けり」とするところにあるのであろうが、ならば広嗣の主張を是とするものである。しかし指弾されたのは前述のように数年後のことである。同十五年・十六年には写経所から「玄昉僧正所」に経巻を奉請しており（『大古』八―一八六・七）、同十六年五月四日写疏所解には「僧正奉写弥勒経」の装潢（そうこう）のための料紙のことが見えている（同二―三五一）。これは写経所という一局部のことであるが、玄昉は僧正として健在であったことを示している。結局、玄昉の罪を問うたのは同十七年正月二十一日に行基が大僧正になってからのことであり、玄昉を越えて大僧正になった行基によって玄昉が粛清された形になっている。しかし玄昉の死は、世評では広嗣の怨霊に狙われたものとして伝播したようである。

「伝」の最後の「世、相伝へて曰く」とは世間の噂として伝えるには、ということであるが、広嗣の怨霊に殺されたのだ、ということである。このことを『扶桑略記』は、流俗相伝えて云うとして、観世音寺の供養の日に玄昉は導師として輿に乗っていたところ、突然空からその身を捕えられ、そのままどこかに失われてしまった。後日のこと、その首は平城京の興福寺の唐院に落ちてきた、と記している。『元亨釈書』にも同じ伝えを載せ、最後に「蓋し藤広継の霊のなすところ也、その霊は今の松浦明神なり」とある。こうした荒唐無稽な話も広嗣の怨霊の不思議さ、恐ろしさ、ということで世に伝えられたのであろう。史上怨霊の祟りとしては早い例であろう。『続紀』編纂の時点における一般の関心はこうした配流地において怨霊にとりつかれて没したということにあったのではないかと思われる。平安時代の怨霊思想は有名であるが、桓武朝はその第一の高揚期であった。玄昉がとりつかれた怨霊の伝承は、延暦期に高まった怨霊思想の反映として見ることもできるであろう。

最後に広嗣が指弾したもう一人の下道真備について触れておこう。真備は広嗣の乱後も昇進し、天平十八年十月丁卯19吉備朝臣の姓を賜わり、天平勝宝元年（七四九）七月皇太子の受禅（孝謙）のとき従四位上に叙せられた。ところが同二年正月にわかに筑前守に左降され、ついで俄に肥前守に移された。真備の薨伝に広嗣の「逆魂いまだ息まず」とある（宝亀六年十月壬戌2条）。しかし真備は玄昉のように怨霊に取り殺されはしなかったが、遣唐副使、大宰大弐と藤原仲麻呂時代にはなかなか中央に復帰できなかった。藤原仲麻呂の手がまわったのではないかと考えられる。やっと都に帰ったが、任ぜられたのは造東大寺長官であった。このとき真備は辞表を出していたが、ちょうど仲麻呂の叛乱が起き、真備は朝廷の命を受けて急遽討伐に赴いたのである（「20吉備真備」参照）。

5　行基和尚(ぎょうきおしょう)——菩薩と崇められた高僧——

巻十七・天平勝宝元年二月丁酉2条

［現代語訳］

〔大僧正行基〕和尚は薬師寺の僧である。俗姓は高志(こし)氏で和泉国の人であった。和尚は純粋なひとがらで、生まれつきすぐれた才能をもち、人の模範となる徳が早くから顕われていた。はじめ出家したとき、瑜伽師地論(ゆがしじろん)と成唯識論(じょうゆいしきろん)という法相宗の中心経典を読んで即座にその意味を理解した。はやくから都や田舎をまわって多くの人々を教化した。〔それで〕僧侶や俗人のなかには教化を慕って付き従う者は、どうかすると千を数えるほどであった。行く先々で和尚が来たことを聞けば、町に人がいなくなり、争って〔和尚のところに〕来て礼拝した。〔和尚は、それらの人々の〕才能に応じて指導し、すべて善に向わせた。また〔和尚は〕自ら弟子たちを率いて各地の要所に橋を架け、堤を築いた。〔和尚の〕評判の及ぶ範囲の人は、皆やって来て労力を提供したので、日数がかからずに完成し、人民は現在にいたるまでその利益(りやく)を蒙っている。

豊桜彦天皇(とよさくらひこのすめらみこと)（聖武）は〔和尚を〕たいへん敬い重(うやま)んぜられた。〔そこで〕詔して、大僧正の位を授けられ、供養のため四百人を出家させた。〔また和尚には〕不思議な異変や霊的な顕われが、ことに触れて多かったので、時の人たちは〔和尚を〕名づけて行基菩薩といった。〔和尚は〕滞在したところにはみな仏道修行の道場を建てた。それは畿内には凡そ四十九か所、〔地方の〕諸道にも所々にあった。弟子たちは「それら道場を」受け継ぎ、みな遺された法を守って今にいたるまで住んで維持している。亡くなった時、年は八十であった。

[訓読文]

[大僧正行基和尚遷化す]。和尚は薬師寺の僧なり。俗姓は高志氏[1]。和泉の国の人なり[2]。和尚、真粋天挺にして、徳範、夙に彰はれぬ。初め出家せしとき、瑜伽唯識論[3]を読みて即ち其の意を了りぬ。すでにして都鄙を周遊して衆生を教化す[4]。道俗、化を慕ひて追従する者、動もすれば千を以て数ふ。行く処、和尚の来たるを聞けば、巷に居る人なく、争ひ来りて礼拝す。器に随ひて誘導し、咸く善に趣かしむ。またみづから弟子等を率ゐて、諸の要害の処に於て橋を造り陂を築く[5]。聞見の及ぶ所みな来りて功を加へ不日にして成る。百姓今に至るまで其の利を蒙れり。豊桜彦天皇[6]甚だ敬重したまふ。詔して大僧正[7]の位を授け并びに四百人の出家を施す。和尚の霊異・神験、類に触れて多し。時の人号して行基菩薩[8]といふ。留まる処に皆道場[9]を建つ。その畿内にはおよそ四十九処、諸道にも亦往々にして在り。弟子相継ぎて皆遺法を守りて今に至るまで住持す。薨ずる時、年八十[10]。

[原文]

[大僧正行基和尚遷化]、和尚、薬師寺僧、俗姓高志氏、和泉国人也、和尚、真粋天挺、徳範夙彰、初出家、読瑜伽唯識論即了其意、既而周遊都鄙、教化衆生、道俗慕化追従者、動以千数、所行之処聞和

尚来、巷无居人、争来礼拝、随器誘導、咸趣于善、又親率弟子等、於諸要害処、造橋築陂、聞見所及咸来加功、不日而成、百姓至今蒙其利焉、豊桜彦天皇甚敬重焉、詔授大僧正之位并施四百人出家、和尚霊異神験、触類而多、時人号曰行基菩薩、留止之処皆建道場、其畿内凡卌九処、諸道亦往々而在、弟子相継皆守遺法、至今住持焉、薨時年八十、

［語句解説］

1**高志氏**……『姓氏録』右京・大和神別の高志連ではなく、河内・和泉諸蕃の「古志連、文宿禰同祖、和邇の後なり」とある渡来系氏族であろう。『大僧正舎利瓶記』に「俗姓は高志氏、その考（父）諱は才智、字（あざな）智法君の長子なり、本（もと）百済王子王仁（わに）の後なり」と見える。

2**和泉国**……このとき和泉国はなく河内国。和泉国は天平宝字元年（七五七）五月河内国から分立する。ここは『続紀』編者の追記。『大僧正舎利瓶記』は河内国とする。

3**瑜伽唯識論**……弥勒（三九五～四七〇頃）作とされる『瑜伽師地論』と世親（四〇〇～四八〇）の『唯識三十頌』の注釈『成唯識論』であるが、のち法相宗の中心経典とされ、いずれも唐の玄奘の漢訳として伝えられ、わが国には道昭が玄奘より受けて将来したものといわれている。行基は道昭から伝えられたのではないか、とされる。

4**都鄙を周遊して、衆生を教化**……行基が各地を巡って民衆を教化したことは『行基年譜』その他に見え、それに対する政府の対応は養老元年四月壬辰23詔・天平三年八月癸未7詔などに見える。これらについては［考察］において述べる。

5**橋を造り陂を築く**……これらの土木工事は行基の地方巡回の特徴。これらは道昭が伝えた法相宗の菩薩行の実践とみられ、行基は道昭から受けたものと考えられている。『行基年譜』に引く「天平十三年記」に、「架橋六所・直道一所・池十五所・溝六所・樋三所・船息二所・堀四所・布施屋九所」が見え、その場所が具体的に記されている。

6**豊桜彦天皇**……聖武天皇の和風諡号。正式には天璽国押開豊桜彦天皇。天平宝字二年（七五八）八月戊申9に贈られた。

7**大僧正**……『続紀』天平十七年正月己卯21条に「詔して行基法師を以て大僧正と為す」とある。このとき四百人の出家を施されたことが見えるのは本条のみ。『大僧正舎利瓶記』には、天平十七年（七四五）に大僧正の任を授けると共に封百戸を施すことが見え、つづいて「時に僧綱すでに備はるに特にその上に居す」とある。大僧正はこのときが初見であり、この後もしばらく見えない。この時はすでに僧正玄昉、大僧都行達、少僧都栄弁、律師行信と僧綱が揃っており、その上に大僧正という任を始めて置いたということは並々ならぬことである。

8**行基菩薩**……菩薩とは正確には菩薩戒という戒律を受けた僧をいうが、俗的には仏に近い徳のある僧をいう。『日本霊異記』（中七話）にも「時の人つつしみ貴び、ほめて菩薩といふ」とみえる。民衆からの称呼で「生き仏さま」という感じの呼び方であろうか。菩薩という称呼は行基だけに限ったものではなく、たとえば「光覚願経」のうち、大法炬陀羅尼経（だいほうきょだらにきょう）巻六の跋語に俗人二一人連名の筆頭として「演勝菩薩」、巻九の俗人十人の筆頭に「延光菩薩」の名が見えるが（『寧遺』中六三二）、そうした人もまた民衆の中での仏法指導者であったろう。

9**道場**……仏教修行の施設。ここでは行基創設のいわゆる「四十九院」のこと。『続紀』宝亀四年（七七三）十一月辛卯20条に、行基法師の建てた修行の院四〇余処のうち田を未施入の六院に田を施入するとして、大和国の菩提(ぼだい)・登美(とみ)・生馬(いこま)、河内国の石凝(いしごり)・山埼、和泉国の高渚(たかす)の六院の名をあげている。また『行基年譜』では慶雲二年（七〇五）創立をはじめとして年順に「四十九院」があげられている。これを所在国別にすると右京の菅原寺、大和の恩光寺・隆福院・隆福尼院・頭陀院・同尼院、山城の法禅院・河原院・大井院・山埼院・吉田院・泉橋院・隆福尼院（ママ）・泉福院・布施院・同尼院、河内の石凝院・久修園(くすおん)院・狭山池院・同尼院・枚方院・薦田(こもだ)尼院、摂津の善源院・同尼院・船息(ふなすえ)院・同尼院・高瀬橋院・同尼院・楊津(やず)院・崑陽施(こやせ)院・沙田院・呉坂院・大福院・同尼院・難波度院・枚松院・作蓋部(さやべ)院、和泉の大修恵院・清浄土院・同尼院・檜尾池院・大野寺・同尼院・隆池院・深井尼院・鶴田池院。これで四六院となるが、写本によって文字の異同があり、別の名称で記されていたり、落ちているもの、重複しているもの等があり、現地比定は困難なものが多い。『行基年譜』ではこれらの他に報恩院（河内国）・長岡院（菅原寺の西）があるという。以上はすべて畿内の道場であり、畿外についても「往々にして在り」としているが具体的には明らかではない。伝説的には行基の創立・中興その他ゆかりの寺と伝えているものは東北地方から九州にいたるまで多数にのぼる。

10 **薨年八十**……『大僧正舎利瓶記』には「近江大津之朝戊辰歳」（六六八）の生まれ、「寿八十二、（天平）廿一年二月二日」の没としている。『行基年譜』『元亨釈書』もこれと同じ。

［考察］

行基の伝としては『続紀』のほかには主なものとして『大僧正舎利瓶記』『行基年譜』『行基菩薩伝』の三種がある。最初の『大僧正舎利瓶記』は『行基墓誌』ともいわれ、行基の骨蔵器に刻された銘文である。行基の骨蔵器は文暦二年（一二三五）竹林寺の墓地（現奈良県生駒市有里町）から発掘されたもので、その寺の住職寂滅によって本寺たる唐招提寺に報告された。その骨蔵器は鋳銅製の筒形容器であって、周囲に銘文が陰刻されていたが、現存するのはほぼ三角形を呈する断片で、文字は残画を含めて二十一字に過ぎない。しかし文暦二年九月の竹林寺寂滅の注進状に添えられた「大僧正舎利瓶記」（唐招提寺蔵）によって全文を知ることができる（飛鳥資料館編『日本古代の墓誌・銘文篇』）。

つぎの『行基年譜』は安元元年（一一七五）九月十日泉高父宿禰という人物（伝記等不詳）が編集したもので、伝本は前欠のため原書名は不明で、『行基年譜』とは、その内容から後につけられたものである。内容は年次の順に記されており、現存の前欠の巻初は年が記されていないが、次の年が「行年卅七歳甲辰」（慶雲元年（七〇四））の記述であるから、大宝三年癸卯の後半に当たるものと見られる。この文の途中に「天平十三年記」というものを引用している。これは井上光貞氏の研究によって、延暦二十三年三月十九日の菅原寺牒に引かれた記録と思われ、それなりの信頼性があるものとされ、行基創立のいわゆる「四十九院」や築造の橋・池・布施屋、その他が記されていて貴重である。『行基年譜』のその他の記述にも示唆に富む記録がふくまれている。

つぎの『行基菩薩伝』も行基の伝記で主な事項が編年的に記されている。作者・成立年代ともに不詳であるが、本書の原本か同系の文が『行基年譜』に引用されているところから、安元元年以前の撰と見られている（『続群書類従』所収）。またそのほか『扶桑略記』『元亨釈書』にも「伝」があり、『東大寺要録』などにも触れるところがあり、さらに伝承・信仰上の伝記や縁起などは多数にのぼる。

さて行基に関する研究は、これまで夥しい著書・論文として発表されている。それらはおおまかに三つに区分される。もちろん相互に関係しあっているのだが、第一に文献・史料の研究、史跡・遺跡の研究という、いわば考証学的な研究。第二に教義・宗派などにかかわる仏教または仏教史的な研究。第三に奈良時代の社会・政治史上の行基の位置をめぐる研究、がこれである。ここでは行基集団への弾圧からその緩和への推移、大仏造顕事業と行基ということを、主として第三の側面に関連して触れておきたい。

行基の『続紀』での初見は養老元年（七一七）四月壬辰[23]条の詔である。これは僧尼令の規定などに背く僧侶を取り締るものであるが、その第三条に「小僧行基」と名指しで、しかも小僧という蔑称をつけて厳しく取り締りの対象にされている（ちなみに第一条は俗人が勝手に僧形になる、いわゆる私度僧の禁止、第二条は僧侶の療病行為にまつわる規制である）。いまその原文に沿って具体的に見てみよう。

近頃「小僧行基」とその弟子どもは「街衢（がいく）に零畳（れいでふ）して妄りに罪福を説き」（町々に無秩序に集合して、みだりに罪業や福徳の因果のことなどを民衆に説き）、「朋党を合はせ構へて指・臂（ひぢ）を焚き剝ぎ」（徒党を組んで指を焚き、臂を剝ぐなどのパフォーマンスをして見せ）、「門を歴て仮説し、強ひて余物を乞ひ」（家々をめぐっていつわりの説を述べて食物以外のものを乞い）、「詐りて聖道と称して百姓を妖惑す」（仏の道と称して民衆を惑わしている）とし、その結果僧侶と俗人は混雑して区別がなくなるようになり、人々は生業を棄てる状態である。これは仏の教えに反し、法令を犯すことになる、というのである。

ここに用いられた用語は、しばしば仏法を偽称する徒や違反僧侶を非難する時に用いられる常套句であってあまり具体的ではないが、この時期、課役を忌避して浮浪逃亡し、僧侶としての得度を求めたりするものが多かった民衆の状況を背景として、行基とその弟子たちは寺院を出て町村の民衆に布教したのであった。行基たちの民衆に対する説法は教説というよりは、現世的要望に応えるような平易な因果応報の教えや、病や痛みを治すといった現世利益的な霊験を示すといったものではなかったか、と思われる。こうした行基らの現世的な救済を説く教えは、それを慕って礼拝するもの、追従するものなどが千人を越すような状況であったという。

また行基らは、人々を集めて、往来のための橋、水田耕作のための用水池や溝・樋など、旅人のための布施屋などを築造する土木工事を行ったという。どのような労働編成、どのような技術集団の存在があったかなどについては判然としないが、空海が満濃池を築造したときには彼を慕う群集が工事に当たり短期間で完成したといわれている。まさに行基の率いる集団の土木工事はその前例であったであろう。

その後、養老六年（七二二）七月己卯10条にも僧尼令に反する布教を禁断する法令が出されている。これには行基とその弟子とは見えないが、取り締りの対象は「近ごろ在京の僧尼」とされ、彼らは「罪福の因果を説き」「街衢の間に乞食し」とか「偽りて邪説を誦し」「初め脩道に似て終には奸乱を挾む」とあって、前詔と同様な内容である。翌七年四月にいわゆる三世一身法が発布されると行基の活動は開発事業に力を入れたようで、とくに生誕の地、和泉国を中心に開発に乗り出したことが『行基年譜』の記載から見て取れるのである。

そして、その数年後の天平三年（七三一）八月癸未7条には「小僧行基」ではなく「行基法師」と表現し、これに追従する優婆塞・優婆夷（男女の未得度の修行者）のうち法の如く修行するもので、男は六十一歳以上、女は五十五歳以上のものは入道（得度して仏法の道に入る）を許す、とある。これは行基集団に対する取り締りの方針が明らかに転換したというべきであろう。『行基年譜』によると、この法令が出る前年の天平二年から摂津・山城に布教を拡大しているさまが顕著に見られる。このような養老から天平にかけての行基の民間布教のようすを『行基年譜』に見える道場の建設の記事によって垣間見ることとする。

霊亀二年（七一六）　行基四十九歳　大和平群郡恩光寺を興す
養老二年（七一八）　行基五十一歳　大和添下郡隆福院を興す
養老四年（七二〇）　行基五十三歳　河内河内郡石凝院を興す

養老五年（七二一）　行基五十四歳　寺史乙丸の居宅を施入される（のち菅原寺）
養老六年（七二二）　行基五十五歳　右京三条喜光寺（菅原寺）を興す
神亀元年（七二四）　行基五十七歳　和泉大鳥郡清浄土院（高渚院）・尼院を興す
神亀二年（七二五）　行基五十八歳　河内交野郡久修園院を興す、山埼橋を建つ
神亀三年（七二六）　行基五十九歳　和泉大鳥郡檜尾池院を興す
神亀四年（七二七）　行基 六 十 歳　和泉大鳥郡大野寺・尼院を興す
天平二年（七三〇）　行基六十三歳　摂津西成郡善源院・尼院を興す
同国兎原郡船息院・尼院を興す
同国島下郡高瀬橋院・尼院を興す
同国河辺郡楊津院を興す
天平三年（七三一）　行基六十四歳　河内国丹北郡狭山池院・尼院を興す
摂津国河辺郡崑陽施院を興す
山城国紀伊郡法禅院を興す
同国葛野郡河原院・大井院を興す
同国乙訓郡山崎院を興す
大和国添下郡隆福尼院を興す

これは行基四十九歳の霊亀二年から、六十四歳の天平三年までの要点を見たものであるが、毎年のように畿内各地において寺院を建設している。特に天平二、三年における建設はめざましいものがあるが、この年頃の『行

基年譜』にひく年代記はほぼ信頼に足るという説もある。これがいわゆる「四十九院」であるが、行基は民間に布教して各地にこうした布教拠点を造り、布教の拡大を進めたのである。なお橋の建設や築堤・布施屋のことは、別の箇所にまとめて記されているので、ここには山埼橋以外は見えないが、この間には道場ばかりではなく、それらの土木工事も行われていたのである。『行基年譜』によると、こうした道場の建設は行基が大僧正になっても、さらに没する直前まで続けて行われていたという。

やがて天平十五年（七四三）十月十五日、聖武天皇は紫香楽宮で有名な大仏造立の詔を発し、その十九日天皇はその寺地を開いたが、「是に於て行基法師弟子らを率ゐて衆庶を勧誘す」と『続紀』に見える。すなわち天平三年に転換が認められた行基集団に対する対策は、いっそう親善的なものに変貌したわけで、行基の組織した民衆のエネルギーを大仏造立の智識として吸収していくのである。行基もそれに対応して天皇の発願に協力することになった。こうして行基は弟子とともに多くの民衆を率いて大仏造営に参画したのである。これは行基集団の土木工事の延長上のものと理解される。

そうした時期に朝廷では大仏造営の大事業を核にして権力闘争が起こっていた。天平十六年から翌十七年にかけて皇居は恭仁・紫香楽・難波と変遷し、政治権力は橘諸兄から藤原仲麻呂へと移っていったのである。結局、皇居は平城に還るのであるが、行基が大僧正にむかえられるのはそうしたただ中のことである。

行基が大僧正になったこの時は、どのような政治環境にあったのであろうか。前年の十一月紫香楽の甲賀寺で大仏の体骨柱が建てられ、天皇が自らその綱を引くという行事が華々しく挙行された。翌十七年正月朔日は紫香楽宮の宮殿は未完成なので廃朝になったが、御座所では宴が行われた。行基が大僧正になったのは、同じ正月の二十一日のことである。その時までは紫香楽宮は変わることなく、大仏の造営も続けられていたと思われる。

ところが同じ十七年の四月朔日、紫香楽宮の市の西山に反対派の仕掛けと思われる山火事が起こり、連日、宮の周辺の山で続けて起こった。それに地震が加わり、いっそう不安はつのった。五月に入って諸司の官人や四大寺の衆僧に遷都についての意見が聴取され、その五日、連日の地震のなか恭仁宮に戻り、数日後には今度は平城に還ることとなり、諸司はもとの役所に戻ったという。その頃、恭仁宮の市人たちは争って平城に移り、紫香楽宮にいたっては無人の状態で盗賊たちの巣になっていたという。『東大寺要録』巻二の「大仏殿碑文」によると、その八月二十三日大和国添上郡において大仏の建立事業が始まったとある。紫香楽で始まった大仏の建立事業は平城京の東（添上郡）で再開されたのである。行基集団もこれに協力したものと思われる。そのようなとき十一月二日に玄昉を筑紫観世音寺に左遷することになった。政権における諸兄から仲麻呂への傾斜は、仏教界における玄昉から行基への動きに連動しているのではなかろうか。

先の［語句解説7］で述べたように、大僧正はこの行基が初めての例であった。このときまだ玄昉は僧正に在任していたわけで、そのうえに行基のための大僧正の職が新設されたのである。これが正月二十一日のことであり、玄昉が筑紫に左遷されたのは、その年十一月二日のことである。玄昉が左遷されてから行基が大僧正に任ぜられたのではないことに注目すべきで、玄昉は行基によって左遷された形になったのである。行基と玄昉の対立ということは史料に見えないが、憤死した広嗣の怨霊が乱後数年鎮静していて、十七年になってはじめてあらわになったというものではなかろう。天平十二年（七四〇）九月の広嗣の乱以後、僧正玄昉の言動に貴族層の不満がつのり、その地位に蔭りが出始めていたのではなかろうか。

他方、行基と朝廷との接近は天平十五年十月の大仏造立の詔を待たずにうかがうことが出来る。まず『令集解』に引用する天平十年頃の成立と見られる大宝令の注釈「古記」に、道場で衆を教化する例として「行基大徳」

と見えていることは注目される。また同十三年七月から十月にかけて行われた恭仁京の賀世山東河の架橋に従事した畿内諸国の優婆塞七五〇人を得度したことが『続紀』にみえるが、これらは行基の徒である可能性が高く、『行基年譜』によると、この年聖武天皇は山城国泉橋院に行幸し、給孤独田として猪名野の地を施入したことを伝えている。この記事はなお検討を要する部分があるが、泉橋院は恭仁京近傍にあるだけに史実である可能性がある。また同十五年頃と思われる優婆塞貢進文に「薬師之寺師位僧行基」の名で師主として優婆塞を貢進している（『大古』二十四―三〇二）。このようなことが指摘されるが、朝廷は大仏造立に行基の協力を求めるについては、当然その前提として同十五年十月以前からの行基集団への理解と接近があったのである。

政局では前述のような天平十六、七年ころの権力中枢の不安定な動きが仲麻呂の権力中枢への台頭と結びつくものと見られるが、この時点で仏教界においても権力交替が起こった可能性は高いのではないかと思われる。かつて内道場の僧であり、一切経将来で写経事業に尽くし、また内道場を足場として権力と結び付いていた玄昉であるが、民間布教から大仏造営に協力する方向に舵を取った行基の勢いに圧倒されたことになる。

6　多治比広足——橘奈良麻呂の変に連座した——

巻二十二・天平宝字四年正月癸未21条

[現代語訳]

[散位従三位] 多治比真人広足の父の志麻は藤原朝（文武天皇朝）の正二位左大臣であった。広足は平城朝（聖武・孝謙天皇朝）で京官や地方官を歴任して中納言にまで昇任した。[ところが] 天平勝宝九歳（七五七）、子や甥たちの反逆（橘奈良麻呂の変）に連座して職を免ぜられて屋敷にかえり、位を持って官に任ぜられないまま散位で没した。

[訓読文]

[散位従三位多治比真人広足薨ず]。父志麻[1]は藤原朝の正二位左大臣なり。広足は平城朝に内外に歴任[2]して中納言に至る。勝宝九歳[3]、子姪の党逆に坐して、職を免ぜられて第に帰り、散位を以て終はる。

[原文]

[散位従三位多治比真人広足薨]、父志麻、藤原朝正二位左大臣、広足、平城朝歴任内外、至中納言、勝宝九歳坐子姪党逆、而免職帰第、以散位終焉、

〔語句解説〕

1**志麻**・・・嶋とも書く。宣化天皇の曾孫多治比古王の子で天武八姓を定めたとき真人の姓を賜わったと伝える。天武朝に筑紫大宰（のちの大宰帥）であったが、持統天皇の即位のとき右大臣に任ぜられ、文武天皇四年（七〇〇）正月高年により霊寿杖と輿を賜わった。ときに左大臣。大宝元年（七〇一）三月正二位に叙せられ、同七月に没した。『公卿補任』には薨年七十八とある。その子には広足のほかに池守・水守・県守（あがたもり）・広成が知られる。

2**官歴**・・・「歴任内外」としか見えないが、神亀三年（七二六）叙従五位下のあと上総守・武蔵守をへて、天平十八年（七四六）刑部卿に任じ、翌十九年兵部卿に転じ、天平勝宝元年（七四九）中納言に任じ、翌二年従三位になった。

3**勝宝九歳**・・・天平宝字元年（七五七）七月の橘奈良麻呂の変を指す。この事件に多治比氏としては、犢養（こうしかい）・鷹主・国人らが逆党に与した。ことに前二者は当初から奈良麻呂らと共謀していたようで犢養は獄中杖下に死し、鷹主は処分不詳、国人は配流された。広足は「力弱くして諸姪を教へず悉く賊徒となす」と責任を問われ、中納言の職を解かれた。

〔考察〕

多治比は多治・丹比また丹治とも書き、のちに丹墀と表記する。『姓氏録』右京皇別に「多治真人、宣化天皇皇子賀美恵波（かみえは）王之後也」とある。この賀美恵波王は『古事記』に「恵波王」、『書紀』には「殖葉王」とみえる。『三代実録』貞観八年二月二十一日丁卯条に見える丹墀（たじひ）真人貞峯らの上表に引く「古記」に、宣化天皇の子恵波皇子の子十市王の子が多治比古王（志麻の父）としている。多治比の名の起こりについては、①多治比古王誕生のとき産湯の釜に多治比（いたどり）の花が浮かんだという所伝による、②のちの河内国丹比郡の地名による、③反正天皇（多治比瑞歯別）の名代部である丹比部の伴造氏族たる丹比連氏（神別）との姻戚関係による、などの説がある。近年③に近い説として、皇子の名を乳母のウジナからとることが多いことから、乳母であった丹比連のウジナによるものとする説が有力だが、確実な証拠はない。

天武天皇六年（六七八）十月条に丹比公麻呂、同十一年四月条に丹比真人（公）島が見えるが、丹治公は天武八姓として同十三年十月に真人姓を賜わっている。この多治比真人島は前記のように、持統朝に右大臣、文武朝に左大臣となり、藤原宮時代の政治の中心にあった。その子の池守は天平二年没・大納言従二位、水守は和銅三年没・従四位下宮内卿、県守は天平九年没・中納言正三位、広成は天平十一年没・中納言従三位と本条の広足である。

多治比氏は皇親出身の有力な氏族として政界に存在感があったが、橘奈良麻呂の謀反事件に巻き込まれた人が多かった。糾問にさいして小野東人の言によると、一党の会盟のとき安宿王・黄文王・橘奈良麻呂などと一緒に、多治比犢養・同礼麻呂・同鷹主などがいたということである。このうち犢養は糾問にあって杖下に死んだと見えるが他の二人については不詳。このほか遠江守であった多治比国人が奈良麻呂らと結託していたとされ、任地から召されて伊豆に流されている。これら多治比氏の人々の系譜はいずれも不詳である。事件後の処理の一環として、天平宝字元年八月庚辰4の勅に「中納言の多治比広足は年長者として氏の人たちを取り締るべき立場であるにもかかわらず、年老いて力もなく、甥たちを教え諭すことができなくて、若い人たちをみな賊徒にしてしまった。こういう人が大政を輔弼する立場にあってよいであろうか。よろしく中納言を辞して家に引きこもるように」という意味のことを述べている。反逆に与したとされている人は勅にいうように広足の甥たちとすれば、すでに故人となっている池守・県守ら兄の子息たちであろう。彼らは末の叔父広足のいうことを聞かず、奈良麻呂らに与したということである。

この人たちのうち密かに逆党と結んだとされ伊豆に流された遠江守多治比国人は、『万葉集』に数首の歌を残している。そのなかに天平勝宝七歳の五月、右大弁であった国人は宅で宴を催しており、左大臣橘諸兄はその宴に招かれ、国人と互いに贈答の歌を作っている（二十―四四四六～八）。また多治比鷹主については、大伴古麻呂が遣唐副使として渡海するとき、大伴古慈斐宅の宴で古麻呂を送る歌を作っている。このように多治比氏の人々は平生から橘氏・大伴氏の人々と交流をもち、互いに意思が通じていたことの一端がわかるのである。

7 光明皇后（こうみょうこうごう）——天平のファーストレディ——

巻二十二・天平宝字四年六月乙丑7条

［現代語訳］

［光明皇后（仁正皇太后）の］姓は藤原氏。近江朝（天智天皇朝）の大織冠（だいしきかん）内大臣鎌足の孫で、平城朝（元正天皇朝）の贈正一位太政大臣不比等の娘である。母は贈正一位県犬養橘（あがたいぬかいたちばなの）宿禰三千代である。皇太后（光明）は幼いときから賢く、早くから名声が広がっていた。聖武天皇が皇太子であったとき、宮中に迎え入れて妃とされた。時に年十六であった。［妃として］多くの人びとに接して引きつけ、［その人々は］皆それぞれ喜んで満足した。［また］正しい礼法に習熟し、厚く仏教を崇拝した。神亀元年（七二四）、聖武天皇が即位したとき正一位を授けられ大夫人（だいぶにん）になった。高野（たかの）天皇（阿倍内親王、後の孝謙天皇）と皇子を生んだ。その皇子は生まれて三か月で皇太子に立てられた。［しかし］神亀五年（七二八）に幼少で亡くなった。そのとき年二歳であった。天平元年（七二九）、［これまで］大夫人（夫人）であったのを尊んで皇后とされた。湯沐（とうもく）（皇后の食封二千戸）の外に、さらに別封一千戸を加えられ、［また］東宮としての高野天皇（阿倍内親王）に封一千戸が加えられた。

太后（光明）は慈しみの心が深く、心は［人々の］苦しみを救うことに向いていた。東大寺と全国の国分寺を創建したのは、もともとは太后が［天皇に］勧めたところであった。また悲田（ひでん）・施薬（せやく）の両院を設置し、天下の飢えと病で苦しむ人たちを治療し養った。

［天平］勝宝元年（七四九）、高野天皇が［聖武天皇から］天皇の位を譲り受けたとき、皇后宮職を改めて紫微中台と称することとなった。［そのとき］勲功のある人、賢明な人などを巧みに選んで紫微中台の役所に並びつらねた。［天平］宝字二年（七五八）尊号をたてまつって天平応真仁正皇太后といい、中台を改めて坤宮官と称した。崩じたとき年齢は六十であった。

［訓読文］

［天平応真仁正皇太后崩ず］[1]（光明皇后）姓は藤原氏、[2]近江朝の大織冠内大臣鎌足[3]の孫、平城朝の贈正一位太政大臣不比等[4]の女なり。母を贈正一位県犬養橘宿禰三千代[5]といふ。皇太后は幼くして聡恵[6]にして、早く声誉を播けり。勝宝感神聖武皇帝儲弐たりしの日、[7]納れて以て妃となす。時に年十六。衆御を接引して、皆その歓を尽くし、雅しく礼訓に閑ひ、敦く仏道を崇む。神亀元年、聖武皇帝即位して正一位を授け大夫人[8]と為す。高野天皇[9]及び皇太子[10]を生む。其の皇太子は誕れて三月にして立ちて皇太子となる。神亀五年、夭にして薨ぜり。時に年二。天平元年、大夫人を尊びて皇后となす。[11]湯沐の外、さらに別封[12]一千戸及び高野天皇の東宮に封一千戸を加ふ。

太后、仁慈にして、志物を救ふに在り。東大寺及び天下の国分寺を創建[13]するは、もと太后の勧むる所なり。また悲田・施薬の両院[14]を設け、以て天下の飢病の徒を療養す。勝宝元年、高野天皇、禅りを受け、[15]皇后宮職を改めて紫微中台[16]といふ。勲賢を妙選して台司に並列せり。宝字二年、尊号を上りて天平応真仁正皇太后といふ。中台を改めて坤宮官[17]といふ。崩ずるとき春秋六十。[18]

［原文］

［天平応真仁正皇太后崩］、姓藤原氏、近江朝大織冠内大臣鎌足孫、平城朝贈正一位太政大臣不比等之女也、母曰贈正一位県犬養橘宿禰三千代。皇太后幼而聡恵、早播声誉、勝宝感神聖武皇帝儲弐之日、納以為妃、時年十六、接引衆御、皆尽其歓、雅閑礼訓、敦崇仏道、神亀元年、聖武皇帝即位、授正一位為大夫人、生高野天皇及皇太子、其皇太子者、誕而三月立為皇太子、神亀五年、夭(1)而薨焉、時年二、天平元年尊大夫人為皇后、湯沐之外更加別封一千戸及高野天皇東宮封一千戸、太后仁慈、志在救物、創建東大寺及天下国分寺者、本太后之所勧也、又設悲田・施薬両院、以療養天下飢病之徒也、勝宝元年、高野天皇受禅、改皇后宮職曰紫微中台、妙選勲賢並列台司、宝字二年、上尊号曰天平応真仁正皇太后、改中台曰坤宮官、崩時春秋六十、

［校異］

（1）「夭」……底本「天」につくる。蓬左文庫本によって改める。

［語句解説］

1**天平応真仁正皇太后**……光明皇太后の漢風の尊号。天平宝字二年八月朔、孝謙天皇が譲位し淳仁天皇が即位したその日、百官並びに僧綱が奉った尊号。

2**姓藤原氏**……天智天皇八年（六六九）十月、中臣鎌足が死に臨んで天皇から居地にちなんで賜わった氏姓。文武天皇二年（六九八）八月丙午19、藤原を氏とするのは不比等の系統だけとし、意美麻呂（おみまろ）らは中臣姓に戻して

祭祀の家職をつがせた。

3 **近江朝大織冠内大臣鎌足**…鎌子とも見え、御食子(みけこ)の子とされる（『家伝』上）。近江朝は天智天皇朝。鎌足は皇極朝の末期、中大兄皇子と謀って蘇我氏を滅ぼし（乙巳の変）、孝徳朝に改新政治を推進し、中大兄皇子が即位して天智天皇となると、その政治を補佐して功績をあげた。天智天皇八年十月、天皇は東宮皇太弟を鎌足の病の床に遣わして、大織冠と大臣の位を授け、藤原氏を賜わり、藤原内大臣と称された。大織冠は大化二年（六四六）冠位十三階、同五年冠位十九階、そして天智天皇三年二月改正の冠位二十六階のいずれにおいても最高の冠位とされ、他に授けられた人はいない。また大臣の地位については、天智天皇三年五月に大臣蘇我連が没してからその職に就いた人はいなかった。鎌足は病床で大臣に任ぜられたが、『書紀』では各所に藤原内大臣とみえる。しかし内大臣を置くことは見えず、また前例もないが、鎌足はかつて大化元年に内臣に任ぜられ長年内臣と呼び習わしていたので、大臣に任ぜられると、そうした通称が行われたものであろう。

4 **平城朝贈正一位太政大臣不比等**…史(ふひと)とも見え、鎌足の第二子（長子は定恵(じょうえ)）。平城朝はここでは元正天皇朝。不比等は律令の制定、平城京遷都、その他この時期の政治の中心であったが、養老四年（七二〇）八月壬辰3、右大臣正二位で没。同年十月壬寅23、太政大臣正一位を追贈。

5 **県犬養橘宿禰三千代**…もと県犬養宿禰。三千代は初め敏達天皇の子孫の美努王に嫁し、葛城王（橘宿禰諸兄）・佐為王（橘宿禰佐為）・牟漏(むろ)女王を生み、のち藤原不比等に嫁して光明皇后を生んだ。代々の後宮に仕え、和銅元年（七〇八）十一月大嘗祭の宴で天皇から橘宿禰の姓を賜い、以後県犬養橘宿禰を姓とした。養老五年（七二一）正月正三位を授けられた。同五年五月出家入道したので食封・資人を辞したが優詔あって許されず、天平五年（七三三）正月庚戌11没した。ときに内命婦正三位、皇后の母、とあり、葬儀は散一位に准ぜられた。

同年十二月従一位を追贈。

6幼にして聡恵云々……大宝元年（七〇一）の生まれ。首皇子（のち聖武）と同年の誕生である。幼名は安宿媛、また光明子といった。幼少時の逸話としては、市において新しい唐の尺の用い方を教えたという話が伝えられている（『延暦僧録』）。

7聖武皇帝儲弐之日……首皇子の元服・立太子は和銅七年（七一四）六月、光明子の入内、即ち皇太子妃になったのは霊亀二年（七一六）である。

8正一位大夫人……神亀元年（七二四）二月、聖武天皇が即位して「正一位藤原夫人を尊んで大夫人と称す」とあるのは聖武の生母藤原宮子のことである。光明子は天平元年八月戊辰10条に見えるように、このとき正三位夫人であって、この「伝」の文は宮子と取り違えている。

9高野天皇……阿倍内親王のこと。宝亀元年（七七〇）崩年五十三を逆算すれば養老二年（七一八）の誕生。

10皇太子……神亀四年閏九月丁卯29条に「皇子誕生」と見える皇子。『紹運録』に名を基王とする。同年十一月己亥2立太子。翌五年九月丙午13没。

11天平元年為皇后……ここに「大夫人」とあるのは前述［8］と同じく「夫人」の間違い。天平元年八月戊辰10条に「正三位藤原夫人を立てて皇后と為す」とあり、つづく壬午24条の宣命に、皇太子の母としての藤原夫人を皇后とするのだ、という意味のことを述べている。皇族以外の女性の皇后は前例がない。立后の詔には仁徳天皇の皇后葛城磐之媛を先例としてあげているがいい訳にすぎない。

12湯沐・別封云々……湯沐は斎戒沐浴の料というのが原義であるが、中宮（皇后のこと）の食封を湯沐といった。禄令食封条に中宮湯沐二千戸とある。別封一千戸というのは皇子が立太子したとき賜わった神亀四年十一月戊午21条の食封一千戸であろう。次の「高野天皇東宮封」とは高野天皇（阿倍内親王）が東宮として賜わった封戸ということで、天平十年（七三八）正月壬午13内親王が立太子したことに伴って充てられた封戸のことであろうが、そのような封戸一千戸を賜わったことは『続紀』本文ばかりでなく他の記事にも見えないことである。

13**東大寺・国分寺の創建**…このことについて皇后の積極的な勧誘によるものとするのは、この記事だけである。このうち国分寺については、唐の天授元年（六九〇）州ごとに大雲寺を置くという則天武后の制を模したものと思われる。光明皇后は政治に関して、女性で大唐帝国を統治した武后に範をとったことが多かったのでその一例と見られる。しかし国分寺には僧寺と尼寺とが併置されているのに対して、唐には尼寺を併置するということはないので、これは光明皇后の発想だったのではないかと見られる。また天平十三年、皇后が相続していた藤原不比等の封戸三千戸を諸国の国分寺に施入され、丈六仏像を造る料に充てられたことから、皇后の国分寺建設についての積極的な姿勢がうかがわれる。つぎに東大寺については皇后の積極的な関与を示す史料は見当たらないが、少なくとも聖武天皇との共同の事業として関与されていたと思われ、東大寺は「金光明四天王護国之寺」という鎮護国家の思想の上から総国分寺という性格があるとすれば、皇后の発想と深い関係にあるといえよう。

14**悲田・施薬両院**…悲田院は孤児院、施薬院は病院であるが、このうち施薬院については『続紀』天平二年四月辛未17条に皇后宮職に施薬院を置くことが見え、皇后になってまもないこの時期に設置されたという皇后の積極的な姿勢が読み取れる。悲田院の設置は『続紀』には見えないが、『扶桑略記』に見えるように、おそらく同じ頃の設置であろう。この両院は古く聖徳太子が四天王寺に設置したという伝えもあるように、仏教的社会救済事業としては伝統的なものである。光明皇后の出身藤原氏の氏寺である興福寺には養老七年（七二三）に悲田・施薬両院が建てられており、皇后宮職の両院は、おそらくこれに範をとって自らの手で行いたいという皇后の積極的な気持ちの現われであろう。この両院にまつわる伝説なども多い。のち天平宝字二年（七五八）八月朔条の百官が仁正皇太后の尊号を奉る表に「大慈至つて深く、薬院を建てて普くすくひ、弘願ひそかにめぐり、悲田を設けて広く救ふ」とその徳を讃えている。

15高野天皇受禅…高野天皇は皇太子阿倍内親王。女性の皇太子の前例はなく、先の皇太子の夭折以後、皇后に皇子の出生はない。立后から十年後の天平十年正月、阿倍内親王を皇太子に立てた。前年の藤原四卿の相つぐ病死が阿倍内親王の立太子の直接の引きがねになったのではないか。阿倍皇太子の受禅即位の事は、天平勝宝元年（七四九）七月甲午2条に見える。高野天皇とは孝謙天皇のことである。皇太子を経て即位した女帝はもちろん未曾有のことであった。このことは光明皇太后が推進したことと思われる。なお高野天皇の高野とは、退位ののち西大寺近傍の高野に山荘を設けて居住したことによるものと考えられる。もちろん本伝の表記はのちの名称の追記である。

16紫微中台…紫微は北斗星の北にあり天帝の居所といわれる。官司としての名称は、唐の玄宗の開元元年（七一三）中書省を改めて紫微省とし、則天武后のとき長安三年（七〇三）尚書省を中台と改めたことに倣ったとされる。紫微中台の職掌は「中に居り、勅を受けて諸司に班ち行ふ」とある。宮中にあって勅の形式で出される皇太后の命令をうけて諸司に下すということである。紫微中台は実質的に太政官の職掌を奪ったことになる。この点については［13藤原仲麻呂］の項参照。藤原仲麻呂は太政官の大納言でありながら、紫微中台の長官である紫微令（その後紫微内相）を兼任し、この伝に「勲顕を妙選し」とあるように、勲功のある人、賢明な人などを巧みに選んでその職に並べたという。これが仲麻呂の権力基盤になったわけである。

17坤宮官…天平宝字二年（七五八）八月孝謙天皇は位を大炊王にゆずった。淳仁天皇である。このとき光明皇太后の紫微中台は改称して坤宮官となった。太政官は乾政官となり、乾・坤と対象させたのであるが、乾政官と対象させても坤政官といわず、「政」からはなれて皇太后の「宮」に属する役所に戻ったのである。仲麻呂は権力の座を乾政官（太政官）に据えることとなって右大臣を改称した大保の地位に就き、その上恵美押勝と称することとなった。

18崩時春秋六十…没年六十歳を逆算すると大宝元年（七〇一）の誕生。聖武天皇と同年。

[考察]

光明皇后は藤原氏からでて聖武天皇の皇后となったいわば天平のファーストレディである。天平時代の政治・文化の各般にわたった目玉という存在といって過言ではなかろう。そのためいろいろな側面から評論・研究のスポットとなっているわけであるが、ここでは皇后と政治、特に政権にかかわる二、三の面に触れてみたいと思う。ただし特別の新見解というものではなく、著者としては四十数年も前に公刊した著書（人物叢書『光明皇后』）の一部見直しというべきものである。

皇后が政務と関係するのは、天平元年八月壬午24詔に見えるようにしりえの政としてである。「しりえの政」というのは天皇の背後にあってその政治を補佐することである。本来皇后というものは政治の前面には出ないで、いわば後方支援という役割であったろう。さて藤原光明子（安宿媛）はすらっと問題なく皇后になったのではなかった。先にも触れたように当初は聖武天皇の夫人として入内したのであった。およそ天皇の正室たる皇后には皇女（皇族の女性）が立つ慣行であり、側室ともいうべき「妃」も皇女、その下の「夫人・嬪」は臣下から出るというのが令のきまりであった。聖武には皇后・妃は不在で、夫人は光明子と県犬養広刀自の二人であった。神亀四年（七二七）閏九月丁卯29条に見られるように、夫人光明子に皇子が誕生した。天皇は喜んでこの皇子をすぐに皇太子に立てた。ところがこの皇太子はまもなく夭折したのである。その年もうひとりの夫人県犬養広刀自に皇子が生まれた。安積親王である。いったん天皇と藤原氏の計画は頓挫した。今度は光明子の立后にむけて政策を換えたとみることができる。それからまもなく左大臣長屋王が自尽に追い込まれる事件が起こり、その王が反対したであろう光明立后が半年後に実現するというシナリオである。こうして藤原氏から皇后が出るという異例の事態になった。しかしまだ基本的には皇子の誕生に期待していたものと思われる。結局は［語句解説15］で述べたように女性である阿倍内親王を皇太子に立てることとなった。この女性皇太子はまったくの異例であったから、それを認めようとはしない諸氏の動きがあったようである。しかしそのまま異例の孝謙女帝の出現になる。

『続紀』天平勝宝元年（七四九）七月甲午2条に阿倍皇太子受禅即位（孝謙天皇）のことが見える。これより前に病気がちの聖武天皇は出家して政治から離れていた。すなわち同年閏五月癸丑20諸大寺への詔の中に「太上天皇沙弥勝満」と見える。このとき聖武はすでに事実上は譲位していたわけであり、三日後には薬師寺宮に遷ってここを御在所としている。その一か月余の後、皇太子は禅を受けて即位したのである。これについて中川収氏は、この聖武の譲位は自発的なものではなく、孝謙即位のためにという光明子の要請によるものとされた。その可能性は充分にある。こうして光明子の「しりえの政」は前面に姿をあらわにすることとなる。このことについて、このち天平宝字六年六月に孝謙（阿倍）が即位のときのことを回顧して、そのとき光明皇太后がいわれるには、「このままでは草壁皇子の日嗣（草壁―文武―聖武）は絶えてしまう、女ではあるがあなたを嗣がせようと思う」といわれた、とある（『続紀』天平宝字六年六月庚戌3条宣命）。このように皇后光明子の発言は政局を動かしている。

さて孝謙の即位に伴って光明子の皇后宮職は皇太后宮職となるのが普通であるが、現実には拡大改組されて紫微中台という巨大な官司となった。光明子に属す点では同じであるが、権限が強大になった。後述のようにこのとき天皇の手許にあるべき内印や駅鈴が皇太后宮におかれていたのである。皇太后の下にある紫微中台は勅の形式で発する皇太后の命令をうけて諸司に頒下するが、このことは、現実には太政官の中務省の職掌を奪うことになり、この中台の長官たる紫微令に任じた藤原仲麻呂の権力の基盤となったのである。仲麻呂はこれ以後、中台を飛躍台として一層権力の中枢に迫った。もともとこのような仲麻呂という人間を引き上げたのは、ほかならぬ光明子であった。これについては［13藤原仲麻呂］の項で述べるが、つまり天平九年の流行病で四卿政権が潰えたあと、光明子が次世代の甥たちのなかで最も期待を寄せたのは武智麻呂の第二子仲麻呂であった。以後仲麻呂の目覚ましい昇進は当然光明子の後ろ楯があってこそのことと思われる。このようにして孝謙の即位を契機に光明子＝仲麻呂の権力掌握の道が進められた。

つぎに注目されるのは大炊王立太子のさいの光明子である。天平勝宝八歳（七五六）五月二日、聖武太上天皇は没した。晩年、病床の聖武は政務から離れていたとはいえ、孝謙に皇太子がないことが気掛かりでならなかったであろう。そこで遺詔という形で新田部親王の子道祖王（ふなど）が皇太子に指名された。なぜ道祖王なのかは、倉本一宏氏の分析によると天武天皇の二世王で、まともな王は道祖王くらいしかいなかったということである。そして翌年（天平宝字元）正月五日、左大臣橘諸兄の病没に象徴される旧体制の否定、三月二十日の祥瑞の出現をバックにして道祖王の廃太子、そして新しい皇太子の擁立ということとなった。四月四日に新しい皇太子の詮議が行われた結果、他の皇子を排して大炊王に決まった。このことは、通説でいわれるように仲麻呂の意向によるものであろう。

この時の事情の一部をのちの天平宝字三年（七五九）六月庚戌16条の淳仁天皇（大炊王）が下した詔が語っている。この詔の内容は、大炊王の父舎人親王に崇道尽敬皇帝の諡号を贈り、母の当麻夫人を大夫人、兄弟姉妹をみな親王と称することが主題であるが、このことは太皇太后（光明子）の仰せられたことであって、太皇太后は先にも自分（淳仁）を皇太子と定めるとき（道祖王廃太子のあとの皇太子詮議）にも推挙せられ、天皇の地位に昇せられたことは、畏い限りであるのに、今回は自分のことばかりでなく、父母兄弟への恩恵を与えられたものでおそれ多いかぎりでありぜひ辞退したい、という淳仁に対して、光明子は「わがかく申さずなりなば、敢へて申す人はあらじ」とわたしがいわなければ誰がいうでしょうか、といわれたということであった。ここの主題は舎人親王への諡号など淳仁の親兄弟のことではあるが、先に大炊王が皇太子に定められたことも光明皇太后の御蔭であるといっているのである。

またこの大炊王の立太子決定にあたって光明子がかかわっていたことについては、天平宝字二年（七五八）八月朔条に見える百官の上表の中で、光明皇太后の徳を称えることに関して「欽んで顧命を承けて皇儲を議定す、親を棄て疎を挙げ、心公正にあり」と見え、「親を棄て疎を挙げ」というのは皇太子を決める時に血縁の近い諸王を排して、遠い大炊王を指名したことをいっているのである。この淳仁の回顧や百官の上表に見るように、道祖王廃太子のあとの新皇太子の詮議は、結局仲麻呂の意向に添っているには違いないが、光明子の意志であったこと認識されるのである。

つづいて橘奈良麻呂の乱についての『続紀』の記述である。天平宝字元年七月に奈良麻呂の企てが発覚してから、天皇の詔とは別に「皇太后詔」が二度発せられている。詔の主体が皇太后であることは注目されることであるが、まず七月戊申2、その企てを聞いて事態を憂慮する天皇の宣命の詔につづいて、「皇太后詔」が出された。その内容はこの謀議に自分の近親の者たちや、大伴・佐伯の者たちが加わっていることを懸念し戒告したものである。二日、三日と関係者の喚問がすすむなかで、己酉3の夕べ、光明子は御座所に塩焼王・安宿王・黄文王・橘奈良麻呂・大伴古麻呂ら五人を召し出し、仲麻呂が伝えるという形で「太后詔」を発している。これは、彼らを戒め、罪を許した恩詔といわれるものである。しかし奈良麻呂らの糾問がすすむと、その計画の詳細が明らかとなり、皇太后の赦しも効かなくなる。その計画のあらましでは、反乱軍はまず仲麻呂の宅（田村第）を囲んでこれを殺し、ついで大殿（田村宮ともある）を囲んで皇太子（大炊王）を退け、「皇太后宮を傾けて鈴璽を取らん」とある。天皇の許にあるべき駅鈴と玉璽（天皇印）が皇太后宮にあったということで、これによって天皇大権の実質が皇太后にあったことがはっきりするのである（七月戊午12の宣命詔にも同様に見える）。

以上、天平期政治の二、三の局面において光明子が政治のおもてに姿を現わすさまを見てきた。このような光明子の政治へのかかわりは、藤原仲麻呂の台頭とその専権への道に通じていた。仲麻呂としてみると光明子の後援によってせりあがり、権力掌握への土台として光明子を利用した事になる。彼は光明子の没後、ともに立てた淳仁をロボット化して自己の権力を拡大しようとした。しかし光明子のような後ろ楯のない仲麻呂＝淳仁政権は高野天皇（孝謙）を初めとする皇親・貴族たちの支持は得られなかった。その体制は意外と脆く、崩壊は急速であった。

8 巨勢関麻呂——伯父の家を継ぎ公卿になった——

巻二十三・天平宝字五年四月癸亥9条

［現代語訳］

［散位従三位］巨勢朝臣関麻呂は難波長柄豊崎の朝廷（孝徳天皇朝）の左大臣、大繡徳太古の曾孫で従五位上小邑治の子である。伯父の中納言正三位邑治がこれを養子とし、［養子となった関麻呂は］その後を継承し、つぎつぎと重要な職を歴任して、遂に参議を拝命した。［ところが］病気に罹って休職し、休職期間が満了したので職を解かれた。

［訓読文］

［散位従三位巨勢朝臣関麻呂薨ず[1]］。難波長柄豊崎朝[2]の大臣大繡[3]徳太古[4]の曾孫、従五位上小邑治[5]の子なり。その伯父中納言正三位邑治[6]、これを養ひて子となす。遂に其の後を承け、頻りに顕職を歴て[7]、遂に参議を拝す。病を以て帰休し、仮満ちて解任す。

［原文］

［散位従三位巨勢朝臣関麻呂薨］、難破長柄豊崎朝大臣大繡徳太古曾孫、従五位上小邑治之子也、其伯父中納言正三位邑治養之為子、遂承其後、頻歴顕職、遂拝参議、以病帰休、仮満解任、

［語句解説］

1**巨勢関麻呂**…名は初め堺麻呂、天平宝字二年頃関麻呂と改める。

2**難波長柄豊崎朝**…難波は原文に難破の文字を用いている。古くはその用例が多いのでそのままとした。孝徳天皇が難波に新造した宮。『書紀』大化元年（六四五）十二月条に朝廷が難波長柄豊崎宮に移った記事があるが、このときは未完成でしばらくは難波の各所の宮に移動した。新宮がほぼ完成したのは白雉三年（六五二）九月のことで、天皇はその前年十二月新宮に遷り、難波長柄豊崎宮と号した。その遺構は大阪市東区馬場町と宝円坂二丁目一帯にひろがり、難波宮址といわれる。その遺構のうち孝徳朝の難波長柄豊崎宮は前期難波宮といわれ、朝堂院を中心とした遺構が知られる。白雉五年十月天皇の死去でこの宮は終わるが、施設は残された。しかし朱鳥元年（六八七）正月焼失した。のち再建され、奈良時代を通して陪都とされた（後期難波宮）。

3**大繡**…大化三年（六四七）制定の十三階冠位の第三等。ほぼ後の正二位に当たる。

4**巨勢徳太古**…巨勢氏は武内宿禰の後裔とされる氏族のひとつ（［考察］参照）。大和国高市郡巨勢郷、巨勢寺跡のある現奈良県御所市古瀬周辺を本拠にしたと見られる。徳太古は名を徳太（とこだ）・徳多なども書く。皇極天皇二年（六四三）蘇我氏に従って山背大兄皇子を斑鳩宮に襲ったが、同四年（大化元）中大兄皇子らによって蘇我入鹿が殺されたとき皇子に反抗しようとした漢直（あやのあたい）らを説得して退散させた。大化五年大紫位に叙せられ、左大臣に任ぜられた。斉明四年（六五八）没。ここに「大臣」とあるが『書紀』では左大臣である。

5**小邑治**…子祖父とも書く。慶雲二年（七〇五）従五位下に叙され、和銅四年（七一一）四月従五位上に昇り、同七年十月任伊予守。その後は史に見えない。

6**邑治**…徳太古の孫、父は黒麻呂、小邑治の兄。大宝元年（七〇一）遣唐使の大佑（判官）に任ぜられた。時に参河守務大肆。慶雲四年（七〇七）帰国のときの記事に副使従五位下とある。播磨守・右大弁をへて養老二年（七一八）中納言に任ぜられた。その後同五年に従三位、神亀元年（七二四）二月正三位に昇ったが、同年六月没（中納言正三位）。なお小邑治の子関麻呂が伯父邑治の養子となって、その後を継承したのは、大宝元年七月戊戌27条に見える太政官処分に「五位以上、蔭(おん)によりて出身するに、兄弟の子を以て養子に為すは叙位を聴す」とあるのによる。関麻呂は養父邑治の三位の嫡子の蔭位従六位上直叙となったであろう（選叙令38）。

7官歴…関麻呂の名は、はじめ堺麻呂であった。『続紀』の記事では天平宝字二年八月甲子25条以降関麻呂の名に変わっている。ここでは通して関麻呂の名を用いる。関麻呂は天平十四年（七四二）正月外従五位下から従五位下に叙せられ、以後順調に昇進し、官は天平十七年九月式部少輔、翌十八年十一月には式部大輔に昇任した。天平勝宝元年（七四九）八月、藤原仲麻呂の勢力基盤として紫微中台ができると、その次官である少弼を兼任して旗幟を鮮明にした。

同八年七月の東大寺献物帳に「従四位下右大弁紫微少弼春宮大夫侍従勲十二等」とある。天平宝字元年（七五七）七月戊申2条によれば、六月に橘奈良麻呂らの陰謀があることを密奏し、その功績によって従四位上から一挙に従三位に昇り、紫微少弼のまま左大弁を兼任した。八月には参議に任ぜられ、紫微少弼は大弼に昇任した。翌二年八月官名の唐風改称のことに参画した。そのとき「参議従三位紫微大弼兼兵部卿侍従下総守」とある。この改称によって関麻呂は坤宮大弼兼武部卿となった。その後同三年十月に伊勢神宮奉幣使となったが、これが『続紀』に見える最後の記録である。

その後、病気によって休んでいたことがこの「伝」の記事でわかるが、「正倉院文書」の天平宝字五年の雑物請用帳にその名が見える。この文書は造法華寺司の諸物の出納を記したものと思われるが、それに租交易布二百段を「武部省巨勢大夫」が寄進したことを記している。その正確な年月日は残念ながら不詳である（『大古』四―四七二、二十五―三二一）。病気はそれ以後のことであろうが、選叙令22には病気の休みは百二十日までで、それ以上になれば解官になることが規定されている。本条の「仮満ちて解任す」というのは、関麻呂の病気の休暇は百二十日、つまり四か月を越えてなお平癒しなかったため解職されたのである。

[考察]

巨勢氏の巨勢は許勢とも書く。巨勢氏は武内宿禰後裔の二十七氏族の一つとされている。『古事記』孝元天皇条に見える建（武）内宿禰の七人の男子の一人である許勢小柄宿禰が許勢臣・雀部臣・軽部臣三氏の祖とされる。小柄宿禰の子孫として六世紀初頭と見られる継体朝に許勢男人が大臣として存在し、また筑紫磐井の反乱を討伐した将軍の一人とされ、さらにその娘二人を安閑天皇の妃としたと伝える。こうした巨勢氏の先祖伝承に対して、直木孝次郎氏はその史実性に疑問を呈し、男人の実在を否定し、後代の造作であり、小柄宿禰が武内宿禰の系譜に組み込まれるのは巨勢氏が有力となった孝徳～天智朝のころであろうとされた（「巨勢氏祖先伝承の成立過程」参照）。

武内宿禰を祖とする系譜については、早くから疑問視されており、直木氏の説は巨勢氏をはじめとして、その伝承の形成過程を系統的に整理されたものである。しかし一方では、『書紀』欽明天皇五年三月条に百済に仕える許勢奈率奇麻（こせのなそちがま）（奈率は百済の冠位）という人物が見え、その時の百済の上表文には任那日本府の許勢臣（名欠）がみえる（百済本記には既酒臣とする）。また同十六年二月条には来朝した百済王子恵（けい）に去就を問うている許勢臣（名欠）は大和政権の官人である。これら朝鮮問題に巨勢（許勢）氏が複雑に絡んでいる点が注目されるが、軍事氏族としては崇峻即位前紀に物部守屋討伐軍に加わっている巨勢臣比良夫、同四年十一月任那復興の大将軍のひとりに巨勢臣猿など六世紀代の政局に巨勢氏の活躍が指摘される。

つづく推古朝には、のちの巨勢麻呂や同奈弖麻呂（なてまろ）らの祖父の大海（おおあま）が推古朝小徳であったと『続紀』の彼らの薨去記事に見えるが『書紀』には見えず、ことによると推古没後の後嗣問題で山背大兄皇子を推したという、巨勢大麻呂と同一人であるかも知れない。とすれば田村皇子を即位させようとしていた蘇我蝦夷に反対したわけであり、田村皇子が即位して舒明天皇となると巨勢大麻呂らの立場は悪くなったと見られる。このあと大麻呂は史上見えないが、かわって見えるのは先に触れた徳太古（徳太）である。徳太古は先述のように蘇我氏の命をうけて山背大兄皇子を斑鳩宮に襲撃した人物であるから、巨勢氏は政治的に微妙な立場にあったと考えられ、蘇我氏の勢力下で巨勢氏の中心は大麻呂家から徳太古家に移ったように見られる。

このあと徳太古は蘇我氏の滅亡に際して反抗しようとする漢直を抑える役割を演じ、孝徳朝に大紫を授けられ左大臣に任ぜられた。他方先の大海の子に紫檀（志丹）と人（比登）の兄弟がいた。紫檀は大化元年の東国国司の一員になっており、天武朝には朝臣を賜姓し、直大参（正五位上相当）で京職大夫になった。弟の比登は天智朝に大錦下（従四位下相当）で御史大夫（大納言）に任ぜられ、壬申の乱のとき近江方の将軍で乱後は配流に処せられた。次の世代について見ると、紫檀の子の麻呂（従三位中納言、養老元年正月没）、比登の子奈弖麻呂（大納言従二位、天平勝宝五年三月没）はそれぞれ出世したが、不思議とその後のことは史に見えない。

一方の徳太古の系統は、その子黒麻呂については邑治の死没記事に中納言小錦中としている。小錦中は天智天皇三年冠位で後の正五位下相当に近いが、『書紀』にこの人のことはまったく見えず、中納言は疑わしい。その子に邑治・小邑治の兄弟がいたことは先に触れ、また小邑治の子堺麻呂（関麻呂）が邑治の養子になったことは本項のテーマでもある。この関麻呂の子苗麻呂は左中弁兼河内守従四位下で延暦六年（七八七）閏五月に没し、その子が初代蔵人頭の一人として知られる野足である。野足は中納言正三位にすすみ、弘仁七年（八一六）十月没した。推古朝以来長く大臣の位につぐ大夫といわれた階層を占めたものであるが、野足以後は議政官に昇るものは皆無となった。

9　紀飯麻呂（きのいいまろ）——参議で病没した仲麻呂派官人——

巻二十四・天平宝字六年七月丙申19条

[現代語訳]

[散位従三位] 紀朝臣飯麻呂は近江大津宮朝廷（天智天皇朝）の大納言贈正三位大人（うし）の孫で平城宮の朝廷（元明天皇朝）の式部大輔（たいふ）正五位下古麻呂の長子である。[朝廷に] 仕えて正四位下左大弁にまで昇り、参議を拝命して、従三位を授けられた。[しかし] 病気にかかり長く癒えないので、上表文を奉って辞職を願い出た。詔（みことのり）によってこれが許された。

[訓読文]

[散位従三位紀朝臣飯麻呂薨ず]。淡海朝（あふみ）[1]の大納言贈正三位大人[2]の孫、平城朝の式部大輔正五位下古麻呂[3]の長子なり。仕へて[4]正四位下左大弁に至る。参議を拝し、従三位を授けらる。病（やまひ）久しくして損（いえ）ず。上表して骸骨（がいこつ）を乞ふ。詔してこれを許す。

[原文]

[散位従三位紀朝臣飯麻呂薨]、淡海朝大納言贈正三位大人之孫、平城朝式部大輔正五位下古麻呂之長子也、仕至正四位下左大弁、拝参議、授従三位、病久不損、上表乞骸骨、詔許之、

［語句解説］

1**淡海朝**……近江大津宮の天智天皇の朝廷。

2**紀大人**……姓は臣。『紀氏系図』によると父は大口臣とする。天智天皇九年（六七〇）藤原鎌足の葬儀のとき弔賻使（ちょうふし）として辞をのべた。ときに大錦下（『家伝』）。翌十年正月御史大夫（大納言）に任ぜられ、その十一月天皇の重態にさいして蘇我赤兄（あかえ）・中臣金（かね）・蘇我果安（はたやす）・巨勢人（こせのひと）らとともに大友皇子に従い、心を同じくして天皇の詔を奉ずることを誓った。『書紀』の記事はここまでで、壬申の乱やその後のことは不詳であるが、この「伝」や慶雲二年（七〇五）七月の紀麻呂薨去の記事などから、没後正三位を贈られたことが知られ、壬申の乱では天武側に与したものと見られる。

3**古麻呂**……大人の子。慶雲二年十一月迎新羅使騎兵大将軍となっている。ときに正五位上とある。『懐風藻』に二首掲載され、「正五位上」「年五十九」として伝記はない。

4**官歴**……天平元年（七二九）三月外従五位下に叙せられたが、同年八月に従五位下、同十二年九月広嗣の乱に征討副将軍となる。その後常陸守・大倭守などを歴任して、正四位下に叙せられたのは天平宝字元年（七五七）八月であるが、左大弁については、『万葉集』に天平勝宝三年（七五一）十月左大弁紀飯麻呂の家での宴の歌を載せているが（十九―四二五七）、この左大弁は疑わしく、『続紀』では天平宝字元年七月に右大弁に任じ、同年八月正四位下に叙せられ、参議に任ぜられ、翌二年八月の官名改易の記事に参議紫微大弼兼左大弁の地位にあったとする。このように飯麻呂は天平宝字元年以後、急速に政治の中枢に伸びてきたのである。これは紫微大弼と見えるように藤原仲麻呂の勢力下にあったことを示している。

ついで天平宝字三年十一月に「為義部（刑部）卿、河内守如故」とあり、翌四年正月には美作守に転じ、同六年正月に従三位を授けられたが、同年七月病気のため官を辞職し、まもなく没した。仲麻呂政権の中心人物の一人でもあったが、十分な働きはできずに死去した。

［考察］

紀氏について概観しておきたい。紀氏には大きく二つの系統があったと思われる。一つは紀伊国の在地豪族としての紀直(きのあたい)氏である。これは神魂命の子孫と称する神別氏族で日前(ひのくま)・国懸(くにかかす)神社を祀る紀伊国造を中心とする。その紀つぎの紀朝臣(きのあそん)氏も紀伊国に分布するので何らかの関係があるものと見られるが、具体的には不詳である。その紀朝臣氏は大和王権を形成する氏族で、いわゆる武内宿禰の後裔氏族のひとつとされる。『古事記』孝元天皇段に武内宿禰の子紀角宿禰(きのつぬのすくね)が紀臣・坂本臣・都努(つぬ)臣の三氏の祖とされている。この紀臣がのち天武朝に朝臣となるのであるが、『書紀』には多くの関係記事が見える。まず応神・仁徳朝に紀角宿禰、雄略朝に小弓宿禰、顕宗朝に大磐宿禰、欽明・崇峻朝に男麻呂の事跡が顕著であるが、およそ大和朝廷の朝鮮経営、あるいはその外征に関するものである。

岸俊男氏はこれらを分析され、この記述をそのまま史実とは認めがたいとし、坂本太郎氏の研究によって紀氏の潤色された家記などから取り入れられたのではなかろうか、と結論した。しかしそれらはまったく架空の物語ではなく、史料としての制約はあるが、紀氏が大和朝廷の外征および朝鮮経営に何代にもわたって関与したことは否定できない、とされた（「紀氏に関する一考察」参照）。

このように紀氏は特に朝鮮問題にからんで、大和朝廷では大臣につぐ大夫級の有力な氏族とされたようである。その後は前述のように天智朝では大人が大錦下（従四位下相当）に叙せられ御史大夫（大納言）となり、大友皇子にも忠勤を誓っている。天武朝での事跡は明らかではないが、前述のように贈位があったとすれば壬申の乱では天武方についたと推察される。天武天皇十三年（六八五）には紀臣は朝臣の姓を賜わっている。そして大人の子の麻呂は持統天皇七年（六九三）直広肆（従五位下相当）に叙せられ、文武朝大宝元年（七〇一）には従三位に叙せられ、大納言に任ぜられた。令制下ではおおむね中流貴族として継続したが、ことに光仁天皇の外戚として八世紀末〜九世紀初にかけて大納言船守・同古佐美（こさみ）などの議政官を輩出している。

10　石川年足（いしかわのとしたり）――墓誌銘が遺った高級官人――

巻二十四・天平宝字六年九月乙巳30条

［現代語訳］

［御史大夫（ぎょしだいふ）正三位兼文部卿神祇伯勲十二等］石川朝臣年足は後岡本朝（のちのおかもとのちょう）（斉明天皇朝）の大臣大紫（だいし）蘇我臣牟羅志（むらし）の曾孫であり、平城朝（聖武天皇朝）の左大弁従三位［石川］石足（いわたり）の長子である。生まれつき清廉・勤勉であり、［長じて］政治のあり方に習熟するようになった。はじめて役人になって刑部省の少判事（裁判官）となり、その後さかんに地方官を歴任した。天平七年（七三五）従五位下を授けられ、出雲守に任ぜられた。［出雲守としての］政務をとること数年であったが、人民は安心して暮らすことができた。聖武天皇はこれを褒めて絁（あしぎぬ）三十疋・布六十端・当国（出雲国）の稲三万束を賜わった。［天平］十九年（七四七）に従四位下春宮大夫（とうぐうのだいぶ）兼左中弁にいたり、参議に任ぜられた。［天平］勝宝五年（七五三）には従三位を授けられ、つぎつぎに官職を転じて中納言兼文部卿（式部卿）・神祇伯にいたった。公務のひまのときにはただ読書だけを楽しみにしていた。［天平］宝字二年（七五八）には正三位を授けられ、御史大夫（大納言）に転じた。時に［淳仁天皇は］公卿に勅して、各人に政治の意見をいわせた。そこで［年足は］時に叶った事柄を奏上して、別式二十巻を作った。［これは単独に発せられた政令を］それぞれの政務の内容によって本務とする官司ごとに分類したものである。［この別式二十巻は］未だ［公けに］施行されてはいないが、準拠として便利に用いられて

いるものである。［薨年七十五。］

［訓読文］

［御史大夫[1]正三位兼文部卿神祇伯勲十二等石川朝臣年足薨ず。時に年七十五。］年足は後岡本朝の[2]大臣大紫蘇我臣牟羅志[3]の曾孫、平城朝[4]の左大弁従三位石足[5]の長子也、率性(そっせい)廉勤にして、治体(ちたい)に習ひ[6]、起家(きか)[7]して少判事[8]に補(ふ)せられ、頻りに外任(げにん)[9]を歴(へ)たり。天平七年従五位下を授けられ、出雲守[10]に任ず。事を視ること数年、百姓これに安んず。聖武皇帝これを善(よみ)して絁卅疋、布六十端、当国の稲三万束を賜ふ。十九年に従四位下春宮大夫兼左中弁に至り、参議を拝す。勝宝五年従三位を授けられ、累(しき)りに遷りて中納言兼文部卿神祇伯に至る。公務の閑(いとま)には唯書を是れ悦ぶ。宝字二年、正三位を授けられ御史大夫に転ず。時に公卿に勅して、各意見を言はしむ。仍(より)て便宜を上(たてまつ)りて、別式廿巻[11]を作り、各その政(まつりごと)を以て本司に繫(か)く。未だ施行せずと雖も頗る拠用することあり。

［原文］

［御史大夫正三位兼文部卿神祇伯勲十二等石川朝臣年足薨、時年七十五（中略）］、年足者、後岡本朝大臣大紫蘇我臣牟羅志曾孫、平城朝左大弁従三位石足之長子也、率性廉勤、習於治体、起家補少判事、頻歴外任、天平七年授従五位下、任出雲守、視事数年、百姓安之、聖武皇帝善之、賜絁卅疋・布六十端・当国稲三万束、十九年至従四位下春宮大夫兼左中弁、拝参議、勝宝五年授従三位、累遷至中納言

兼文部卿神祇伯、公務之閑、唯書是悦、宝字二年授正三位、転御史大夫、時勅公卿、各言意見、仍上便宜、作別式廿巻、各以其政繋於本司、雖未施行頗有拠用焉、

[語句解説]

1**御史大夫・文部卿**…御史大夫は大納言のこと。天平宝字二年（七五八）八月官名改易のとき御史大夫と称した。藤原仲麻呂没落後の天平宝字八年九月、もとの大納言に戻した。年足が御史大夫に任じたのは天平宝字四年正月丙寅4条。文部卿は同じく式部卿のこと。年足の任文部卿の年月は不詳ながら、天平宝字三年六月丙辰22条に在任中のことが見える。なお任神祇伯は天平宝字元年六月壬辰16条。

2**後岡本朝**…後飛鳥岡本宮を皇居とした斉明天皇朝（六五五〜六六一）。

3**蘇我臣牟羅志**…氏を石川、名を連、連子ともある。『公卿補任』天智天皇御世の項に蘇我馬子の孫、雄正子（おまさこ）の子、石川麻呂の弟とある。『書紀』天智天皇三年五月条に「是月、大紫蘇我連大臣薨」とある。大紫はこの年二月に定めた冠位二十六階の第五位、後の正三位相当と見られる。斉明朝の大臣とはここにしか見えない。斉明天皇四年正月に左大臣巨勢徳太（こせのとこだ）が没したのでその後任として大臣に任ぜられたのであろうか。

4**平城朝**…ここでは聖武天皇朝（七二四〜七四九）。

5**石川石足**…天平元年（七二九）八月丁卯9条に「左大弁従三位石川朝臣石足薨ず。淡海朝の大臣大紫連子の孫、少納言大花下安麻呂の子なり」とある。石川年足の家系はこのように古くからの有力貴族である蘇我氏の系譜を引くもので乙巳の変以後は石川氏を称して、累代の高級官人であった。[考察] 墓誌銘参照。

6**率性廉勤、治体に習ひ**…率性廉勤は生まれつきの性格が無欲潔白で勤勉であること。治体は政治のありよう、

運営の方法。これは生まれつきではなく、長じてから習熟したことであろう。

7起家…初めて官に仕える、登用される、の意。

8少判事…刑部省に属する裁判官。大判事二人、中判事・少判事各四人が定員であった。年足は没年を逆算して持統天皇二年（六八八）の生まれで、蔭位（おんい）での出身とすると、二十一歳は和銅元年（七〇八）。ときに父石足は正五位下であった（和銅元年三月丙午13条）。その嫡子の蔭位は正八位下である。少判事の相当位は従六位下であるから、これは初任の官とは思われない。大学に学び秀才科で出身したとしても、少判事は位も高く専門官なので出身直後の官とは思われない。

9外任…地方官（国司）の職。頻りに外任を経た、というが、六位以下の叙任については『続紀』には記されないので、従五位下に叙せられ出雲守に任ぜられた以前のことは明らかではない。天平十一年（七三九）六月甲申23条に「出雲守従五位下石川朝臣年足に絁卅疋・布六十端・正税三万束を賜ふ。善政を賞すれば也」とある。また同じく出雲守在任中のこととして、天平十年六月弥勒菩薩像一舗を造り、弥勒菩薩上生兜率天経十部を写し（『寧遺』中六一五頁）、同十一年七月大般若経一部を書写して浄土寺に寄進している（『同』六一六頁）。

10官歴…ここに記載されている官歴（叙位任官）は『続紀』本文の記載と矛盾するところはない。ここに見えないものは、天平十二年正月叙従五位上、同十五年五月叙正五位下、同十八年四月任陸奥守、同年九月任春宮員外亮、天平勝宝元年七月叙従四位上、同八月式部卿で兼紫微大弼（任式部卿の年月日は見えない）などであるが、「拝参議」の年月は『続紀』には見えず、『公卿補任』は天平二十年三月二十二日とする。また『続紀』では任左中弁は天平十八年十一月壬午5条。任神祇伯は前述したが、天平宝字元年六月壬辰16条。任中納言は同年八月庚辰4とし、そのとき兵部卿・神祇伯は元の如し、とあるが、任兵部卿については『続紀』本文にも見えない。なお任御史大夫も前述したが、天平宝字四年正月丙寅4条に見える。以上官歴についての記述は多少の異同があるが、基本的には矛盾はない。これらの経歴から見る限り、石川年足という人は地方官の経験をへて弁官の要務に就き、公卿にいたったという典型的な模範的な律令官人であり、藤原仲麻呂もこの優秀な官人を重用したわけである。

11別式廿巻……天平宝字三年五月甲戌9条に、五位以上の官人および師位以上の僧侶全員に意見を書いて密封して上表するように勅され、同六月丙辰22条に、これに応ずる意見が四点記載されている。その筆頭にあげられたのが年足の「別式」についての意見である。すなわち「臣聞く、官を治むる本は、要(かなら)ず律令に拠り、政を為す宗は、則ち格式を須(もち)ふ、と。方今、科条の禁は篇簡に著はすと雖も、別式の文は未だ制作あらず。伏して乞ふ、別式を作りて律令と並び行はんことを」と見える。この「科条之禁」とは、いわば禁令集の如きもので、これに対して、「別式之文」つまり政務の施行細則集というものは作られていないので、これを作って律令と並んで行われるようにしたい、というのである。こうしてできたのが「別式廿巻」である。「各その政を以て本司に繋く」というのは、個別に発せられた政令を官司別に編集したものである。法典として公に施行されていないが、準拠として用いられていたという。私撰の法令集であるが、弘仁・貞観・延喜の三代の格式編纂の先駆となるものである。鎌倉時代の書目『本朝書籍(しょじゃく)目録』には「別式廿巻神祇伯石川年足撰」と見える。

［考察］

石川年足は前述のように模範的な律令官人であったように思われる。ここでは江戸時代後期に偶然掘り出されて今日に伝えられている彼の墓誌銘について述べておきたい。

墓誌については近年（平成十六年十月）中国西安の郊外で日本の遣唐留学生井真成の墓誌が発見されたことは記憶に新しいことである。また昭和五十四年には、奈良市で『古事記』の撰者太安万侶の墓誌が発見された。その太安万侶の墓誌を含めて、今日、日本古代の墓誌として知られているものは一六点を数える。その形状について見ると、四点は［5行基］で触れたように骨蔵器に刻銘したもので、他の一二点は金属製の板に刻したものでこれが多数を占める。墓誌に関する法的規定は、令、その他に見るところはない。ただ喪葬令12に「凡そ墓には皆碑を立てよ。具官・姓名の墓と記せ」という規定があるが、これは墓の外に立てるいわゆる墓碑のことであって、ここでいう墓誌ではない。

墓碑も見方によれば墓誌の一つといえるが、ここでいう墓誌とまったく異なる点は、いわゆる墓碑は外に立てて人に見せるものであるのに対して、墓誌は墓の中に死者と一緒に埋葬する点である。これは中国では、もともと冥府に向けた一種の証明書という考え方、あるいは墓の土地を冥府の王から買う買券という考えかたに基づいているといわれる。中国における墓誌の創始は明らかではないが、唐代が最も盛んであった。しかし、その隋唐代でも誰でもが墓誌を作るのではなかった。気賀沢保規氏によると西安郊外で調査された隋唐期の墓一七五基のうち墓誌の発見は一六基に過ぎないという（『朝日新聞』平成一六・一〇・二〇）。

さて石川年足の墓誌は縦二九・七センチ、横一〇・四センチの鋳銅の矩形の板であって、表面に縦罫五条を引き文字は六行。五行目まで各二二字、六行目二〇字、計一三〇字を刻んで全面に鍍金を施しており、四周には唐草文の線刻がある。その銘文は次の通りである（／は改行）。

武内宿禰命子宗我石川宿禰命十世孫従三位行左大／弁石川石足朝臣長子御史大夫正三位兼行神祇伯年／足朝臣当平成宮御宇天皇之世天平宝字六年歳次壬／寅九月丙子朔乙巳春秋七十有五薨于京宅以十二月／乙巳朔壬

申葬于摂津国嶋上郡白髪郷酒垂山墓礼也／儀形百代冠蓋千年夜臺荒寂松柏含煙嗚呼哀哉

冒頭は蘇我氏の系譜である。初祖とされる武内宿禰は伝説化されている著名な人物である。『古事記』孝元天皇段に天皇の子比古布都押之信命が木国造の妹を娶って生んだ子が建内宿禰で、宿禰の九人の子が許勢臣・蘇我臣・平群臣らの祖となったと見え、『書紀』孝元天皇七年および景行天皇三年条では、武内宿禰を天皇の皇子彦太忍信命の子屋主忍男武雄心命が紀直の祖の女を娶って生んだ子としている。つぎの宗我石川宿禰は『古事記』孝元天皇段の建内宿禰の九人の子のうちの蘇賀石河にあたるものであり、『三代実録』元慶元年十二月二十七日条の石川朝臣木村の上言に「始祖の大臣武内宿禰の男、宗我石川は河内国石川の別業に生る。故に石川を以て名となす。宗我の大家を賜ひて居となす。因つて姓宗我宿禰を賜ふ、云々」と見えている。そして『蘇我石川系図』その他を勘案すると、石川宿禰―満智―韓子―高麗子―稲目―馬子―雄正子（倉麻呂）―連子―安麻呂―石足―年足という系譜になるようである。年足の父石足については前述したところである。また年足の官位（極位極官）についても『続紀』と矛盾するところはない。つぎの「平成宮」は平城宮のことであり、御宇天皇はここでは淳仁天皇を指す。年足の没年月日、没年齢についても『続紀』と一致する。葬送の日などについてはもちろん『続紀』には見えないが、「十二月乙巳朔壬申」は十二月二十八日である。「摂津国嶋上郡白髪郷」は『平城宮木簡』に「三嶋上郡白髪部里」が見え、『和名抄』の嶋上郡真上（万賀美、末加美）郷である。白髪は延暦四年（七八五）五月、光仁天皇の諱白髪を避け、白髪部を真髪部に改めたのに準じて白髪郷を真上郷と改めたものである。葬地「酒垂山」についてはわからないが、後述の発掘地荒神山のことであるかもしれない。最後の行「儀形」以下「含煙」にいたる四言四句の銘は所謂哀辞であり、二句ずつで一連をなし、「年」「煙」と平声先韻の字で押韻している。

この墓誌は文政三年（一八二〇）正月、摂津国嶋上郡真上光徳寺村の徳右衛門が自宅の後ろの荒神山を掘って得たという（『古京遺文』）。またその場所は真上村光徳寺の庄屋田中六右衛門家の裏庭であり、地表約一・二メートルのところから周囲を木炭で囲った蔵骨櫃のなかに金銅板の墓誌が発見されたという。この墓誌そのものは国宝指定（個人蔵）、この地は現在高槻市月見町で国の指定史跡。

このように偶然に得られた墓誌であるが、『書紀』『続紀』などとまったく矛盾することがなく、むしろ『続紀』などを見て作ったかと疑われるほどのものである。しかし偽物ではない真正のものであることはいうまでもない。史書にはない新事実が見えないのは残念ともいえるが、偶然に発見された墓誌と『続紀』などの記述が合致することで互いにその正しさを証明したともいえよう。

11 鑑真和上——苦難を超えて戒律の法を伝えた——

巻二十四・天平宝字七年五月戊申6条

［現代語訳］

［鑑真］和上は揚州竜興寺の高僧である。広く経典やその注釈に通じ、殊に僧の守るべき戒律に精通していた。長江と淮水の間の地域では随一の仏教指導者といわれていた。天宝二載（天平十五年（七四三））［日本からの］留学僧の栄叡・業行（普照）らが和上に申し上げていうには、「仏教は東に流れてわが国にまで伝わりました。［現在］その教えは存在しますが、［戒律を］伝授する人がおりません。乞い願わくは、和上に東の国にお出でいただき教化を盛んにしていただくようお願いします」と。［その］言葉と趣旨は懇切で請願して止まなかった。そこで［和上は日本に渡る決心をして］揚州で船を買い入れ海に乗り出した。ところが途中で風に漂い、船は打ち破られてしまった。和上は一心に仏に念じ、人々は皆これを頼りにして死を免れることができた。［天宝］七載（七四八）に至って更に又海に乗り出した。又風浪に遭って日南（いまのベトナム）に漂着した。このときに栄叡は死去し、和上は泣き悲しんで失明した。［その後、天平］勝宝四年（七五二）に日本の使節が唐に訪れた［のにたまたま会うことが出来た］。［そこで］業行は宿願を述べて［使節に協力を］説いた。［こうして鑑真は］弟子二十四人とともに副使の大伴古麻呂の船に便乗し、帰朝（日本に来朝）することが出来た。［朝廷は鑑真を］東大寺に安置して供養した。

このとき勅があって一切の経典やその注釈を校正させていたが、しばしば誤字があり、諸本が同じであるため訂正することができないでいた。和上は［それらの経文を］暗誦していたので多くの字を訂正することが出来た。又［天皇は］いろいろな薬物について真偽を定めさせた。和上は一々鼻でかいでみてこれを区別し、一つの誤りもなかった。聖武天皇はこの鑑真和上を師として受戒した。［光明］皇太后が病気になったとき進上した医薬は効験があった。［天皇は鑑真に］大僧正の位を授けた。すると急に僧綱としての仕事が煩雑になったため［これをとりやめ］、改めて大和上の称号を授け、備前国の水田一百町を施入した。また新田部親王の旧宅を施して、これを戒院とさせた。今の［唐］招提寺がこれである。和上はあらかじめ自分の命終わる日を悟っていて、その時になるときちんと坐り、素直にやすらかに死去した。時に年は七十七歳であった。

［訓読文］

［大和上鑑真物化す］。和上は揚州竜興寺[1]の大徳なり。博く経論に渉り、尤も戒律に精し。江淮[2]の間に独り化主となる。天宝二載、留学僧栄叡[3]・業行[4]ら和上に白して曰く、仏法東流して本国に至れり。其の教ありと雖も人の伝授するなし。幸願すらく、和上東遊して化を興されんことを、と[5]。辞旨懇に至りて、諮請して息まず。乃ち揚州において船を買ひ海に入る。而るに[6]中途にして風に漂ひて、船打ち破らる。和上一心に念仏し、人皆これを頼みて死を免る。七載に至りて更にまた渡海す[7]。亦、風浪に遭ひて日南に漂着す。時に栄叡物故し[8]、和上悲泣して明を失ふ[9]。勝宝四年、本国の使適々[10]唐に聘れ

ぬ。業行乃(すなは)ち説くに宿心(しゆくしん)を以てす。遂に弟子廿四人と副使大伴宿禰古麻呂の船に寄乗(きじよう)して帰朝[11]す。東大寺に安置し供養す。時に勅ありて、一切の経論を校正[12]せしむ。往々に誤字あり諸本皆同じくして、能く正すことなし。和上暗誦して多く雌黄(しわう)を下す。又諸の薬物を以て真偽[13]を名づけしむ。和上一々鼻を以てこれを別ち、一の錯失(さくしつ)することなし。聖武皇帝これを師として受戒[14]す。皇太后の不悆(ふよ)[15]に及びて、進(たてまつ)るところの医薬、験あり、位(くらゐ)大僧正[16]を授く。俄に綱務煩雑なるを以て、改めて大和上の号を授け、施すに備前国水田一百町[17]を以てす。又新田部親王の旧宅を施して以て戒院となさしむ、今の招提寺[18]是れなり、和上預(あらかじ)め終はる日を記し、期(ご)に至りて端坐して、怡然(いぜん)として遷化(せんげ)す。時に年七十有七[19]。

〔原文〕

〔大和上鑑真物化〕、和上者、楊州竜興寺之大徳也、博渉経論、尤精戒律、江淮之間、独為化主、天宝二載、留学僧栄叡・業行等白和上曰、仏法東流至於本国、雖有其教無人伝授、幸願、和上東遊興化、辞旨懇至、諮請不息、乃於楊州買船入海、而中途風漂、船被打破、和上一心念仏、人皆頼之免死、至於七載更復渡海、亦遭風浪漂着日南、時栄叡物故、和上悲泣失明、勝宝四年、本国使適(さ)聘于唐、業行乃説以宿心、遂与弟子廿四人、寄乗副使大伴宿禰古麻呂船帰朝、於東大寺安置供養、于時有勅、校正一切経論、往々誤字諸本皆同、莫之能正、和上暗誦多下雌黄、又以諸薬物令名真偽、和上一々以鼻別之、一無錯失、聖武皇帝師之受戒焉、及皇太后不悆、所進医薬有験、授位大僧正、俄以綱務煩雑、改授大和上之号、施以備前国水田一百町、又施新田部親王之旧宅、以為戒院、今招提寺是也、和上預記

終日、至期端坐、怡然遷化、時年七十有七、

［語句解説］

1 **楊州竜興寺**‥‥楊州は現在は揚州。『唐大和上東征伝』（以下『東征伝』と略す）でも「楊州」とする。揚子江下流の北岸の地。いまの江蘇省揚州市。鑑真ははじめ大雲寺、また竜興寺、大明寺に移っている。いずれも揚州の寺院。

2 **江淮の間**‥‥長江と淮水（わいすい）との間の地域。今の江蘇省と安徽省の辺。

3 **栄叡**‥‥もと興福寺に住し、戒律が備わっていないことを遺憾とした舎人親王の委嘱により、天平五年（七三三）遣唐大使多治比広成に従って入唐し、洛陽大福光寺の道璿に来日を乞うた。道璿は同八年副使中臣名代（なしろ）の船で来日したが、栄叡はまだ唐に滞在し、ここに見えるように鑑真和上にまみえて来日を懇請し、和上とともに何度も渡航を試みたが失敗した。天宝七載（七四八）の渡海では日南（『東征伝』では振州、すなわち海南島）に漂着し、栄叡はそこで没したようにあるが、『東征伝』では端州（広東省）で没したとある（後述）。

4 **業行**‥‥本条以外は普照とする。同人別号であろう。「正倉院文書」の天平勝宝六年三月二十四日花厳講師所牒（『大古』四―三六）に新花厳経一部八十巻について「業行大徳進内」とある業行は東大寺僧の普照のことであろうとされる（『日本古代人名辞典』六）。ここの業行と同人であろう。この普照は栄叡と同じく天平五年遣唐大使多治比広成に従って入唐し、以後栄叡と行動をともにしたが、栄叡の没後、天宝九載（七五〇）和上と別れて明州の阿育王寺にいたった。同十二載遣唐大使藤原清河の一行に鑑真が迎えられた時、普照も副使吉備真備の船に乗って帰国した。その後は東大寺僧として活躍し、天平宝字三年（七五九）六月には全国の駅路の

両側に果樹を植えることを奏請した（『三代格』七）。天平神護二年（七六六）二月甲午8条に普照の母白猪与呂志女が従五位下を授けられているのは普照の功績によるのであろう。なお『日本高僧伝要文抄』所引の『延暦僧伝』に普照伝が見える。

5**戒師招請**…栄叡らが鑑真の来日を説得する言葉として「その教ありと雖も人の伝授するなし」とある（後述）。また『東征伝』によると、栄叡らは「伝戒の師」としてまず道璿に来日を乞い、後なお鑑真に戒律の師としての来日を要請している。

6**楊州で渡海**…『東征伝』によれば鑑真は栄叡らの説得をうけて、準備をして渡航しようとしたが、何度か失敗した。ここに揚州で渡海、そして難破とあるのはいつのときのことを指すか不詳（後述）。

7**七載に渡海**…『東征伝』によると、これは第五次の渡日計画のことで、天宝七載（天平二十年）六月二十七日の出帆である（後述）。このときは総勢三五人の規模で揚州を出て常州にいたったが風浪が高く、各地に滞留して怒濤に翻弄されて振州（海南島）に着いた。本文ではこれを日南（北ベトナム）としているが、『東征伝』では振州での様子やその後の状況を詳しく記しており、これに従うべきであろう。

8**栄叡物故**…『東征伝』では華南を巡歴後、端州（広東州広州の西）竜興寺で病没したとある。『日本高僧伝要文抄』所引の『延暦僧伝』に栄叡は美濃国の人、興福寺に住し、戒律師を求めて入唐し、鑑真和上たちを得たが帰国を果たさず大岸広州（広東省広州）で入寂したとある。

9**和上失明**…本文では栄叡が物故して鑑真が悲泣して失明した、とするが、『東征伝』ではこのあとさらに巡歴して、炎熱のため眼を傷め治療を加えたが韶州（広州の北）で失明したとする。この鑑真の失明についてはこれを疑う説がある。

10**勝宝四年遣唐使**…『続紀』天平勝宝二年（七五〇）九月己酉24条に藤原清河を大使に、大伴古麻呂を副使に任じたとあり、翌三年十一月丙戌7に副使に吉備真備を加え、その翌四年閏三月丙辰9条に節刀を賜わったとある。『東征伝』には天宝十二載（天平勝宝五年（七五三））十月十五日清河らが鑑真に来日を招請したと見える。

11**帰朝**…帰朝とあるが鑑真にとっては来朝（来日）。清河らの招請があったが、鑑真らの乗船はスムーズにはいかなかった。さまざまな障害があったが、十一月十日副使大伴古麻呂はひそかに鑑真および衆僧を自分の船に乗せ、別行動の普照も十三日副使吉備真備の船に乗せ、同十六日出帆したという。弟子二四人というのは『東征伝』に、「揚州白塔寺僧法進・泉州超功寺僧曇静・台州開元寺僧思託・揚州興雲寺僧義静・衢州霊耀寺僧法載・宝州開元寺僧法成等一十四人、藤州通善寺尼智首等三人、揚州優婆塞潘仙童、胡国人安如宝、崑崙人軍法力、瞻波国人善聴、すべて廿四人」とある。鑑真らが乗った第二船は十二月二十日に薩摩国阿多郡秋妻屋浦にいたり、二十六日大宰府に到着した。鑑真は翌年二月一日難波にいたり、多数の迎えを受けて四日入京した。翌五日に城門外で慰労があり、東大寺にはいった。東大寺では唐禅院に居住した（『東大寺要録』四）。

12**一切経論の校正**…このことは『東征伝』に見えない。『元亨釈書』十一鑑真伝に「初め本朝大蔵経論、烏焉の誤り多し、真（鑑真）の至るに及び、勅して整勘を加ふ、真は日南国に流れし時、暑毒、眼に入りて患ひ明を失へり、しかるに大蔵の文句、暗誦する所多く、数雌黄を下す」とある。「雌黄を下す」とは黄紙に顔料の雌黄（砒素の流化合物で黄色）を誤字に塗って消したので、誤りを直すことを意味する。

13**薬物の真偽**…このことも『東征伝』に見えない。『元亨釈書』ではこの本文とほぼ同じ。『東征伝』の鑑真入朝のところに薬物将来の事は見えないが、最初天宝二年渡航の準備の品のうちに経典・仏具のほかに、麝香・沈香・竜脳など多数の香料・薬物の名が見えている。また下文に皇太后に進めた医薬に効験があったことが見えるが、鑑真が将来した医薬方が平安時代に貢献することが多かったことが説かれている（森鹿三「鑑真と医薬学」、『大和文化研究』八―五）。

14**天皇受戒**……このことは『続紀』本文に見えないことなどから疑う説がある。『東征伝』では天平勝宝六年（七五四）四月「初め廬舎那仏殿前に於て、戒壇を立て、天皇初めて壇に登り、菩薩戒を受く、次に皇后・皇太子また壇に登り戒を受く」と見えている。

15**皇太后不悆**……この皇太后は光明子のことで、『続紀』天平勝宝五年四月丙戌15条「皇太后寝膳不安云々」と見えるときのことであろうか。

16**大僧正**……『続紀』天平勝宝八歳五月丁丑24条では大僧都を授けられたとしている。それまでは和上とある。そのあと天平宝字二年（七五八）八月朔条の詔で大僧都の任を解いて大和上を授けたことが見える。「伝」の大僧正は大僧都の誤りと思われるが、他方『東大寺要録』九の「東大寺始行授戒作法記」に天平宝字四年任僧正、同七年五月六日入滅、〈生年七十七〉、同年贈大僧正」と見え、「綱務煩雑」の為に僧綱から外すなどのことは見えていない。

17**備前国水田一百町**……これは『続紀』の天平宝字元年十一月壬寅28条に東大寺唐禅院の十方衆僧供養料として施入された「備前国墾田一百町」と同じものと見られる。当時鑑真は唐禅院に居住していたのであるが、この施入について『東征伝』に「時に四方より来りて戒律を学ぶ者あり、供養なきにより多く退き還ることあり、この事漏れて天聴に聞ゆ」とあり、戒律を学ぶために唐禅院に集った学僧の費用として施入されたものであった。したがって直接鑑真への施入ではないのであるが、この文面のすぐあとに「宝字元年丁酉十一月廿三日、勅して備前国水田一百町を施す、大和上は此田を以て、伽藍を立てんと欲す」と見えていて、唐招提寺建立の資とされたのである。和上に従って戒律を学ぶ僧侶たちは唐招提寺に移動することになったのであろう。

18唐招提寺…『東征伝』の前引の文のつづきに「時に勅旨あり、大和上に園地一区を施す、是れ故新田部親王の旧宅なり、普照・思託は大和上に勧め請ひて、此地を以て伽藍と為す」とある。これらによって唐招提寺の土地はもと新田部(にいたべ)親王の旧宅であったが、地目上は「園地」とされていたのである。子の塩焼王か道祖王のとき（たぶん道祖王のとき）没官され、それが施入されたものと考えられる。境内に現存する校倉造りの経蔵は新田部親王邸の名残りと考える研究者もいる。また講堂の解体修理にさいして行われた発掘では門や道路の遺構、天平十五年（七四三）の木簡などが発見された。この講堂は『招提寺建立縁起』その他によって、平城宮の朝集殿が移築されたものであることが知られ、平城宮やこの唐招提寺の発掘調査により東朝集殿と見られる。なお本文の「戒院」は唐招提寺に戒壇を設けたということであろうか。この文からでは東大寺の戒壇院との関係は判然としない。一般には唐招提寺の戒壇院は同寺再興の鎌倉時代弘安年間（一二七八～八八）の建設とされている。

19時年七十有七…『東征伝』では、諸本により七十七とするものと七十六とするものがある。安藤更生氏は検討されて、没年は七十六歳、生年は唐の垂拱四年（六八八）とされた。

[考察]

鑑真の伝記については、その弟子で日本に随伴した僧思託の『大唐伝戒師僧名記大和上伝』という三巻の著述があったが、亡佚して現存していない（『東大寺要録』四に「大和尚伝」として引く文がその逸文かと見られる）。しかし、その思託の委嘱を受けた淡海三船(おうみのみふね)が思託の右の著述に基づいて著わした『唐大和上東征伝』（宝亀十年の奥書）が現在基本の史料とされる。また短いものながら思託の著とされる『延暦僧伝』に収められた鑑真の伝がある（『日本高僧伝要文抄』所引）。その成立年代からいうと、その次に『続紀』のこの「伝」がくるわけである。「伝」の文は前二者と比べて著しく短いが、その内容を『唐大和上東征伝』（以下『東征伝』と略称）と比較してみたい。

『東征伝』は冒頭「大和上、諱は鑑真、揚州江陽県の人也」からはじまり、簡潔に戒律の師として高僧と仰がれるまでのことを書いており、つづいて日本僧の栄叡と普照が鑑真に渡日を要請する記事になるわけであるが、このことはすでに［語句解説3～5］において述べた。ここで注目したいのは、『東征伝』の句をそっくり「伝」が用いていると思われるところが二か所指摘されることである。その一は唐における鑑真について「江淮之間、独為化主」とあるところは、前掲のようにそのまま「伝」に見える。その二は二僧が鑑真に渡日を要請するくだりに、「仏法東流、至日本国、雖有其法、而無伝人、……願和上東遊興化」とあるのを若干直して「伝」で使っていることである。これらのことで『続紀』のこの「伝」は『東征伝』を参考にしていることは確実と思うが、僧普照のことを業行と書くこと（前述［語句解説4］）をみると、他の材料による要素があることが考えられる。

さて『東征伝』がもっとも紙幅をとり、詳しく叙述しているのは、六回に及ぶ和上の渡日計画とそれに関係する華南地方、その他の巡歴に関する記述である。その全体の概要を記すとつぎのとおりである。

①第一次渡日計画…天宝二年（七四三）渡海を決意して、船その他を用意したが、海賊と通じているとの誣告によって弟子らが捕えられた。まもなく疑いは晴れたが、渡日計画は失敗に終わった。

②第二次渡日計画…同年十二月、船を用意し、所載品をそなえ、揚子江を東に渡航したが、悪風によって大海に出る前に狼講浦（蘇州）で難破した。

③第三次渡日計画……天宝三年のことかと思われる。難破して壊れた船を修理して再び出航したが、暗礁に乗り上げて船は壊れ、一行は明州の阿育王寺に収容された。鑑真は近くの地を巡歴して戒を授けたが、越州の僧らが鑑真の渡航計画を官に密告し、栄叡らは捕えられ、計画は中止になった。

④第四次渡日計画……栄叡・普照らは渡日の計画を立て、法進らを福州に送って船や食料その他の準備をさせた。一方、鑑真は天台山をめざし、国清寺その他を巡歴したが、渡航計画は妨害され、鑑真は揚州に帰ることとなり、計画は失敗した。

⑤第五次渡日計画……天宝七載（七四八）の春、栄叡と普照は揚州崇福寺に鑑真を訪ね、船を仕立て、必要なものを集め、道俗合わせて一四人・水手一八人とともに六月二十七日揚州を出発した。海路苦難が多く、船は海上を南下して、十一月十四日、陸に接し、三日後に海南島の南部振州に着き、大雲寺に入った。その後、北部の崖州の開元寺に入って歓迎をうけた。

⑥華南・江南巡歴……海南島から船で大陸の雷州に着き、各地をめぐって桂州の開元寺に迎えられ一年とどまった。ついで桂州から桂江を下って梧州をへて端州の竜興寺に入った。ここで栄叡が他界し鑑真は哀慟した。ついで広州に行き、大雲寺・開元寺に泊まり、さらに韶州にいたったが、そこで普照は鑑真と別れて明州に向かった。鑑真は炎熱によって目を傷め治療したが、ついに失明した。その後は北上して虔州から告州に着いたが、そのとき弟子の祥彦が没した。その後は江南に向かい、江州から北上して江寧（南京）に着き、ついに揚州に帰った。

⑦第六次渡日計画……天宝十二載、藤原清河を大使とする遣唐使が唐に着いた。遣唐使らは最初鑑真らを帰国の船に招請したが、のち唐朝との関係で表むきは断られるかたちとなった。そこで副使大伴古麻呂の策で十月

十九日鑑真は密かに小船で副使の船に乗った。その後蘇州で弟子ら二四人と仏像・経典その他を乗せ、十一月十六日出帆、同月二十一日阿児奈波島（沖縄本島）に着き、鑑真の乗る第二船は十二月二十日薩摩の秋妻屋浦、二十六日大宰府に到着した。

以上が『東征伝』に見える鑑真の六度に及ぶ渡日計画の概要である。「伝」では、渡海は二回失敗して三度目に遣唐使船による日本への到着の実現が記されているが、最初の風波に漂い難破して和上の念仏によって救われた、という航海は、『東征伝』に見る六度のうちのどれに当るか明らかでなく、別の史料によった可能性がある。つぎの（天宝）七載の航海は『東征伝』の第五次の計画に当たることは間違いないが、前述したように「伝」は漂着したところを「日南」（北ベトナム）とするのに対し、『東征伝』は振州（海南島）とし、さらに栄叡の没したところを端州（広東省肇慶）の竜興寺とするなどの違いがあり、また鑑真の失明についても「伝」と『東征伝』では相違がある。また遣唐使船に便乗するために交渉した人の名は『東征伝』では記されていないが、「伝」では業行とする。業行とは［語句説明］に述べたように普照のことである。このようにこの渡海の記事は『東征伝』と合わない部分が多く、『東征伝』以外の史料によるものと考えるべきであろう。『東征伝』のその後の記事は、つぎのようである。

⑧入朝・授戒……天平勝宝六年（七五四）二月一日難波に到着、迎えを受けて同月四日入京し東大寺に安置された。その年の四月盧舎那仏殿前に戒壇を立て天皇に菩薩戒を授け、ついで皇后・皇太子を初めとし多くの人に戒律を授けた。のちに大仏殿の西に戒壇院を設けた。

⑨唐招提寺を開く……その後四方から戒律を学ぶものが来るので、天平宝字元年（七五七）十一月天皇は備前国水田一百町を施され、和上はこれによって伽藍を立てようとしたが、大和国の園地一区、すなわち故新田部

親王の旧居を施されたのでここに伽藍を建てた。今の唐招提寺がこれである。また以前この地が氷上真人(塩焼)の宅であったとき鑑真は招かれたことがあり、そのとき寺を建てるのに相応しい地であると思ったという。
⑩鑑真の遷化…鑑真の戒律の教えは弟子の思託を初め弟子たちによって全国に広まった。入滅の前に弟子たちは和上の姿を模して影像を造った。天平宝字八年五月六日座禅の姿勢で西にむかって永眠した。年齢については七十六とする写本がある。

入朝以後の右のように、「伝」で記述する東大寺安置のこと、聖武天皇受戒のこと、唐招提寺の創立のこと、遷化のこと、などは『東征伝』でも簡単ながら記されているが、勅によって経典を校正したこと、薬物の判定をしたこと、皇太后不予のとき進めた薬の効験があったこと、大僧正位を授けられ、大和上に改められたこと、などは『東征伝』には見えないことである。

以上見てきたことによると、「伝」の最初の部分に『東征伝』と同じ文句が二か所も使われていて、『続紀』の「鑑真伝」は『東征伝』によるものかと見えたけれども、それは一部であって、それ以外の大部分はその他の史料によるものと考えざるを得ないのである。その他の史料とは例えば東大寺などにあった鑑真関係の書類であるとか、朝廷の太政官や玄蕃寮の記録が想定されるが現在はその手がかりはない。

12　藤原弟貞——実は長屋王の子——

巻二十四・天平宝字七年十月丙戌17条

[現代語訳]

[参議礼部卿従三位] 藤原朝臣弟貞は平城朝（聖武天皇朝）の左大臣正二位の長屋王の子［の山背王］である。天平元年（七二九）、長屋王は罪を犯して自殺した。その子息の従四位下の膳夫王、無位の桑田王・葛木王・鉤取王もまた皆自分で首をくくって死んだ。この時に安宿王・黄文王・山背王および娘の教勝もまた連坐すべきであったが、藤原太政大臣（不比等）の女が産んだ子であったところから、特に死を免ぜられた。[天平] 勝宝八歳（七五六）（九歳の誤りか）、安宿王と黄文王とが謀反を企てたとき、山背王は内密にその変を上告した。高野天皇（孝謙）はこれを喜び、[山背王は] 姓を藤原と賜い、名を弟貞と称した。

[訓読文]

[参議礼部卿従三位[1]藤原朝臣弟貞薨ず]。弟貞は平城朝[2]の左大臣正二位長屋王[3]の子なり。天平元年、長屋王罪ありて自尽す。その男従四位下膳夫王、无位桑田王・葛木王・鉤取王[4]もまた皆自ら経る。時に安宿王・黄文王・山背王并に女教勝もまた従坐すべきも、藤原太政大臣の女の生める所[5]を以て、特に不死を賜ふ。勝宝八歳、安宿・黄文謀反[6]せしとき、山背王陰にその変をたてまつる。高野天皇これ

を嘉し、姓を藤原と賜ひ、名を弟貞といった。

［原文］

［参議礼部卿従三位藤原朝臣弟貞薨］弟貞者平城朝左大臣正二位長屋王子也、天平元年長屋王有罪自尽、其男従四位下膳夫王・无位桑田王・葛木王・鉤取王亦皆自経、時安宿王・黄文王・山背王并女教勝、復合従坐、以藤原太政大臣之女所生、特賜不死、勝宝八歳、安宿・黄文謀反、山背王陰上其変、高野天皇嘉之、賜姓藤原、名曰弟貞、

［語句解説］

1 **参議礼部卿**……任参議は後述のように『続紀』天平宝字六年（七六二）十二月朔条に見えるが、礼部卿（治部卿）については記事がない。前任者（天平宝字三年十一月丁卯5任）氷上塩焼が同六年十二月朔条に中納言になったことが見えるから、礼部卿は止められて同時に弟貞が礼部卿に任ぜられたのではないか。

2 **平城朝**……ここでは聖武天皇の治世を指す。

3 **長屋王**……高市皇子（天武天皇の皇子）の子、室は草壁皇子の女吉備内親王。和銅・養老期に政界に台頭し、藤原不比等亡きあと養老五年（七二一）正月右大臣に任じて、政界を率いる立場となり、神亀元年（七二四）二月聖武天皇が即位すると、長屋王は正二位左大臣の地位に就いた。この頃から後宮問題をめぐって不比等の子藤原四兄弟と隙があったとみられるが、天平元年（七二九）二月王はひそかに左道を学び、国家を傾けようとしているという下級官人の密告があり、その宅は衛府の兵によって囲まれ、王は糾問され、その結果、自尽

に追い込まれた。その室吉備内親王やその子たちも自殺した。これが長屋王の変といわれる事件であるが、その実情は不明である。ただその半年後に行われた光明立后に反対する長屋王を葬らんとした藤原氏の謀略とする見方が強い。なお、発掘調査によって左京三条二坊の一・二・七・八坪の地にあたる土地は長屋王の邸宅跡と見られている。また出土の多量の木簡の研究から吉備内親王の邸宅である可能性も指摘され、また長屋王と吉備内親王の家政が一体として運営されていたとも見られる。いずれにせよ『続紀』の記載によれば、衛府の兵によって囲まれた邸宅には王と室の内親王と所生の四人の王がいて、みな自殺したというのである。なお出土木簡の研究から、その邸宅の跡地は光明皇后の皇后宮になったという説がある（渡辺晃宏氏）。

4**膳夫王・桑田王・葛木王・鈎取王**…天平元年二月癸酉12条によれば、この四人は正室吉備内親王所生であり、父母とともに自殺したものとされる。このうち嫡子と思われるのが膳夫王である。神亀元年（七二四）二月壬子22条に無位から従四位下直叙とあるから、この時二十一歳に達したものであろう。弟桑田王・葛木王・鈎取王の三人はまだその年齢に満たなかったものと見える。ただ桑田王については異伝があるので［考察］の項でとりあげる。

5**藤原太政大臣女所生**…藤原太政大臣は藤原不比等であるが、長屋王に嫁した不比等の娘についてはその名は知られていない。一説に長娥子（ながこ）という女性とされる。長娥子は神亀元年二月丙申6条に従四位下から従三位に昇叙した記述があるだけであるが、この日、聖武即位祝賀の女叙位において、吉備内親王に二品を、藤原長娥子に従三位を授けたことが推定の根拠となっている。その所生とされるのが安宿王・黄文王・山背王および女教勝の四人である。このうち教勝は尼のような名であるが他に見るところがない。安宿王・黄文王・山背王の男三人は、いずれも橘奈良麻呂の事件にかかわって、その人生を大きく変えた人たちである。それについては後述したいと思う。この人たちは長屋王の子ではあるが不比等の娘の生む所なので、事件の時には死を免ぜられたというのであるが、事件のあと天皇は長屋王の弟鈴鹿王の宅に使を遣わして、長屋王の「昆弟姉妹子孫及妾等、縁坐すべき者は男女を問はず咸くみな赦除」するという勅を述べていることといかなる関係にあるか。

6**勝宝八歳安宿・黄文謀反**……この謀反とはいわゆる橘奈良麻呂の変である。この事件との関係については、つぎの［考察］の項でとりあげる。

［考察］

この藤原弟貞の薨伝は短文ではあるが「長屋王の変」と「橘奈良麻呂の変」という二つの事件にかかわるものであって重要である。

先にも触れたが、長屋王は天武の皇子高市（最年長の皇子、壬申の乱にも活躍し、皇太子草壁の没後皇太子に准ぜられた）の嫡子で、母は持統の皇女御名部（みなべ）皇女という血統の点では比類のない存在であった。その点で首（おびと）皇子（のち聖武）は文武の嫡子ではあるが、幼年であったというばかりでなく、生母が臣下の藤原氏であったことなどもあり、したがって長屋王は当時、皇位継承者としても有力な存在であったと思われる。しかし持統や不比等などの後援によって首は皇太子となり、また即位した（聖武）。聖武即位の直後である神亀元年（七二四）三月、王は聖武の生母藤原宮子（みやこ）の称号をめぐって勅に対して質問を発している。聖武は訂正を余儀なくされたが、このことは「綸言汗の如し」とされる勅に汚点を付けさせたばかりでなく、聖武の生母が皇親ではなく臣下の出であることを再認識させたという性格のものであった。その後まもなく夫人光明子に皇子が誕生し、直ちに皇太子としたが、一年も経ないうちに夭折してしまった。これらのことは朝廷内における長屋王の立場を微妙なものにした。

ここで複雑な長屋王の妻子について整理してみる。これを四項に分けて記述する。まず、①正室吉備内親王とその所生の子女。これは前述のように膳夫王・桑田王・葛木王・鉤取王の四人である。この吉備内親王所生の人たちについては、霊亀元年二月丁丑25条に「勅して三品吉備内親王の男女を以てみな皇孫の例に入れよ」という特例があたえられていることに注目される。この子たちは父長屋王方からは三世王で、これが父系制として通常であるが、母吉備内親王方からは二世王となり当然待遇が厚いわけである。このような特別の処置は皇統に近いことを実感させるものである。その九年後の神亀元年（七二四）二月に、子息のうちの膳夫王が二十一歳に達したのであろう。親王の嫡子としての蔭位である従四位下に直叙されている。他の三人の子息は事件の天平元年にいたっても成年の年齢に達していなかったのである。

ところでそのうちの桑田王については異伝として『本朝皇胤紹運録』の長屋王の子桑田王の尻付に「従五位上、母石川虫丸女」とある。生母とされる石川虫丸女また石川虫丸については他の所見がないが「長屋王家木簡」のなかにある「石川夫人」「石川大刀自」が王の妻の一人であり、これに充てる説がある。またこの系図の桑田王の曾孫峯緒（みねお）の尻付に「承和十一年賜高階真人」とあり、『高階氏系図』（『続群書類従』所収）ではこれが高階氏の先祖とされている（ただし桑田王の生母の記載はない）。他に史料がなく判断に苦しむが『紹運録』の系図は後述のように杜撰な点があるので一応『続紀』の記述による。

つぎに②藤原不比等の娘とその所生の子女。長屋王の妻（側室）となった不比等の娘の名は史料上明記はないが、前述のように長娥子と推定されている。この長娥子所生の人は「伝」に見える安宿王・黄文王・山背王および女教勝である。まず天平九年（七三七）十月庚申20条に、この日天皇は南苑に出御して「従五位下安宿王に従四位下、無位黄文王、従五位下円方女王・紀女王・忍海部女王に並びに従四位下を授く」という記事に注目する（この記事の黄文王の下に「従五位下」を補うべきという説があるが、従わない。理由は以下のような解釈からである）。この人々は安宿王・黄文王がそうであるように、すべて不比等の女の所生と見なされるのではないか。そして男女はそれぞれ年齢の順に記されていると見られる。男では安宿王・黄文王のつぎに山背王が見えないのは、彼はのち天平十二年十一月甲辰21に従四位下直叙とあるように、この時は未だ成年に達していないからである。女王を見ると三人ともすでに従五位下を帯している。円方女王・紀女王の二人は初叙の記事がないが、忍海部女王はこの直前ともいえる同年（九年）二月戊午14条に無位から従五位下直叙の記事が見える。これで知られることは、この兄弟たちは始めは三世王として従五位下直叙であったが、この天平九年にいたって吉備内親王所生の異母兄弟たちに準じて二世王の待遇を与えられているのである。したがって前掲のように山背王は天平十二年十一月甲辰21条に初叙のとき従四位下直叙になっているわけである。

この長屋王の子女の特別叙位について、中西康裕氏が天然痘流行に関連して長屋王の怨霊を鎮める意味があったとしたのは卓見であろう（『続日本紀と奈良朝の政変』）。ただし藤原長娥子所生だけが叙位に与っているのは、他の人は成年に達していなかったからと見る。このように不比等の娘所生の王たちは特別の待遇に与ったのであるが、やがて天平宝字元年、男たちは橘奈良麻呂の事件に巻き込まれることになる。これについては後述したい。

つぎに③その他の女の所生の人々をあげる。まず『万葉集』に見える賀茂女王である。彼女の名は三か所に見える。巻四の五六五の題詞には「賀茂女王歌一首」とあるだけであるが、五五六の題詞に「賀茂女王の大伴宿禰三依に贈れる歌一首故左大臣長屋王の女なり」と長屋王の娘であることがみえる。さらに巻八の一六一三の題詞には「賀茂女王の歌一首長屋王の女、母阿倍朝臣といふ」と生母が阿倍氏であることを明らかにしている。作歌の年次は明確ではないが、歌の並び方などからおよそ天平初年かと推定されるが、五五六の題詞に見る如く「故左大臣長屋王」とあるのは長屋王没後の歌ではないか。賀茂女王については先の『紹運録』の系図にも長屋王の子として掲げてあり、尻付に「母安部」とだけ記している。女王の生母は藤原不比等の女ではなく阿倍氏であるが、長屋王の変のとき死んではいないと見られるのである。またこの人は「長屋王家木簡」の「安倍大刀自」に充てられているが、中納言阿倍広庭の娘ではないか、とする説もある。

この賀茂女王と並んで『紹運録』に見える人々はほかにもいる。すなわち改めてその記載を見ると長屋王の子は全部でつぎの八人である。同書には桑田王・栗原王・安君王・山背王・朝妻王・安宿王・賀茂女王・藤原弟貞の順に記されている。これを一見しておかしいのは、まず山背王と藤原弟貞とが別人として出ていること、天平元年自殺した四人の子供のうち、膳夫王・葛木王・鈎取王の三人が見えなくて、桑田王だけが見えていて、しかも前述のように尻付に母を石川虫丸女と記していること、また長屋王の子として明らかな黄文王・円方女王などが見えないことなどである。そしてこれまで見えなかった栗原王・安君王・朝妻王の名が見えるのである。この三人については他の史料にはまったく見えない。こうして見ると『紹運録』の記述はかなり粗雑なものであって、その真偽のほどは疑問としなければならない。

④長屋王の子女は以上で尽きるものではなく、長屋王邸跡出土の木簡のなかに、「某若翁」と見えるものがあるが、これらは研究者のなかでは長屋王の子供（王・女王）の名であると理解されているのでこれに触れておく。これはつぎの如く九人を数える。「1円方若翁、2忍海部若翁、3紀若翁、4膳若翁、5小治田若翁、6珍努若翁、7馬甘若翁、8太若翁、9林若翁」である。このうち、1〜3は先にあげた天平九年十月庚申20条に其の名が見える不比等の女の所生と推定した円方女王・忍海部女王・紀女王に充たるであろう。つぎの4は吉備内親王の所

生で変のとき自殺した膳夫王と同一であろう。つぎの5は天平四年正月甲子20条に従五位下直叙の小治田王の可能性があるが、これが長屋王の子である証拠はなく、また生母も不明である。6については養老七年正月叙従四位下、神亀元年二月叙従三位の智努女王とは年代的に別人と見られ、これとは別に『万葉集』巻二十の四四七七の題詞に「智努女王卒後、円方女王悲傷作歌」とあり、この歌は前後の並びから天平勝宝八歳（七五六）頃かと思われる。この智努女王は珍努若翁に当たる可能性があり、姉が妹の死を悲しんで詠んだのではないか。そのほかの7～9の三人については他に手がかりがない。

このように見ると、長屋王の変のとき王とともに自殺したのは正室の吉備内親王所生の皇子四人であって、藤原不比等の女所生の子だけが死を免ぜられたのではないのである。事件の一週間後の同己卯18条に使を長屋王の弟鈴鹿王の宅に遣わして「長屋王の昆弟姉妹子孫及妾等の縁坐すべき者は男女を問はず咸く皆赦除す」という勅を伝えているが、この「伝」に「藤原太政大臣の女の生める所を以て、特に不死を賜ふ」とあるのは、先の事実と食い違い、おそらく藤原弟貞の伝の素材にそのような特別の恩恵を賜与するといった記載があったのではないかと想像される。

さて長屋王の遺児として天平期の政界で一定の地位を保持し注目せられたのは、安宿王・黄文王・山背王の三兄弟である。政変の相つぐ政局のなかにおいて、その血縁のよさから謀反計画などで皇嗣に擬せられやすく、政争に巻き込まれやすい立場にあった。こうした状況下にあった三王は仲麻呂政権下における反仲麻呂派の動きに対して三者三様の対応をしたのである。個人の性格まで読み取ることは困難である国史の記事を材料として、どれほど人の生き方を見ることができるか問題ではあるが、以下史料の示すところを整理してみたい。

まず第一の道、すなわち反仲麻呂派の謀議に荷担して積極的に動いたのは黄文王であった。彼は早い段階から反仲麻呂派の計画に取り込まれていた。天平宝字元年（七五七）に発覚した奈良麻呂の変における佐伯全成（またなり）の証言によると、天平十七年（七四五）聖武天皇の病が大漸にいたるとき、奈良麻呂は「なほ皇嗣を立つることなし」としてこのさい黄文王を立てて君に据え、人々の望みに答えたい、として大伴・佐伯の族を誘ったという。このときは事なくして終わったが、そうした動きは政界の底流として存在したようで、それから十年以上も経った天平勝宝八歳（七五六）奈良麻呂は大伴古麻呂と連携して、いま天下は乱れて人心の定まることがないので、このさい大伴・佐伯を率いて他氏に先立って黄文王を擁立したい、ということを佐伯全成に説いたという。当の黄文王がこれらのことをどれほど承知していたか、謀議に加わっていたかについては明らかではないが、その翌年の謀議には積極的に参加していた。つまりこの段階で兄の安宿王を謀議に誘ったのである。つまり黄文王は早くから奈良麻呂らの謀議に加わっていたのであり、露顕すると一党とともに捕縛され、「拷掠・窮問」され、多夫礼（又は久奈多夫礼）という卑しい名を与えられ、その結果「杖下に死す」とある。拷問によって死亡したのであった。

つぎに黄文王の誘いを受けた安宿王が選んだのが第二の道である。安宿王は其の自白によると、この年（天平宝字元年）の六月二十八日の夕方、弟の黄文王に誘われて奈良麻呂に会うために謀議派が集合している太政官院内の会盟の場所に行き、人々と会い、事情もわからぬうちに欺かれて会盟に参加したという。つまり事情を知らずして加わったというのである。このことは基本的に認められたらしく、断罪の時には死を免ぜられ、妻子とともに佐渡に配流されたのである。これが安宿王がとった第二の道の結末である。なお王はその後赦免され、宝亀四年十月戊申6に高階真人の姓を賜わっている。平安時代に多く見える高階真人賜姓の早い例である。

つぎに第三の道は山背王の道である。山背王は密告という道、つまり裏切りの行動を選んだ。この事件は密告者が多かったが、そのうちでも早い六月二十八日、つまり安宿王が黄文王の誘いを受け会盟に参加したとされる前日のことである。黄文王は安宿王と同じ頃、あるいは先に山背王に誘いかけていたものであろう。山背王は会盟の場所に行かなかった。行かなかったばかりでなく、黄文王から得た情報を基にして当局に密告した。初めの頃でもあるから、どれほど具体的であったかわからないが、そうすることによって山背王は自分の判断で身の保全を図ったのである。これが山背王のとった第三の道である。

奈良麻呂の変の断罪が行われた後、七月五日に山背王は密告者の特別叙位として従四位上から一挙に従三位に叙せられている。また「伝」では藤原弟貞の姓名を賜わったことも高野天皇（孝謙）が密告を嘉賞されてのこととしているが、『続紀』本文にはその記載はなく、藤原弟貞の名で見えるのは天平宝字四年（七六〇）正月戊寅[16]条からである。『公卿補任』天平四年の項に「非参議　従三位　藤原朝臣弟貞」とあり、以下毎年同文が見えるのは明らかな誤りである（天平二十一年の項に「四月十四日叙正三位」として、以後毎年正三位と記しているのも誤りである）。錯乱などがあったものであろう。そして、天平宝字六年の項において「参議　正三位　藤原朝臣弟貞」をあげ、尻付に「十二月一日任、起姓、左大臣長屋王男、母太政大臣藤原朝臣不比等女、仍給母姓為藤原」とある。任参議の日付は『続紀』と同じであるが、つづいて「起姓」とある。これは前述のとおり、これより以前のことである。ただ母の姓を称したことは『紹運録』にも「給母姓」とあり、諸王が臣籍に降下して母の姓を称することは他にも例があることであって真実であろう。通常改姓の場合は本人または親族の請願によるのであって、山背王の場合も皇親の籍を脱することを願ったのではなかろうか。

当時の政局は皇嗣が不安定であったため殊に諸王たちはその渦に動揺した。有名なことであるが、のち光仁天皇となった白壁王の場合「勝宝より以来、皇極に弐（つぎ）なく、人かれこれを疑ひて、罪し廃せらるるもの多し、天皇

（白壁王）深く横禍の時を顧みて、或は酒をほしいままにして迹を晦ます、故を以て害を免るるもの数多なり」（光仁即位前紀）と見えるように、政局で犠牲になる皇親が多かったのである。ことに山背王兄弟の場合は先に見た如くであって、二人の兄はそれぞれ悲惨な結果になり、山背王自身としても内心忸怩たるものがあったと思われる。皇親を脱して母の姓になることは王自身が求めたことではないだろうか。それを天皇の嘉賞する恩恵による、としたのは、奈良麻呂の変で死を免ぜられたのは生母が不比等の女であったからとしたのと同様に、王権側の恩着せがましい手法であろう。

13 藤原仲麻呂（恵美押勝）――専制権力とその末路――

巻二十五・天平宝字八年九月壬子18条

［現代語訳］

［恵美］押勝（藤原朝臣仲麻呂）は、近江朝（天智天皇朝）の内大臣藤原朝臣鎌足の曾孫で、平城朝（聖武天皇朝）の贈太政大臣武智麻呂の第二子である。生まれつき賢い性格で、おおかたの書物に通じていた。大納言阿倍少麻呂について算術を学び、とりわけそのことに精通していた。［はじめ］内舎人に任ぜられ、それから大学少允に転任し、天平六年（七三四）、従五位下を授けられ、つぎつぎと顕職を歴任し、［天平］勝宝元年（七四九）、正三位大納言兼紫微令・中衛大将にいたり、［天下の］大事な政治は［押勝］ひとりの握るところから発せられた。このような状態になって勢力の大きな家や有力な家柄の者はみな其の勢を妬んだのである。［天平］宝字元年（七五七）、橘奈良麻呂らが謀って押勝を排除しようとした。［しかしその］ことは［天皇の］廃立に及んだため、逆に滅ぼされてしまった。

その年に、紫微内相に任ぜられた。［同］二年、大保（右大臣）を拝命した。手厚い勅があって藤原の姓の中に恵美の二字を加え、名を押勝ということとなった。また功封三千戸と田一百町を賜わり、特に銭を鋳造すること、稲を出挙すること、および恵美の家印を用いることを許された。［同］四年（七六〇）、太師（太政大臣）に転任した。その子息正四位上真先・従四位下訓儒麻呂・同朝獦はともに参議となり、従五位上小湯麻呂・従五位下薩雄・同辛加知・同執棹は、それぞれ衛府や三関の国司に任命された。そのほかの顕官、要職も［押勝の］姻戚でない者はなかった。独り権威を好きなようにして、人を疑い自ら用心するということが日々激しくなった。

　そのころ道鏡は常に［高野天皇の］宮中に侍していて、大変寵愛されるようになっていた。押勝はこのことを心配して心が安らかでなかった。そこで高野天皇（孝謙上皇）にそれとなく遠まわしに、「［自ら］都督使となり、兵力を握って自衛し、諸国の軍団の訓練のやり方に准じて、管内の兵士を国ごとに二十人として、五日交替で、都督の役所に集め、武芸を検閲することにします」といった。［ところが］奏聞し終わってのち、［仲麻呂は］勝手にその［兵士の］数を増やし、太政官印を用いて、この［変更した］命令を下した。大外記高丘比良麻呂は［職務上］禍が自分に及ぶことを恐れて、密かにその事を［高野天皇に］奏上した。［仲麻呂の行動に対抗して高野天皇が］中宮院（淳仁天皇の御在所）にあった鈴・印を［手許に］収めることとなるに及んで、［押勝は］遂に兵をあげて反乱を起こした。その夜、［押勝は］仲間を呼び招き、［都を］脱出して宇治から近江に走りここに拠ろうとした。山背守日下部子麻呂・衛門少尉佐伯伊多智らは直ぐに田原道を経て、先に近江に入り勢多橋を焼いた。押勝はこれを見て顔色をかえて驚き、すぐに高島郡に走って前少領角家足の宅に宿をとった。この夜、星が押勝の寝ている家に落ちた。その大きさは甕のようであった。伊多智らは馬を走らせて越前国に入り、［同国の］守［恵美］辛加知を斬った。押勝は［このことを］知らないまま、氷上塩焼を偽って立て今の帝とした。［子息の］真先・朝猟らを皆［親王としての］三品の位とし、他の人々

［に与えた位］はそれぞれ差があった。［そして］精兵数十人を遣わして愛発関に入ろうとした。［そこで］授刀物部広成らが抵抗して［押勝軍］を退けた。押勝は進退の拠り所を失って、すぐに船に乗り、［湖上を］浅井郡塩津に向った。［ところが］突然逆風に逢い船は漂い沈没しそうになった。そこで［上陸して］さらに山道をとり直ちに愛発関を目指したが、［佐伯］伊多智らがこれに抵抗して、［押勝軍の］八、九人が箭に当たって死んだ。押勝はそこからまた戻って高島郡三尾埼に到着し、佐伯三野・大野真本らと合戦した。［戦いは］午刻（今の午前十一時から午後一時）から申刻（午後三時から五時）に及んで官軍は疲れ果てた。

その時、［官軍の］従五位下藤原朝臣蔵下麻呂が兵をひきいて突然［その場に］到着した。［急をつかれた恵美］真先は兵を引きつれて退却し、［佐伯］三野らはこれに乗じて攻め［押勝軍を］多く殺傷した。押勝は遠くから軍が敗れるのを望み見て船に乗って逃げた。［官軍の］諸将は水陸両道からこれを攻めた。押勝は勝野の鬼江に拠って、精鋭の力を尽くして防ぎ戦った。官軍はこれを攻撃し、押勝の兵は敗れてちりぢりになり、ただ妻子三、四人とともに船に乗って水上に浮かんだ。［そこで軍士石村］石楯が［押勝を］捕えて斬ったのである。またその妻子や従党ら三四人も皆すべて江のほとりで斬った。ただ第六子の刷雄は年少のときから禅行を修めていたということで、その死を免除して隠岐国に流した。

［訓読文］

［軍士石村村主石楯(いはれのすぐりいはたて)[1]、押勝を斬りて、首を京師(けいし)に伝ふ］。押勝(おしかつ)は近江朝の内大臣藤原朝臣鎌足[2]の曾孫、平城朝の贈太政大臣武智麻呂[3]の第二子なり。率性(そつせい)聡敏にして、略(ほぼ)書記に渉(わた)る。大納言阿倍少麻呂[4]に従ひて筭(さん)を学び、尤もその術に精(くは)し。内舎人[5]より大学少允(せういん)に遷り、天平六年、従五位下を授けられ[6]、通顕を歴任し、勝宝元年、正三位大納言兼紫微令(しびれい)・中衛大将に至り、枢機の政(まつりごと)はひとり掌握[7]より出づ。是(これ)に由りて豪宗右族(ごうそういうぞく)みな其の勢を妬(ねた)む。宝字元年、橘奈良麻呂[8]ら謀りてこれを除かんと欲す。こと廃立に渉(わた)り、反(かへ)りて為に滅ぼさる。その年、紫微内相[9]に任ぜらる。二年、大保[10]を拝す。優勅ありて姓の中に恵美[11]の二字を加へ、名を押勝と曰ふ。功封三千戸・田一百町を賜ひ、特に鋳銭(じゆせん)・挙稲(きよたう)及び恵美の家印[12]を用ゐるを聴さる。四年、太師[13]に転ず。其の男[14]正四位上真先・従四位下訓儒麻呂・朝獦は並びに参議となり、従五位上小湯麻呂、従五位下薩雄・辛加知・執棹は、みな衛府・関国司[15]に任ぜらる。其の余の顕要の官姻戚ならざるはなし。独り権威を擅(ほしいまま)にして、猜防(さいばう)日に甚し。

時に道鏡、常に禁掖(きんえき)に侍し、甚だ寵愛せらる。押勝これを患(うれ)ひて懐(こころ)自(おのづか)ら安からず。乃ち高野天皇に諷すらく、都督使[16]となり、兵を掌(つかさど)りて自衛し、諸国の試兵の法に准拠して、管内の兵士国ごとに二十人、五日を番となし、都督衙に集めて、武芸を簡閲(かんえつ)せん、と。奏聞し畢(をは)りて後、私に其数を益し、太政官印を用ゐて、これを行下(ぎやうか)す。大外記高丘比良麻呂[17]、禍の己(おのれ)に及ぶことを懼(おそ)れて、密(ひそか)に其の事を奏す。中宮院の鈴印[18]を収むるに及びて、遂に兵を起こして反す。其の夜、党与を相招き、遁れて宇治より近江に奔(はし)り拠る。山背守日下部子麻呂・衛門少尉佐伯伊多智ら直ちに田原道を取り、先に近江に至りて勢多橋[19]を焼く。押勝これを見て色を失ひ、即便ち高島郡[20]に走りて前少領角家足の宅に宿す。是の夜、星あり押勝の臥屋の上に落つ。其の大きさ甕の如し。伊多智ら馳せて越前国に到り、守辛加知を斬る。押勝知らずして、塩焼を偽立[21]して今帝となす。真先・朝獦らを皆三品となす。余は各差あり。精兵数十を遣はして愛発関[22]に入らんとす。授刀物部広成[23]ら拒ぎてこれを却く。押勝、進退拠を失ひ、即ち船に乗りて浅井郡塩津[24]に向ふ。忽ち逆風ありて船漂没せんとす。是に於て更に山道を取りて直ちに愛発を指すも伊多智らこれを拒ぎ、八九人箭に中りて亡す。押勝即ちまた還りて高島郡三尾埼[25]に到り、佐伯三野・大野真本らと相戦ふこと午より申に及ぶ。官軍疲頓せり。

時に従五位下藤原朝臣蔵下麻呂[26]、兵を将ゐて忽ちに至る。真先衆を引きて退く。三野らこれに乗じて殺傷すること稍多し。押勝遥に衆の敗れるを望みて、船に乗りて亡げ、諸将、水陸両道よりこれを攻む。押勝、勝野の鬼江[27]に阻み、鋭を尽くして拒ぎ戦ふ。官軍これを攻め撃ち、押勝の衆潰えて、独り妻子[28]三四人と船に乗りて江に浮ぶ。石楯獲てこれを斬る。及び其の妻子・従党卅四人、皆これを江頭に斬る。独り第六子刷雄[29]、少きより禅行を修むるを以て、其の死を免れて隠岐国に流さる。

〔原文〕

〔軍士石村村主石楯斬押勝、伝首京師〕、押勝者、近江朝内大臣藤原朝臣鎌足曾孫、平城朝贈太政大臣武智麻呂之第二子也、率性聡敏、略渉書記、従大納言阿倍少麻呂学筭、尤精其術、自内舎人遷大学少允、天平六年、授従五位下、歴任通顕、勝宝元年、至正三位大納言兼紫微令中衛大将、枢機之政独出掌握、由是豪宗右族皆妬其勢、宝字元年、橘奈良麻呂等謀欲除之、事渉廃立、反為所滅、其年任紫微内相、二年拝大保、優勅加姓中恵美二字、名曰押勝、賜功封三千戸・田一百町、特聴鋳銭・挙稲及用恵美家印、四年転太師、其男正四位上真先①・従四位下訓儒麻呂・朝獦並為参議、従五位上小湯麻呂、従五位下薩雄・辛加知・執棹皆任衛府・関国司、其余顕要之官莫不姻戚、独擅権威、猜防日甚、時道鏡常侍禁掖、甚被寵愛、押勝患之、懐不自安、乃諷高野天皇、為都督使、掌兵自衛、准拠諸国試兵之法、管内兵士毎国廿人、五日為番、集都督衙、簡閲武芸、奏聞畢後、私益其数、用太政官印、而行下之、大外記高丘比良麻呂懼禍及己、密奏其事、及収中宮院鈴印、遂起兵反、其夜相招党与、遁自宇治、奔拠近江、山背守日下部子麻呂・衛門少尉佐伯伊多智等、直取田原道、先至近江、焼勢多橋、押勝見之失色、即便走高島郡、而宿前少領角家足之宅、是夜有星、落押勝臥屋之上、其大如甕、伊多智等馳到越前国、斬守辛加知、押勝不知而偽立塩焼為今帝、真先・朝獦等皆為三品、余各有差、遣精兵数十而入愛発関、授刀物部広成等拒而却之、押勝進退失拠、即乗船向浅井郡塩津、忽有逆風、船欲漂没、於是更取山道、直指愛発、伊多智等拒之、八九人中箭而亡、押勝即又還、到高島郡三尾埼、与佐伯三野・大野真本等、相戦従午及申、官軍疲頓、于時従五位下藤原朝臣蔵下麻呂将兵忽至、真先②引衆而退、三野等乗之、殺傷稍多、押勝遥望衆敗、乗船而亡、諸将水陸両道攻之、押勝阻勝野鬼江、尽鋭拒戦、官軍攻撃之、押勝衆潰、独与妻子三四人乗船浮江、石楯獲而斬之、及其妻子従党卅四人、皆斬之於江頭、独第六子刷雄以少修禅行、免其死而流隠岐国、

［校異］

（1・2）「先」…底本には「光」とあるが、蓬左文庫本に「先」とある。「正倉院文書」に真先（『大古』四―二八二）、真前（同十五―一三〇）とあるので、真光は真先の誤りと見る。

［語句解説］

1 **石村村主石楯**…石村村主は『坂上系図』所引『姓氏録』逸文に坂上氏と同族の東漢（やまとのあや）氏の一族とし、大和国十市郡磐余（いわれ）の地名による。石楯は天平宝字八年九月丙午12条の勇士徴募の勅に応じて軍に参じたので軍士といわれた。石楯は仲麻呂を討った功績で大初位下から従五位下勲四等へと破格の行賞に与った。天平神護元年（七六五）四月丁亥26坂上忌寸を賜姓。外衛将監から出羽介をへて宝亀五年（七七四）五月丁卯29任中衛将監（終見）。なお唐招提寺に宝亀十年閏五月石楯の妻子が石楯のために書写した大般若経一部六百巻の一部が現存する。

2 **藤原鎌足**…鎌子ともある。仲麻呂の曾祖父。もと中臣連。御食子（みけこ）（弥気（みけ））の子（［7光明皇后］参照）。

3 **藤原武智麻呂**…鎌足の孫。不比等の第一子。住居の場所から南家の祖とされる。大宝元年（七〇一）二十二歳で出身し正六位上・内舎人に任じた。その後累進して式部卿・東宮傅を経て中納言に任じ、天平元年（七二九）二月長屋王の変にさいし、王の窮問にあたった。翌三月大納言に任じ、三人の弟と廟堂に並び列して藤原四卿政権といわれる。同六年従二位・右大臣となったが、同九年七月没した。薨去の日正一位・左大臣に任ぜられ、天平宝字四年（七六〇）八月甲子7条に贈太政大臣、ときに南卿と見える。仲麻呂は武智麻呂の第二子、第一子は豊成。

4**阿倍少麻呂**……名を宿奈麻呂にもつくる。阿倍引田臣比羅夫の子。はじめ引田朝臣とみえるが、慶雲元年（七〇四）十一月丙申14阿倍朝臣と改めた。時に従四位下。のち中納言をへて養老二年（七一八）三月乙巳10大納言に任ぜられ、同四年（七二〇）正月庚辰27没した。時に大納言・従三位。仲麻呂十五歳のときである。少麻呂に算術の特技があったことは特に知られていない。仲麻呂の生母は『公卿補任』によると、豊成とともに従五位下安倍朝臣貞吉の女貞媛と伝えている。少麻呂は仲麻呂の母方の一族と見られる。

5**内舎人・大学少允**……内舎人は帯刀して天皇に近侍する選抜されたトネリで、高位・高官の嫡子で優れた者の初任の官とされる。仲麻呂の父武智麻呂は正三位であったから第二子仲麻呂は二十一歳で庶子の蔭位として従六位下となり、内舎人に任ぜられたものであろう。神亀三年（七二六）の頃かと思われる。兄の豊成はすでに神亀元年に従五位下になっているからかなりの差がある。つぎに大学少允に転じたが、これは大学寮の三等官で学才に優れた者のコースかもしれないが、相当位は従七位下と低い。

6**官歴**……天平六年（七三四）の叙従五位下は『続紀』本文同六年正月己卯17条に見える。その後の叙任は『続紀』によると、同十一年（七三九）正月叙従五位上、翌十二年正月叙正五位下（特進二階級）、同年十一月叙正五位上、翌十三年閏三月叙従四位下、同年七月任民部卿、同十五年五月叙従四位上、任参議（三十八歳）、同年六月兼左京大夫、同十七年正月叙正四位上（特進二階級）、同年九月兼近江守、同十八年三月為式部卿、同年四月叙従三位、と、叙従五位上までは多少の年月がかかったが、それから先、三位になるのに七年という異常なスピードである。これには才幹と幸運もあるかも知れないが、[7光明皇后]で述べたように、天平九年の藤原四卿の死没後の藤原氏の次世代のホープとして光明皇后の期待と支援によるところが大であったものであろう。その後、同二十年三月叙正三位、翌天平感宝元年（勝宝元年（七四九））七月任大納言（中納言を経ず）、同八月兼紫微令となる。兼中衛大将については『続紀』本文には任官の記述がないが、『公卿補任』では紫微令と同日の任官としてある。

7枢機之政云々……これは紫微中台が設置され仲麻呂が紫微令に就任してのことである。紫微中台については［7光明皇后］でも述べたが、職掌は抽象的に「居中奉勅、頒行諸司」とあるように、光明皇太后の大政を補佐し、太政官の中務省に代わって詔勅奏啓を吐納した。この長官（令）に仲麻呂が就いたことは、大納言でありながら、左大臣橘諸兄（もろえ）や兄の右大臣藤原豊成より実質的な権限を掌握したことを示し、また中衛大将も兼ねて衛府の武力をも手中に収めたことになろう。

8橘奈良麻呂の変……天平宝字元年（七五七）七月、橘奈良麻呂・大伴古麻呂（こまろ）らが仲麻呂政権を倒そうとしたクーデター未遂事件。「こと廃立に渉り」というのは、この陰謀が天皇・皇太子を廃し、安宿王・黄文王・塩焼王・道祖王の四王の中から新天皇を立てようとすることに及んだということ。しかしその謀議は疎漏なもので密告者がつぎつぎと現われて未遂に終わった（［9藤原弟貞］参照）。

9紫微内相……紫微令の権限に内外の軍事（内は六衛府、外は諸国の軍団）を統轄する権限を加え、地位を大臣相当とした新設の官であり、仲麻呂のためだけに置かれたもの。紫微を冠しているので光明皇太后の権威を笠に着ているが、内相への就任は反対勢力の動きを感じ取って自ら軍事権の掌握を企図したものであろう。

10大保……右大臣の称を改めたもの。仲麻呂は天平宝字二年八月、淳仁天皇が即位すると、主な官名を唐風に改定して、太政大臣を太師、左大臣を大傅、右大臣を大保と改めて、仲麻呂は大保に就任した。自分の息のかかった淳仁の許の太政官に基盤を移したのである。太師・大傅・大保とは唐の三師（天子の師としての訓導の官）の称を借りたものと見られている。

11**姓の恵美**…天平宝字二年八月甲子25の勅で賜わったもので、その勅のなかで、曾祖父鎌足以来の輔翼によって海内平和であったことは比類なく「汎恵（ひろくめぐむ）の美、これより美なるはなし」として姓のなかに恵美の二字を加え、「暴を禁じ強に勝ち、戈を止め乱を静む」故に名として押勝を与えるとしている。これ以後仲麻呂の子女も藤原恵美朝臣を称しているから恵美は子孫にも及ぼされたものであろう。

12**鋳銭・挙稲・恵美家印**…鋳銭とは貨幣鋳造・発行の権限である。和銅以来私鋳銭は固く禁ぜられており、犯すものは大赦の例外ともされた。挙稲とは私に稲を出挙する権限。天平九年（七三七）九月以来、私出挙は禁ぜられており、出挙はいわば国家だけの権限とされていた。また家印は家の私印としては広く存在したが、ここでは恵美の家印を公的な文書に効力あるものとして使用する権限を許されたものであろう。ただし具体的なことはわからない。なお功封三千戸・功田一百町も同勅に見え、「永世之賜」とあるから、大功として全額永代に伝えるものとされた。

13**任太師**…太師は太政大臣。天平宝字四年正月丙寅4高野天皇（孝謙上皇）の口勅（宣命使による伝宣ではなく天皇口ずからの勅）によって任ぜられた。大宝令で規定が出来た以後、太政大臣になった人はいなかった。令では太政大臣は天皇の師範として、すべての規範となるもので、適格者がいなければ置かない官であった。口勅は冒頭でそのことに触れ、あえて押勝をその官に任じようとした。押勝は祖父不比等が固辞したことをあげて辞退したが結局任ぜられたとする。こうした押し問答が形式であることはいうまでもない。

14**押勝の男**…〈**真先**〉は「国史大系」本に「真光」とするが「真先」が正しいことは［校異］参照。第二子か（第一子は真従—後述）。はじめ執弓（ゆみとり）、天平宝字二年（七五八）孝謙天皇詔書草では藤原真先に注して弓取とあり（『大古』四—二八四）、これは聞書きと考えられるので「ユミトリ」と読む（新古典文学大系『続日本紀』

三補注）。初見は同元年五月丁卯20叙従五位下（執弓）。同二年八月朔叙従五位上（真先、以下同）、兵部大輔、大和守、鎮国衙驍騎将軍、美濃飛驒信濃按察使等を経て、天平宝字六年正月任参議、同年十二月朔従四位上から叙正四位上、同日任大宰帥。**〈朝獦〉**朝獵、朝狩とも書く。第三子か。天平宝字元年七月叙従五位下任陸奥守（初見）。以後陸奥経営に活躍し、同四年正月陸奥按察使兼鎮守将軍として雄勝（おかち）・桃生（ものう）両柵造営と蝦夷経略に功ありとして叙従四位下。同六年十二月朔任参議。**〈訓儒麻呂〉**久須麻呂ともある。『正倉院文書』天平宝字二年詔書草に「浄弁」と注記がある（『大古』四―二八四）。天平勝宝七歳（七五五）八月の写経所文書（『大古』四―九八）に見える浄弁も同一人であろう。天平宝字二年正月正六位下で東海東山道問民苦使となる（初見）。同年八月朔叙従五位下（久須麻呂の初見）。美濃守・大和守などを経て同六年十二月朔任参議（従四位下）。翌七年三月参議左右京尹で兼丹波守。**〈小湯麻呂〉**小弓麻呂ともある。天平宝字三年六月叙従五位下、同八年正月従五位上。任衛府関国司の記事は見えない。**〈薩雄〉**『尊卑分脈』では「ヒロヲ」と読む。天平宝字三年六月叙従五位下、同年十一月任越前守、同八年正月任右虎賁率（右兵衛督）。**〈辛加知〉**天平宝字五年正月叙従五位下、同五年十月任左虎賁率、同八年正月任越前守。**〈執棹〉**天平宝字七年正月叙従五位下、翌八年正月任美濃守。**〈真従（まより）〉**この段階ではすでに死去している仲麻呂の長子。天平勝宝元年四月朔叙従五位下、同年八月任中宮少輔。これを最後に見えない。淳仁即位前紀には、大炊（おおい）王に仲麻呂の亡男真従の婦粟田諸姉（もろね）を嫁がせたとある。
なお**刷雄**は後出。

15**衛府・関国司**‥‥衛府は宮城を警固する鎮国衛（中衛府）・授刀衛（じゅとうえ）・司門衛（しもんえ）（衛門府）・左右勇士衛（左右衛士府）・左右虎賁衛（こほんえ）（左右兵衛府）。関国司は都城を守護する鈴鹿・不破・愛発の三関が所在する伊勢・美濃・越前の三国司。三関国司は一般の国司の職務のほか、関を警固・維持する任務があり、三関には兵士・武器が配置され、その国司には武装した傔仗（けんじょう）が従った。

16**都督使**…天平宝字八年九月丙申2条に見える都督四畿内三関近江丹波播磨等国兵事使という押勝が就いた官の略称。都をとりまく畿内とその周辺の国の軍事の掌握を意図して押勝が申し出て自ら就いたものである。反押勝の雰囲気を感じ取って自ら守るための軍事的な処置であろう。この「伝」に見える「諸国試兵之法」とは、諸国の軍団においてあらかじめ点定されている兵士を上番させて武芸を教習する方法で、慶雲元年（七〇四）六月丁巳3条の勅によれば、軍団ごとに十番に分け、一番十日間ずつ軍団で訓練することになっていた。本条の場合、国ごとに十人ずつ五日間交代で都督衙に上番することになっていたが、実施にあたっては押勝は勝手にその兵の増加して太政官印を捺した符を用いて下達したという。

17**大外記高丘比良麻呂**…大外記は太政官の少納言の下にあって定員二名。詔勅の作成にかかわる。高丘比良麻呂は百済系渡来人楽浪（さざなみのかわち）河内の子、学殖があり、外記を永く勤めた（［21高丘比良麻呂］参照）。

18**中宮院鈴印**…鈴印は駅鈴と内印（天皇印）。天皇の手許にあってその権威を象徴するものであるが、このとき淳仁天皇の御在所である中宮院にあり、高野天皇（孝謙）は少納言山村王を遣わして収納しようとし、押勝側と奪い合いになった。これが契機となって押勝は兵を動かして反乱となった。

19**勢多橋**…琵琶湖から流れ出る瀬田川の河口近く東山道に架かる橋で交通の要衝。高野天皇側の兵は近江に向かおうとした仲麻呂の軍の先回りをしてこの橋を焼き落とした。なお、現在の瀬田の唐橋の八〇メートル下流の地から奈良時代の橋の遺構が発見された。

20**高島郡**…琵琶湖の西北の郡。勢多橋を利用できなくなった仲麻呂は琵琶湖の西岸を廻って北に進もうとした。愛発関を経て越前を目指したのであろう。

21塩焼を偽立……塩焼は氷上真人塩焼。もと塩焼王。新田部親王の子、廃太子道祖（ふなど）王の兄。奈良麻呂の乱以後、氷上真人の姓を賜わり、天平宝字二年二月叙従三位。仲麻呂は兵をあげたときに先を予測して塩焼を連れて行ったのである。今帝に偽立したのは愛発関にむかう前であり、帝を擁立して関を突破しようとしたのか。しかしその時すでに佐伯伊多智が越前に入り、同国守で仲麻呂の子である辛加智を殺害していたという。

22愛発関……三関の一。越前国敦賀郡に置かれた北陸道の関。関跡は鈴鹿・不破関のように明確でなく、琵琶湖の北岸塩津から北に越前に入った山中と見られている。

23授刀物部広成……授刀は授刀衛に属すトネリ（兵士）。物部広成は神護景雲二年（七六八）七月壬午11条に入間宿禰を賜姓したとある物部直広成と同一人であろう。そのとき武蔵国入間郡人正六位上勲五等とある。その後征夷に活躍し、延暦八年（七八九）の征夷では征東副将軍になっている。

24浅井郡塩津……『和名抄』に浅井郡塩津郷があり、和訓「之保豆」と見える。琵琶湖の北岸の港。現伊香郡西浅井町に塩津浜の地名がある。

25高島郡三尾埼……『万葉集』巻九の一七三三の歌に「水尾埼」と見える。現在の滋賀県高島郡高島町の明神崎といわれる。

26藤原蔵下麻呂……藤原宇合（うまかい）の第九子（[28藤原蔵下麻呂]参照）。

27勝野鬼江……勝野は三尾埼の北、現高島町勝野。この勝野津あたりで仲麻呂は自軍の敗走するのを望見し、ここから船で湖上に逃れようとした。鬼江は現在では乙女が池として面影をとどめているにすぎないといわれる。

28妻子……仲麻呂の正妻は真先・訓儒麻呂の生母である房前の娘袁比良女（おひらめ）と見られる（『公卿補任』天平宝字六年参議真光（先）の尻付）。同四年正月丁卯5に高野天皇（孝謙）と淳仁天皇とが仲麻呂邸に行幸したとき、従三位から正三位に昇叙されている。また同六年六月庚午23条に尚蔵兼尚侍正三位で没したとある藤原宇比良古も同一人とみられる。したがって勝野の鬼江で死んだのはこの人ではない。いま一人の妻は『尊卑分脈』に刷雄の生母とある大伴犬養の娘である。犬養は天平宝字六年十月甲寅9従四位下讃岐守で没し、大伴氏ながら仲麻呂政権下で事なく過ごした人物である。ただし犬養の娘の生んだ刷雄は、つぎに述べるように政局に関係なく死を免れ隠岐国に配流されているので、仲麻呂とともに勝野の鬼江で死んだ妻とは思われない。結局、仲麻呂の最後に伴って死んだ妻は不明である。また斬られた他の子たちの名も特定できないが、船上において三、四人、また江のほとりで従党とともに三四人とある。

29 **刷雄**…『尊卑分脈』では「ヨシオ」と読む。仲麻呂の第六子。さきにあげた仲麻呂の子息は高位高官に上った人たちで刷雄はそれには入らなかった。天平勝宝四年（七五二）閏三月丙辰9条に遣唐大使藤原清河の叙位とともに留学生として無位から従五位下に直叙されている。これは渡唐のための特別の叙位である。帰国の時期はわからないが、仲麻呂の子たちが斬殺された時、若くから禅行を修めた故をもって死を免れ隠岐国に配流された。彼は唐で禅を学び帰国しても官職には就かなかったのであろう。のち宝亀三年（七七二）四月壬戌12、本位従五位下に復され、同年七月藤原朝臣を称することも許され、官仕して諸官を歴任した。

もう一人、罪を免れた人物がいる。それは偽帝に擁立された塩焼王の子氷上真人志計志麻呂である。神護景雲三年（七六九）五月壬辰25条の詔によると志計志麻呂は父塩焼に縁坐すべきところ、母が不破内親王であることによって赦されたとある。するともう一人、同じく父が塩焼王で母が不破内親王である氷上真人川継がいる。川継は延暦元年（七八二）閏正月に謀反事件を起こした人物であるが、父塩焼に縁坐云々の記載はない。しかし志計志麻呂の兄弟であるとすれば同じ条件と見られるので同じく赦されたのではなかろうか（志計志麻呂と川継は同一人物の可能性もある)。

［考察］

この藤原仲麻呂の「伝」の記述は、普通の薨卒伝とは異なり、乱の結末(反乱者仲麻呂の首を都にもたらしたという記事)に続けて、仲麻呂の略伝とその叛乱のありさまを記述したものである。形式的には宝亀十年(七七九)二月乙亥4条に見える遣唐使船の遭難によって没死した藤原清河・小野石根(いわね)についての記事、同十一年三月丁亥22条に見える蝦夷の反乱によって殺された紀広純の記述に似ているが、それらは当該の人については係累のみ、または係累と若干の記事だけであるのに対して、仲麻呂の場合は伝記的記述が豊富である点を評価して薨卒伝に加えた。

さて藤原仲麻呂に関する論文・著述は非常に数多く、さらに奈良朝政治史にかかわるものまでを数えるとまさに汗牛充棟のありさまである。それらをすべてとりあげることはできないが、参考にした主なものは巻末に掲げた。また本書の中でも各「伝」の内容が相互にかかわり、重複するところが多いので参照していただきたい。ここでは藤原仲麻呂の皇権とのかかわりの推移をまとめておきたい。性質上ことに「7光明皇后」と重複するところが多い。

天平九年(七三七)藤原四卿が相ついで没し、橘諸兄が大納言の官に就いて台閣の首班となったが、この時点で藤原氏の次世代の人たちはどのような状況だったであろうか。その中で一番官位が高かったのは、武智麻呂の第一子豊成(三十四歳)である。彼は南家の嫡男で藤原宗家のいわば総帥の立場にあった。神亀元年(七二四)三月の叙爵で、天平九年九月には従四位下に叙せられ、同十二月には参議に列した。二番目は北家房前の第一子鳥養（とりかい）で天平元年（七二九）八月に叙爵しているが、その後記録に名が見えず、死没したかと思われる。つぎは南家の第二子仲麻呂（三十一歳）で天平六年（七三四）正月の叙爵、同九年も従五位下のままである。つづいて同九年九月の叙位の儀で乙麻呂（おとまろ）（南家第四子）、永手（ながて）（北家第二子、二十四歳）、広嗣（式家第一子）の三人が従六位上から揃って三階昇叙されて従五位下となった。

この年仲麻呂は叙位にあずからず、年下の三人の従兄弟と官位が並んでしまった。仲麻呂が従五位上と一階上るのに五年を要したが、その後の出世は早かった。天平十五年五月従四位上・参議に列せられるのに四年という超スピードであった。これについては先に光明皇后の期待と支援が大きかったろうと推察した。仲麻呂がなにゆえに皇后の愛顧を蒙ったかということについて、角田文衞氏は房前の娘で仲麻呂の室であった藤原袁比良女（宇比良古）の存在を指摘した。彼女は後宮の実力者で（天平宝字六年六月庚午23没のとき尚蔵兼尚侍）、皇后が藤原氏の多数の甥の中から仲麻呂を択んだのは、袁比良女の口を通して仲麻呂の聡敏さと術策にすぐれた性質を知ったためであろう、と推察された。その可能性は大きいと思われる。

天平十三年正月の恭仁京遷都が諸兄の主導で行われたことは周知であるが、同十五年五月五日の内裏の宴において仲麻呂は参議に任ぜられた。このとき諸兄は従一位に叙せられ左大臣に任ぜられている。この年十月、聖武天皇は恭仁京の東北の紫香楽宮において盧舎那仏造営を発願した詔を告げている。大仏発願は「もと太后の勧める所」といわれるが、このあと政局は聖武・光明の大願である大仏造営の問題を軸に展開した。聖武はその大仏を紫香楽の地に造ることを決意した。

なぜ紫香楽なのか、については古くから議論があるが、それを直接説明する証拠はない。私は卜占による選定、すなわち相地ではないかと想像している。恭仁京の東北がその指し示す方角であって、『続紀』天平十四年二月庚辰5条に、すでに恭仁京から東北道を開いて近江国甲賀郡に通じるという記事がある。同年二月にすでに大仏造営の素案が出来ていても不思議ではない。そしてこの東北道に沿って石原宮（現在、その地は不詳）があることは、天平十五年正月壬子12条の「石原宮楼」分注に「在城東北」とあるところから推察される。石原宮は『続紀』に三か所見えるが、いずれも紫香楽宮行幸との関連である。この東北道の先、紫香楽の地のどこかに大仏造営の地を求めるわけであるが、同年十月乙酉19条に天皇が紫香楽宮に御して寺地を開いたというのはその結果であり、寺は宮にほど近い甲賀寺である。したがって紫香楽宮での大仏造営が諸兄政権の主導のもとで行われたことは明らかである。のち奈良麻呂の変の糾問の時、「寺（大仏）を造ることは元汝の父の時より起これり」といわれて奈良麻呂は屈服したというのは、大仏造営は当初紫香楽で諸兄の主導ではじまったことを示している。

紫香楽宮で大仏造営事業がはじまると、これまで行われていた恭仁京の造作は財政的な理由から取りやめになる。その後、聖武は難波宮に遷り、さらに紫香楽に戻り、最終的には天平十七年五月平城に還都する。このような聖武の彷徨、それに関係する諸兄・仲麻呂をはじめとする官人の動向をどう説明するか。これまでいろいろな説が述べられているが、いずれも『続紀』の記述をいかに解釈するかにかかっている。このあたりは意見の分かれることであるが、はじめ諸兄の主導で始められた恭仁宮の造作を止めて藤原氏と縁の深い平城に還都し、紫香楽での大仏造営も取りやめとなり、最終的には八月二十三日平城京の東（添上郡）の大和の金光明寺の地で大仏造営を再開するという展開は、聖武—光明の大願である大仏の造顕事業をめぐる権力争いの主導が、諸兄から仲麻呂に移ったことを物語っているといわなければならない。

天平二十一年四月、左大臣従一位橘諸兄は正一位となり、くらい人臣を極めた、というべきであろうが、この頃聖武は病気がちで政務から離れ、実際の皇権は光明皇后に移っていた。閏五月には出家し実質的に退位したと見られる（［7光明皇后］参照）。七月甲午2、阿倍皇太子が即位して孝謙天皇となり、天平勝宝元年と改元し、仲麻呂はこの日中納言をとばして大納言に昇任した。光明は皇太后となったが、その政庁は紫微中台と肥大化し、長官たる紫微令に仲麻呂が就いて強い権力を掌握した。しかしこの段階はまだ仲麻呂政権ではなく、中川収氏の言葉でいえば「光明＝仲麻呂体制」である。即位した孝謙天皇は、ほとんど政治上の権限はなかったと見られる。

その後の道祖王の廃太子、大炊王の立太子あたりのことについては［7光明皇后］で述べたように、光明皇太后と仲麻呂の連携プレーであった。奈良麻呂の変の直前、仲麻呂は紫微令の権限を拡大して軍事権に及ぼした紫微内相に就任した。これは前述のように皇太后の皇権を笠に着て自ら軍事権を掌握しようとしたものであるが、内相と称したのは鎌足・房前の前例がある内臣、または内大臣という内廷の重臣として皇位継承論にかかわる側面を持たせたものではないか。

天平勝宝九歳七月奈良麻呂の変の処分に乗じて仲麻呂は目の上の瘤であった兄豊成を、連坐を理由として大宰員外帥に追放した。そして八月祥瑞によって天平宝字と改元した。中川収氏はこの改元こそ仲麻呂政権の形成確立を天下に示すものとしている。その翌天平宝字二年八月、孝謙天皇は位を皇太子大炊王に譲った。この淳仁天皇は大炊王時代には仲麻呂の亡き長男真従（まより）の妻粟田諸姉（もろね）を室として、仲麻呂邸に住んでいた人であったから仲麻呂のロボット的な存在であったろう。この淳仁のもとで官号が唐風に改められ、仲麻呂は大保（右大臣）に任ぜられ権力の基盤を乾政官（太政官）を移した。また恵美押勝の姓名を賜わり、鋳銭・挙稲と家印の使用を許された等々のことは先に述べた。子息は参議・衛府・三関国司に任じ、「その余の顕要の官、姻戚ならざるはなし」といわれたのはこの時のことである。また淳仁は押勝を「朕が父」と、その妻の袁比良女を「はは」と、子息を「朕がはらから」と呼んでいるように、押勝と天皇のミウチ化は進んだ。こうした状況は退位した孝謙（高野天皇）

との乖離を進めるものであったと思われる。

天平宝字四年（七六〇）正月、押勝は人臣としてはじめての太政大臣（太師）に任じた。しかし三月以来不豫であった光明皇太后は六月に崩じてしまった。永年押勝の権力を支えてきた皇太后の死は、その独裁権力の基盤を一挙に危うくするものであった。

皇太后が亡くなると、これまで抑えられていた高野天皇（孝謙上皇）の存在が押勝の権力を脅かした。同五年十月以来、高野天皇は押勝の主導で造られた副都保良宮（ほらのみや）にとどまっていたが、そこで内供奉禅師の道鏡を寵幸するようになったという。道鏡はマジカルな宿曜秘法を習得した看病僧であった。道鏡の寵幸のことが原因となって淳仁と高野の間隙が際立った。同六年五月、突然両者は平城に還御し、淳仁は中宮院を、高野は法華寺を居所とした（まもなく平城宮内の西宮に移ったともいわれる）。同六年六月庚戌3条には太上天皇（高野）の詔として、常祀など小事は淳仁が、賞罰など国家の大事は高野がそれぞれ担当するという、いわゆる皇権二分のことを宣言している。しかし実際は木本好信氏がいうように、鈴印は押勝の乱勃発まで一貫して淳仁の許に保持されており、詔勅の発給・授位・補任などの面で淳仁＝仲麻呂が政治的優位にあったようである。

しかし押勝の専権に不満をもつ官人は多くなったらしい。「伝」に「独り権威を擅にして、猜防日に甚し」と見えるのはそのことを述べたものである。天平宝字七年の初頭、藤原良継（宿奈麻呂）は佐伯今毛人（いまえみし）・石上宅嗣（いそのかみのやかつぐ）・大伴家持と謀って押勝を除こうとしたが、密告によって未遂となっている（［32藤原良継］参照）。そのころ高野天皇に寵幸された道鏡が慈訓を廃して少僧都の地位につき、その弟弓削連浄人（きよひと）に宿禰の姓を賜わったことからうかがわれるように道鏡勢力が次第に表面に現われ始めた。

仲麻呂政権の崩壊過程を説明することは結構むずかしく、中川収氏はこの頃の貴族・官人の動向を分析して、仲麻呂の猜防と完璧主義が貴族・官人を離反させ、自ら崩壊の道を招いたとし、木本好信氏は淳仁の皇権と仲麻呂の官人支配は孝謙の伝統的支配の権威の前に脆くも潰えたとする。実際には仲麻呂の意図を「逆謀」と判断した大津大浦(おおつのおおうら)の告発や身に降りかかる禍を恐れた高丘比良麻呂の密告などによって、高野天皇側が先手必勝の法をとることができたのである。こうして鈴印の争奪戦になるが、以下は「伝」の記述および［語句解説18］に述べたことなので省略する。

最終的に仲麻呂は逆賊として北近江の露と消えたが、顧みれば仲麻呂は終始光明子の権威に支えられ、それを笠に台頭―専権の途をすすんだ。したがってその光明子の死没は仲麻呂の権力を根底から揺がし、自ら立てた淳仁では、高野に勝る貴族・官人の拠るべき皇権の正当性は得られず、これによって仲麻呂の政権は崩壊の方向を辿ったのであった。

14 坂上犬養――武人の家系を誇る――

巻二十五・天平宝字八年十二月乙亥13条

［現代語訳］

［大和守正四位上］坂上忌寸犬養は右衛士大尉外従五位下の大国の子である。若いときから武芸の才能をたたえられた。聖武天皇は即位してから犬養を寵愛することが厚かった。天平八年（七三六）に外従五位下を授けられ、同二十年（七四八）には従四位下左衛士督にいたった。天平勝宝八歳（七五六）、聖武天皇が亡くなったとき、永く厚い恩を被っていたので山陵をお守りしたいということを願い出た。［孝謙］天皇はこのことをお褒めになって、正四位上を授けられた。元の官（左衛士督）はそのままであった。［天平勝宝］九歳に造東大寺長官を兼任し、特に食封百戸を賜わった。天平宝字元年（七五七）に播磨守に任ぜられ、つづいて大和守に遷った。卒する時、年は八十三歳であった。

［訓読文］

［大和守正四位上坂上忌寸犬養卒す］。右衛士大尉外従五位下大国[1]の子なり。少くして武才を以て称せらる。聖武皇帝、祚に登りてこれを寵すること厚し。天平八年、外従五位下を授けらる[2]。廿年、従四位下左衛士督に至る。勝宝八歳、聖武皇帝崩ぜしとき、久しく恩渥に沐するを以て、山陵を守らんことを乞ふ[3]。天皇これを嘉し正四位上を授く。本官は故の如し。九歳、兼造東大寺長官[4]となし、特に

食封百戸を賜ふ。宝字元年、播磨守に任ぜられ、尋（つ）いで大和守[5]に遷さる。卒する時、年八十三[6]。

［原文］

［大和守正四位上坂上忌寸犬養卒］、右衛士大尉外従五位下大国之子也、少以武才見称、聖武皇帝登祚寵之厚焉、天平八年、授外従五位下、廿年、至従四位下左衛士督、勝宝八歳、聖武皇帝崩、以久沐恩渥、乞守山陵、天皇嘉之、授正四位上、本官如故、九歳、為兼造東大寺長官、特賜食封百戸、宝字元年、任播磨守、尋遷大和守、卒時年八十三、

［語句解説］

1**大国**…天平元年（七二九）三月に正六位下から叙外従五位下と見えるのみ。壬申の乱の功臣坂上直（忌寸）老（おゆ）の子であろう。これについては［考察］で述べることとする。

2**叙位**…『続紀』本文では「伝」に見えない叙位として、天平十一年正月に叙外従五位上、同年三月に甕原離宮行幸に扈従（こしょう）して叙従五位下、同十四年二月皇后宮行幸に従って叙正五位下、さらに同十五年五月叙正五位上、同二十年正月叙従四位下と異例の早い昇叙が見え、聖武天皇の寵愛が厚かった一端がうかがえる。

3**山陵を守らんことを乞ふ**…天平勝宝八歳（七五六）五月乙亥22条の聖武天皇の三七忌にあたっての孝謙天皇の勅によると、犬養と右兵衛率鴨虫麻呂の二人について「久しく禁掖に侍りて深く恩握を承け非情抑へ難く、伏して陵に奉ぜんことを乞ふ、と。朕なんぢが誠を嘉（よみ）し、仍て請ふ所を許す。先代の寵臣未だ此の如くなるを見ず、宜しく褒賞を表して君に事ふるを勧むべし」と勅されて、犬養を正四位上、虫麻呂を従四位下に叙した。

4**造東大寺長官**…天平勝宝九歳（天平宝字元年）兼造東大寺長官のことは本文にみえない。「正倉院文書」には天平宝字元年閏八月（『大古』二十五―二二八）から同七年正月まで（同五―三八一・三八二）の文書に造東大寺長官として見える。また食封百戸を賜わったことも本文には見えない。

5**播磨守・大和守**…任播磨守のことは本文に見えない。「正倉院文書」では天平宝字二年七月（『大古』十三―三七九）と同年八月（同四―二九六）の文書に造東大寺長官の兼任として播磨守が見えるが以後は見えない。大和守の任官は同七年正月壬子9条に見える。

6**卒年八十三**…逆算すると天武天皇十一年（六八二）の生まれ。

［考察］

坂上氏はもともと東漢氏（倭漢氏）とよばれる朝鮮系渡来氏族集団の一氏族である。東漢氏は応神朝に阿知使主とその子都加使主が一七県の民を率いて渡来したと伝えているが、これには作為があり、加藤謙吉氏等の研究によれば五世紀後半に南朝鮮の安羅（安邪）地方から渡来した人々が中心となった集団で、彼らは大王宮が磐余地方（現奈良県桜井市南部）に固定される雄略期に、大和国高市郡檜前の地域において組織され、各種の渡来系の才伎（技術）を伝えて王権に奉仕したとされる。

東漢諸氏のうち坂上氏がみえるのは『書紀』欽明天皇三十一年七月条に高句麗使を迎えるさいの守護役の東漢坂上直子麻呂という人物が最初である。ここでは警固役のようであるが、敏達天皇元年六月条では領客すなわち接待役として見える。東漢氏は六世紀後半蘇我氏に接近しその麾下で活躍するようになった。蘇我馬子の命で崇峻天皇を殺害した東漢直駒とは『坂上系図』によると後述する壬申の功臣の老の二世代前、すなわち老の祖父の代にあたる駒子直（こまこのあたい）に充てられる。また『書紀』推古天皇二十八年十月条に蘇我稲目の娘で欽明妃であった堅塩媛（きたしひめ）を欽明の檜隈坂合陵（ひのくまのさかあい）に合葬するとき、諸氏に大柱を建てさせたところ、倭漢坂上直がひときわ巨大な柱を立てた、という。蘇我氏に忠勤を励んだことを示しているのであろう。皇極朝に蘇我氏が建てた甘樫岡（あまかしのおか）の巨大な邸宅を漢直らが守ったといい、蘇我本宗滅亡のときも蝦夷家を守護し、中大兄皇子の説得でやっと固めをといたという。これらは東漢氏の武力を語るものでもある。ところがこのあと壬申の乱では坂上直の老・熊毛・国麻呂などが大海人皇子側について戦功をあげた。ことに老の活躍は高く評価され、その没後文武天皇三年五月辛酉8条に「汝坂上忌寸老、壬申の年の軍役に一生を顧みずして社稷の急に赴き、万死を出でて国家の難を冒せり」として直広壱（正四位下に相当）を贈られた。壬申の乱のあとの天武天皇十一年五月条では倭漢直は全員連を賜姓し、「倭漢直等の男女、悉く参り赴きて賜姓のことを悦び拝朝す」と見える。同十四年六月条ではさらに忌寸を賜わっている。

この倭漢氏（東漢氏）の諸氏のうち坂上氏のほかは、文・民氏が比較的知られているが、壬申の乱における老の武功が坂上氏の台頭に大きく寄与したと思われ、次第に倭漢氏全体の本宗のような地位に立ったのである。『坂上系図』によると、老の子が大国（おおくに）である。大国について『続紀』本文では天平元年三月に正六位下から外従五位下に叙せられた記事しか見えないが、この犬養の「伝」で父の大国は右衛士大尉であったことが知られる。右衛士大尉は宮門を警固する衛士府の判官であり、れっきとした武官である。その子が本題の犬養である。このように大化前代も武力で知られていたこの氏族は、これ以後武官として律令政府に仕えた。他方本拠であった檜前地方には律令官人にならなかった東漢氏の一族が盤居し、同氏の中で郡司職を伝えた。

このように東漢氏のうちの坂上氏は、老―大国―犬養と代々の武人として伝え、また犬養の子は苅田麻呂、その子田村麻呂と武人の家系を伝えたのである。なお［45坂上苅田麻呂］参照。

15 和気王（わけのおう）――皇位をうかがったとされる――

巻二十六・天平神護元年八月庚申朔条

［現代語訳］

和気王は一品舎人親王（いっぽんとねりしんのう）の孫で、正三位御原（みはら）王の子である。天平勝宝七歳（七五五）［臣籍に降下して］岡真人という姓を賜わり、因幡掾（いなばのじょう）に任ぜられた。天平宝字三年（七五九）［祖父の］舎人親王に崇道尽敬皇帝（すうどうじんきょうこうてい）の尊号が贈られたことによって皇親の籍に復し、従四位下を授けられた。［天平宝字］八年（七六四）、官位は参議従三位兵部卿にいたった。ときに天皇の血統に後継ぎがなく、いまだに皇太子も決まっていなかった。

ところで紀朝臣益女（ますめ）というものが巫女（みこ）としてよく知られていたが、和気王に寵愛されていた。［和気王は］心中ひそかに天皇の位を望み、［益女に］多くのおくりものを贈って［天皇を呪詛することを］頼んでいたのである。［ときに］参議従四位下近衛員外中将の粟田朝臣道麻呂（兼任官名省略以下同）と兵部大輔従四位上の大津宿禰大浦と式部員外少輔従五位下の石川朝臣永年らは和気王と親しい仲で、しばしば王の家で飲食をしていた。ある時、粟田道麻呂は和気王と密談していたが、帰るときに道麻呂の腰に帯びていた刀が門の塀（へい）にあたって折れてしまった。そこで和気王は代わりに［豪華な］飾り太刀を贈った。このことが人々の疑心を招き、［和気王らの］陰謀がかなり世間に洩れてしまった。和気王はそれを知って、その夜のうちに逃れ隠れたが、［朝廷は］捜索して率川（いさかわ）神社に隠れている王を捕え、伊豆国に島流しにした。［その護送の途中］山背国相楽郡に到着したとき、王を絞首して遺体を狛野に埋めたのである。また紀益女を綴喜郡松井村で絞首した。

［訓読文］

和気は、一品舎人親王の孫、正三位御原王[1]の子なり。勝宝七歳、姓を岡真人と賜ひ[2]、因幡掾に任ず。八年、宝字三年、舎人親王を追尊して崇道尽敬皇帝と曰ふ。是に至りて属籍を復して従四位下を授く。八年、参議従三位兵部卿に至る。時に皇統嗣なく、いまだその人あらず。而して紀朝臣益女、[3]巫鬼を以て著れて、和気に幸せらるるを得たり。心に窺窬[4]を挟みて、厚く幣物を賂ふ。参議従四位下近衛員外中将兼勅旨員外大輔式部大輔因幡守粟田朝臣道麻呂[5]・兵部大輔兼美作守従四位上大津宿禰大浦[6]・式部員外少輔従五位下石川朝臣永年[7]ら和気と善し。数その宅に飲す。道麻呂、時に和気と密語す。而して道麻呂の佩ける刀、門の屏に触れて折る。和気即ち遺るに装刀を以てす。是に於て、人ら心に疑ひて、頗るその事を泄せり。和気これを知りて、その夜逃げ竄れり。率河社[8]の中に索め獲て、伊豆国に流す。山背国相楽郡に到りて、これを絞りて狛野[9]に埋む。また益女を綴喜郡松井村[10]に絞る。

［原文］

和気者、一品舎人親王之孫、正三位御原王之子也、勝宝七歳、賜姓岡真人、任因幡掾、宝字三年、追尊舎人親王曰崇道尽敬皇帝、至是、復属籍授従四位下、八年至参議従三位兵部卿、于時皇統無嗣、未有其人、而紀朝臣益女、以巫鬼著(1)、得幸和気、心挾窺窬、厚賂幣物、参議従四位下近衛員外中将兼勅旨員外大輔式部大輔因幡守粟田朝臣道麻呂・兵部大輔兼美作守従四位上大津宿禰大浦・式部員外少輔従五位下石川朝臣永年等与和気善、数飲其宅、道麻呂時与和気密語、而道麻呂佩刀、触門屏折、和気即遺以装刀、於是、人等心疑、頗泄其事、和気知之、其夜逃竄、索獲率河社中、流伊豆国、到于山背国相楽郡、絞之埋于狛野、又絞益女於綴喜郡松井村、

［校異］

（1）著…底本に「着」とするが蓬左文庫本その他によって改めた。

［語句解説］

1**御原王**…舎人親王の子。三原王にもつくる。養老元年（七一七）正月従四位下直叙、同年十月封戸若干戸を益され、天平元年三月叙従四位上、弾正尹・治部卿・大蔵卿を歴任し、正四位下・正四位上をへて同二十年二月叙従三位。天平勝宝元年八月任中宮卿、同年十一月叙正三位、同四年（七五二）七月甲寅10没。

2**岡真人賜姓**…天平勝宝七歳六月壬子24条に弟細川王とともに臣籍に降下して岡真人の姓を賜わったことが見える。天平宝字三年六月庚戌16、祖父舎人親王が天皇号を追尊されたことによって、和気は正六位上から従四位下に特叙されている。これは親王の子の蔭位である。親王の子ならば諸王であるはずであるが、『続紀』本文では王に復していない。同三年七月任内匠頭、同四年六月皇太后葬送の山作司に任ぜられ、このときまでは岡真人和気とある。同五年十月任節部卿、このときから和気王とある。同七年正月任伊予守、同八年正月叙従四位上。この後は［考察］参照。

3紀益女…「伝」では和気王は紀益女という巫女に呪詛を頼んだことになっている。この謀反の経緯などについては［考察］参照。「巫鬼」とは鬼神を祀り霊媒や祈禱などを行うことで、紀益女はその術にすぐれていたという。天平宝字八年十月に無位から従五位下に直叙され、ついで従五位上となり、天平神護元年（七六五）正月勲三等を賜わったことなどはすべて恵美押勝を倒すために呪詛の力が大であったと認められたためであろう。和気王はそうした益女を利用しようとして盛んに贈り物をしていたという。角田文衞氏は、益女は天平宝字八年に放免された紀寺の奴婢の一員で、のち陰陽頭になった益麻呂（益人）の姉または妹であろう、としている。

4窺窬…辞書に、ひそかに身分不相応のことを願い望むこと、とある。つまりここでは和気王は天皇の地位を望んだということになろう。「伝」を載せる天平神護元年八月庚辰朔条の冒頭に「従三位和気王坐謀反誅」とある。この「謀反」が和気王の罪名である。名例律（みょうれいりつ）の八逆の筆頭に「謀反」があげられ、その意は「国家を危うくせんと謀る」であり「ムヘン」と読むとされる。これに対して「謀叛」は八逆の第三とされ「国に背き偽に従ふを謀る」の意であり「ムホン」と読む、と区別される。すなわち「謀反」は積極的であり斬刑とされ、「謀叛」は消極的で刑も一等軽い絞である。以上は中国輸入の律令の解釈上のことであり、実際は次第に混同したものと思われる。

5粟田道麻呂…はじめ姓は連。天平宝字三年七月朝臣を賜姓。ときに内薬佑従七位下であった。朝臣賜姓は淳仁天皇の室粟田諸姉との関係であろう。同八年正月叙外従五位下。同年恵美押勝の乱のとき授刀大尉であったが、功があり従四位下に特進され、勲三等に叙せられた。和気王の事件のとき式部大輔兼勅旨員外大輔授刀中将という要職にあった。和気王との関係は不詳ながら親交があったので王の与党とされ、後の宣命では、官を解いて散位とする、とあるが、まもなく飛驒員外介に遷された。ところが前から宿敵の関係にあった上道斐（かみつみちのひ）

太都が同国の守として赴任すると道麻呂夫妻を一院に幽閉した。月余にして道麻呂は院中で死去した。上道斐太都は橘奈良麻呂の変のとき仲麻呂に叛を告げ、その功で従四位下を授かった人である。淳仁天皇と高野天皇との対立のとき、中宮院に侍して淳仁天皇の勅を宣伝した。授刀大尉として高野天皇側にあった粟田道麻呂とは対立関係にあったと見られる。

6 **大津大浦**……父首（もと僧義法）からの世襲の陰陽家（［27大津大浦］参照）。

7 **石川永年**……天平宝字八年十月正六位上から叙従五位下、同年十月任式部少輔。道麻呂が式部大輔であるから関係が深い。おそらくそのことが絡んで和気王の与党とされたのであろう。隠岐員外介に左遷され、数年後に自殺した。

8 **率河社**……『延喜式』神名式にみえる大和国添上郡の率川坐大神御子神社三座。いま奈良市本子守町に鎮座。中川収氏によれば此のあたりは粟田氏の本宗大春日氏の本居であって、王はその縁を頼ったのであろうという。

9 **山背国相楽郡狛野**……『和名抄』に山城国相楽郡大狛郷・下狛郷がある。いまの京都府相楽郡山城町上狛、同郡精華町下狛のあたりであろう。

10 **綴喜郡松井村**……いま京都府京田辺市松井であろうという。

［考察］

ここでは「伝」の記事では明らかではない和気王謀反事件の経緯とその性格について述べておきたい。まず仲麻呂の乱と和気王との関係であるが、「伝」では触れていないが、天平宝字八年九月甲寅20条の仲麻呂の乱平定の宣命のあとの叙位で、和気王は従四位上から従三位に特別に昇叙されている（『公卿補任』では十一日とし、同時に任参議とある）。その理由についてその場においては触れていないが、さらに天平神護元年正月論功叙勲のとき最高の勲二等を授かり、同年三月に功田五十町を賜わったとある。これらのことは密告者が多かったこの乱でも最高の恩賞であろう。それは同年八月の和気王の反逆を告げる詔の冒頭に、かつて奈良麻呂の謀反のときは仲麻呂は忠臣であったが、のちに逆心をもって朝廷を傾けようとして兵を備えた。その時に和気王がこれを知らせたという意味のことを述べている。ときに和気王は兵部卿の地位にあり、淳仁天皇の甥であるという関係もあって、押勝が兵を整えていることを承知して密奏したのである。この告発は軍事的なことだけあって大きな意味をもったであろう。

つぎに淳仁廃位と和気王の関係についても「伝」にふれていないが、天平宝字八年十月壬申9条に、兵部卿和気王は左兵衛督山村王・外衛大将百済王敬福とともに、高野天皇（孝謙）の命をうけて兵士数百人を率いて淳仁天皇の中宮院を囲んでおり、淳仁廃位には高野天皇側で活躍していたのであった。一方淳仁が廃帝となるとその兄弟、船親王・池田親王がそれぞれ隠岐・土佐に配流され、また後の宝亀二年七月乙未11条によると、この天平宝字八年には廃帝のその他の兄弟やその子などの諸王は悉く配流されるなど厳しい処置がとられていたことが知られる。すなわち兄弟の守部王（故人）の子笠王・何鹿王・為奈王、御原王（故人）の子山口王・長津王、船親王の子葦田王、同孫他田王・津守王・豊浦王・宮子王がこの時三長真人の姓を付けられて丹後国に配され、同じく廃帝の兄弟三島王の女河辺女王・葛女王は伊豆国に配されている。このように厳しい処置が下され舎人系諸王は和気王以外すべて排除され、すでに新田部系・草壁系にも男子がいない現在、皇統はまさに絶えようとしているかに見える。のち「廃帝黜けられしより、宗室の重望あるもの多く非辜にかかる。日嗣の位遂に絶えなんとす」（宝亀二年二月己酉22条）といわれたのはこの頃のことであったろう。当然和気王にスポットがあたる。

そしてやがて唯一生き残った和気王にも和気王の変とよばれる事件が起こるが、その経緯について「伝」には見えないことが、八月朔の詔に見えている。それは和気王は「先霊に祈り願へる書」を作ったというのである。「先霊」とは和気王の祖父舎人親王の霊であって、その霊への祈禱書ということであろう。その祈禱書に「自分の心に願い求めていることを成就させていただいたならば……」とあるということは、自分が思いどおり皇位に就くことを指しているのであろう。そうなれば「尊霊（舎人親王）の子孫たちが遠くに流されているのを都に呼び戻して官人社会に復帰させよう」という。つまり先に丹後国や伊豆国に配流された舎人系の諸王を上京させるというのである。また「自分の仇敵である男女二人を殺してください」ともあったという。「男女二人」はいうまでもなく道鏡と称徳天皇である。だいたいこのような祈禱書が本当に存在していたか甚だ疑問であるが、これが謀反の証拠とされているのである。紀益女という巫女に頼んで自分を皇位に就けるよう祈禱をし、道鏡と称徳を倒すよう呪詛するといった目的を書いた文書というわけである。

事件の発覚の端緒は道麻呂の佩刀が和気王の門塀に触れて折れ、和気王が新たな装刀を道麻呂に贈ったということだという。これを人々が疑ったということの意味は、中川収氏が指摘したように「刀の授受が両者に特殊な主従関係を成立させるという観念が皇嗣候補最有力者としての贈刀で想起され、その関係が疑われたこと」であろう。

最後にこの和気王の変の性格について述べておこう。まず第一にこの事件は謀反事件ではあるが、これまでのように武力によるクーデターを目論んだものではなく、巫女による呪詛の手段によるものであったことである。仲麻呂の事件で称徳＝道鏡側の呪詛による功績で賞され一挙に著名となった紀益女に近づき、賄賂をして祈禱・呪詛を頼んだというのである。その呪詛のことは前述の「先霊に祈り願へる書」に明らかであるとするが、そこまで信じられるか疑問が残るとしても、益女が捕えられ絞死させられたことは事実であろう。第二にはこの事件の主人公は和気王自身であったことである。つまり奈良麻呂の乱における黄文王、押勝の乱における塩焼王のように担がれたというのではなく、ここでは和気王自身が窺窬、すなわち天皇の地位を望んで益女を利用したのであった。第三にその計画はまったく未熟で、与党も少数で狭い範囲のものであり、噂として疑われただけで王は大慌てで逃げたということであるが、そのころ皇嗣問題で神経過敏になっていたところに、装刀の授受が王の立場を不穏なものと受け取られたからである。

また、陰陽師として知られている大津大浦が連座している。ここでは和気王との親交が理由になっているのであるが、高名な大浦のことであるから、事件に陰陽道が絡んでいた可能性はある。結局和気王は殺害されたが、もちろんこれはあらかじめ謀叛の罪として絞殺と決めていたのを隠して流罪に処す形にしたのである。ここに舎人親王系の諸王も消滅した。謀議に加わったとされる三人は左遷にとどまったが、そのうち粟田道麻呂の死は偶然ではなく仕掛けられたものではないかと思われ、石川永年の自殺というのも謎のうちである。

16　藤原豊成——藤原南家の総帥——

巻二十六・天平神護元年十一月甲申27条

［現代語訳］

［右大臣従一位］藤原朝臣豊成は平城朝（聖武天皇朝）の正一位贈太政大臣［藤原］武智麻呂の長子である。養老七年（七二三）内舎人で兵部大丞を兼任した。神亀元年（七二四）に従五位下を授けられ兵部少輔に任ぜられた。しきりに要職を歴任して天平十四年（七四二）には従三位で中務卿兼中衛大将にいたった。同二十年には中納言から大納言に昇進し、天平感宝（勝宝）元年（七四九）には右大臣を拝命した。そのころ弟の大納言仲満（仲麻呂）が政治をつかさどり権力をもっぱらにして、その勢力は大臣（豊成）を凌ぐものがあった。

豊成は生まれつきの資質として寛大温厚なものがあり、時の人々の信望が集まるところであった。仲満はいつも（豊成を）中傷しようと狙っていたが、いまだに乗ずる隙を得ないでいた。豊成の第三子の乙縄は普段から橘奈良麻呂と親しかった。このことによって奈良麻呂らの事件が発覚したときに［乙縄は］仲満によって反逆者の仲間であると誣告され、［その結果］日向掾に左遷され、［仲満は］せきたてて任地に赴かせた。さらに豊成を［理由を付けて］大宰員外帥に左遷した。豊成は難波の別荘までいって、病気と称して任地（大宰府）には赴かず、とどまっていること八年にして仲満は謀反事件を起こして誅伐された。［豊成は］その日のうちに本官（右大臣）に復した。薨じたとき六十二歳であった。

〔訓読文〕

〔右大臣従一位藤原朝臣豊成薨ず。〕平城朝の正一位贈太政大臣武智麻呂の長子[1]なり。養老七年、内舎人を以て兵部大丞を兼ぬ。[2]神亀元年、従五位下を授けられ兵部少輔に任ず。頻りに顕要を歴(へ)て、天平十四年、従三位中務卿兼中衛大将に至る。廿年、中納言より大納言に転じ、感宝元年[3]、右大臣を拝す。時にその弟大納言仲満[4]、政を執り権を専らにして、勢(いきほひ)、大臣を傾く。大臣、天資弘厚[5]にして時望の帰する攸(ところ)なり。仲満つねに中傷せんと欲するも未だその隙を得ず。大臣の第三子乙縄[6]、平生橘奈良麻呂と相善(あひよ)し。是によりて奈良麻呂等が事覚(あらは)るるの日、仲満誣(し)ふるに党逆を以てし、日向掾に左遷せられ、促して官に之(ゆ)かしむ。而して大臣を左降して大宰員外帥となす。大臣、難波の別業に到りて病と称して去らず。居ること八歳にして仲満謀反(むへん)[7]して誅に伏す。即日、本官に復せり[8]。薨ずる時年六十二。

〔原文〕

〔右大臣従一位藤原朝臣豊成薨〕、平城朝正一位贈太政大臣武智麻呂之長子也、養老七年、以内舎人兼兵部大丞、神亀元年、授従五位下任兵部少輔、頻歴顕要、天平十四年、至従三位中務卿兼中衛大将、廿年、自中納言転大納言、感宝元年、拝右大臣、時其弟大納言仲満、執政専権、勢、傾大臣、大臣、天資弘厚、時望攸帰、仲満毎欲中傷、未得其隙、大臣第三子乙縄、平生与橘奈良麻呂相善、由是奈良麻呂等事覚之日、仲満誣以党逆、左遷日向掾、促令之官、而左降大臣為大宰員外帥、大臣、到難波別業、称病不去、居八歳、仲満謀反伏誅、即日復本官、薨時年六十二、

〔語句解説〕

1**武智麻呂の長子**……母は従五位下安倍貞吉の娘貞媛。豊成は慶雲元年（七〇四）の生まれ（『公卿補任』）。仲麻呂の同母兄。継縄（つぐただ）（第二子）・乙縄（第三子）・縄麻呂（ただまろ）（第四子）の父。室は房前の娘百能（ももの）（延暦元年四月己巳17条）。

2**官歴**……「養老七年以内舎人兼兵部大丞」は他に見えない。慶雲元年生まれとすれば、このとき二十歳。「神亀元年授従五位下」については『続紀』神亀元年二月壬子22条に従五位下に叙せられたことは見えるが、「任兵部少輔」のことは見えない。そのあと天平十四年まで「伝」に見えないが、この間に本文には叙位任官のことが多く見える。すなわち、天平四年正月叙従五位上、同九年二月二階昇叙して正五位上、同年九月叙従四位下、そして同年十二月参議に任ぜられた。ときに兵部卿とある。『公卿補任』ではこれを兼任としているが、いずれにせよ初任以来兵部省で昇任してきたのである。

この年、藤原四卿、そのほか公卿・官人の多くが死没し、豊成は三十五歳の若さで藤原氏のホープとして台閣に列した。その後、天平十一年正月二階昇叙して正四位下となった。翌十二・十三の両年には行幸や遷都の留守官に任ずることが多く、次に「伝」の「天平十四年従三位中務卿兼中衛大将」となるわけであるが、この記事のうち「従三位」については本文では天平十五年五月癸卯5叙従三位とする。一年異なるが、この条の五節の宴は、その後の叙位の儀のようすから見て、豊成の叙従三位はふさわしいものと見られる。一方「中務卿」

は豊成の他の条には見えず、豊成は九年以来一貫して兵部卿であり、前記の十五年五月の叙従三位任中納言にいたるまで兵部卿であったと思われるので疑問である。つぎの「中衛大将」については同十二年十月から引き続き兼官として見えるので本文と矛盾はない。

3感宝元年…天平二十一年四月十四日天皇は東大寺に行幸し、大仏の前殿において百官を集めて詔して叙位・任官の儀を行った。そのとき左大臣橘諸兄に正一位を授け、藤原豊成を右大臣に任じ、つづいて諸王・諸臣の叙位が行われた。そして同日に天平感宝元年と改元した。ここに「感宝元年右大臣を拝す」とあるのは正確な表記である。さて、その頃聖武は政治から離れ、仏教に傾倒し、政治の重力は光明皇后に移っていた（[7光明皇后]参照）。そして七月二日、聖武は阿倍皇太子に譲位した（孝謙）。これは光明の要請によるものと考えられる。この光明と結んでいるのが藤原仲麻呂である。孝謙即位の直後、光明の皇太后宮職は紫微中台（しびちゅうだい）と改め、仲麻呂はその長官紫微令に就任して絶大な権力を握った。仲麻呂は太政官では大納言であったが、兼任の形をとる紫微令の方で兄右大臣豊成を実質的に凌ぐ権力をもったのである（[13藤原仲麻呂]参照）。

4仲満…仲麻呂の唐風の表記とみられる。類例として、入唐留学生阿倍仲麻呂を仲満と称したことがあげられる（『続紀』天平十一年十一月辛卯3条・『旧唐書』東夷伝・『新唐書』東夷伝その他）。『続紀』では特定の巻の薨卒伝（もしくはそれに準ずる伝記的記事）に限られるとして、『続紀』の編纂過程のうち、光仁朝の修史のときの表記の可能性が指摘されている（新日本古典文学大系『続日本紀』四補注）。

5天資弘厚云々…天資は生まれつきの資質。こうした人物評や六位以下の経歴（ここでは内舎人兼兵部大丞）などは基本的に本文には出てこない記事である。前述のような官歴の「伝」と本文との相違・矛盾などと共に、「伝」の史料は本文とは別系統の材料であったことを推察させる。それは『藤氏家伝』のような「家伝」か式部省で管理していた「功臣家伝」であろう（職員令式部卿条）。

6 **第三子乙縄**…弟縄ともある。奈良麻呂の与党とされて日向掾（本文では員外掾）に左降されたのは天平宝字元年（七五七）七月戊午12条に見え、時に正六位上であった。乙縄は仲麻呂没落後の同八年十月従五位下に復し、記事はないが日向掾の任を解かれて上京したのであろう。その後神護景雲元年（七六七）二月大蔵大輔、ついで大判事、弾正尹等を歴任し、位階も上昇して宝亀九年（七七八）正月叙従四位上、翌同十年九月参議に列したが、天応元年（七八一）六月没した。参議従四位上と見える。

7 **謀反**…名例律の八逆の第一にあげられる罪で、その意は「国家を危うくせんことを謀る」とあり、天皇や朝廷を倒すことを意図する罪である。刑は極刑の斬とされた（[15和気王]参照）。

8 **復本官**…本文では天平宝字八年九月戊申14条に「復して右大臣と為し、帯刀四十人を賜ふ」とあり、つづいて従一位に叙せられ、勅によって先に仲麻呂の讒言によって下した勅書官符類をすべて焼却すべし、とされた。翌天平神護元年四月丙子15上表して、一族から反逆者を出したことなどによって、先代の功封二千戸を辞退することを乞うて許されている。その年十一月甲申27没した。

［考察］

豊成と仲麻呂は三歳違いの同母兄弟である。天平九年（七三七）、父武智麻呂をはじめ、その兄弟のいわゆる藤原四卿が流行病のため相次いで没すると、その年の十二月、次世代のトップとして豊成が三十五歳で参議に列した。ときに従四位下。参議として最低の位階である。このとき仲麻呂は従五位下（天平六年叙爵）であった。仲麻呂が参議になったのは、この六年後の天平十五年五月のことであり、同時に従四位上に進んでいる。このときに豊成の方は「叙従三位任中納言」であったことはさきに指摘した。

この前後、聖武・光明の大仏造顕の大願をめぐる諸兄と仲麻呂のかけひき、迷走ともいわれる相次ぐ遷都などについては［13藤原仲麻呂］において述べた。その経緯から見て天平十三年ころから仲麻呂の力が伸長したように見える。兄の豊成は「天資弘厚」といわれる寛大な性格であり、それゆえに人々の信望を集めていたようである。弟の仲麻呂はそれを妬み、眼の上の瘤のような感じで、何か事あれば中傷しようとしたが、なかなか隙がなかったという。そして遂に奈良麻呂の乱にかこつけて兄豊成を陥れようとしたということである。

豊成の奈良麻呂の乱の関係については、まず天平宝字元年七月戊申2条に巨勢堺麻呂（こせのさかいまろ）の密告がみえるが、そのなかで答本忠節（とうほんのちゅうせつ）が仲麻呂を殺害する動きのあることを右大臣豊成に告げたところ、豊成は「大納言（仲麻呂）はまだ年が若い。自分がいって聞かせるから仲麻呂を殺すことはやめておけ」といったという。この仲麻呂殺害計画はどのようなものであったかはっきりしないが、豊成はかなりの情報を得ていたのであろう。豊成はこうした情報を得ても、ことを荒立てることなく、奏上したりせずに穏便に済ませようとした。このことは後に彼が左降される理由にされる。その後いくつも密告があり、その計画のなかには、右大臣豊成を取り込んで天下に号令させようとするものもあった。しかし豊成は反仲麻呂勢力の動きに共鳴するということはなかったとみえる。ただ三男乙縄が奈良麻呂と親しかったというが、この動きも『続紀』の記述からではわからない。

密告が重なり、訊問がすすみ、ことの全貌がようやく判明しはじめた。七月二日には一党のなかの小野東人（おののあずまんど）が捕えられ、翌三日左衛士府で東人の勘問が行われた。勘問を行ったのは右大臣豊成以下八人であったが、このとき東人らは固く無実を主張した。ところが翌四日の勘問では大きく状況が変わり、東人らは密告の通りであることを全面的にみとめた。この日の勘問は中納言藤原永手らによって行われたもので豊成の名はない。岸俊男氏はそのことに供述の鍵があるとみたが、その日の訊問は苛烈を極めており、黄文王（きぶみ）・道祖王（ふなど）・大伴古麻呂その他「杖下に死す」人が多かった。激しい拷問が行われたのである。それから見ると前日の豊成の追及は緩いものだったのではなかろうか。

豊成の三男乙縄の動きは結局わからないが、「兇逆の事に関はれり」として捕えられ日向員外掾に左遷された。豊成については勅して「私に賊党に附きて潜かに内相（仲麻呂）を忌む。大乱を構へることを知りて敢へて奏上することなく、こと発覚するに及びても亦敢へて究（きは）めず、若し怠りて日を延ばさば殆ど天宗を滅してん。嗚呼、宰相の任、豈かくのごとくなるべけんや」として大宰員外帥に左遷した。このときの勅書官符類は後に焼却を命ぜられたものであるが、豊成は奈良麻呂らが乱を計画しているのを知りながら奏上しなかったとか、ことが発覚しても追及しようとはしなかった、と仲麻呂が指弾して奏上したということであろう。また「正倉院文書」によると、この年八月四日都を離れるに当たって、経律論合わせて二九三五巻と目録二巻とを漆の辛櫃八合にいれて内裏に献上している（『大古』五―四九六）。

豊成の仏教信仰が厚かったことはこのほかにも、自ら経典を書写し（同十二―一三・一五・一六・一九等）、また間写経として書写せしめたりしている（同八―三七〇、九―六六・一八六等）ことなどから知られるのである。

最後に天平神護元年四月丙子15条の豊成の功封の辞退についての上表に触れておきたい。はじめ曾祖父鎌足の勲功に対して賜わった功封五千戸を胤子不比等が固辞したところ、うち二千戸を子孫に伝えしめられた。このたび親族から逆賊仲麻呂が出て「凶を極め逆を肆（ほしいまま）にした」のに対して、何の面目があって封に与ることが出来ようか、といってこの先代の功封を辞退した。詔あってこれを許した、とある。豊成は一族の総師として仲麻呂の反逆の責めをいくぶんでも塞ぎたいと願ったのである。

17　藤原真楯――仲麻呂の乱に功績をあげた高官――

巻二十七・天平神護二年三月丁卯12条

[現代語訳]

[大納言正三位]藤原朝臣真楯は平城朝（聖武天皇朝）の贈正一位太政大臣[藤原]房前の第三子である。真楯は度量がひろく深く、宰相として天子を補佐する才能があった。はじめ春宮大進に任官し、次第に遷って正五位上式部大輔で左衛士督を兼任するようになった。官にあっては公正、廉潔で思慮を私に及ぼすということはなかった。聖武天皇の寵臣としての待遇は殊に厚いものがあった。詔して特別に天皇への奏上や天皇の命の下達にあたらせられた。明敏ということで当時において誉れが高かった。従兄の仲満（仲麻呂）は心の中で[真楯の]才能を痛めつけようとしていた。真楯はこのことに気付いて病気と称して家に引きこもり、もっぱら書籍だけを手にしてすごした。天平の末、地方官に出て大和守に任ぜられ、天平勝宝の初年に従四位上を授けられて参議に任ぜられ、しきりに遷って信部卿（中務卿）に任ぜられ大宰帥を兼ねた。時に渤海使の楊承慶が朝廷の儀礼を終えて本国に帰ろうとしていた、そのとき真楯ははなむけの宴を設けた。承慶は大いに感心してほめ称えた。天平宝字四年（七六〇）従三位を授けられ、あらためて真楯という名前を賜わった。もとの名は八束である。同八年に正三位勲二等兼授刀大将にいたった。天平神護二年（七六六）には大納言兼式部卿に任ぜられた。薨じたとき五十二歳であった。葬儀には大臣の格式を賜わった。

［訓読文］

［大納言正三位藤原朝臣真楯薨ず］。平城朝の贈正一位太政大臣房前の第三子なり[1]。真楯は度量弘深にして公輔（こうふ）の才あり。春宮大進[2]より起家（きけ）して、稍（やや）く遷りて正五位上式部大輔兼左衛士督[3]に至る。官に在りて公廉にして慮（おもひ）私に及ばず。感神聖武皇帝、寵遇特に渥（あつ）し。詔して特に奏宣吐納（そうせんとなふ）[4]に参（まゐ）らしむ。明敏にして時に誉れあり。従兄仲満、心にその能を害（そこな）はんとす。真楯これを知りて病と称して家居し、頗る書籍を翫（もてあそ）べり。天平の末、出（い）でて大和守となる。勝宝の初め、従四位上を授けられ、参議を拝し、累（しき）りに信部卿兼大宰帥に遷さる。時に渤海使楊承慶[5]、朝礼云（ここ）に畢（をは）りて本蕃に帰らんとするとき、真楯、宴餞（えんせん）を設く。承慶甚だこれを称歎せり。宝字四年、従三位を授けられ、更めて名を真楯と賜ふ。本名（もとのな）は八束なり[6]。八年、正三位勲二等兼授刀大将[7]に至る。神護二年、大納言兼式部卿を拝す。薨ずる時年五十二[8]。賜ふに大臣の葬を以てす。

［原文］

［大納言正三位藤原朝臣真楯薨］、平城朝贈正一位太政大臣房前之第三子也、真楯度量弘深、有公輔之才、起家春宮大進、稍遷至正五位上式部大輔兼左衛士督、在官公廉、慮不及私、感神聖武皇帝、寵遇特渥、詔特令参奏宣吐納、明敏有誉於時、従兄仲満心害其能、真楯知之、称病家居、頗翫書籍、天平末、出為大和守、勝宝初授従四位上、拝参議、累遷信部卿兼大宰帥、于時渤海使楊承慶、朝礼云畢、欲帰本蕃、真楯設宴餞、承慶甚称歎之、宝字四年、授従三位、更賜名真楯、本名八束、八年至正三位

勲二等兼授刀大将、神護二年、拝大納言兼式部卿、薨時年五十二、賜以大臣之葬、

［語句解説］

1**房前第三子**…房前は不比等の第二子。北家の祖。天平九年（七三七）四月没、参議民部卿従三位。同年十月贈正一位左大臣。天平宝字四年八月贈太政大臣。房前の男子は第一子鳥養（とりかい）、第二子永手、第三子真楯（八束）、第四子清河、第五子魚名（うおな）、第六子御楯（みたて）、第七子楓麻呂（かえでまろ）。

2**春宮大進**…春宮坊の判官（じょう）。この春宮坊は天平十年正月阿倍内親王立太子にともなって設置されたもの。天平十一年四月二十六日写経司啓の奥の別筆書入れに「大進八束宣」とある（『大古』二―一六九）。八束は下文にあるように真楯のもとの名。起家は官人としてはじめて出仕すること。

3**官歴**①…八束（真楯）の叙爵は天平十二年正月叙従五位下。その後は同年十一月叙従五位上、同十五年五月二階特進で叙正五位上とある。「伝」の〈正五位上〉は大系本頭注に「上、原作下、拠上文天平十五年五月紀改」とあり、「正五位下」とあったのを天平十五年条によって「正五位上」と改めたとわかる。つぎに「式部大輔」は『続紀』本文に見えない。天平二十年九月七日造東大寺司解に列記されている経典のうちの「八巻金光明経疏一部八巻」の細注に「依式部大輔藤原朝臣十五年九月廿日宣所奉写」とあるが、この「式部大輔藤原朝臣」は八束であろう（『大古』十―三七八）。

つぎに「左衛士督」については天平十三年十二月己亥23条に任右衛士督とある。また同十七年二月二十四日式部省移に「従四位下行右衛士督兼大輔藤原朝臣」とあり（『大古』二―三九六）、署名はないが八束であろう。これからみると「伝」の「左衛士督」は「右衛士督」の誤りではないかと思われる。ちなみにこの時の左衛

士督は天平十年四月庚申22任・同十七年六月庚寅6見の佐伯浄麻呂(きよまろ)であろう。「大和守」については本文に見えない。『公卿補任』天平二十年任参議の尻付に「元右衛士督、兼式部大輔大和守〈天平六年任云々〉」と見えるのみである。

つぎに「従四位上」は本文に天平勝宝六年(七五四)正月壬子16叙従四位上とある。本条の大系本頭注によると、底本には従四位下とあったのを本文の右の条によって上に改めた、とある。「参議」は本文に任命の記事は見えない。『公卿補任』では天平二十年(七四八)参議藤原八束の項に三月二十二日任とある。この日は本文では藤原豊成の任大納言だけが見えるのだが、『公卿補任』ではさらに多治比広足(たじひのひろたり)・石川年足・藤原八束の三人が並んで参議に任ぜられているのである。多治比広足・石川年足は問題ないが、八束については問題である。本文での八束参議帯官の初見は、天平宝字二年(七五八)八月甲子25条の参議正四位下中務卿である。この間あまりにも時間差がありすぎて疑問が残る。そこで『公卿補任』の記事をよく検討すると、八束の尻付に「書本ニ無、雖然、依或本説所書入也」とあり、つぎの天平二十一年の参議藤原八束の尻付には「本無、信部卿、大宰帥」とあって混乱している。確かなことは不明ながら天平二十年の参議任命は不自然である。

結局八束の参議任命の年は不明であるが、しいていえば従四位上を授けられた勝宝六年の頃であろうか。つぎの「信部卿」の任命記事はない。先にあげた天平宝字二年八月甲子25条の参議正四位下中務卿が初見であるが、この日官名が改められて中務卿は信部卿となった。「大宰帥」の任官は叙従三位と同時の同四年正月丙寅4である。なお本文にはあって「伝」に見えない八束の歴任した官職は治部卿(天平十九年三月任)・摂津大夫(天平勝宝四年四月任)がある。

4 **奏宣吐納**…奏は天皇に奏上すること。宣は宣旨、天皇の言葉を述べ伝えること。吐納は出し入れの意であるが、これも天皇の意を下し、下の意を達すること。大納言の職掌の一つに「敷奏・宣旨」とあり、少納言の職掌に「小事を奏宣す」とあるのも同じ。なお「感神聖武皇帝」は天平宝字二年八月戊申9条に「勝宝感神聖武皇帝」の尊号を追上した事が見える。

5渤海使……渤海使楊承慶らは天平宝字二年九月丁亥18遣渤海使小野田守（たもり）の帰国に従って来朝し、越前に安置され、十二月壬戌24入京した。翌三年正月庚午3方物を献上し、聖武崩御の弔問の上表を呈した。同正月甲午27恵美押勝の田村第において盛大な饗宴が行われ、二月朔国王への国書を賜い、同月癸丑16帰国した。帰国直前に真楯が送別の宴を設けたのに楊承慶は感激したというのである。宴には詩や歌のやり取りが行われたと思われる。真楯の漢詩は残っていないが『万葉集』には十首に近いほどの短歌が残されていて、おそらく漢詩も作ったのであろう。

6本名八束……「伝」では天平宝字四年従三位を授けられたとき真楯の名を賜わった、とするが、本文では同二年八月甲子25条から真楯とあり、その一つ前の同元年八月庚辰4条までは八束である。この間に改名があったと見られる。参考となるのは弟の千尋（ちひろ）が御楯と改名したのは、同じく元年八月庚辰4条から二年八月朔条の間と見られることで、この兄弟がそろって真楯・御楯と改名したのであろう。元年八月庚辰4条は奈良麻呂の変直後に、この事態にたいして忠誠を尽くした人を対象に行われた叙位であって、八束・千尋の兄弟が揃って昇叙に与っていることは真楯・御楯と改名した契機になったのではなかろうか。

7官歴②……「正三位勲二等」の正三位は押勝の乱勃発直後の天平宝字八年九月丙午12の叙位である。押勝討伐に期待された人への叙位といえよう。真楯の押勝討伐に具体的な功績についての記事はないが、勲二等は翌天平神護元年（七六五）正月己亥7の論功行賞で最高の等級である。「授刀大将」とは授刀衛の長官、すなわち督のことである。これについては［考察］の欄で述べることとする。天平神護元年二月授刀衛は近衛府と改められ、授刀督は近衛大将となった。「大納言」は本文に同二年正月甲子8任大納言とあるが、式部卿のことは見えない。

総じて真楯伝の官歴は本文の記載とかなり異なるところがある。官歴以外のこととして、その性格に関すること、聖武天皇の寵遇に与ったこと、仲麻呂に疎まれて引き籠ったこと、渤海使の送別宴を設けたことなど、『続紀』本文には見えない記述あることと共に、この「伝」の文は真楯の家から提出された家伝などの材料によった点が多いことを推察させるものである。

8**薨時年五十二**……没年五十二歳を逆算して霊亀元年（七一五）の生まれである。

［考察］

まず「伝」の文に聖武天皇の寵遇が特に厚く、「奏宣吐納」（［語句解説4］参照）のことに与らせた、とあるが、これはいつのことであろうか。先に述べたように（［7光明皇后・13藤原仲麻呂］参照）、聖武は阿倍皇太子（孝謙）に譲位する直前には出家して、すでに政治の実権を放棄したらしく、この奏宣吐納が実効あるものとすれば、それは天平年間のことでなければならない。八束の叙爵は天平十二年正月だから少なくともそれ以後、同十五年五月に二階特叙で正五位上となり、翌十六年十一月に従四位下にあがった頃が関係するのではないか。その頃は十三年に恭仁京に遷り、以後紫香楽、難波と転じ、十七年に平城還都まで聖武の彷徨ともいわれる時期にあたり、同時にそれは諸兄から仲麻呂への権力の傾斜の時期でもあった。その頃八束が聖武の側近で奏宣吐納に当たっていたとすれば、政局と大きなかかわりを持ってくる。権力を強めようとする従兄弟仲麻呂にとって八束は射程距離にあったのである。明敏な八束はその状況を知って警戒し、籠居したというのであろう。八束は橘諸兄とは『万葉集』の歌などから見ると、比較的親しい関係にあったように見られるが（『万葉集』十九―四二七一等）、奈良麻呂の変ではその動向は不明である。むしろ関係者処分の直後の天平宝字元年八月「このたびの政（まつりごと）明く浄く仕へ奉れるによりて」として従四位上から正四位下に昇叙されている。先に述べたが八束はこの頃に真楯と改名したのではないかと推測した。

その後の仲麻呂政権下の八束の立場は微妙なものがあった。仲麻呂全盛の時代の天平宝字二年八月、真楯は官号改易のことに参議中務卿として参加しており、具体的な動向は不明ながら同四年正月に従三位となった。また帝権分裂といわれる事件直後の同六年十二月の任官では、真楯は淳仁＝押勝側の乾政官の首脳として氷上塩焼・白壁王とともに中納言に任ぜられ、参議のうちに押勝の子息訓儒麻呂（くずまろ）と朝獦（あさかり）の名が見える。ところが仲麻呂の謀反計画が露見すると、直ちに密告者や反仲麻呂派の有力者に特別の昇叙が行われたなかに真楯の叙正三位が見える。そして翌天平神護元年正月の論功行賞では最高の勲二等を授けられているのである。真楯はどういう立場にあったのであろうか。真楯の弟御楯は押勝の娘児従を妻とするいわゆる女婿であったという関係がある。そのため御楯は昇進が早かったし、授刀督兼伊賀近江按察使という押勝派の枢要の地位にあった。その御楯が天平宝字八年六月に死去したことが真楯の動向に影響を与えている。

ここで先に指摘した授刀督＝授刀大将について考えてみる。授刀衛が天平宝字三年十二月に成立した時には、督・佐・大少尉・大少志という四等官制であったが、同八年九月の仲麻呂の乱前後の記事に、授刀佐・少志という官とともに、少将・将曹という中衛府系の官制が史料上混在しているように見える。これについて笹山晴生氏の研究によると、設置時の督・佐系の官名から、中衛府と同じ大将・少将系の官名に変更されていて、これは仲麻呂の乱の初期に孝謙上皇側によってなされたものとみられ、それは単なる官名の改称にとどまらず、中衛府と同等の規模、または中将があるところから見てそれ以上の、組織の拡大強化がなされたことを意味するという。

授刀督であった藤原御楯は乱の直前の八年六月乙亥9条にその死去が記されている。この後任として授刀大将の官名で真楯が現われるのである。「伝」に「宝字八年至正三位勲二等兼授刀大将」とあるのがそれである。ただし勲二等が翌天平神護元年正月の叙勲であり、授刀大将の任命がいつかはこの記述からはわからない。『公卿補任』の天平宝字八年中納言藤原真楯の注記に「九月十一日叙正三位勲二等兼授刀大将」とある。これも「伝」と同じく勲二等を列記しており、また日付もやや不安である。しかし笹山氏の研究等から敷衍すると、乱の初期に孝謙上皇側によって授刀衛がその武力として改変されたときに、新官制の長官たる大将に真楯が挙用されたことになろう。この改変された授刀衛が上皇側の武力として仲麻呂追討に大きな力になったのである（［45坂上苅田麻呂］参照）。従来、乱の論功行賞で真楯が最高の勲二等を授与された理由は明確にされなかったが、以上のように孝謙上皇側の武力を統率する授刀衛の長官授刀大将であれば、その叙勲は当然ともいえることであろう。

勲二等を授けられた翌天平神護二年正月大納言に昇格し、右大臣になった兄永手と台閣に並んだが、その地位にあったのはわずか二か月、三月十二日に死去したのである。

18 百済敬福——百済国王の末裔——

巻二十七・天平神護二年六月壬子28条

〔現代語訳〕

〔刑部卿従三位〕百済王敬福の先祖は百済国の義慈王から出ている。高市岡本宮で天下を治めた舒明天皇の御世に義慈王は、その子豊璋王と禅広王とを〔日本に〕遣わし、天皇の側近に侍らせた。後岡本宮の朝廷（斉明天皇朝）におよんで、〔百済の〕義慈王の軍は唐との戦いに敗れて降伏した。その臣下の佐平〔鬼室〕福信はよく国家を再建して、遠く〔日本から〕豊璋を迎えて絶えていた王統を再興した。豊璋は王位を継いだ後、讒言を容れて無道にも福信を殺害した。唐軍はこのことを聞いてまた百済の州柔を攻撃した。豊璋は日本の救援軍とともに防戦した。しかし救援は利あらずして敗れ、豊璋は船に乗って高句麗に逃走した。〔日本にいた弟の〕禅広はそのために国に帰らなかった。藤原宮の朝廷（持統天皇朝）は〔禅広に〕百済王という号（氏姓）を賜わったのである。禅広は没した時に正広参の位が贈られた。子の百済王昌成は幼年のとき父とともに日本に来て、父より先に没した。飛鳥浄御原宮の御世（天武天皇朝）に小紫が贈られた。

〔昌成の〕子の郎虞は奈良朝廷（聖武天皇朝）の従四位下摂津亮であった。敬福はその第三子である。〔敬福の性格は〕気ままで物にとらわれず、たいへん酒色を好んだ。聖武天皇は特に手厚く待遇し、恩賞や賜わり物が特別に厚かった。官人や庶民で清貧な暮らしのことを告げるものがあった時には、そのたびに他のことにことかりて予想外のものをその人に与えた。このために、しきりに［収入の多い］地方官に任用されても家に余分な財産がなかった。しかもその性分は理解・判断に勝れたものがあり、行政上の力量があった。天平年中に従五位上陸奥守にいたった。その当時、聖武天皇は盧舎那仏の銅像を造っていたときである。その鋳造はすでに終わったのに鍍金のための黄金が不足していた。ところが［敬福は］陸奥国から駅馬を馳せて、小田郡から産出した黄金九百両を貢上した。わが国の黄金はこのとき初めての産出であった。聖武天皇は大いに喜びほめたたえて従三位を授けた。［敬福はその後］宮内卿に遷り、突然河内守を兼任した。［天平］勝宝四年（七五二）に常陸守に任ぜられ、［まもなく］左大弁に遷った。つぎつぎに出雲・讃岐・伊予等の国守を歴任して［天平］神護のはじめに刑部卿に任ぜられた。薨じた時六十九歳であった。

［訓読文］

［刑部卿従三位百済王敬福薨ず］。その先は百済国義慈王[1]より出づ。高市岡本宮馭宇天皇[2]の御世に義慈王、その子豊璋王[3]及び禅広王[4]を遣はして入侍せしむ、後岡本朝廷[5]に洎びて、義慈王の兵敗れて唐に降る。其の臣佐平福信[6]、尅く社稷を復し、遠く豊璋を迎へて絶統を紹ぎ興す。豊璋纂基の後、譖を以て横に福信を殺す。唐兵これを聞きてまた州柔を攻む。豊璋、わが救の兵と与にこれを拒ぐ。救の軍利あらず、豊璋[7]、船に駕りて高麗に遁る。禅広は因て国に帰らず。藤原朝廷、号を賜ひて百済王[8]といふ。卒して正広参を贈る。子の百済王昌成[9]、幼年に父に随ひて朝に帰す。父に先だちて卒す。飛鳥

浄御原の御世に小紫を贈る。

子の郎虞[11]は奈良朝廷の従四位下摂津亮なり。敬福は即ち其の第三子なり。放縦にして拘らず、頗る酒色を好む。感神聖武皇帝[12]、殊に寵遇を加へ、賞賜優厚なり。時に士庶の来りて清貧を告ぐるものあれば、毎に他の物に仮りて望外にこれを与ふ。是によりて頻りに外任[13]を歴るも家に余財なし。然して性了弁にして政事の量あり。天平年中、仕へて従五位上陸奥守[14]に至る。時に聖武皇帝、盧舎那の銅像を造る。冶鋳云に畢りて塗金足らず。而るに陸奥国より駅を馳せて、小田郡より出せる黄金[15]九百両を貢せり。わが国家の黄金、此れより始めて出づ。聖武皇帝甚だ以て嘉尚して従三位を授く。宮内卿に遷り、俄に河内守を加へられ、勝宝四年、常陸守を拝し、左大弁に遷る。頻りに出雲・讃岐・伊予等の国の守[16]を歴て、神護の初め刑部卿に任ぜらる。薨ずる時年六十九[17]。

［原文］

［刑部卿従三位百済王敬福薨］、其先者出自百済国義慈王、高市岡本宮馭宇天皇御世、義慈王遣其子豊璋王及禅広王入侍、洎于後岡本朝廷、義慈王兵敗降唐、其臣佐平福信、尅復社稷、遠迎豊璋、紹興絶統、豊璋纂基之後、以譖横殺福信、唐兵聞之、復攻州柔、豊璋与我救兵拒之、救軍不利、豊璋駕船遁于高麗、禅広因不帰国、藤原朝廷賜号曰百済王、卒贈正広参、子百済王昌成、幼年随父帰朝、先父而卒、飛鳥浄御原御世贈小紫、子郎虞奈良朝廷従四位下摂津亮、敬福者即其第三子也、放縦不拘、頗好酒色、感神聖武皇帝、殊加寵遇、賞賜優厚、時有士庶来告清貧、毎仮他物望外与之、由是、頻歴外任、

家无余財、然性了弁、有政事之量、天平年中、仕至従五位上陸奥守、時聖武皇帝、造盧舎那銅像、冶鋳云畢、塗金不足、而陸奥国馳駅、貢小田郡所出黄金九百両、我国家黄金、従此始出焉、聖武皇帝甚以嘉尚、授従三位、遷宮内卿、俄加河内守、勝宝四年、拝常陸守、遷左大弁、頻歴出雲・讃岐・伊予等国守、神護初任刑部卿、薨時年六十九、

［語句解説］

1**義慈王**…百済国最後の王。武王の子。六四一年（舒明天皇十三年）即位。六六〇年（斉明天皇六年）唐新羅連合軍との戦に敗れて唐軍に捕えられ、洛陽に連行されたが、まもなく死去。

2**高市岡本宮馭宇天皇**…舒明天皇のこと。高市岡本宮は飛鳥岡本宮ともいう。馭宇は天下を統治するの意。『書紀』舒明天皇二年（六三〇）十月、飛鳥岡の傍に宮を遷し、これを岡本宮という、とある。その地は、明日香村岡の平坦部、現在「飛鳥京跡」と呼んでいる宮殿遺跡の下層遺構が岡本宮、上層の遺構が後岡本宮と考えられている。舒明天皇八年岡本宮は消失し、田中宮に移り、同十二年十月百済宮に移ったが、翌十三年十月天皇はここで没した。

3**豊璋王**…義慈王の子。『書紀』舒明天皇三年三月朔条に「百済王義慈、王子豊璋を入れて質となす」とある。舒明天皇三年は義慈王即位以前のことなのでこの年月に誤りがあると思われる。豊璋王のその後のことは以下の記事に見える。

4**禅広王**…のち百済王禅広。善光ともある。百済義慈王の子、豊璋王の弟。天智天皇三年（六六四）三月条に「善光王等を以て難波に居せしむ」とある。天武天皇四年（六七五）正月朔に大学寮の学生らとともに薬と珍異

物を献上した。持統天皇五年（六九一）正月には正広肆とある。ここに冠位が見えることは先述の百済王姓賜与とともに、いわゆる「蕃客」としてではなく、持統朝では官人としての処遇となったと見るべきであろう。この月の乙酉13条には封戸百戸を増し、前と合わせて二百戸とある。同七年正月に正広参を贈位、賻物（ふもつ）を賜うとあるから死去したのであろう。正広参は天武天皇十四年制定の冠位四十八階の第六で大宝令の正三位に相当する。

5**後岡本朝廷**…斉明天皇朝のこと。後岡本宮は斉明天皇二年（六五六）夫舒明天皇の宮跡に新しく建てた宮と思われる。斉明はここに遷ったが同年中に火災に遭った。その後皇居は転々とうつり、同七年（六六一）百済救援軍を送るため筑紫の朝倉宮に移り、ここで没した。

6**佐平福信**…鬼室福信とも見える。佐平は百済十六階官位の第一。百済王家の親族と見られる。百済の宰相の地位にあった。百済滅亡後日本に復興のための援軍の派遣を要請し、豊璋を迎えて国王とすることを乞うた（斉明天皇六年〜天智称制元年紀）。

7**百済救援の失敗**…百済内紛により豊璋が福信を疑って、これを斬ることは天智天皇二年六月紀に見える。州柔は錦江下流沿岸の地。日本からの救援軍が唐・新羅連合軍に敗れ、豊璋が船で高麗（高句麗）に逃れたことは天智天皇二年八月・九月紀に見える（白村江の戦）。

8**百済王の号**…この王の号とは姓（カバネ）の一種である。藤原朝すなわち持統朝に賜わったことは他に見えないが、持統天皇五年正月条に百済王余禅広・遠宝・良虞の三人に優賜せられた、という記事がある。ここに百済王と百済王家のウジナである「余」（後述）とが共に記されているのは、このとき百済王姓を賜わり、重ねて記したのではないか、という説がある。なお王をコニキシと読むのは古代朝鮮語によるものと見られる。百済王の姓については［考察］参照。

9**百済王昌成**・・・禅広の長子。天武天皇三年正月父に先立って死去。贈小紫。小紫は天智天皇三年制定の冠位二十六階の第六で大宝令の従三位に相当する。

10**飛鳥浄御原の御世**・・・天武天皇の代のこと。飛鳥浄御原宮の場所については諸説があったが、現在では前述の斉明天皇の後岡本宮を南に拡大整備したのが浄御原宮の遺構と考えられている。

11**百済王郎虞**・・・名は良虞ともある。禅広の子、昌成の弟。朱鳥元年（六八六）九月、天武殯宮に父禅光にかわって誄（しのびごと）を奏上。持統天皇五年（六九一）正月に兄遠宝・弟南典とともに直大肆とある。大宝三年（七〇三）八月任伊予守、このとき従五位上。その後昇叙し天平九年七月没のとき散位従四位下であった。摂津亮に任じたことは『続紀』本文には見えない。

12**感神聖武皇帝**・・・天平宝字二年（七五八）九月聖武天皇に勝宝感神聖武皇帝の尊号を追尊した。聖武天皇が敬福に特別の手厚い待遇を与えたことは、後述の天平勝宝元年の黄金献上のときのことである。

13**頻りに外任**・・・外任は地方官、国司の任のこと。本文によると陸奥（二度）・上総・常陸・出雲・伊予・讃岐の各国守および南海道節度使に任じた。この「伝」に見える河内守は本文には見えない。なお天平十年（七三八）には陸奥介と見える（『大古』二十四—七五）。

14**従五位上陸奥守**・・・任陸奥守は天平十八年九月（これより先、同十五年六月丁酉30条にも任陸奥守とある。ここは再任か）、叙従五位上は同年閏九月である。陸奥よりの黄金献上のときの位階・官職を示す。

15**陸奥の黄金献上**・・・天平勝宝元年（七四九）四月朔条に長文の宣命の詔を掲げ、天平二十一年を天平感宝元年と改め、敬福に従三位を授けた。従五位上からの昇叙は特例であり、『公卿補任』天平二十一年条に「自従五位叙三位始」と見える。なお同年七月甲午2に孝謙即位とともに天平勝宝元年と改められた。

16後半生の官歴…国司としては、ここに見えるように常陸守（天平勝宝四年五月任）・出雲守（天平宝字元年六月任）・伊予守（同三年七月任）・讃岐守（同七年正月任）と歴任しているが、都では天平宝字元年七月奈良麻呂ら一党の糾問に当たり、同八年十月高野天皇の命により淳仁天皇の中宮を囲んで廃帝に追い込み（時に外衛大将）、天平神護元年十月の河内弓削寺行幸の時百済の舞を奏上するなど『続紀』の記事で見る限り、時の権力に順応して渡来系上級官人として無難に過ごしている。

17薨時年六十九…天平神護二年（七六六）没年六十九歳を逆算すると文武天皇二年（六九八）の生まれ。

［考察］

はじめに日本国内に存在する「百済王」という称呼について述べておきたい。はじめは義慈王はもちろん、豊祥も禅広も文字通り百済国王ないし国王家の一員だったわけであるが、故国の百済王家滅亡後（百済国王の実態消滅後）日本に居住していた禅広らは日本に亡命している形となった。この百済王家のウジナは「余」であったが、同じ余を称する人々の中でも禅広や良虞など、王家の人々はこれまで通り「百済王」という称呼で、いわゆる「蕃客」としての待遇を与えられていたようである。しかし律令制が整うなかで、アジアの小帝国としての日本王権の秩序として、亡命百済王族は官人化され「百済王」は姓（カバネ）に転化して律令的秩序に組み込まれることになったとみられる。なお「王」姓賜与の意味については［50高倉福信］参照。

さて百済国の滅亡後の天智天皇三年（六六四）日本に残った義慈王の子禅広らは難波に居住せしめられた。摂津国百済郡の地がそれであるとされる。武蔵国高麗郡・新羅郡がそれぞれ霊亀二年（七一六）高句麗から、天平宝字二年（七五八）新羅からの渡来人を集団居住させたことに始まるとみられるが、摂津国百済郡の場合は建郡の時期が不詳である。『和名抄』には摂津国一三郡の一として見え、東急本の国郡部に「久太良」の訓がある。郷としては東部・南部・西部の三郷とあるが、それぞれの地名も明らかでなく、その郡域は判然としない。また摂津国の他の一二郡にはそれぞれ独自の郡単位の条里制の呼称があるが、百済郡だけはなくて東生郡・住吉郡の条里に含まれているという。これは条里制の施行後に割り込んで郡を建てたことを意味している。

『日本霊異記』上十四にもと百済国の人で同国滅亡後、難波の百済寺に住んだという釈義覚の話を載せている。この百済寺について吉田東伍『大日本地名辞書』は四天王寺の東、生野村の舎利寺（現生野区舎利一丁目舎利尊勝寺）を当てているが、現在は天王寺区堂ヶ芝の堂ヶ芝廃寺が有力である。同廃寺跡の礎石は百済の王都扶余の軍守里廃寺のそれと類似し、出土瓦は飛鳥後期の単子葉弁文の瓦を最古とするものなど、百済王氏の氏寺として建てられた可能性が高い。とするならば同氏の定住地が堂ヶ芝廃寺を中心とする地域であると推定される。

摂津百済郡の成立の年代は、前述の高麗郡・新羅郡のように建郡の記事はなく、その史料上の初見は、「大養徳国」という表記と郷里制の記載から天平九年～同十二年と見られる勘籍に「摂津国百斉（済）郡」とある記載である（『大古』二十四―五五六）。そして『続紀』天平六年（七三四）三月丁丑16条に難波宮に供奉する東西二郡（東生・西成郡）には租と調を、自余の一〇郡は調を免除する記事から、このとき摂津国は一二郡であったとみられ、これは百済郡の未成立を示すものと考えられるわけで、このことから百済郡成立の年代は、天平六年以降で同九～十二年（七四〇）の間とされている（『大阪府の地名』［参考文献一覧］参照）。なお天平九年（七三七）に没した良虞（郎虞）は、この「伝」では摂津亮とある（『続紀』では没するとき散位）。このことは百済郡の成立に関係があるかもしれない。

他方、河内国交野郡に百済寺があった。いま枚方市中宮西之町にある百済寺跡である。発掘調査によると礎石の配置は一搭二金堂で薬師寺式に似ているが、同じではなく新羅時代の廃感恩寺の形式であり、出土瓦は主として奈良時代中・後期のものであるという。この寺の西側には百済王神社があることからも知られるように、百済王氏と縁が深いところで、『続紀』では延暦二年十月戊午14条をはじめとして、桓武天皇のしばしばの行幸があり、その前後に百済王氏の進階賜物などの記事が見えているところである。桓武天皇は生母高野新笠の関係から「百済王らは朕の外戚なり」（延暦九年二月甲午27条）とあるように、百済王氏を尊重していた（「51高野新笠」参照）。交野のこの地は百済王氏の本拠地と見られるのである。したがって前述の摂津の百済郡から河内の交野郡に百済王氏は居を遷したことになる。

百済王氏が本拠を難波から河内交野に遷した時期については明らかではないが、この「伝」に「（天平勝宝二年五月辛丑14）宮内卿に遷り、俄に河内守を加へ」とあるが、『続紀』ではその五月辛亥24条に「伎人・茨田等堤往々決壊」とあるので、摂津の百済郡の地域は大きな被害を受けたことが、敬福が本拠を河内国交野に遷す契機となったのではなかろうか。朝廷もその便宜を与えるために、「俄に」河内守の兼任を命じたのであろうとするのである。この説は百済郡の建郡から十年余という短期間ということに難点があるが、聖武天皇が「殊に寵遇を加へ」ということから、敬福を河内守に任じて便宜を与えたとすることの蓋然性は低くはない。また天平十二年二月丙子19条・同十六年二月丙辰22条では、難波行幸にさいして百済王らが百済楽を奏上し、叙位に与るという、のちの交野行幸の時と同じような状況が見える。これは難波に本拠をもつ百済王らが本国の楽を奏するという、一種の服属行事のなごりであろう。この奏楽の儀はこれ以後の難波行幸のときには見えず、桓武朝になってから交野行幸のさいに復活している。このことは百済王らの移住の時期を推定する参考になるであろう。

19　上道正道（かみつみちのまさみち）――密告で出世した元舎人――

巻二十八・神護景雲元年九月庚午23条

［現代語訳］

［備前国の国造従四位下］上道朝臣正道はもと中衛府（ちゅうえふ）の舎人であった。天平勝宝九歳（七五七）に橘奈良麻呂の陰謀を密告した［功績によって］従四位下を授けられ、朝臣の姓を賜わった。その話は［天平］勝宝九歳の記事の中にある。［その後］美濃・播磨・備前等の国の守（かみ）や宮内大輔、右兵衛督を歴任した。

［訓読文］

［備前国の国造[1]従四位下上道朝臣正道卒す[2]］、正道はもと中衛[3]なり。勝宝九歳、橘奈良麻呂の密（みつ）を告[4]ぐるを以て、従四位下を授けられ、姓朝臣を賜ふ。語は勝宝九歳の記[5]の中に在り。美濃・播磨・備前等の国守（くにのかみ）[6]、宮内大輔、右兵衛督を歴（へ）たり。

［原文］

［備前国々造従四位下上道朝臣正道卒］、正道者本中衛、勝宝九歳、以告橘奈良麻呂密、授従四位下、賜姓朝臣、語在勝宝九歳記中、歴美濃・播磨・備前等国守、宮内大輔、右兵衛督、

［語句解説］

1**備前国造**…この国造はもちろん令制下の国造。一国に一人、国内の神祇祭祀のことを掌った。『国造本紀』によるとこの備前国の範囲には、古く大伯（おおく）（邑久）・上道・三野（みの）の三国造があった。正道は上道国造の系譜を引いたもの。正道は天平宝字元年閏八月に備前国造に任ぜられている。

2**上道朝臣正道**…姓は初め臣、名は斐太都（ひだつ）であった。天平宝字元年七月に朝臣の姓を賜わり、同二年頃その名を正道と改めた。

3**中衛**…天平宝字元年七月条には中衛舎人とある。中衛府設置を記す神亀五年（七二八）八月条には中衛府のもとに中衛三百人とある。兵衛と同じく地方豪族の子弟などから選ばれて任ぜられたものであろう。

4**橘奈良麻呂密**…天平勝宝九歳は天平宝字元年。橘奈良麻呂の陰謀を藤原仲麻呂に密告した。これは具体的な内容であったので、これによって一党は逮捕され糾問が始められた。この功績により従八位下から一躍従四位下に叙せられ、朝臣の姓を賜わり、ついで中衛少将に任ぜられた。

5**勝宝九歳記**…『続紀』の編纂の材料となった奈良麻呂の乱に関する記録、と考えられないこともないが、単に『続紀』中の天平勝宝九歳条の記載とも取れる。

6**官歴**…正道ははじめ従八位下の中衛府の中衛（舎人）として皇居の警備に当たっていた。奈良麻呂の謀反の密告により、従四位下特叙、賜姓朝臣、任中衛少将という褒賞に与ったが、ほかに功田二十町を賜わり、三世に伝えることが許された。翌天平宝字二年八月には美濃守に在任している（『大古』十五―一三二）。同三年十一月、右勇士率（右衛士督）従四位下で備前守を兼ね、同六年八月いわゆる大政二分のとき、藤原恵美訓儒麻（くずま）呂（ろ）らとともに淳仁天皇の中宮院に侍して勅旨を宣伝した。同七年正月中宮大夫に任ぜられ播磨守はもとの如く、また同八年正月には備後守に転じている。仲麻呂政権没落後の天平神護元年（七六五）八月には飛驒守に左遷されていたようである。このとき『続紀』に名を斐太都とあるのは、正道の名を奪われて元に戻ったのであろうか。なお「伝」に宮内大輔・右兵衛督にも任じたとあるが、本文には見えない。

［考察］

上道臣について一瞥しておきたい。上道臣は吉備地方の大豪族吉備一族のひとつで、備前国上道郡一帯に勢力をもつ存在であった。『書紀』応神天皇二十二年九月条に吉備臣の祖御友別（みともわけ）が吉備国を五人の子弟に分割する話が見える。それらは下道臣・上道臣・香屋（かや）臣・三野臣・笠臣・苑（その）臣などの祖による分割とされ、上道臣は香屋臣とともに上道県に封ぜられた御友別の中子である仲彦を祖とするとある。この御友別は孝霊天皇二年条・『姓氏録』右京皇別によれば、孝霊天皇の皇子稚武彦命の孫御友別命として天皇系譜に結び付けられている。

また吉備氏の祖先として吉備津彦を名とする人物の活躍が伝えられている。まず『書紀』崇神天皇十年九月条にいわゆる四道将軍の一人として、吉備津彦が「西道」（山陽道カ）に派遣されたとし、同六十年七月には出雲平定に遣わされ、また景行天皇四十年十月条には吉備津彦が日本武尊の東征に従っており、碓日嶺（うすひのみね）からは、吉備津彦は尊と別れて越国（こしのくに）に派遣されている。さらに神功皇后摂政前紀には、吉備津彦の三男とされる吉備臣の祖、鴨（かもの）別（わけ）が熊襲（くまそ）討伐に派遣されたとする。このように大和王権の国内平定には吉備氏の先祖が大いに参加、活躍していることを伝える。こうした伝承の分析には諸説があろうが、私はやはり大和王権の広域支配の完成の後に加えられたものであろうと考えている。

これらにつづく雄略朝では、上道氏は采女を貢上し、また妃を出しているように大和王権に臣従していることをしめすが、その反面、同七年八月の吉備下道臣前津屋の反抗の説話につづいて、同年是歳条に「任那」に派遣された上道臣田狭が新羅と通じて叛乱を起こしたことを記し、清寧即位前紀に上道臣所生の星川皇子の叛乱の伝えがあり、外戚の下道臣（欠名）は船四〇艘を率いて上京しようとする姿勢が見られる。これらの伝承はそのまま史実とはいえないが、大和王権に対して吉備氏は独自の存在を主張しているさまを垣間見ることができ、またその吉備氏のなかでも上道氏が有力であったことを示している。

その後は顕著な動きはないが、天武八姓のときには同族の下道臣・笠臣などが朝臣を賜わったのに対して上道臣はなぜかそれに漏れている。上道臣が朝臣になったのは、この「伝」にみえる天平宝字元年正道の密告の功績によってであった。

20 山村王（やまむらのおう）――鈴印の争奪に功績があった――

巻二十八・神護景雲元年十一月癸亥17条

[現代語訳]

[参議従三位治部卿兼左兵衛督大和守] 山村王は池辺雙槻宮（いけのへのなみつきのみや）で天下を統治された橘豊日（たちばなのとよひ）天皇（用明天皇）の皇子久米王の後裔である。天平十八年（七四六）従五位下を授けられ、天平宝字八年（七六四）少納言に任ぜられ、正五位下を授けられた。その時（押勝の逆謀が漏れてきたとき）高野天皇（孝謙天皇）は山村王を遣わして、中宮院（淳仁天皇の御在所）にある駅鈴と内印を接収させた。[これに対して] 太師（太政大臣）押勝は兵を遣わし待ち構えてこれを奪わせようとした。山村王は密かにこの動静を報告して、ついに君命を果たしたのである。高野天皇はこれを褒めて従三位を授けた。薨ずる時四十六歳であった。

[訓読文]

[参議従三位治部卿兼左兵衛督大和守山村王薨ず]。池辺雙槻宮御宇橘豊日天皇[1]の皇子久米王[2]の後なり。天平十八年、従五位下を授けられ、宝字八年少納言[3]に任ぜられ、正五位下を授けらる。時に高野天皇、山村王を遣はし、中宮院の鈴印（れいいん）を収めしむ。太師押勝兵を遣はし邀（むか）へてこれを奪はしむ。山村王密かに消息（せうそく）を告げ、遂に君命を果たす[4]。天皇これを嘉（よみ）して、従三位を授く[5]。薨ずる時、年四十六。

［原文］

［参議従三位治部卿兼左兵衛督大和守山村王薨］、池辺雙槻宮御宇橘豊日天皇皇子久米王之後也、天平十八年授従五位下、宝字八年任少納言、授正五位下、于時高野天皇遣山村王収中宮院鈴印、太師押勝遣兵、邀而奪之、山村王密告消息、遂果君命、天皇嘉之、授従三位、薨時年卌六、

［語句解説］

1池辺雙槻宮橘豊日天皇……用明即位前紀に「磐余（いはれ）の宮を造る。名づけて池辺雙槻宮といふ」とある。『法王帝説』に「伊波礼雙槻宮」とある。池辺は磐余の池（履中天皇二年十一月条ほか）のほとりの意で、『和名抄』の大和国十市郡池上郷が当てられる。雙槻は地名ではなく槻が並び立つ所といわれている。『大和志』ではこの宮跡は十市郡の安部長門邑（いま桜井市安部）の地とする。橘豊日天皇は用明天皇のことで、欽明天皇二年三月条に蘇我稲目の女堅塩媛（きたしひめ）の生む大兄皇子を橘豊日尊とみえる。橘は飛鳥の地名（明日香村橘）、豊日は美称。類例に孝徳天皇の天万豊日天皇がある。

2久米王……用明天皇の皇子、聖徳太子の同母弟。来目王とも書く。推古天皇十年二月条に撃新羅将軍に任ぜられ翌年二月条に筑紫で死去したと見える。

3官歴①……天平十八年（七四六）五月、無位から従五位下に直叙されている。これは選叙令35皇親の蔭によるもので、山村王は五世孫以内であったことが知られる。その後十年ほどなぜか記事がなく、天平宝字元年（七五七）五月従五位上になり、同三年五月に任紀伊守、同七年九月に叙正五位下、そして翌八年（七六四）正月少納言に任ぜられている。これより先、同六年六月にいわゆる大政二分といわれる状況が起こった。孝謙上皇

（高野天皇）は法華寺に、淳仁天皇は中宮院に入って対立し、高野天皇は詔して、小事は今の帝（淳仁）が行い、国家の大事、賞罰のことなどは自分が行う、と宣した。山村王が任ぜられた少納言は天皇の側近にあって奏宣のことを行い、天皇の大権にかかわる駅鈴や内印（天皇御璽）の出納をする重要な職掌があった。大権二分の状況にあっての去就が問題になろう。

4 **押勝の叛乱**…「伝」の中宮院の鈴印の争奪については、『続紀』本文にも大体同じような記事を載せている。押勝の逆謀が漏れてきたとき高野天皇は先手を打って少納言山村王を中宮院に派遣して、そこにある鈴印すなわち駅鈴と内印を奪取させたのである。少納言の山村王は高野天皇の下にいたが、天皇大権を象徴する鈴印は中宮院の淳仁天皇の手元にあったという。つまり国家の大事、賞罰を握ると高野天皇は宣したが、実は押勝側の淳仁が実際には大権を行使していたのであろう。高野天皇はこれを握ろうとして山村王を遣わしたのである。山村王は職権として鈴印を手に入れたが、これを聞いた押勝は子息訓儒麻呂（くずまろ）に命じて鈴印をもった山村王を迎い討たせた。鈴印は一時奪い返されたらしい。これに対して高野側は授刀少尉坂上苅田麻呂と将曹牡鹿嶋足（おじかのしまたり）に命じて訓儒麻呂を射殺したのである（[39道嶋嶋足・45坂上苅田麻呂]参照）。この「伝」に「山村王密かに消息を告げ、遂に君命を果たす」とはどのようなことか、具体的にはわからないが、鈴印の争奪の結果、奪還した状況を詳しく上奏したのであろう。それによって緒戦を優勢に進めることが出来たということであろう。押勝討伐軍が凱旋した九月二十日、山村王は従三位を授けられている。

5 **官歴②**…押勝の乱が終結してまもなく兵数百が中宮院の淳仁天皇を囲んだ。その将のひとりに左兵衛督として山村王がいた。山村王はまた高野天皇の詔を宣べて、淳仁を廃して淡路に送ることを告げたのである。ところで『公卿補任』天平宝字八年の項に九月十一日に参議に任じたことが見え、翌九年（天平神護元年）項には、参議従三位山村王は兼治部卿左兵衛督とある。さて天平神護元年正月の論功行賞には勲二等を授けられ、二月には大和守に任ぜられ、翌二年二月、押勝の乱の功田として五十町を賜わり、子供につたえることを許されている。山村王の官歴は以上であるが、本文で見ると参議・治部卿・左兵衛督のうち、左兵衛督在任の記事は見えるが、任官記事はいずれも欠落している。

［考察］

『続紀』にはもう一か所、山村王の名が見える。これは後述のように別人と思われるのであるが、人名辞典その他に同一人物として記述されることがあるので、この［考察］の項では、この問題について触れておきたい。

『続紀』延暦二年（七八三）九月丙子2条につぎのような記事がある。まず近江国の奏言として、部内の戸主槻村（つきむら）・井上・大岡・大魚（おおうお）・動神（どうしん）ら五人は山村王の孫と称し、五戸で合わせて一〇一人の戸口が存在する。その戸主らの祖父という山村王は、去る養老五年（七二一）にこの地の戸籍に付いたものであるが、格（慶雲三年二月十六日格）によると、六世王以下にあっては嫡子として継承する者だけが王を称して課役（調・庸および雑徭）が免除されるが、それ以外の者には課役を負担させるという。そこで近江国としての処理としては、嫡を継ぐ戸だけは京戸に戻して課役免除とし、その他の戸には姓を与えて近江国で課役を負担させたい、ということであった。これを受けて太政官では、関係役所（正親司）に命じて皇親の戸籍を調べさせたところ、該当する山村王の名はなかったという。そこで太政官の決定としては、これらの人たち全員を一般の人民と同じに課役を負担させることにする。ただし皇親から降下したのではないから真人の姓は与えない、というものである。

この近江国の奏言にみえる山村王は、養老五年に同国の戸籍に編入したというが、本条の山村王の「伝」では神護景雲元年（七六七）薨年四十六とあり、逆算すると養老六年（七二二）の生まれとなって、同一人物ではありえないことになる。なお不審な点が残るが、山村王については別人と見るべきであろう。

なお不審な点というのは、課役を負担するか、しないかの問題である。まず大宝令の戸令5では皇親は不課とされている。その皇親とは継嗣令1によると、親王（天皇の兄弟・子）を一世として四世の王までという規定であって、五世王は王と称しても皇親ではないことになっていた。それが『続紀』慶雲三年（七〇六）二月庚寅16条にみえる格では、これを改定して「今より以後、五世王は皇親の限りにあらしめよ。その嫡を承くる者は相承けて王とせよ。自余は令の如し」とした。これによると皇親の限度を四世王から五世王に一段下げたのである。また六世王から以下は嫡を承ける者だけが王と称することができるが、皇親には含まれないということである。ところが延暦初年の近江国では、王と称していれば課役が免除という理解であったらしいのである。太政官の判断はその点には触れず、山村王の皇親の戸籍の有無を問題にしていた。

令・格のこの部分はその後変更されていない。都に近い近江国にはいろいろな課役免除の人（賦役令19）が多かったので、混乱した可能性があるのではないか。

21 高丘比良麻呂——仲麻呂の陰謀を訴えた大外記——

巻二十九・神護景雲二年六月庚子28条

［現代語訳］

［内蔵頭兼大外記遠江守従四位下］高丘宿禰比良麻呂の祖父僧侶の詠は近江朝（天智天皇朝）の癸亥の年（天智称制二年＝六六三）に百済から来て帰化した。父の楽浪河内は正五位下大学頭であった。神亀元年（七二四）に（氏姓を）改めて高丘連となった。比良麻呂は若いときに大学に学び、広く書物を読み、大外記を歴任して、外従五位下を授けられた。天平宝字八年（七六四）に藤原仲麻呂の謀反を密告したことによって従四位下を授けられた。神護景雲元年（七六七）に宿禰の姓を賜わった。

［訓読文］

［内蔵頭兼大外記遠江守従四位下高丘宿禰比良麻呂卒す］。其祖沙門詠は、近江朝の歳癸亥に次るとき[1]、百済より帰化す。父楽浪河内[2]は正五位下大学頭たり。神亀元年、改めて高丘連となす。比良麻呂は少くして大学に遊び、書記を渉覧し、大外記を歴任[3]して、外従五位下を授けらる。宝字八年、仲満の反を告ぐる[4]を以て従四位下[5]を授けらる。景雲元年に姓宿禰を賜ふ。

[原文]

[内蔵頭兼大外記遠江守従四位下高丘宿禰比良麻呂卒]、其祖沙門詠、近江朝歳次癸亥、自百済帰化、父楽浪河内、正五位下大学頭、神亀元年改為高丘連、比良麻呂少遊大学、渉覧書記、歴任大外記、授外従五位下、宝字八年、以告仲満反授従四位下、景雲元年賜姓宿禰、

[語句解説]

1**近江朝癸亥年**…天智称制二年(六六三)に当たる。『書紀』同年九月条に、白村江敗戦後、百済の王族・貴族が多数日本に亡命したことを伝えている。沙門詠については見えないが、このときに亡命したものであろう。『姓氏録』河内諸蕃の高丘宿禰の条に、「百済国の公族(こうぞく)、大夫高侯の後、広陵高穆(こうぼく)より出づ」とある。

2**楽浪河内**…神亀・天平期の文筆家として有名。初見は和銅五年(七一二)七月、播磨大目従八位上のとき、正倉の造作について特別の功績があったとして位一階を進め、絁など物を賜わったことが見える。その後文筆のことで知られるようになり、養老五年(七二一)正月、皇太子首(おびと)皇子のために学芸などに優れた十六人に詔して、退朝ののち東宮に侍せしめられたが、河内はその一人として召された。ときに正六位下。つづいて同月、学業に優れた人々に褒賞があったが、そのとき河内は文章家として召され、絁などの物を賜わった。神亀元年(七二四)二月聖武天皇の即位に関連して、同五月に多くの渡来人らに賜姓のことがあった。そのなかで正六位下楽浪河内は高丘連の氏姓を賜わった。その後天平期には盛んに昇叙し、官は右京亮・造宮輔・伯耆守などをへて、天平勝宝六年(七五四)正月正五位下に叙せられ、その後は史に見えない。「伝」に大学頭とあるが『続紀』本文には見えない。また『家伝』下に神亀・天平頃の文雅の人としてあげられており、『万葉集』に短

歌二首がある。

3官歴①‥‥六位以下の叙位任官などは『続紀』には見えないが、「正倉院文書」から多少うかがうことが出来る。それによると天平勝宝三年~同六年五月までは紫微中台(しびちゅうだい)の少疏(しょうそ)として見え、位階は従七位上から従六位下である。ややまをおいて天平宝字二年六月以降は従六位上で坤宮(こんぐう)官少疏、同四年正月には大疏正六位下とみえるが(『大古』十四―二八八)、同年四月には大外記正六位下である(同十四―四一一)。翌年『続紀』天平宝字五年正月丁酉11条では外従五位下で越前介に任ぜられている(比良麻呂の『続紀』初見)。これについては同五年~同八年の東大寺越前国庄券や越前国司公験などで任国に赴任していることが確かめられる。ところが同八年正月己未21条には、内蔵助(くらのすけ)で大外記を兼ねることとなった。同日後任の越前介には村国虫麻呂が任ぜられているので、比良麻呂は越前を離れて京官に戻り、大外記に再任されたことが知られる。同年七月二十五日施薬院解に「知院事外従五位下大外記兼内蔵助」と自署している(『大古』十六―五〇四・五)。「伝」に「大外記を歴任し」とあるのは諸職をへて大外記に再任していることの表現であろう。

4仲満の乱を告ぐ‥‥これについて『続紀』本文、天平宝字八年九月壬子18条に見えている。仲麻呂(仲満)は高野天皇の認可をえて自ら都督使となり、管下諸国の兵士を国ごとに二〇人に分け、五日を一番として都督府に集め、武芸の観閲のことを奏上した後、勝手にその兵力を増加して太政官符として発布させた。大外記は詔勅官符の文案を勘案する役であるから、比良麻呂は禍が自分に及ぶことを恐れて、このことを密かに奏上したというのである。その功績によって従四位下に叙せられた。

5官歴②‥‥仲麻呂の乱の翌天平神護元年、論功行賞で勲四等が与えられた。同年九月紀伊・河内行幸に御装束次官に任ぜられている。この行幸で道鏡の故郷に弓削宮(のち由義宮)が置かれたが、後述のように比良麻呂の出身地が近傍の河内国古市郡であるから、道鏡との地縁的な結び付きが考えられる。神護景雲元年（七六七）三月、道鏡の法王宮職が設置されると比良麻呂は大外記のまま亮を兼任した。文筆に優れ、現任の大外記の職にあった比良麻呂は利用されたのであろう。その月、宿禰の姓を賜わった。ときに河内国古市郡の人とある。これが比良麻呂についての最後の記述である。

［考察］

高丘比良麻呂が大外記という立場から仲麻呂の謀反の意図を密告したことについては［語句説明4］において述べた。ここでは補足的に触れたい。

比良麻呂の密告の内容は『続紀』天平宝字八年九月壬子18条によると、仲麻呂が高野天皇（孝謙天皇）を欺いたことに起因する（［13藤原仲麻呂］参照）。すなわち仲麻呂は都督使という立場で諸国の兵士を集め教練するとして、諸国の軍団の兵士の「試兵の法」に準じ、管内（都督使の管内）の兵士を国ごとに二〇人、五日を一番として交代で上京させる、ということであった。ところがその後、仲麻呂は勝手にその兵士の数を増やして「太政官符」で命じたという。大外記は詔勅官符の文案を勘案する立場にあるから、比良麻呂はこの経緯を知りながら黙していると自分が災いを受けることを恐れて密告したのである。

都督使というのは同月丙申2条に任ぜられたとする「都督四畿内三関近江丹波播磨等国兵事使」のことであり、高野天皇が少納言山村王を遣わして中宮院の鈴印を収めしめたのは、『続紀』同月乙巳11条に見えるところで、これが乱の発端である。この日付による限り比良麻呂の密告は九月二日から十一日までの僅かな間に起こったことになる。そして乙巳11条によると、鈴印は淳仁天皇の中宮院にあったことであるから、高野天皇の手元にはなく、大外記比良麻呂は職務上その事情を知っていたが、発せられた太政官符の文言は自分が知っていたこととは異なるものであったということであろう。

ちなみに鈴印（内印を含む）はいったん山村王が収納したが、仲麻呂の子息訓儒麻呂に奪われ、高野天皇は坂上苅田麻呂らを派遣しこれを射殺した、とある。射殺したとはあるが、鈴印をとり戻したとはない。しかし、山村王薨伝に「遂に君命を果たす」とあるのは、鈴印をとり戻したことをいうのであろう（神護景雲元年十一月癸丑17条）。乱が終結した天平宝字八年九月甲寅20条の宣命に「鈴印を奪ひ復皇位を掠め」ようとし、「官印を押して天下諸国に書を散ちて告げ知らしめ」、同癸亥29条の勅にも「偽りの乾政官符を造り」などと見え、官印（太政官印）を奪って太政官符を諸国に下しているというのである。

22　大和長岡――祠官出身の法律家――

巻三十・神護景雲三年十月癸亥29条

［現代語訳］

［大和国造正四位下］大和宿禰長岡は刑部少輔従五位上の五百足の子である。若いときから法律の学問を好み、また文章をつくるのが上手であった。霊亀二年（七一六）に唐に渡って請益生として疑問のところを多く明らかにすることが出来た。この当時、法令を論ずる者は、長岡のところに行き聞きただすのを常とした。天平勝宝年中、忌寸の姓を改めて宿禰を賜わった。天平宝字の初年に正五位下民部大輔で坤宮大忠を兼任することとなり、同四年（七六〇）に河内守に転任した。［しかし］行政にあたって思いやり恵む心がなく、下僚も人民もそのことを憂えた。其の後、従四位下を授けられ、散位になって野に下った。同八年には右京大夫に任ぜられたが、年をとったことを理由に自ら職を辞退した。［神護］景雲二年（七六八）の賀正の宴会に、詔があって特に殿上に招き入れられた。そのとき髪は若々しくて衰えず、動作は作法に違うことはなかった。そこで天皇は「卿の年齢はいくつか」と問い尋ねられた。長岡は席を退いて「今日、まさに八十歳になります」と申し上げた。天皇は感嘆すること久しく、自ら位記を書いて正四位下を授けた。

［訓読文］

［大和国造[1]正四位下大和宿禰長岡卒(しゅっ)す］。刑部少輔従五位上五百足(いほたり)[2]の子なり。少(わか)くして刑名の学[3]を好み、兼ねてよく文を属(つく)る[4]。霊亀二年、入唐(にったう)して請益(せいえき)す[5]。凝滞(ぎょうたい)の処、多く発明することあり。当時、法令をいふ者は、長岡に就きてこれを質(ただ)す。勝宝年中、忌寸を改めて宿禰[6]を賜はる。宝字の初め、仕へ[7]て正五位下民部大輔兼坤宮大忠に至り、四年に河内守[8]に遷る。政に仁恵なく、吏民これを患(うれ)ふ。其の後、従四位下を授けられ、散位を以て第に還る。八年、右京大夫に任ぜらる。年老いたるを以て自ら辞して職を去る。景雲二年の賀正の宴[9]に、詔ありて特に殿上に侍らしむ。時に鬢髪(びんぱつ)未だ衰へず、進退忒(たが)ふことなし。天皇問ひて曰く、卿は年幾(いくばく)ぞ、と。長岡席を避(さ)けて言ひて曰く、今日方(まさ)に八十に登れり[10]、と。天皇嘉嘆すること久し。御製(ぎょせい)して正四位下を授く。

［原文］

［大和国造正四位下大和宿禰長岡卒］、刑部少輔従五位上五百足之子也、少好刑名之学、兼能属文、霊亀二年、入唐請益、凝滞之処、多有発明、当時言法令者、就長岡而質之、勝宝年中、改忌寸賜宿禰、宝字初、仕至正五位下民部大輔兼坤宮大忠、四年遷河内守、政無仁恵、吏民患之、其後授従四位下、以散位還第、八年任右京大夫、以年老自辞去職、景雲二年賀正之宴、有詔特侍殿上、時(1)鬢髪未衰、進退無忒、天皇問之曰、卿年幾、長岡避席言曰、今日方登八十、天皇嘉嘆者久之、御製授正四位下、

［校異］

（1）「鬢」は底本に「鬂」に作るが、蓬左文庫本によって改めた。

［語句解説］

1大和国造大和宿禰…国造は所謂律令国造で大化前代のような政治権力を持つものではなく一国の神祇祭祀を掌る。大和宿禰はもと倭直（あたい）。神武即位前紀にみえる大倭土着の椎根津彦（しいねつひこ）が始祖と伝える。『書紀』崇神天皇七年八月条に市磯長尾市（いちしのながおいち）をして倭大国魂神（やまとのおおくにたまのかみ）を祀らしめることが見え、垂仁天皇三年三月条等に倭直の祖長尾市とある。倭直は天武天皇十二年（六八三）に倭連となり、同十四年には大倭忌寸（いみき）となった。大倭国造の家系であり、大倭の国魂を祀る大倭神社の神主でもある。『続紀』本文によれば、天平九年（七三七）十一月に大倭忌寸小東人（おおあずまんど）と大倭忌寸水守の二人に神宣によって宿禰姓を賜わったとある。小東人と水守は兄弟であろうか。小東人は大倭国造、水守は大倭神社の神主（天平十九年四月丁卯22条）である。大倭神社は『延喜式』の山辺郡の大和坐大国魂神社である（現天理市の大和神社）。天平九年十二月大倭国を大養徳（やまと）国と改めたので姓を大養徳宿禰と改められ、同十九年三月大倭国に戻ると再び大倭宿禰となった。また天平宝字元年（七五七）十二月からは姓は大和宿禰と表記し、小東人は長岡と改めた。

2大倭忌寸五百足…大倭国造。長岡（小東人）の父。和銅三年（七一〇）正月正六位下から従五位下に叙せられた。同七年二月丁酉9条に大倭忌寸五百足を氏上（うじのかみ）と為し、神祭を行わせる、という意味の記事がある。これはおそらく一族のなかで内紛などがあり、朝廷は五百足の地位を保証し、氏上として祭祀を行うことを命じたものであろう。神亀三年（七二六）正月叙従五位上が終見。

3**刑名の学**…法律の学問。中国戦国時代の韓非子・商鞅などの学派を刑名家と称した。

4**文を属る**…属は綴る。文章を作るのが巧みであったということ。『家伝』下に神亀頃の文雅の人として名がある。

5**霊亀二年入唐請益**…霊亀二年（七一六）入唐とは霊亀二年八月任命、翌養老元年三月節刀を賜わり渡海した多治比県守を押使（大使の上。押はひきいるの意）とする遣唐使に随行したもの。請益は疑問点などの解決を請うための短期間の留学で、小東人（長岡）はおそらく養老令編纂に関する請益で、養老二年十二月県守とともに帰国したものであろう。

6**賜宿禰**…勝宝年中とあるが、前述のように『続紀』本文によれば、天平九年十一月に神宣によって宿禰姓を賜わったことが見えており、これと矛盾する。神宣とは明らかではないが、同年十二月丙寅27条に大倭国を大養徳国と改めたことと関係があるのではないか。この改定は儒教的徳治思想に基づくものと見られているが、改定に当たって大倭の国魂の神への奉謝の事があったのであろう。天平勝宝年中の賜姓とあるのは大養徳宿禰から表記が大倭宿禰に戻ったことと混乱しているのではないか。

7**宝字初めの官職**…正五位下民部大輔兼坤宮大忠とあるが、本文では正五位下になったのは、すでに天平勝宝三年（七五一）正月のことで、天平宝字元年（七五七）五月丁卯20条に叙正五位上とある。次に民部大輔になったことは本文には見えない。また坤宮大忠は同二年の官号改称による称で、本文の同元年六月壬辰16条に任紫微大忠とあるのが正しいであろう。

8**河内守とその後**…本文に河内守に在任したことは見えない。ここに（天平宝字）四年とあるが、本文では同四年正月戊寅16条に仲石伴を河内守に任じている。この石伴は同五年十月癸酉22に播磨守に転じているから、長岡が河内守に任ぜられたとすれば、これ以後のこととなる。「伝」に、「その後、従四位下を授けられ散位を以て第に還る」とあるが、本文では叙従四位下は天平宝字七年正月壬子9条に見える。この日阿倍毛人が河内守になっているから、長岡はこれで散位となり野に下ったのであるが、「伝」ではこのあと「八年右京大夫に任ぜらる」とあるが『続紀』本文には見えない。長岡はこのとき七十六歳であり、この任命はほとんど考えられない。

9 **景雲二年賀正の宴**……神護景雲二年（七六八）正月朔条、大極殿における朝賀の儀において「旧儀には少納言殿上に侍立す。是の日坐席を設く」とある。これはこの日八十歳の大和長岡に殿上の席を与えたので旧儀と異なって少納言にも席を設けたのか（新日本古典文学大系『続日本紀』脚注）。同日条に従四位下の長岡に正四位下を授けたことが見える。「御製して」とは天皇が自ら位記に染筆して授けたということであろう。

10 **八十に登れり**……神護景雲二年八十歳を逆算すると持統朝朱鳥三年（六八九）の誕生。没年は八十一歳であった。

［考察］

大和長岡の名はもと小東人。天平宝字元年六月壬辰16条までは小東人だが、同年十二月壬子9条以後は長岡の名であらわれる。彼にとっての天平期の問題としては広嗣の乱とのかかわりがある。「伝」には見えないが、天平十三年（七四一）正月甲辰22条に、広嗣の与党の断罪につづいて、小東人が中臣名代・塩屋古麻呂ら三十四人のひとりとして配所から召されて赦免されたという記事がある。この条文の解釈については異なる意見もあるが、私は水本浩典氏の見解に賛同して右のように解する（水本「大和宿禰長岡と広嗣の乱」）。ただ、赦免された小東人は広嗣の乱とどのようにかかわっていたのか、いつ、いかなる理由で配所に送られていたのかなどについて明らかでない。小東人は刑部少輔在任中のことと見られ、名代・古麻呂についてもよくわからないが、彼らは広嗣と行をともにしていたとは考えられない。

とすれば、広嗣の乱のさなかに行われた関東行幸の原因と考えられる京中の不安な状況と関係があるのではないかと推測される。つまり広嗣支党の断罪が行われた段階で、京中の不安な状況がなくなったとして入京を許されたのではないだろうか。いずれにしても小東人らが配所に送られていたのは、僅かに三、四か月間のことであったことからみて、都から近いところに隔離されていた程度のことではなかろうか。赦免されたあと現職に戻されたかと思われるが、小東人はそのあといわゆる橘諸兄政権時代は、あまり位階もあがらなかったのである。彼が陽の目を見ることとなったのは天平宝字元年以後のことといえよう。

長岡は藤原仲麻呂派の官人であったといわれる（角田文衞・木本好信等）。彼は天平宝字元年六月に紫微大忠に任ぜられているから、当然仲麻呂の派とみられるであろう。長岡が法に明るく、とくに養老律令の編纂に功績があったことは、不比等顕彰の意思のつよい仲麻呂にとって貴重な存在であったといえる。長岡は仲麻呂派官人といっても法律家としての側面を評価しなければならない。特に若い時に養老律令の選定にさいして、入唐して疑義をただすまでして編纂を成し遂げた功績は大きい。彼は五位に叙爵してまもない天平十年に刑部少輔に任じたが、この職は父五百足も就いたものであって、いわば二代目である。この父子は大倭神社の祠官であるとともに刑務の仕事を世襲したのである。

刑名の学とは先述のように戦国時代の諸子百家の刑名家に由来するもので、それは韓非子が説くように法をもって厳しく統治することを主張するのである。長岡の「伝」に河内守のとき「政に仁恵なく」吏民はこれをうれえた、とあるのはその一面を示すものと見ることができる。この長岡の刑名家としての側面は、大宝律令選定の実務に与って功績があった道首名の業績を思わせるものがある（「2道首名」参照）。首名は若い時から律令の学を習得し、大宝律令の編纂に功績があったが、のち地方官に出て各種の制条を定めて厳しく民政に当たったので、当初は怨み罵る民衆が多かったという。のちその徳は広がり、神として祀られるほどであったという。これが刑名家の姿である。また刑名家ではなかったが、学者の淡海三船は東山道巡察使を勤めたとき「検括酷苛」（取締り摘発が苛酷）であったという。これは法によって厳しく裁くという刑名家的な行政面での現われであろう。長岡の場合も河内国で「仁恵なく」と批判された行政は別に失政というわけではなく、天平宝字四年、七十五歳で退官した。そのとき従四位下に叙せられたのである。

　長岡はかつて吉備真備とともに律令の条文整備を手がけ、刪定律令として神護景雲三年（七六九＝長岡の没年）に施行されることを請うたが、そのときは許されず、二十二年後の延暦十年（七九一）にいたってようやく施行された（延暦十年三月丙寅6条、『後紀』弘仁三年五月癸未26条）。刪定律令二十四条といわれる。その編纂は「軽重の舛錯を弁へ、首尾の差違を矯せり」といわれる。すなわち条文の間の軽重についての混乱を整え、前後の条文での矛盾点を正した、というのがその趣旨である。現在『令集解』に引く穴記が引用・言及する「刪定令」「刪定」が三か所あるが（後宮職員令内侍司条、戸令戸主不課条、禄令皇親時服料条）、もちろんそれを見ただけでは刪定律令の全容はわからない。その後『後紀』弘仁三年（八一二）五月癸未26条の公卿の奏によると、この「刪定令条」（名称がやや違うが同じものであろう）を施行したところ、訴訟が頻繁となり実務に不便だということで再び用いられなくなったという。

23 文室浄三（ふんやのきよみ）――二世王の賜姓、篤信の仏徒――

巻三十一・宝亀元年十月丁酉9条

〔現代語訳〕

〔従二位〕文室真人浄三は一品長親王（いっぽんながのしんのう）の子である。京官や地方官を歴任して大納言にいたった。年老いて官を辞し、私邸に隠居した。臨終にさいして遺言して教えるには、葬儀を簡素にして朝廷からの鼓吹（こすい）を辞退するように、といった。子供たちは守り従った。当時の人々はこれを称賛した。〔朝廷は〕弔問使を遣わして物を贈った。

〔訓読文〕

〔従二位文室真人浄三薨ず[1]〕。一品長親王の子なり[2]。職を内外に歴（へ）て大納言に至れり[3]。年老いて致仕し[4]、私第に退居す。臨終に遺教すらく、薄葬して鼓吹（こすい）を受けざれ[5]、と。諸子遵奉（じゅんぽう）す[6]。当代これを称せり。使を遣はして弔賻（てうふ）せしむ。

〔原文〕

〔従二位文室真人浄三薨〕、一品長親王之子也、歴職内外、至大納言、年老致仕、退居私第、臨終遺教、薄葬不受鼓吹、諸子遵奉、当代称之、遣使弔賻之、

［語句解説］

1文室真人浄三…天武天皇の孫、長親王の子。はじめ智努王。天平勝宝四年（七五二）九月皇親を離脱して文室真人智努と称したが、天平宝字五年（七六一）頃に名を浄三と改める。

2長親王…那我とも書く。天武天皇第四皇子。母は妃大江皇女（天智皇女）。持統天皇七年（六九三）浄広弐を授けられた。慶雲元年（七〇四）二品とある。霊亀元年（七一五）六月没。時に一品。『万葉集』巻一に数首の歌がある。

3官歴…養老元年（七一七）正月無位より従四位下直叙。天平十三年（七四一）八月正四位下木工頭となる。恭仁京の造営に尽くし、紫香楽宮の造離宮司にも任じた。同十九年正月従三位となる。天平勝宝四年九月弟大市王とともに文室真人の姓を賜わる。その後摂津大夫をへて天平宝字元年（七五七）六月治部卿に任ぜられ、この頃参議になった（『公卿補任』では同時に任参議）。同四年正月中納言に任じ、翌五年正月正三位となる（これより名を浄三とする）。同六年正月任御史大夫（大納言）。十二月神祇伯を兼ねた。

4致仕…官人は年七十になれば上表して致仕（官を辞任）することが出来る。浄三の場合は天平宝字八年（七六四）九月戊戌4条に致仕のことが見える。詔して几杖ならびに新銭十万文を賜わった。『公卿補任』によるとこの時七十三歳であった。

5薄葬して鼓吹を受けざれ…宝亀元年（七七〇）十月没、七十八歳であった。葬儀は簡素にして朝廷からの鼓吹は受けないように、と遺言した。喪葬令によると、二位の人の葬儀では葬列に用いる鼓（つづみ、たいこ）六十面、大角（大つの笛）三十口、小角（管笛）六十口を許されるが、これを辞退することを遺言した。

6諸子遵奉…浄三の子女については、国史の文から検討すると、まず大宰大弐従四位下与伎（『類史』天長七年閏十二月戊子18条）、従四位下勲三等大原（『公卿輔任』大同五年参議文室綿麻呂条尻付および頭書所引『後紀』逸文）の二人がいるが、大原の卒伝（前記『公卿補任』所引『後紀』逸文）には智努王第九子とある。しかし二人のほかは、高市親王の孫岡屋王に嫁いだ浄三の娘がいたことが知られるだけである（『続後紀』承和十四年閏三月庚辰15条）。

［考察］

文室真人の文室は文屋と書くこともある。文室とは何によるものであろうか、栗田寛は文室は地名ではなく、学館のこととするが（『新撰姓氏録考証』）、その明証はない。天平勝宝四年文室真人の姓を賜わったのは、智努王とその弟大市王の二人であったと思われる（［35文室邑珍］参照）。二人は前述のように天武天皇の孫であり、長親王の子であるが、いわゆる二世王（親王の子）が姓を賜わって臣籍に入るということは史上初めてのことである。

これより以前の諸王賜姓の例を見ると、まず天平八年（七三六）十一月丙戌11条葛城王・佐為（さい）王の兄弟が上表して生母県犬養橘三千代のウジナの由緒のある橘の一字によって橘宿禰を賜わったのが諸王賜姓の初見である。このときの詔に、「この頃諸王たちが姓を賜わって朝廷に仕えたい、といっている状態について下問があった」という意味のことがみえるが、これはこの頃皇親の多くは世代の限度である四世・五世が近づいているという事態があったからであろう。この時に乗じて葛城王らは賜姓を願ったのである。ただ、皇親の分枝の賜姓は天武八姓以来、真人の姓であるのに、この時に橘宿禰の賜姓を願ったのは異常であり、また名はほとんどは王の時の名をそのまま名乗るが、ここでは葛城ではなく、諸兄を名としたのも特殊である。いずれにしてもこれが令制下初例の諸王賜姓である。この兄弟の系譜をみると、敏達天皇の曾孫である美努王の子たちで、すなわち四世王、あるいは一説では敏達天皇の皇子難波皇子の四世孫とするのによれば五世王の例になる。

つぎに天平十一年（七三九）四月甲子3条に高安王らが上表して大原真人の姓を賜わったことが見える。このとき高安王とともに、桜井王・門部王の兄弟も同時に賜姓に与ったことが他のことから知られるが、彼らの系譜については、『本朝皇胤紹運録』に長親王の孫、川内王の子とされている。この川内王は天武・持統紀に見える同名の王とは別人と思われ、確かな人物を比定できないが、高安王らは和銅三年（七一〇）から同七年にかけて三人ともそれぞれ無位から従五位下に直叙されている。従五位下直叙は諸王の子の蔭位であるから、彼らは三世王以下ということが知られるのである。『続紀』の記事によると、高安王らの上表には賜姓に積極的な意見が述べられ、「忠誠の至り、厚く慇懃なり、執る所を顧み思ふに、志奪ふべからず」として、請うところによって姓を賜わったとある。上表文は見えないので具体的にはわからないが、王籍を離脱するのが忠誠のいたりといわれるほどのことであり、少なくとも皇親の蔭位・蔭贖（議親）・時服料などの特権の喪失を意味するものであったから、その申請は決断を必要としたものであった。反面朝廷の経費削減に尽くすものであったろう。

つぎに天平勝宝三年（七五一）正月辛亥27条に多数の諸王賜姓の例がある。これはこの日大井王に奈良真人、垂水王らあわせて二十人に三島真人、御船王には淡海真人、等美王には内真人、壬生（土生）王ら二人に美和真人、清水王ら二人に海上真人、田部王には春日真人、文成王には甘南備真人、平群王ら二人には志紀真人という大量の賜姓である。これらの諸王についてその系譜がよくわからないものがあるが、有名な御船王すなわち淡海真人三船は天智天皇の子大友皇子の曾孫であるから、いわゆる四世王である（[42淡海三船]参照）。諸王の皇親待遇については、継嗣令1で五世王以下は皇親の限りではないとされ（皇親の範囲は四世王まで）、慶雲三年（七〇六）二月十六日の格で、五世王を皇親の範囲に加えている（『続紀』）。これによって御船王は四世王として子供の代までぎりぎり皇親とされることになったのであるが、天平勝宝三年の大量賜姓の諸王たちはほとんど史上に見えない人々で系譜も明らかでなく、おそらく四位あるいは五位以下の諸王が多かったのではなかろうか。

しかし天平勝宝四年九月の文室真人賜姓の場合は、智努・大市王は二世王であるということが事情をまったく異なるものとした。その事情について考えると、智努王と同時賜姓の弟大市王についてその薨伝に「勝宝以後、宗室枝族、辜（つみ）に陥るもの多し」とみえることに注目する。これは白壁王（光仁即位前）の場合も「勝宝より以来、皇極継ぎなく、人彼此を疑いて、罪し廃せられる者多し」と、天平勝宝以後または以来ということが問題になっているのであり、後継者が定まらない孝謙女帝のもとでの政治的不安定な状況をさしていると思われる。皇嗣争い、また擁立運動などで朝廷内は疑心暗鬼な雰囲気であったようである。大炊（おおい）王の廃太子をはじめとして橘奈良麻呂に推戴されたり、共謀したりした黄文（きぶみ）王・道祖（ふなど）王・安宿（あすかべ）王など二世王は密告や誘惑の波の渦中にあったのである。智努・大市王はそうしたことに巻き込まれるのを警戒して、皇嗣から離れるという宣言としての皇親籍の離脱、真人賜姓であったのではないかと思われるのである。

最後に『延暦僧伝』（『日本高僧伝要文抄』所引）に見える浄三の伝について一瞥しておきたい。この書は僧伝とあるが、僧籍の人ばかりでなく、俗人で仏教の信仰の厚い人（在家仏徒）なども収載している。ただし完本が遺っていないので問題は残るが、収載人物はタイトルの用語によれば沙門・居士・菩薩の三種に別れている。各一例をあげると、沙門（僧侶）は「高僧沙門釈鑑真伝」のごとくであり、居士（在家仏徒）は「芸亭居士石上宅嗣伝」のごとくであり、菩薩は天皇・皇后・皇太子で、その例は「上宮皇太子菩薩聖徳太子伝」「近江天皇菩薩天智天皇伝」などである。これらは著者の僧思託（したく）独自の選択・分類・称号である。このなかで文室浄三の伝はどのように扱われているかをみると、まずタイトルとしては「沙門釈浄三菩薩伝」とある。これは先の三種の例示から見ると、「沙門釈〇〇伝」というかたちで俗人としてではなく、まさに僧侶としてとりあげられているのであり、しかも浄三は法名とされているのである。また「菩薩」の文字が加えられていることは他例からみると皇族としての取り扱いである。

このように『延暦僧伝』では浄三を皇孫の僧侶として特別な取り扱いをしているのであるが、現実に浄三が沙門であったかということについては、少なくとも天平宝字八年（七六四）に致仕するまでは、篤信の仏教徒であったとしても、大納言兼神祇伯にまで昇任した高級官人であったことは否定できない。彼の生涯で僧侶としての法名「浄三」を考えるなら、具体的には天平宝字八年の致仕以前は篤信な在家仏徒であり、それ以後、宝亀元年（七七〇）没するまでの間、僧籍にあったとすべきであろう。

『延暦僧伝』の浄三伝の内容にも触れておきたい。冒頭、「釈浄三は俗姓は文室真人、即ち浄三原天皇（浄御原天皇＝天武）の後なり」とある。まったく僧侶としての扱いであるが、つづいて「品は正二位に登り、職は大納言を拜す」と官人としての官位を記す。そして「政事の暇、心を三宝に存し」東大寺に配され、朝命により大鎮に任ぜられ、また法華寺大鎮・浄土院別当を兼ねた、とする。ときに天皇は九間の屋（朝集殿）を解体して唐寺（唐招提寺）に入れて講堂としたので勅により別当に任ぜられ、大和上鑑真から菩薩戒をうけ、のち大神寺において、六門陀羅尼経を講じ、また東大寺に十二分教義を立て、伝灯大法師位を授けられ、『顕三界章』一巻、『仏法伝通日本記』一巻を著わした、などとある。ここに見える寺の大鎮や別当を治部卿や大納言の任にありながら兼任することが可能なのであろうか。致仕後のことか、あるいはこうした僧官に任ぜられたことは不正確なことなのか、判然としない。ともあれ著者思託が記録した文室浄三像は、以上のようなものであった。

24　藤原永手（ふじわらのながて）——光仁天皇を推戴した宰相——

巻三十一・宝亀二年二月己酉22条

［現代語訳］

［左大臣正一位］藤原朝臣永手は平城京の朝廷（聖武天皇朝）の贈太政大臣房前の第二子である。母は正二位の牟漏（むろ）女王という。代々大臣を出す家柄なので始めて朝廷に仕えて従五位下を授けられた。［天平］勝宝九歳（七五七）に従三位中納言兼式部卿にいたった。［天平］宝字八年（七六四）九月、大納言にうつり、従二位を授けられた。［天平］神護二年（七六六）に右大臣に任命され、従一位を授けられた。在任すること二年で左大臣に転じた。

宝亀元年（七七〇）高野天皇（称徳天皇）が病気に罹（かか）ったとき、道鏡は私的な恩愛を利用して、勢力を［朝廷の］内外に振るうようになった。廃帝（淳仁）がしりぞけられてから、皇親の人望の高い人々は、多く無実の罪をかぶせられ［て失脚し］、［そのため］天皇の位［の継承］は遂に絶えようとしていた。［そこで］道鏡は自分が天皇の寵愛を深く受けていたので、日夜［天皇の位を嗣ぐという］不相応な望みを抱き求めたのである。［しかし、称徳］天皇が崩御するにおよんで、［朝臣らが］方策を定めて［白壁王を推戴し］遂に国家を安定させたことについては、大臣（永手）の力が非常に大きかった。薨ずるに及んで［光仁］天皇は大変悼み惜しんだのである［時に年五十八］。

[訓読文]

[左大臣正一位藤原朝臣永手薨ず。時に年五十八]。奈良朝の贈太政大臣房前の第二子[1]なり。母は正二位牟漏(むろ)女王[2]といふ。累世の相門[3]なるを以て起家(きけ)して従五位下[4]を授けらる。勝宝九歳、従三位中納言兼式部卿に至る。宝字八年九月、大納言に転じ、従二位を授けらる。神護二年、右大臣を拝し、従一位を授けらる。居ること二歳にして左大臣に転ず。宝亀元年、[5]高野天皇不予の時、道鏡因(よ)りて恩私を藉(か)りて、勢を内外に振ふ。廃帝黜(しりぞ)けられしより、宗室の重望ある者、多く非辜(ひこ)に羅(かか)る。日嗣の位遂に絶えなんとす。[6]道鏡、自ら寵愛隆渥(りゅうあく)なるを以て、日夜非望を僥倖(げうかう)す。宮車晏駕(あんが)するに洎(およ)びて、策を定めて[7]遂に社稷を安んずるは、大臣の力居多なり。薨ずるに及びて、天皇甚だ痛惜す。

[原文]

[左大臣正一位藤原朝臣永手薨、時年五十八]、奈良朝贈太政大臣房前之第二子也、母曰正二位牟漏女王、以累世相門、起家授従五位下、勝宝九歳至従三位中納言兼式部卿、宝字八年九月転大納言、授従二位、神護二年拝右大臣、授従一位、居二歳転左大臣、宝亀元年、高野天皇不予時、道鏡因(1)藉恩私、勢振内外、自廃帝黜、宗室有重望者、多羅非辜、日嗣之位遂且絶矣、道鏡自以寵愛隆渥、日夜僥倖非望、洎于宮車晏駕、定策遂安社稷者、大臣之力居多焉、及薨、天皇甚痛惜之、

[校異]

(1)「因」の下、底本には「以」字があるが、蓬左文庫本ではこの字はなく、「幡」の字を傍書して補っている。

いま蓬左本の形によってこれを除く。

［語句解説］

1房前第二子……房前は不比等の第二子。天平九年（七三七）四月没、参議民部卿正三位。同年十月贈正一位左大臣。さらに天平宝字四年八月贈太政大臣。房前の第一子は鳥養（とりかい）。鳥養は天平元年八月正六位上より叙従五位下。それ以後見えない。死没か。ただしその子には小黒麻呂がいた。永手は鳥養の弟。真楯（またて）・清河・魚名（うおな）・御楯（みたて）・楓麻呂らの兄になる。没年から逆算すると和銅七年（七一四）の生まれ（『公卿補任』も同じ）。

2牟漏女王……栗隈（くりくま）王の孫、美努王の子。橘諸兄・佐為（さい）の姉妹。臣籍に降下せず、房前の室として永手・真楯の母。天平十八年正月没、正三位。

3累世の相門……代々大臣・宰相を出す家柄。鎌足以来、不比等・武智麻呂・房前などを輩出している。

4官歴……「叙従五位下」「起家して」とは初めて官仕することであるが、天平九年九月己亥28条では従六位上から従五位下に叙爵しており、従五位下は初めての官仕ではない。「従三位」には天平勝宝六年正月壬子16条に従四位上からの三階特叙である。「中納言」は本文では天平宝字元年（七五七）五月丁卯20の任官。参議を経ていない。『公卿補任』では天平勝宝八歳五月十九日権中納言に任じ、翌九歳（宝字元）五月十九日中納言に転じたことになっているが、両方とも五月十九日とするのは偶然であろうか。「式部卿」は『続紀』本文には見えない。『東大寺要録』四所引大和尚伝に、鑑真渡来直後の天平勝宝六年二月東大寺に参礼したときの永手は「金紫光禄大夫式部卿」とある。『公卿補任』では天平勝宝八歳任権中納言のあとに「式部卿如元、不歴参議、或本、天平宝字元年五月十九日任権中納言」とある。その後天平勝宝九歳（宝字元）、宝字二年、同三年の「中納言永手」の下に「式部卿」とあり、兼任していることを示す。「大納言従二位」本文では任大納言・叙従二位の記述は欠落している。しかし天平神護二年（七六六）正月甲子8任右大臣の記事に前官として「大納言従二位」とある。『公卿補任』では天平宝字八年大納言藤原永手の項に「九月十日任」とあり、翌九年（天平神護元）大納言永手の項に「正月叙従二位勲二等」と見える。つぎに「右大臣」は前述のように神護二年正月甲子8任右大臣とあって「伝」と矛盾はないが、つぎの「従一位」は本文では神護景雲三年（七六九）二月壬寅3永手邸行幸のとき叙従一位と見え、それより前の天平神護二年正月癸酉17にも右大臣第に行幸があり、永手に正二位昇叙のことがあった。「伝」はこの二回のことを混同している疑いがある。「左大臣」の任官は本文の天平神護二年十月壬寅20条の宣命の中で述べられている。以上のほか「伝」に見えない官歴は本文の天平勝宝四年（七五二）十一月任大倭守、天平宝字七年（七六三）正月任武部卿（兵部卿）および天平神護元年正月の授勲二等などである。また「正倉院文書」では天平勝宝六年十二月の東大寺板蠅杣施入勅書に「左京大夫兼侍従大倭守」とあり（『大古』四―八四）、同八年六月東大寺献物帳にも同様に見えるが（同四―一一九・一七一・一七五）、同年七月東大寺献物帳には「中務卿兼左京大夫侍従」とある（同四―一七九）。

5 **宝亀元年云々**……神護景雲四年（七七〇）十月朔改元して宝亀元年となる。この年二月庚申27平城を発して、由義宮（ゆぎのみや）に滞在し、同年四月戊戌6に平城に還幸した。同年六月辛丑10条に「初め天皇、由義宮に幸してより後、不予、月を経たり」とある。称徳天皇が病気になったのは由義宮滞在中のことかと思われるが、「伝」では道鏡はそのとき「勢を内外に振るふ」とある。道鏡が勢力をもったのはもっと以前からであろうが、特に不予に乗じて際立って強くなったのであろう。前掲の同年六月辛丑10条の続きに、勅によって左大臣の永手に近衛・外衛・左右兵衛の事を、右大臣吉備真備に中衛・左右衛士の事を知らしめた、と見えるが、道鏡に対抗して太政官上層部が先手を打って衛府の軍事力を掌握したのであろう。

6日嗣の位絶えなんとす…淳仁天皇の廃位は天平宝字八年十月壬申9であるが、これに関連して、廃帝の兄弟、船・池田両親王、その子や孫たち舎人系諸王のほとんどが配流され、残った和気王も翌天平神護元年八月に謀反に問われ、結局絞殺された。これで舎人系諸王はいなくなり、草壁系には男子なく、新田部（にいたべ）系の道祖（ふなど）・塩焼（しおやき）両王はすでになく、長（なが）親王の子智努（ちぬ）王・大市（おおち）王は臣籍に降下するなど、天武系の皇嗣候補者はいなくなったという状況を指している。

7策を定む…宝亀元年八月癸巳4条に称徳天皇の崩御を記し、その後に藤原永手らが禁中に策を定め、遺宣によって皇太子を定めて奏し、白壁王の立太子が決まったとされる。この問題については［考察］の項で述べるが、この「禁中に策を定め」た会議は左大臣永手が主催するところであり、「遂に社稷を安」んじたのは永手の力であったというのである。また道鏡のことについては［25道鏡］参照。

［考察］

永手が没すると光仁天皇は歎き悲しみ、他に比例を見ない弔賻の宣命を下している。一度目の詔は、まったく永手の死を悼み悲しんだ徹底的な深い追悼の辞である。二度目の詔は、永手の功績を称え、その功は曾祖父鎌足・祖父不比等に比すべきであって、同じく太政大臣の位を追上する、というものである。『続紀』にはこれ以上の人臣を悼む宣命はない。光仁天皇が永手をいかに頼りにし、いかにその死を歎いたかが思われるが、そうした功績の中でも天皇を推戴したときの永手の行動に注目されるところである。

さて永手は房前の次男であったが、兄鳥養が従五位下を最後に早く没したので嫡子のように遇され、天平勝宝六年四十一歳にして従三位に叙せられている。宝字元年四月道祖王廃太子のあと塩焼王を推したにもかかわらず、五月参議を越えて中納言に抜擢されたのは幸運もあったが、孝謙天皇の信任が厚かったからであろう。その後、天平神護二年正月、藤原豊成の没後の右大臣に任ぜられたが、そのときの宣命に、「淡海朝の藤原大臣（鎌足）、また後の藤原大臣（不比等）の誄書（るいしょ）（弔詞）で約束したように子孫のなかから永手を右大臣とする」として道鏡政権の幕開けにさいして朝廷の政治における藤原氏の重さを宣言した。その年の十月、道鏡を法王の座に就ける宣命のなかで、同時に藤原永手を左大臣に、吉備真備を右大臣に任じた。道鏡政権といわれる政局でも行政を動かす官僚を掌握して行かなければ政治は機能せず、そこに天皇の信任が厚く、歴代の藤原氏を体現する永手を左大臣とし、皇太子時代からの師である真備を添えたのである。

さて永手の事績において最も重要なのは称徳女帝の後継を定めるいわゆる「禁中策定」のことであろう。これについては従来『日本紀略』の「百川伝」の記事に頼るところが大きかった。女帝の崩御のあと、諸臣による議論があって、真備が文室浄三（ふんやのきよみ）、ついで弟の大市を推したところ、藤原百川が永手・良継と謀って偽詔を作り、宣命使にこれを宣べさせて白壁王が立太子、ついで即位した。真備は恥にあったとして致仕した、という記事を全面的、あるいは部分的に有効として、後継者の決定は女帝の没後であったこと、後継者は永手ら六人の朝臣らが禁中で協議して白壁王に決めたこと、その決定には百川の力が与っていたであろうと考えられていた。

これに対して瀧浪貞子氏は『続紀』のこの条文を詳しく検討された。その結果、①事が急なものなので、女帝は永手に皇太子の人選をすすめることを求め、②それをうけた永手は諸臣とはかって白壁王を擁立することを策定して上奏し、③女帝はこの上奏を諒承して、白壁王の立太子が決まった、と理解すべきであり、これは天皇生前の決定であり、またここに百川がかかわることはありえない、とした。瀧浪氏の理解は、この部分を称徳天皇の薨伝と見ることを前提としている。しかしわが国の国史には天皇の薨伝というものはなく、それに当たるものは中国の史書では論賛といい一代の終わりにつけるが、『続紀』では、称徳・光仁の二代のみに採用されており、称徳天皇は宝亀元年八月丙午17条、光仁天皇は天応元年の末尾につける明年正月庚申7条のいずれも埋葬の記事の後につけている記事が論賛にあたるものである。

すなわち、本条は薨伝的な記事ではなく、『続紀』の記述に素直に従って、称徳崩御の直後、あわただしく禁中で策定が行われ、白壁が立太子し、藤原永手が遺宣を宣べたということになる。ここに亡き称徳天皇の「遺宣」＝遺言の宣旨（遺詔を宣べたもの）という表現があり、称徳女帝のことを「先帝」としている（私の旧稿で天智天皇としたのは誤り）ことなど、立太子の事実をあとからカバーした感は拭えない。

称徳女帝の後継をきめる禁中の策定会議を主導したのは永手であった。会議の出席者は左大臣永手、右大臣真備のほかは、参議兵部卿藤原宿奈麻呂（すくなまろ）（のち良継）・同民部卿藤原縄麻呂・同式部卿石上宅嗣および近衛大将藤原蔵下麻呂の四人であった。この人たちが選ばれた基準はわからないが、真備と宅嗣を除く藤原氏三人は永手の近い親族であり、多数派ともいえよう。『紀略』に引く「百川伝」では真備だけが異を唱えて文室浄三・大市を推したが、他の人々は白壁王で一致していたという。この『紀略』によると藤原百川の策略が大きかったかに見えるが、百川は策定会議に出席していないのだから、彼に大きな役割を認めることはできない。「百川伝」は藤原氏の家伝の一種で、信ずべき部分はあるものであるが、伝記の通弊から百川を誇大に書きすぎるきらいがある。百川は策定会議のメンバーではなかったが、白壁王を積極的に推す立場にあったのではなかろうか。

では、永手らが白壁王を推挙した理由は何であろうか。草壁＝聖武系の男子がいない状況ではその傍系に指名が移るのは当然であるが、白壁王はこのときすでに六十二歳であったから、王を選ぶに当たっては当然その後継が念頭にあるはずである。そのさい白壁王の妃が聖武天皇の皇女井上内親王であり、その間に他戸王という男子がいることは都合がよかった。この三点セットが実現すれば、草壁系統は女系で繋がるわけであり、また天武・天智系の合体による皇位が成り立つわけである。永手たちの念頭には早くからこのことがあったと考えられる。しかし白壁王には他に高野新笠所生の山部王がいた。百川は実はこの山部王に期待をかけていたのである（「33 藤原百川」参照）。

25 僧道鏡——果たして皇位を狙ったか——

巻三十二・宝亀三年四月丁巳7条

〔現代語訳〕

〔造下野薬師寺別当〕道鏡は俗姓は弓削連で河内国の人であった。サンスクリットに大略通じており、禅の修行によって有名であった。このことによって宮中の内道場に入って内供奉禅師に列せられた。〔天平〕宝字五年（七六一）保良宮行幸のとき以来、時々高野天皇（孝謙上皇）の看病に侍って次第に寵愛を受ける事となった。廃帝（淳仁天皇）は〔高野天皇に対して〕常にこのこと（道鏡寵愛のこと）を言葉に出していうので、天皇と話が合うということはなく、不和となった。高野天皇は〔保良宮から〕平城の別宮（法華寺）に還ってここを皇居とされた。〔天平〕宝字八年、太師（太政大臣）〔藤原〕恵美仲麻呂が反乱を起こして誅伐され、道鏡は太政大臣禅師に任ぜられた。その地位にしばらくあった後、〔高野天皇は道鏡を〕崇めて法王とし、乗り物を天皇の輿と同じにした。また衣服や飲食はもっぱら天皇用のものに準じ、〔道鏡は〕政務の細かいところまで決を下さないことはなかった。その弟の浄人は庶人から出世して八か年のうちに従二位大納言に昇り、一門では五位以上の者は男女合わせて十人となった。時に大宰府の主神の習宜阿曾麻呂が偽って宇佐八幡の神託と称して道鏡を誑かし、道鏡はこれを信じて、皇位をうかがう意向を持った。ことのいきさつは高野天皇（称徳）紀に記されている。天皇が崩御するに及んでも〔道鏡は〕なお権威は自分にあるものとして、ひそかに幸いを求める気持ちを持って、葬礼が終わっても山陵を守っていた。［道鏡を罰することになっても］先帝が寵愛されていたところなので、法によって処断するに忍びず、よって造下野国薬師寺別当に任じ、［駅家を］継ぎ送りして任地に行かせた。死去したときは庶人［の待遇］で葬った。

［訓読文］

［造薬師寺別当[1]道鏡死す[2]］。道鏡は、俗姓は弓削連[3]、河内の人[4]なり。略梵文[5]に渉りて、禅行[6]を以て聞こゆ。是に由りて内道場[7]に入り、列して禅師[8]となる。宝字五年、保良[9]に幸せしより、時に看病に侍して稍く寵幸せらる。廃帝、常に以て言を為し、天皇と相中り得ず。天皇、乃ち平城の別宮[10]に還りて居す。宝字八年、大師恵美仲麻呂[11]謀反して誅に伏し、道鏡を以て太政大臣禅師[12]となす。居ること頃くありて、崇むるに法王[13]を以てし、載するに鸞輿を以てす。衣服・飲食は一ら供御に擬へ、政の巨細、決を取らずといふことなし。その弟浄人[14]、布衣より、八年中に従二位大納言に至り、一門に五位の者男女十人あり。時に大宰主神習宜阿曾麻呂[15]、詐りて八幡の神教と称し、道鏡を誑耀す。道鏡これを信じ、神器を覬覦[16]するの意あり。語は高野天皇紀[17]にあり。宮車晏駕[18]するに洎びて、なほ威福己に由るを以て、窃に僥倖を懐き、御葬礼畢りて、山陵[19]を守り奉る。先帝の寵するところを以て、法を致すに忍びず、因て造下野国薬師寺別当と為し、これを逓送せり。死するときは庶人を以て葬る。

［原文］

［造薬師寺別当道鏡死］、道鏡、俗姓弓削連、河内人也、略渉梵文、以禅行聞、由是入内道場、列為禅師、宝字五年、従幸保良、時侍看病稍被寵幸、廃帝常以為言、与天皇不相中得、天皇乃還平城別宮而居焉、宝字八年、大師恵美仲麻呂謀反伏誅、以道鏡為太政大臣禅師、居頃之、崇以法王、載以鸞輿、衣服飲食一擬供御、政之巨細莫不取決、其弟浄人、自布衣、八年中至従二位大納言、一門五位者男女十人、時大宰主神習宜阿曾麻呂、詐称八幡神教、誑耀道鏡、々々信之、有覬覦神器之意、語在高野天皇紀、洎于宮車晏駕、猶以威福由己、竊懐僥倖、御葬礼畢、奉守山陵、以先帝所寵、不忍致法、因為造下野国薬師寺別当、逓送之、死以庶人葬之、

［語句解説］

1**造薬師寺別当**……薬師寺は下野の薬師寺。天武天皇の創建と伝える。天平五年（七三三）右京計帳に「下野国薬師寺造司工」が見え（『大古』一―四八二）、同十年度駿河国正税帳に「下野国造薬師寺司宗蔵」が駿河国を通過する記載がある（同二―一〇八）。また『続紀』天平勝宝元年（七四九）七月乙巳13条に諸寺の墾田の限度を示したなかに、当寺は筑紫観世音寺と同じ五百町とされている。『続後紀』嘉祥元年（八四八）十一月己未3条および『三代格』同日付官符で当寺は坂東（ばんどう）十国の得度の受戒の寺とされた。『延喜式』玄蕃寮にも同じ規定が見える。現在栃木県下野市（旧南河内町）大字薬師寺の安国寺境内および周辺の発掘調査によって寺の遺構が明らかになった。この寺は天下の三戒壇の一として朝廷の保護が厚かったが、また中央の僧の左遷・配流の寺

として利用されることがあった。道鏡のほかに天平勝宝六年十一月の行信の配流がある。なお別当とは本来は本官をもった人が他に兼ねる官司の長官のことであるが、ここでは名目として造薬師寺司の長官ということである。

2**道鏡死**…原文では冒頭に「下野国言」とあり、それにつづく「　」内は同国からの報告の文である。「死」とするのは庶人扱いである。

3**弓削連**…連は弓削宿禰の旧姓。本宗は天武天皇十三年（六八四）十二月に宿禰を賜姓。道鏡の一族は、弟の浄人が天平宝字八年（七六四）七月宿禰を賜わっている。『姓氏録』河内神別に「弓削宿禰は天高御魂乃命の孫、天毘和志可気流夜命の後なり」とある。左京神別下の弓削宿禰も同じである。弓削は弓の製作にあたる弓削部の伴造氏族であったことによる。

4**河内人**…河内国若江郡弓削郷を本拠とした。現大阪府八尾市弓削にあたる。

5**梵文**…サンスクリットのことであるが、この当時梵文を読む人は少なかったと見える。経典の多くは梵文の漢訳によるものであったが、その原意に遡るには梵文が必要とされた。平安時代真言宗においては梵文研究が盛んであったが、奈良時代の道鏡はその開拓者ともいえるのではないか。

6**禅行**…坐して三昧の境地に入り悟りを得る行。禅定ともいわれる。はやく道昭は入唐して玄奘の教えを受け、その勧めによって禅を学んで日本に伝えたという（[1道昭和尚]参照）。僧尼令においても僧侶の山居して禅行修道することが認められており、山中の寂静のなかで禅行を修するものが多かった。

7**内道場**…内裏に設けられた仏教の礼拝・修行の施設（[4僧玄昉]参照）。

8**禅師**…ここでは内道場に属す内供奉禅師のこと。玄昉の場合は皇太夫人宮子の病を看たことから台頭したように宮廷内のことにかかわる機会を持つ地位であった。道鏡の追放後の宝亀三年（七七二）三月内道場の禅師の改革が行われ「持戒の称するに足り」、あるいは「看病に声を著す」一〇人の僧を選んでこれに当て、欠けることがあれば清行の者を補すこととした。これを内供奉十禅師と称し、道鏡の弊を正した改革である。

9**保良**…保良宮のこと。藤原仲麻呂政権下の天平宝字三年（七五九）五月陪都（ばいと）として造営が始められ、同五年十月ここに遷都し、北京と称した。場所は仲麻呂の勢力圏である近江国の琵琶湖の南、瀬田川の右岸、現大津市石山の付近とされている。同五年十月甲子13条に保良宮行幸のことが見える。称徳上皇と淳仁天皇のともの行幸のようであるが、翌六年五月辛丑23条に高野天皇（称徳上皇）と帝（淳仁天皇）が対立し、ともに平城宮に還り、帝は中宮院、高野天皇は法華寺に入った、とある。

10**平城別宮**…ここでは法華寺。天皇とは前述のように高野天皇（称徳上皇）のこと。平城宮で両者対立し、同年六月庚戌3条に見えるように、宣命を発して帝（淳仁）を非難し、常の小事は帝が行い、国家の大事・賞罰のことは朕（高野）が行うという所謂大政二分を宣告した。

11**恵美仲麻呂**…仲麻呂の乱勃発直後の天平宝字八年九月乙巳11勅に仲麻呂の姓名から藤原の文字を除くとされている。このとき同時に押勝の名も奪われたようである。以後の詔勅などでは、恵美仲麻呂（仲末呂）とある。

12**太政大臣禅師**…道鏡は仲麻呂誅滅後、天平宝字八年九月甲寅20宣命で大臣禅師とされ、淳仁を廃帝として配所に送り、称徳重祚し（その記事はない）、翌年正月改元して天平神護元年（七六五）とし、同年閏十月庚寅2弓削宮で道鏡を太政大臣禅師に任ずる宣命を発した。

13**法王**…天平神護二年十月壬寅20隅寺（すみてら）の毘沙門像から舎利が現われたことを契機に道鏡は法王の位についた。『続紀』本文には鸞輿や衣服・飲食を供御に準じたとは見えないが、「月料は供御に準ぜしむ」と見える。法王の権限や立場などはよくわからないが、法王に属する官司である法王宮職はその官人の構成などから見て東宮坊や中宮職に類似するものである。ただしこの「伝」に「政の巨細、決を取らずといふことなし」とあることから見ると、政治を束ねていたように見える。

14**弓削浄人**…道鏡の弟で道鏡政権を支えてきた唯一の高級官人。天平宝字八年（七六四）七月辛丑6条に授刀少志従八位上として姓の連を改めて宿禰を賜わったのが初見である。このことはこの時すでに道鏡が深く高野天皇に接近し、その寵を受けていたからに他ならない。そして仲麻呂の乱の初期、平定以前の同年九月従八位上から従四位下と異例の昇叙に預かり、また姓を改めて弓削御浄朝臣を賜わっている。そののち衛門督兼上総守をへて天平神護二年（七六六）十月中納言正三位となり、翌神護景雲元年七月内竪卿を兼ね、同二年二月大納言に任じた。位は神護景雲三年十月従二位にいたっている。「一門に五位の者男女十人」とあるが『続紀』では八人確認される。しかし浄人以外には人物がなく、近親を要職に配して藤原氏などに対抗することは不可能であった。

15**習宜阿曾麻呂**…中臣習宜朝臣ともある。天平神護二年六月朔正六位上から従五位下を授けられ、神護景雲元年九月任豊前介とある。その後まもなく大宰主神（神護景雲三年九月条）となったらしく、道鏡のいわゆる八幡神託事件のときその地位にあった。大宰主神は大宰府にあって管内の祭祀のことを掌る。その管下の宇佐八幡はしばしば神託を宣べる神として知られているのでこれを利用したのであろう。

16**神器を覬覦**…神器は天皇位を象徴するものであるが、ここでは皇位自体のこと。道鏡のこの問題については［考察］の項で述べる。

17**高野天皇紀**…称徳天皇の時代のことを書いた史。巻二十五から三十にあたる。道鏡の覬覦の事件の記述はこのうち巻三十の神護景雲三年九月の紀である。

18宮車晏駕…天皇の崩御のこと。称徳（高野）天皇の崩御については、宝亀元年（七七〇）八月癸巳4条に見える。道鏡は天皇の棺に供奉して山陵の許に廬していたという（故人の近親が行う古代の儀礼）。その間に白壁王が皇太子に策定され、皇太子の令旨によって下野国薬師寺に配されることになった。

19山陵…称徳天皇の山陵については、崩御の二週間後の同八月丙午17条に「大和国添下郡佐貴郷高野山陵に葬る」とある。高野山陵はいま奈良市山陵町の成務陵の南の佐紀高塚古墳に当てられているが、その比定には問題が多いといわれる。

［考察］

道鏡に関しては有名な宇佐八幡神託事件がある。「伝」にも見えるように神託によって道鏡が皇位をうかがったとするものであるが、一体誰が道鏡を皇位に就けようとしたのか、その主体は誰か、についての諸説は大きく分けて次の三つに整理される。①は道鏡本人とする説。すなわち道鏡は八幡の神託を利用して皇位を狙ったが、神託の確認に赴いた和気清麻呂の復命の内容がその意図に反したので怒ってこれを罰したとする。②は称徳天皇が主体とする説。称徳は清麻呂・法均の神託確認の復命を聞いて虚偽だとして怒り二人を罰したとする。③は称徳天皇と道鏡とが一体であったとする説。両者はその意図を共有していたとする。この事件についての見解は大体このように区分される。ところが近年、中西康裕氏は『続紀』の記事を詳しく分析・評価してまったく違う説を主張した。本項ではこれを紹介しながら考えて見ようと思う。

まず道鏡のこの事件をめぐる疑問の第一は和気清麻呂のその後の処遇である。道鏡の野望を打ち砕いた清麻呂の功績は大なるものと思われるにもかかわらず、清麻呂は道鏡死去のあと、配所より徴され復位するが、まもなく播磨員外介に任ぜられたほかしばらく見られず、光仁朝では不遇というか、冷遇されている。天応元年（七八一）十一月壬申18にいたって突然従四位下に特叙、以後桓武朝では優遇された。また反対側の道鏡と習宜阿曾麻呂の処遇も疑問である。道鏡追放とともに阿曾麻呂は多褹島守（たねがしまのかみ）に左遷された。阿曾麻呂の役割は大であるにもかかわらず、左遷であって処罰は軽い。道鏡も皇位を狙ったとすれば謀反に等しく、還俗もされず玄昉なみの処分であったのは疑問といえる。こうした思いはごく一般的であるにもかかわらず、今日の諸説では充分答えていない。そこで関係史料の分析から始める。

道鏡の八幡神託事件の史料は『続紀』のつぎの記載である。①神護景雲三年（七六九）九月己丑25条宣命（宣命第四十四詔）、②同日条『続紀』の地の文、③同年十月朔条宣命（宣命第四十五詔）の三である。このほか『後紀』延暦十八年（七九九）二月乙未21条の和気清麻呂伝や『類史』天長元年（八二四）九月壬申27条の和気真綱・仲世奏言（『後紀』逸文）があるが、『続紀』編纂以後の第二次史料である。まず①と③は原史料に近い天皇の言葉を伝えたものであるのに対して、②は『続紀』の編者が①について説明した文章で、編纂当時の認識によって書かれたものである。そこで中西氏は①と③の宣命の文を分析・検討する。

このうち③の宣命は異例の長さであると共に、この宣命が『続紀』のこの条に架けられていることにこれまで疑問が出されている。この宣命は元正・聖武の遺詔を引き皇位・皇統に関する称徳の理念を述べ、自己の立場を正当化するとともに、人々の軽挙妄動をたしなめ、忠誠を誓わせる内容のものである。この詔には具体的に道鏡云々とか、神託云々ということは出てこない等の理由から、『続紀』のこの日付に架けられていることを疑う説がある。もちろんこのままでよいという肯定的な意見はあるが、しかし本居宣長がこの日付を天平神護元年（七六五）の和気王謀反の時のものではないかと疑って以後、この宣命が架けられている日付を疑う考えは根強いものがある。ここでそれを詳しく検討することは出来ないが、中西氏は第四十四詔・第四十五詔の構文や表現、形態や内容からこの二つの詔は一つの出来事にたいして相次いで出されたもので、第四十五詔の位置はこのままでよいとした。私も中西氏説をおおむね是認し、この詔の位置をこのままでよいという肯定的な立場を取る。そうすると第四十五詔の意味は、第四十四詔で述べたような事件をうけて、皇位をめぐる謀り事をいましめ、そうした行動を抑制するという称徳の主張ということである。

したがって具体的な事実はまず①の宣命第四十四詔の内容にかかっている。その内容はつぎのようである（宣命文の訳）。

[A]和気清麻呂とその姉法均とが企んで「妄語」（悪くよこしまな偽りごと）を作り、法均が奏上した。このときの法均の顔面をみると［宇佐八幡］大神の託宣に名をかりて偽りをいっていることが明らかであり、それを追求すると、朕が思っていた通り託宣ではないことと断定された。それ故に法により退ける。

[B]このことは他人が申してきてわかったことではなく、法均のいうことは道理に合わず、逆さまのことをいっているからである。面相も無礼で、自分のいい分を受け入れるようにと主張している。これは天地が逆さまになるとはいうが、これよりひどいものはない。そのことは諸聖や天神地祇がお示しになることである。

[C]この清麻呂らと共謀した者がいることは知っているが、仁慈の心で彼らの罪を免ずる。今後こうした行為を重ねたものは法によって処分する。

[D]清麻呂の姓を奪って別部（わけべ）とし、名を穢麻呂（きたなまろ）とし、法均の名をもとの広虫売（ひろむしめ）に戻す。

[E]明基は法均と同心なので、名をとりあげ（還俗させ）、同じく退ける。

これでは「妄語」といい「託宣」といい、事件についての具体的なことは何もわからない。これにつづく②同日条の『続紀』の地の文によって、はじめ習宜阿曾麻呂が道鏡に媚びへつらって八幡の神託を報じたが、それは道鏡を皇位に就けることであり、天皇が清麻呂に宇佐の託宣を聞きに遣わすと、清麻呂の復命の内容は皇位には皇儲をあて道鏡を排除せよ、ということであったと知られる。しかしこれは『続紀』の説明文であり、編纂当時の認識で書かれたものなので、ひとまずこれをおいて①の宣命だけで見ると、

［1］ 阿曾麻呂が神託をもたらしたことは、宣命には書かれていないが、のちに阿曾麻呂は処罰されているので道鏡に利する何らかの神託があったのであろう。

［2］ 清麻呂がこれを確認にいったことは直接みえていないが、法均と偽りの託宣を作ったということは、清麻呂が宇佐に確認にいって法均がそれを奏上したのであろう。

［3］ 復命の内容が［1］の神託とは異なったものであった。

［4］ 称徳はそれを聞いて怒り、清麻呂・法均らを処罰した。

ということになる。あとの③の第四十五詔は、前述のように直接道鏡事件の事実についての記述はないが、皇位をめぐる謀りごとを称徳が知るところとなり、称徳はそうした行動を抑制しようとしたものである。①③の内容を総合すると、法均は宇佐八幡の言葉と称して皇位に関すること、おそらく某王を皇太子に就けよと奏上し、称徳の意図から大きく外れたために怒りを買い処罰されたものと理解される。というのが中西氏の主張の大略である。

つまり①③の宣命が発せられた時点では、道鏡が八幡神託を利用して皇位を狙うというような事実はなかったが、そのようなことが書かれたのは②の『続紀』の地の文からであり、それは延暦期にはいってからの現象と

見るのである。すなわち道鏡事件なるものは、称徳朝末期の出来事にもとづいて作り上げた桓武朝の創作であるとする。中西氏の主張によると、『続紀』の編者によって道鏡事件の史実は換骨奪胎されていることになる。さらに中西氏は桓武朝における道鏡事件の創作は桓武朝の「新王朝」創設の意識と関係すると説明する。「前王朝」末期における皇位継承をめぐる混乱、すなわち道鏡事件を創作することによって「前王朝」の失態を現出させ、「新王朝」誕生＝革命の根拠としたとする。

中西氏の道鏡事件についての説は極めて斬新で、ことに最初に触れた二つの疑問、すなわち清麻呂の光仁朝における不遇のこと、道鏡・阿曾麻呂に対する予想外の軽い処罰については、中西氏の考察のようにこの事件は道鏡が皇位を狙った事件ではないとすれば当然のことである。ところが他方、それではわじめ阿曾麻呂がもたらした神託の内容はどうだったのであろうか。阿曾麻呂は道鏡の配流のさいに左遷されているのだから、神託は道鏡有利になるものだったように思われること。また清麻呂と法均が作ったとされる「妄語」＝偽宣とはどういうものか、など新しい謎が生じるのである。これについて中西氏は一応推定して答えを用意しているが、これについては問題が残るのではないか。

つぎに中西氏は詳しく検討されていないが、称徳天皇の埋葬のあと宝亀元年八月庚戌21条の皇太子白壁王の令旨である。この令旨の文は編者の手が加えられた可能性もあるが、基本的には史料として、『続紀』の地の文とは違い一次史料として尊重されるものである。令旨の文の内容は二つに分かれ、後半は道鏡を造下野国薬師寺別当に任じて発遣するというものである。ここで注意すべきは前半である。その文は「聞くところによると、道鏡法師はひそかに『舐糠の心』をいだいて永年を経ている。それが天皇を埋葬して日も経たないうちに『奸謀』は発覚した」という内容である。そして二日たった壬子23条に坂上苅田麻呂が従四位上から正四位下に特叙され、

「道鏡法師の奸計を告ぐるを以てなり」とある。

この奸謀あるいは奸計の発覚の事件は明らかに例の八幡神託事件とは異なり、称徳の崩御の直後に発覚したものであって、宮殿に宿衛していた苅田麻呂に告発されたというものである。「舐糠」とは『史記』に見える言葉で、糠を舐め尽くせば必ず米を喰うにいたる、ということで次第次第に害が及ぶたとえである。したがって八幡神託事件のようなことではなく、くらい人臣を極めて、徐々に君主の地位を狙うようになって、それが称徳崩御の直後に苅田麻呂によって告発されたというものである。このことは「伝」に、称徳崩御後も「僥倖」をいだいて山陵を守っていたとか、称徳埋葬のところ（宝亀元年八月丙午17条）に「梓宮に奉じて陵下に留廬」していたというのと関係があるのであろうか。道鏡事件は今もまだ闇の中である。

26　国中公麻呂――東大寺の大仏師――

巻三十三・宝亀五年十月己巳3条

［現代語訳］

［散位従四位下国中連公麻呂は］もとは百済国の人であった。其の祖父の徳率国骨富は近江朝廷（天智天皇朝）の癸亥の年（六六三）、本国が滅びる戦乱に遭遇して［日本に］帰化した。天平年間に聖武皇帝は大きな願を発して盧舎那仏の銅像を造らしめられた。其の長は五丈であった。［あまりにも大きいので］当時の鋳造の工人たちはすすんでその仕事にいどむ者はいなかった。［そのなかで］公麻呂はたいへん優れた技巧と思慮があり、ついにその仕事を成し遂げた。その功労によって最終的には四位を授けられ、官職は東大寺次官兼但馬員外介にいたった。［天平］宝字二年（七五八）大和国葛下郡国中村に居住していたので、その地にちなんで国中という氏を命ぜられた。

［訓読文］

［散位従四位下国中連公麻呂卒す］。本は是れ百済国の人なり。其の祖父徳率国骨富[1]は近江朝庭の歳癸亥に次るとき、本蕃の喪乱に属きて帰化せり。天平年中、聖武皇帝弘願[2]を発して盧舎那銅像[3]を造らしむ。其の長五丈なり。当時の鋳工、敢へて手を加ふる者なし。公麻呂頗る巧思あり。[4]竟にその功を成す。労を以て遂に四位を授く。官は造東大寺次官[5]兼但馬員外介に至る。宝字二年、大和国葛

下郡国中村6に居するを以て、地に因りて氏を命ず。

[原文]

[散位従四位下国中連公麻呂卒]、本是百済国人也、其祖父徳率国骨富、近江朝庭歳次癸亥、属本蕃喪乱帰化、天平年中、聖武皇帝発弘願、造盧舎那銅像、其長五丈、当時鋳工無敢加手者、公麻呂頗有巧思、竟成其功、以労遂授四位、官至造東大寺次官兼但馬員外介、宝字二年、以居大和国葛下郡国中村、因地命氏焉、

[考察]

1**国骨富**……もと百済国の人。徳率は百済十六階の官位の第四等。国は百済の姓で『書紀』欽明天皇四年十二月条に徳率国雖多、斉明天皇六年（六六〇）七月条に国弁成等が見える。骨富については他に見えないが、「近江朝廷歳次癸亥」は天智称制二年（六六三）に当たり、この年白村江の敗戦で百済人が多数日本に帰化した。ここに「本蕃の喪乱に属して帰化」とあるのはそのことである。したがって公麻呂は百済人三世である。

2**聖武皇帝の弘願**……弘願は大きい願い。天平十五年（七四三）十月辛巳15条に聖武天皇の大仏発願の詔が見える。大仏造立事業は近江国紫香楽ではじめられたが、のち平城還都にともなって同十七年八月大和国添上郡に移ってつづけられた。公麻呂はいつの時点から携わったか明確ではないが、『続紀』では初見の天平十七年四月壬子25条に正七位下から一躍外従五位下に昇叙されているが、この叙位は大仏造立の再開に関係してであろう。翌十八年十一月朔には金光明寺造物所の造仏長官として見える（『大古』九—三〇一）。

3**盧舎那仏**…毘盧舎那仏(びるしゃなぶつ)の略。光明遍照の意で、万物を照らす広大無辺な智恵をもつ仏として華厳経の本尊とされる。天平十五年の大仏発願の詔に、盧舎那仏の金銅像一軀とある。大きさは『東大寺要録』巻二の「大仏殿碑文」に「結跏趺坐高五丈三尺五寸云々」とある。

4**巧思あり**…例のない巨大な仏像を鋳造する技術や思慮が公麻呂にあったこと。公麻呂は前掲の「大仏殿碑文」などに大仏師とあり、専門は仏師（仏像彫刻師）の技術にあった。

5**造東大寺次官**…造東大寺司の次官。天平宝字五年（七六一）十月朔条に任ぜられたことが見える。ときに正五位下。このときの長官は坂上忌寸犬養(さかのうえのいみきいぬかい)であった。神護景雲元年（七六七）二月甲申4東大寺に行幸があり、そのとき公麻呂は従四位下を授けられた。同年八月丙午29条に阿倍朝臣毛人(えみし)が次官に任ぜられたことが見えるので、公麻呂は造東大寺司を退いたのであろう。同二年十一月但馬員外介に任ぜられた。これ以後見えない。

6**国中村**…葛下郡は今の大和高田市・当麻町・香芝町・王子町などの地域であるが、地域に国中村の遺名を残す地名はなく、その所在は明らかでない。

［考察］

国中公麻呂（国君麻呂）は大仏師といわれるように仏像造りなど技術的な面が専門であったと考えられるが、文献ではなかなかそうした側面を明らかにすることは出来ない。そのなかで「正倉院文書」に数多く公麻呂の名が現われる。これとても公麻呂の技術的な面を語るものではないが、『続紀』の記述を具体的に示すことになるので、この項では「正倉院文書」に見える国中公麻呂を年月順に整理して見ることにする。

「正倉院文書」における公麻呂の初見は、天平十八年（七四六）十一月の金光明寺造物所告朔解案（『大古』九―

三〇一）に造仏長官外従五位下として見えることである。この前年大和国添上郡で大仏の造立事業が再開しているわけであるが、［語句解説2］で触れたように、それに先立ってその年四月壬子25条に正七位下から外従五位下に特叙された。それは造仏長官としての任用のためであったろう。実はこれ以前の公麻呂の動向が知りたいのであるが、その史料はない。なお、金光明寺造物所（造仏所）とは大和国添上郡で再開した造立事業の運営主体である。つまり聖武天皇発願の盧舎那仏の造立はこの組織によってここで行われるのである。

さて史料の告朔解は毎月の朔日に、前月の当官司の仕事や官人の出勤などを報告する公文書である。それによると造仏長官は金光明寺造物所の長官であることが知られる。また翌十九年正月の金光明寺造物所解（『大古』九―三二七）は不空羂索観音の「光柄花蕚」（光背の部品）を作るための鉄二十廷を請求したもので、やはり公麻呂が造仏長官である。この不空羂索観音は現東大寺三月堂の本尊として現存しているが、これによっても大和金光明寺は東大寺の前身であることがわかる。

つぎに同十九年十一月勅旨写一切経所牒（同九―五一四）は勅旨一切経に必要な法華経疏（法雲師撰）一部の借用を法隆寺三綱に請うたもので、これには造仏長官兼遠江員外介とある。これによると造物所（造仏所）は勅旨写一切経所を抱えていたことが知られる。なお、この兼遠江員外介は『続紀』には見えない。『続紀』ではこのあと同二十年二月従五位下に叙せられて内位となり、翌天平勝宝元年四月丁未14聖武天皇の東大寺行幸があり、大仏前殿で従五位上に叙せられた。これは大仏造立の功労者に対する叙位である。このとき大仏の鋳造は大略終わっていたのであろう。この年五月一日の写経所の経本出納帳（同十―六二七）には「長官大夫」として「国」と傍書してある。このとき金光明寺造物所は造東大寺司に改組吸収され、写経所は造東大寺司の写経所になったが、公麻呂は依然として造仏長官であった。

ここでしばらく公麻呂の名は「正倉院文書」に見えない。此の間『続紀』によると、「伝」に天平宝字二年（七五八）居地によって国中連の姓を賜わり、本文では同五年六月己卯26光明皇太后の周忌斎会供奉の労によって正五位下に昇叙しているが、これは斎会を行った法華寺の阿弥陀浄土院の造営によるものと見られる。また同五年十月朔に造東大寺司次官に任ぜられている。これからまた公麻呂の名は「正倉院文書」に造東大寺司次官として頻出する。

まず天平宝字六年（七六二）三月の造東大寺司告朔解（『大古』五―一三〇）に見える。告朔解については先に金光明寺造物所のものを見たが、これは造東大寺司のもので前欠である。管下の木工所・造瓦所・造香山薬師寺所などの仕事を記したあと、官人の上日（出勤日）が書かれていて、次官の国中公麻呂は「上日十七、夕十三」とある。この日数は前月の二月についてのものであり、長官坂上犬養は「上日二十」とあり、夜勤はない。これに対して判官の上毛野真人は「上日三十、夕二十一」と勤務日数が多く、同じく葛井根道も「上日二十三、夕二十」と次官に比べて多い。

つぎの同六年四月造東大寺司告朔解（同五―一九五）には上日欄に次官公麻呂の上日はみえず、また署名のところにも「仮（け）」としてあるので休んでおり、病気であったのかもしれない。また同七年正月の告朔解（同五―三八二）では次官公麻呂は「上日十一、夕九」と著しく少ない。このほか天平宝字七年以後の造東大寺司の各種の公文に次官としての判許を加えており（同五―五〇二、十六―一三・七六・四二一など）、同七年四月十六日には恵美押勝家牒として、経疏七十四巻を借用したいという申請があって判許しているものもある（同十六―三七四）。

天平神護元年以後には称徳天皇の奉写御執経所からの文書に判許を加えているものが多い（同五―六六八、十六―四四九～四五二、十七―二三など）。また『東大寺要録』巻二の「大仏殿碑文」には「大仏師従四位下国公麻呂」と見える。そして天平神護三年（七六七）七月十三日奉写御執経所移に次官として判を加えているのを最後に公麻呂の名は見えなくなる。［語句解説5］で述べたように、この年（天平神護三＝神護景雲元）八月丙午29までに公麻呂は造東大寺司次官の職を退いたと思われる。

このように国中連公麻呂は天平十八年（七四六）から天平神護三年（七六七）にいたるまで「正倉院文書」にかなり登場している。それは前半は金光明寺造物所の造仏長官、後半は造東大寺司次官としてであって、大仏師という技術者としての側面はうかがうことはできなかった。しかし造仏長官の時代は担当者として大仏造立に懸命となっている時であり、大仏師という技術者が管理職として金光明寺造物所を率いていたと見られ、大仏造立以後は金光明寺造物所が造東大寺司に発展的に改組、機構も変わって公麻呂はその次官として行政的な側面が主たる職務になったものと思われるのである。

27　大津大浦——陰陽師の世渡り——

巻三十三・宝亀六年五月己酉17条

［現代語訳］

［従四位上陰陽頭兼安芸守］大津連大浦は代々陰陽道を習得した［家の出身である］。藤原仲麻呂（仲満）はたいへん大浦を信用して［何かというと］その事の吉凶を問うていた。大浦はその［仲麻呂の］意向が反逆の謀にかかわることを知って、わざわいが自分の身におよぶであろうことを恐れ、その事を［朝廷に］密告した。まもなく、仲満は果たして反乱をおこした。その年（天平宝字八年）［密告の賞として］従四位上を授けられ、宿禰の姓を賜わり、兵部大輔兼美作守を拝命した。［ところが］天平神護元年（七六五）［謀反を企図した］和気王に与したので、宿禰の姓を奪われ（連姓に戻り）日向守に左遷された。つづいて現職（日向守）を解任され、そのまま日向国に留めおかれた。宝亀の初め、罪を赦されて都にかえり、陰陽頭に任ぜられ、にわかに安芸守を兼ね、官にあって卒した。

［訓読文］

［従四位上陰陽頭兼安芸守大津連大浦卒す］。大浦は、世々陰陽を習ふ。[1] 仲満甚だこれを信じ、[2] 問ふに事の吉凶を以てす。大浦その指意の逆謀に渉ることを知り、禍の己に及ばんことを恐れて、密にその事を告ぐ。居ることいまだ幾ならずして、仲満果して反す。その年従四位上を授けられ、[3] 姓宿

禰を賜ひ、兵部大輔兼美作守を拝す。神護元年和気王に党する[4]を以て、宿禰の姓を除き、日向守に左遷せらる。尋（つ）いで見任（げんにん）を解き、[5]即ち彼国に留めらる。宝亀の初め、罪を原（ゆる）されて京に入り、陰陽頭に任[6]ぜられ、俄に安芸守を兼ね、官に卒す。

［原文］

［従四位上陰陽頭兼安芸守大津連大浦卒］、大浦者、世〻習陰陽、仲満甚信之、問以事之吉凶、大浦知其指意渉於逆謀、恐禍及己、密告其事、居未幾、仲満果反、其年授従四位上、賜姓宿禰、拝兵部大輔兼美作守、神護元年以党和気王、除宿禰姓、左遷日向守、尋解見任、即留彼国、宝亀初、原罪入京、任陰陽頭、俄兼安芸守、卒於官、

［語句解説］

1 **世々陰陽を習ふ**……大浦の父は慶雲四年（七〇七）新羅から帰国した学問僧義法であろう。義法は和銅七年（七一四）その占術を用いるため還俗させられ、姓を大津連、名を意毘登（おびと）と賜い、従五位下に叙せられた。養老五年（七二一）正月、陰陽に優れているとして褒賞され（名を首（おびと）とする）、天平二年（七三〇）三月、弟子をとって業を教えるよう命ぜられた。『家伝』下に著名な陰陽家としてその名があげられている。『懐風藻』に従五位下陰陽頭兼皇后宮亮、年六十六として五言絶句一首がある。

2 **仲満これを信じ**……仲満は藤原仲麻呂のこと（仲満は唐風の名であろう）。仲麻呂が大浦の占いを信じて事ご

とに吉凶を占わせたことは他に見えない。しかし天文・陰陽を重用した仲麻呂としてはありそうなことである。叛乱の気配によって密告したことも具体的には見えないが、ただちに叙位や賜姓が行われたことで察せられる。

3**叙位等**…仲麻呂の逆謀が現われたことを記す同日条、すなわち天平宝字八年九月乙巳11条に正七位上から一躍従四位上に昇叙し、大津宿禰の姓を賜わっている。このことは密告の褒賞としてであろう。同九月丁巳25に左兵衛佐に任ぜられた。同八年十月左兵衛佐で兼美作守。『続紀』本文に兵部大輔任命の記事は見えない。翌天平神護元年（七六五）三月に功田十五町を賜わる。

4**和気王の党**…天平神護元年八月和気王謀反事件に大浦も連座した（[15和気王]参照）。この時大浦は兵部大輔兼美作守従四位上とある。大浦が陰陽関係でこの事件で働きがあったことは見えず、このときには紀益女（きのますめ）なる巫女がその役割を担っているようだが、大浦も無関係ではあるまい。そのため日向守に左遷され、その位封を奪われた。姓は連におとされている。

5**見任を解き**…見任とは現職、すなわち日向守を解任すること。神護景雲元年九月癸亥16条に「日向員外介従四位上大津連大浦を解任す。其の身に随へる天文・陰陽等の書は没して官書となす」とある。この意味は紛らわしいが、日向守の任を解いて、員外介に貶したのである。それは新日本古典文学大系『続日本紀』の脚注の説明どおり、天文・陰陽などの禁書を所持していた罪によるのである。職制律20に「凡そ玄象の器物、天文・図書・讖書・兵書・七曜暦・太一雷公式、私家にもつことを得ず。違へらば徒一年」とあり、天文観測の器物や天文の書、兵法書、吉凶判断に関する書、等々を所持すれば罪となり、書物は没収され員外介に貶されたのである。

6**任陰陽頭**…赦免され入京したのは、宝亀元年（七七〇）十一月乙酉27条に「先後の逆党、一切みな原宥に従へ云々」とあるなど、光仁朝になると情勢が変わり、政治犯を宥免する状況になってきた。翌二年七月丁未23大浦は再度陰陽頭に任ぜられた。同五年三月には安芸守を兼ねたが、翌六年五月十七日に没した。享年は不詳。

[考察]

大津首・大浦父子が活躍した背景として当時の陰陽道について一瞥しておきたい。陰陽道はもと古代中国に発生したもので、陰陽五行説という考え方が基本となって、天文や暦、吉凶判断や禁忌などが行われた。継体朝に百済から五経博士段楊爾が派遣されたのが、陰陽道の伝来を思わせるものがある。その後百済から交代で学者が来朝して指導に当たったが、推古天皇十年（六〇二）百済僧観勒が暦本・天文地理書などを将来したとされ、以後各方面で利用された。天武天皇のとき陰陽寮が置かれ、占星台が始められた。持統天皇六年（六九二）二月陰陽博士として沙門法蔵および道基の二人の名が見える（令制では陰陽博士は一名）。陰陽道自体がまだ僧侶の手に委ねられている傾向があった。

大宝令では中務省の下に陰陽寮がおかれ、天文密奏・造暦・報時・卜筮などのことを掌り、長官は頭（従五位下）であり、助・允・大少属の四等官、および技術者として陰陽師・陰陽博士・暦博士・天文博士・漏刻博士や各学生などがおかれ整備された。そうしたなか、慶雲四年（七〇七）学問僧義法が新羅から帰国した。義法は和銅七年（七一四）三月還俗させられ、姓大津連、名を意毘登（首）と賜い、陰陽の仕事を行わせた。このように陰陽道と僧侶の業とを分ける政策であったと思われる。養老五年（七二一）正月、「学業に優遊して師範たるに堪ふる者」を各分野から選んで表彰したが、陰陽としては、大津連首・津守連通・王仲文・角兄麻呂・余秦勝・志我閇連阿弥陀の六人があげられている。また『家伝』下に神亀・天平の頃、陰陽に名のある人として津守連通・

余真人・王仲文・大津連首・谷那庚受の名が見えている。これらには百済・高句麗の渡来人が多かったようである。このうち大津連首は晩年陰陽頭兼皇后宮亮になった（『懐風藻』）。

首の子息と思われる大浦が活躍するのは、それからほぼ三、四十年のちの天平宝字年間である。大浦がこのころ権力をもった藤原仲麻呂に陰陽のことで信頼があつかったのは「伝」に述べられている。仲麻呂が陰陽道を尊重したことは知られているが、天平宝字元年（七五七）八月、礼楽とともに天文・陰陽・暦算・医針などの学問は国家として必要なことであるとして、学生のために公廨田として陰陽寮に十町を賜わった。また同二年八月官名改易のとき太政官のほか諸司としては図書寮とともに陰陽寮は特別に扱われ、「陰陽暦数は国家の重んずるところ、この大事を記すゆゑに改めて大史局となす」とされている。ところが仲麻呂時代の大史局（陰陽寮）の官人については『続紀』にまったくその名が見えない。大津大浦は仲麻呂反逆を密告した時には正七位上であったから、陰陽師か陰陽允などではなかろうか。

天平神護三年（七六七）七月、大津大浦が日向に左遷されている時期に当たるが、二度にわたって陰陽寮の建物に瑞雲があらわれたという。その前の六月十六日陰陽寮の東南の隅に、翌十七日には伊勢国度会郡に瑞雲が現われ、ついで七月十五日また陰陽寮の西北の隅に、同月二十三日には同じく東南の隅に景雲が立ったというのである。そこで八月十六日、神護景雲と改元し、関係者に加階したりしているが、この時昇叙された陰陽寮の官人は、員外助紀朝臣益麻呂・允山上朝臣船主・員外允日下部連虫麻呂・大属百済公秋麻呂・天文博士国見連今虫と見える。このときは頭・助はともに欠員で員外助がトップである。その紀朝臣益麻呂は別のところでは益人とも見える問題の人物で、元来は紀寺の奴であったのが、訴えて朝臣の姓を得、仲麻呂政権を倒すのに功績があったとして大浦の左遷のあとの陰陽寮に入り込み、この改元の直後、陰陽頭になるなど道鏡時代には羽振りがよかった。しかし宝亀四年（七七三）七月庚寅17条にみえるように、紀寺の奴の問題は見なおされ、この一族は奴婢の身分に戻され、益人（益麻呂）だけは官位を奪われ庶人とされるにとどめられたのである。こうした人物なので正常な陰陽師として論ずることは出来ない。それを別とすると、允の山上船主は神護景雲三年八月に助となり、同七年三月に大浦の後任として頭に任ぜられ、天文博士を兼ねた。彼はのちに氷上川継事件に連座して隠岐介に左遷され、また三方王と共謀したとして隠岐に配流され、延暦二十四年（八〇五）三月に赦免されて入京した、という大浦とよく似た生涯をたどった。彼は大浦と同じような陰陽師であったのである。

さて大津大浦は日向守に左遷された後、これも先に触れたように、職制律で禁ぜられている天文書・陰陽書などを個人で所持していたという罪によって、任国の員外介に貶（おと）された。こうした例は他にもあるが、ただ地位が下がったということではなく、一種の配流の処置である。所持していた天文書・陰陽書などは父の代からの蓄積であって、左遷先にまで身近に保持していたのである。陰陽師というものはこうした代々の蓄積・経験などによって家職となっていくことが多い。大浦は三年後の宝亀元年（七七〇）十一月乙酉27の勅で罪を赦されたものと思われ、翌二年七月陰陽頭に返り咲いた。やはり技術を持っているものの強みである。

28　藤原蔵下麻呂（ふじわらのくらじまろ）——仲麻呂追討に適時打（タイムリー）を放つ——

巻三十三・宝亀六年七月壬辰朔条

［現代語訳］

［参議大宰帥従三位勲二等］藤原朝臣蔵下麻呂（くらじまろ）は平城朝（聖武天皇朝）の参議正三位式部卿大宰帥馬養（うまかい）（宇合）の第九子である。内舎人（うどねり）から出雲介に遷され、天平宝字七年（七六三）、従五位下を授けられ、少納言に任ぜられた。［宝字］八年の乱のとき賊（仲麻呂ら）は近江に逃走し、官軍はこれを追討した。［このとき］蔵下麻呂は兵を率いてたちまち追いつき、力戦してこれを打ち破った。この功績で従三位勲二等を授けられた。［その後］近衛大将兼左京大夫や伊予・土佐等の国の按察使（あぜち）を歴任した。宝亀五年（七七四）、兵部卿から大宰帥に遷された。薨じたとき四十二歳であった。

［訓読文］

［参議大宰帥従三位勲二等藤原朝臣蔵下麻呂薨ず］。平城朝の参議正三位式部卿大宰帥馬養の第九子[1]なり。内舎人[2]より出雲介に遷され、宝字七年[3]、従五位下を授けられて、少納言に任ぜらる。八年の乱に賊近江に走り、官軍追討す。蔵下麻呂、兵を将ゐて奄（たちまち）に至り、力戦してこれを敗（やぶ）る。功を以て従三位勲二等を授けられ、近衛大将兼左京大夫、伊予・土左等の国の按察使を歴（へ）たり。宝亀五年、兵部卿より大宰帥に遷さる。薨ずるとき年卌二。

〔原文〕

〔参議大宰帥従三位勲二等藤原朝臣蔵下麻呂薨〕、平城朝参議正三位式部卿大宰帥馬養之第九子也、自内舎人遷出雲介、宝字七年授従五位下、任少納言、八年之乱、賊走近江官軍追討、蔵下麻呂将兵奄至、力戦敗之、以功授従三位勲二等、歴近衛大将兼左京大夫伊豫土左等国按察使、宝亀五年、自兵部卿遷大宰帥、薨年卌二、

〔語句解説〕

1**馬養第九子**……生母は従五位下佐伯徳麻呂の娘家主娘と伝える（『公卿補任』『尊卑分脈』）。徳麻呂については他に所見がない。蔵下麻呂の異母兄としては、乱で死去した広嗣を別として、良継（宿奈麻呂（すくなまろ））・清成・田麻呂・綱手・百川（ももかわ）など多数がおり、彼らは父宇合（馬養）を祖とする式家の最盛期をつくった。

2**内舎人**……中務省に属し、帯刀して皇居に宿衛し、天皇の側近に供奉するが、駕行のときは前後をまもることを任務とする。大宝元年（七〇一）には定員九十人であった。令の規定では五位以上の子の二十一歳で現に役についていないものは、選考して性識聡敏で儀容の優れたものを内舎人に任用する。ただし三位以上の子は選考せず無条件で任用された。貴族の子弟が最初に就任するいわば幹部候補生のようなものであった。

3**官歴**……蔵下麻呂は父宇合の正三位としての庶子の蔭位は従六位下であるが、祖父不比等の贈正一位の庶孫としての蔭位は従六位上であるから、おそらくそれによったのであろう。職は内舎人から出雲介に遷ったとするが、六位以下だからもちろん『続紀』には見えない。そして天平宝字二年（七五八）正月に山陽道問民苦使に任ぜられた。時に正六位上とある。

この諸道問民苦使というのは、藤原仲麻呂の民政策として知られているもので、自分の息浄弁（久須麻呂）をはじめとして諸氏の新進七人を地方に派遣して民生を視せしめたものである。このとき蔵下麻呂は没年から逆算して二十五歳と見られる。二十五歳で正六位上ということは、蔭位の従六位上から一度の成選によって二階あがったことになるが、具体的には不詳である。天平宝字七年の正月に正六位下から従五位下に叙せられ、少納言に任ぜられた。先の問民苦使の任務はその年のうちに終わるであろうから、本官として何か職事官についていたものと思われるが、その記述はない。そしてこの時に少納言になったが、翌八年正月には備前守に任ぜられている。しかしこれは兼任であって赴任したわけではないと思われる。それはつぎの仲麻呂の乱の対応の速さからも推測される。仲麻呂の乱に関しては、つぎの［考察］の欄でまとめて考えてみたい。要するに蔵下麻呂は官軍の勝利に大きく貢献して一躍従三位に叙せられ、兄良継・田麻呂・百川を位階の上では抜いたのである。

ついで淳仁天皇が廃されると、右兵衛督として廃帝を淡路の配所に送り、一院に幽閉する仕事をした。翌天平神護元年（七六五）正月、功により勲二等を授けられ、二月には近衛大将に任ぜられた。左京大夫任命の記事は『続紀』本文に見えないが、つぎの按察使任命の時、「近衛大将・左京大夫もとの如し」とある。神護景雲元年（七六七）三月「伝」では「伊予・土左等の国の按察使」とあるが、これは『続紀』本文では、伊予土左二国按察使に任じたとある。これは養老三年（七一九）全国に置かれた地方行政監察機関とは異なり、特定の目的で中央高官が兼任するものであるが、本条の場合の按察使の意味についてはよくわからない。

ついで宝亀元年（七七〇）称徳女帝が没すると急遽藤原永手らと策を禁中で定めたが、蔵下麻呂は近衛大将としての立場での参画と見られる。そして光仁が即位するや近衛大将のまま兵部卿を兼ね、翌二年正月には春宮大夫も兼任した。その五月には大宰帥に任じているが、このあと同五年四月にも任大宰帥とあって重出のような気がする。しかし大宰帥には宝亀元年八月に宿奈麻呂が、同九月には石上宅嗣（いそのかみのやかつぐ）が、翌二年三月には百川が、そして同五月蔵下麻呂が、つぎつぎと任ぜられているので、何か特別のことがあったのかもしれない。しかし「伝」では「五年兵部卿より大宰帥に遷さる」とある。

その翌月の五月五日蔵下麻呂は参議に昇任した。大宰府には結局赴任しなかったのであろう。時に四十一歳で参議として決して遅いほうではないが、従三位になるのが三十一歳と特別に早かった。したがって十一年も非参議の立場におり、その間に宿奈麻呂（良継）ら兄たちに追いつかれ、抜かれたことになる。しかし蔵下麻呂が参議になると、内臣良継を先頭として百川・田麻呂に蔵下麻呂が加わって、式家兄弟四人揃って議政官を占めることとなった。こうして式家の全盛期を迎えたわけであるが、これは長くは続かなかった。翌六年七月に蔵下麻呂は没した。早咲きの花というべきか。

［考察］

蔵下麻呂の生涯にとって仲麻呂の乱とのかかわりは、きわめて重要である。『続紀』のその記事は不十分なものであるが、それを手がかりに考えてみたい。

天平宝字八年（七六四）九月十一日、仲麻呂の逆謀がもれ、中宮院の鈴印の争奪をめぐる戦いが起こり、仲麻呂は不利となると近江に走った。勢多橋を官軍に焼かれると、仲麻呂は琵琶湖の西岸の高島郡から愛発（あらち）関を目指して進み、同郡三尾崎で官軍と激戦になった。その戦いで官軍が疲れきったちょうどそのとき、蔵下麻呂が兵を率いて急に追いつき、その勢いで官軍が有利となり、仲麻呂軍は敗戦となったのである。あとに蔵下麻呂は討賊将軍とあるが、どのようにして軍を率いて戦いに加わり、決定的な戦功を立てることとなったのであろうか。史料で見る限り、彼はこれまで武人としての履歴はない。ただ内舎人のときに武が優れていたくらいのことはあったかも知れない。また仲麻呂が叛すると高野天皇は直ちに主だった人々には位階を加えて忠誠を期待しているが、そのなかにも蔵下麻呂の名は見えない。

そこで考えられることは兄良継（宿奈麻呂）の存在である。彼は反仲麻呂として知られており、仲麻呂が叛すると従五位下から従四位下に上げられているが、良継の薨伝によると、仲麻呂の叛が知られると即日詔を奉じて兵数百を率いて追討した、という（[32藤原良継]参照）。蔵下麻呂はやや遅れたが、良継の報知によって急遽兵を集めて急ぎ追いつき、肝心なときに加勢して適時打（タイムリー）となったのである。もちろん備前に赴任していては叶わなかったことである。この目立った功績で、蔵下麻呂は討賊将軍として兵をひきいて、華々しく凱旋し、朝廷に勝ち軍を報告したのである。

29　吉備真備——当代第一の学者・大臣——

巻三十三・宝亀六年十月壬戌2条

[現代語訳]

[前右大臣正二位勲二等] 吉備朝臣真備は右衛士少尉の下道朝臣国勝の子である。霊亀二年（七一六）、二十二歳のとき遣唐使に随行して唐に入り、留学して学業を受けた。経書や史書を研究して、あわせて多くの学芸にかかわった。我が国の学生で名を唐国に広めたのは、ただ真備と朝衡（阿倍仲麻呂）の二人だけである。天平七年（七三五）帰国し、正六位下を授けられ、大学助に任ぜられた。高野天皇（阿倍内親王、のち孝謙）は真備を師として『礼記』と『漢書』の講義を受けた。天皇の恩寵が非常に厚く、吉備朝臣という氏姓を賜わった。しきりに官を遷って七年のうちに、従四位上右京大夫兼右衛士督にいたった。

[天平] 十一年（七三九）、式部少輔従五位下の藤原朝臣広嗣は玄昉法師と対立が生じ、地方官に出て大宰少弐に任ぜられて、就任するとすぐに兵を挙げて反乱をおこし、玄昉と真備を討つことをもって名目とした。戦いは敗れ誅せられたが、怨霊はなおやむことはなく、[真備は] [天平] 勝宝二年（七五〇）、筑前守に左遷され、また急に肥前守に遷された。勝宝四年、遣唐使の副使に任ぜられ、帰ってくると正四位下を授けられ、大宰大弐に任ぜられた。[在職中に] 建議して、はじめて筑前国に怡土城を造り、[天平] 宝字七年（七六三）、工事がほぼ終わって、造東大寺司長官に遷った。

［天平宝字］八年、仲満（藤原仲麻呂）が謀反を起こした。大臣（真備）は彼らが必ず逃走するであろうことを考えて、兵を分けてその行く道を遮った。その指揮の部分は非常にすぐれた軍略であって、賊は遂にこの謀りごとにはまって、十日のうちにすべて平定された。この功績によって従三位勲二等を授けられ、参議中衛大将に任ぜられた。［天平］神護二年（七六六）、中納言に任ぜられ、急に大納言に転じ、右大臣に任ぜられ、従二位を授けられた。

これ以前のことであるが、大学の釈奠は、その儀礼がまだ整っていなかった。大臣（真備）は、礼典に準拠して考え、［釈奠に必要な］器物ははじめて整い、儀礼の様子は観るべきものとなった。また大蔵省の雙倉が火事に逢ったとき大臣（真備）はひそかに再構築して現在（『続紀』撰録の延暦年間）も存している。宝亀元年（七七〇）、辞任のことを文書で申し出た。しかし懇ろな詔があって許されず、ただ［兼任の］中衛大将の職は解かれた。翌二年、重ねて文書を奉って辞職を乞い、これを許された。薨ずる時は年八十三であった。

［訓読文］

［前右大臣正二位勲二等吉備朝臣真備薨ず］。右衛士少尉下道朝臣国勝[1]の子なり。霊亀二年[2]、年廿二にして使に従つて入唐し、留学して業を受く。経史を研覧して、衆芸に該渉せり。我が朝の学生の名を唐国に播す者は、ただ大臣及び朝衡[3]の二人のみ。天平七年帰朝し[4]、正六位下を授けられ、大学助を拝す。高野天皇[5]これを師として礼記[6]及び漢書[7]とを受く。恩寵甚だ渥うして姓を吉備朝臣[8]と賜ふ。累り

に遷りて七歳の中に、[9]従四位上右京大夫兼右衛士督に至る。十一年、式部少輔従五位下藤原朝臣広嗣、玄昉法師と隙(すき)あり。出でて大宰少弐となり、任に到りて即ち兵を起こして反し、玄昉及び真備を討つを以て名となす。兵敗れ誅に伏すと雖も、逆魂未だ息(や)まず、勝宝二年、筑前守に左降[10]され、俄に肥前守に遷さる。勝宝四年、入唐副使[11]となり、廻(めぐ)る日正四位下を授けられ、大宰大弐を拝す。建議して創(はじ)めて筑前国怡土城[12]を作り、宝字七年、功夫略(ほぼをは)畢りて、造東大寺長官に遷る。八年、仲満謀反す[13]。大臣、その必ず走らんことを計りて、兵を分けてこれを遮(さへぎ)る。指麾(しき)部分甚だ籌略(ちうりやく)あり、賊遂に謀中に陥りて、旬日(じゆんじつ)にして悉く平らぐ。功を以て従三位勲二等を授けられ、参議中衛大将となる。神護二年、中納言[14]に任ぜられ、俄に大納言に転じ、右大臣を拝し、従二位を授けらる。是れより先、大学の釈奠[15]、其の儀未だ備らず。大臣、礼典に依り稽(かんが)へ、器物始めて修(をさ)まり、礼容観るべし。また大蔵省の雙倉焼[16]かるとき、大臣私に更に営構して今に存せり。宝亀元年、致仕を上啓[17]す。優詔して許されず、ただ中衛大将を罷む。二年、累(かさ)ねて啓を抗(あ)げて骸骨を乞ふ。これを許さる。薨ずる時、年八十三[18]。

[原文]

[前右大臣正二位勲二等吉備朝臣真備薨]、右衛士少尉下道朝臣国勝之子也、霊亀二年、年廿二、従使入唐、留学受業、研覧経史、該渉衆芸、我朝学生播名唐国者、唯大臣及朝衡二人而已(1)、天平七年帰朝、授正六位下、拝大学助、高野天皇師之、受礼記及漢書、恩寵甚渥、賜姓吉備朝臣、累遷七歳中、至従四位上右京大夫兼右衛士督、十一年、式部少輔従五位下藤原朝臣広嗣、与玄昉法師有隙、出為大宰少

弐、到任即起兵反、以討玄昉及真備為名、雖兵敗伏誅、逆魂未息、勝宝二年左降筑前守、俄遷肥前守、勝宝四年為入唐副使、廻日授正四位下、拝大宰大弐、建議創作筑前国怡土城、宝字七年功夫略畢、遷造東大寺長官、八年仲満謀反、大臣計其必走、分兵遮之、指麾部分甚有籌略、賊遂陥謀中、旬日悉平、以功授従三位勲二等、為参議中衛大将、神護二年、任中納言、俄転大納言、拝右大臣、授従二位、先是、大学釈奠、其儀未備、大臣依稽礼典、器物始修、礼容可観、又大蔵省雙倉被焼、大臣私更営構、于今存焉、宝亀元年上啓致仕、優詔不許、唯罷中衛大将、二年累抗啓乞骸骨、許之、薨時年八十三、

［校異］

（1）「已」……底本「巳」につくるが、蓬左文庫本により改めた。

［語句解説］

1下道国勝……下道朝臣はもと下道臣、『書紀』天武天皇十三年（六八四）十月条に朝臣を賜姓。このあと天平十八年（七四六）十月吉備朝臣を賜姓した。『姓氏録』左京皇別上に「吉備朝臣、大日本根子彦太瓊天皇（孝霊）皇子稚武彦命（わかたけひこのみこと）之後也」と伝えるが、元来下道臣・上道臣・賀陽（かや）臣などの総称として吉備臣の称がある（［19上道正道］参照）。したがって下道臣は吉備下道臣ともいい、雄略紀に吉備の豪族として吉備下道臣前津屋（さきつや）の伝承がある。国勝については本条以外には知られないが、国重文指定の下道圀勝母骨臓器がある。これは岡山県小田郡矢掛町の圀勝寺所有の銅製の壺であるが、元禄十二年（一六九九）に近くの古墳から出土したものと伝える。壺の高さ二三・一センチ、蓋の径二三・七センチで、その蓋の表面に二重に廻って銘がある。外圏部に

「以和銅元年歳次戊申十一月廿七日己酉成（マヽ）」、内圏部に「銘下道圀勝弟圀依朝臣右二人母夫人之骨臓器故知後人明不可移破」とある。

2 **霊亀二年**…霊亀二年（七一六）の遣唐使は多治比県守（たじひのあがたもり）を押使とし、霊亀二年八月癸亥20に任命され、翌養老元年三月己酉9に節刀を賜わりまもなく渡海したものであろう。このときの真備の年齢二十二歳を逆算すると持統天皇九年（六九五）生まれとなるが、この薨伝の末尾の年八十三から逆算すると持統天皇七年生まれで、霊亀二年は二十四歳となる。

3 **朝衡**…阿倍仲麻呂の唐名。仲満ともある。『古今和歌集目録』によると中務大輔船守の子。霊亀二年真備と同時に留学生として入唐し、真備の帰国後も唐に留まり、鑑真の来日にも尽くした。唐朝に仕え左散騎常侍・安南都護などに任じた（『新唐書』東夷伝）。詩文に優れ、唐では王維・李白などの詩人と交流があった。宝亀十年（七七九）五月丙寅26条に在唐の仲麻呂の死去が伝えられると、その留守宅に東絁・白綿などを賜わった。没後従二品が贈られたようであるが、承和三年（八三六）五月戊申10、さらに正二品が贈られ、唐朝から潞州大都督を贈られている（『続後紀』）。

4 **天平七年帰朝**…天平七年（七三五）四月辛亥26条に真備の帰国を伝え、『唐礼』『太衍暦経』その他の書、珍しい器具や兵器などを献上したことを記している。『続紀』に遣唐留学生の帰国、その将来品を記事にした例は他にない。なお「授正六位下、拝大学助」のことは『続紀』本文に見えない。

5 **高野天皇**…のち孝謙・称徳天皇。このときは阿倍内親王。天平十年正月立太子。真備は同十三年七月に東宮学士となっている。

6 **礼記**…儒教では五経の一とされる。周末から漢にかけての礼に関する記録を前漢の学者戴徳がまとめ、甥の戴聖がさらに撰録したもの。その注釈書である『礼記正義』（六十三巻）で伝えられたといわれる。我が国では学令に大学生の必修すべき経典の一とされている。

7**漢書**…前漢書ともいう。後漢の班固が編纂した前漢時代を内容とする紀伝体の史書。『史記』『後漢書』とともに三史として我が国でも重んぜられていた。

8**賜姓吉備朝臣**…吉備朝臣の賜姓は天平十八年十月丁卯19条にみえる。「恩寵甚だ渥し」ということでの賜姓。これまで郡の名にちなむ下道から国の称をウジナとするものに格上げされた。この年筑紫で僧玄昉死去。

9**七歳中**…七年の間に位階は従四位上、官職は右京大夫兼右衛士督になったということであるが、『続紀』本文でこの官位が揃うのは天平勝宝元年七月から翌二年正月までのほぼ七か月の間である。

10**左降筑前守**…広嗣の乱については「4僧玄昉」参照。「逆魂やまず」とは広嗣の怨霊が祟っていることをいうのであろうが、乱からすでに十年近く経て、その間、真備はむしろ昇進しており問題があるとは思われず、玄昉はすでに死去しているという状況にもかかわらず、この時点で真備を左降するのは政治的陰謀の可能性がある。しかも始め筑前守としているのは玄昉が配された国に充てたつもりであろうが、むしろ広嗣の怨霊といえば、その霊を祀るとされる松浦明神のある肥前である。にわかに肥前守に遷したことは本文には見えないが、このような事情があるのではないか。

11**入唐副使**…真備の遣唐使の副使任命は天平勝宝三年十一月丙戌7条であるが、これは前年の同二年九月己酉24条に遣唐大使に従四位下藤原清河を、副使に従五位下大伴古麻呂を任命しており、その追加という性格がある。これは鑑真和上招致のためという解釈もあるが、左遷のような性格もあるのではないか。従四位上の真備を副使に任用したため、同四年閏三月丙辰9条で節刀を賜わったとき急遽大使の清河に正四位下、副使の古麻呂に従四位上を授けて均衡をとった。この「伝」に勝宝四年というのは渡海の年であろう。同六年四月帰国して正四位下に叙せられ、大宰大弐に任ぜられたことは『続紀』本文と同じである。なお在唐中のことなどについては［考察］参照。

12**怡土城**…天平勝宝八歳六月に大宰大弐の真備を専当として怡土城の築城を始める事が見える。この城はいまの福岡県糸島郡前原町の高祖山（たかすやま）に築かれた山城で真備が習得してきた唐の軍事智識を活用して造られたと想像される。天平神護元年（七六五）三月佐伯今毛人（いまえみし）を築怡土城専知官として、神護景雲二年（七六八）二月に完成した。現在部分的に発掘され、西麓に石塁、北と南には多くの望楼跡が見られ、城門・水門の遺構、瓦・塼・土器等が多数出土した（国指定史跡）。

13**仲満謀反**…藤原仲麻呂の乱の時の真備については、宝亀元年（七七〇）十月丙申8条の上表に、大宰府から造東大寺長官に補されて帰京後、病によって家に帰り休んでいたとき、兵乱があり、急遽召されて軍事に参謀した、と見える。功によって従三位勲二等に叙せられ、参議中衛大将となったことを記すが、任参議および任中衛大将の任官記事は本文には見えない。

14**その後の叙任**…本文と矛盾するところはない。中納言から俄に大納言に転じた、というのは、中納言に任じてまもなく三月丁卯12大納言藤原真楯（またて）が死没したからであり、即日真備が大納言に昇格したのである。「伝」には「授従二位」とあるが、本文にはなく、逆に本文にのみ神護景雲三年二月癸亥24条にその第に行幸があって正二位を授けられたことが見える。

15**大学の釈奠**…大学寮における孔子を祭る儀式。大宝元年（七〇一）二月丁巳14条に初見。学令に規定がある。本条の真備による整備は、天平二十年（七四八）八月癸卯5条に「釈奠の服器および儀式を改定す」という記事が該当するであろう。また『恒貞親王伝』(『続群書類従』所収)に、天平末年、真備が高野天皇にすすめて大学に行幸を仰ぎ釈奠の礼を行ったとも見える。

16**大蔵省の倉の火災**…大蔵省の倉は平安宮と同じく大内裏の北部に並んで存在していたようである。天平宝字八年(七六四)八月戊辰3条に「節部省(大蔵省)の北行東第二の雙倉に災あり」と見える火災のことであろう。ただし「私に営構」したことについては明らかではない。

17**致仕を上啓**…致仕は辞職のこと。啓とは皇后や皇太子に提出する文書。他に官人相互間の文書を啓ということもある。ここでは光仁天皇の皇太子時代(白壁王)に提出されたもの。真備の致仕上表は二度あって、一度目の上表(上啓)は宝亀元年(七七〇)十月丙申8条に見える。この日付は上啓に対する返詔の日付であり、上啓は九月七日とある。この日は称徳天皇五七の忌日にあたり中陰を待たない致仕上啓は真備の致仕への強い願望を示していると指摘されている(新日本古典文学大系『続日本紀』四補注)。実はこれより先、天平宝字八年正月に大宰府に致仕の表を提出していたが、奏上しないうちに造東大寺長官に補せられ、ついで仲麻呂の乱があり、致仕のことはそのままになっていたという。この宝亀元年の致仕は認められず、中衛大将の職のみ解かれた。

翌年重ねて致仕を乞い、これは認められたというが、本文にはこの二度目のことは見えない。『公卿補任』では宝亀二年(七七二)項に「三月日致仕」とあり、分注に「依累抗表許之」とある。『続紀』宝亀二年三月庚午13条に大納言大中臣清麻呂が右大臣に任ぜられたことが見えるので、真備の退官はこれ以前のことで、さらに同年二月二十二日の左大臣藤原永手の死去以前のことではないかと想像される。真備の致仕は以前からの願望であり、また老病で任に堪えないといっているが、[24藤原永手]の項で触れたように『紀略』に引く藤原百川伝によると、称徳没後の後継者を決めるとき真備は文室浄三と同大市を推挙したが、百川・永手らの策謀により白壁王の立太子となったという。ならばこうした経緯が致仕への強い願望になったとも考えられる。

18薨年八十三……逆算すると持統天皇七年（六九三）の生まれ。前述の霊亀二年（七一六）に二十二歳ならば持統天皇九年の生まれとなる。また宝亀元年の上表に「去天平宝字八年（七六四）真備生年数七十に満つ」とある七十歳から逆算すると、やはり持統天皇九年の生まれである。これが正しいか。なお、『公卿補任』には、持統天皇八年甲午生まれ、宝亀六年（七七五）薨去、年八十二とある。

［考察］

下道臣は備中下道郡の名にちなむ豪族である。同様に上道郡の上道臣、賀夜郡の賀陽（香屋）臣、そのほか笠臣・苑臣・三野臣などの豪族が吉備国にあって総じて吉備臣ともいい、また吉備下道臣などとも見える（［19上道正道］参照）。本題の真備もその一族からでたことは疑いないが、和気清麻呂とは違って真備自身は、史料上、吉備地方との関連がまったく見られない。また大和宇智郡から発掘されたという真備の母陽貴氏墓誌から、母は八木氏で真備は畿内の生まれともいわれるが、この陽貴氏墓誌と称するものは問題があるのでここでは採用しない。しかし畿内の生まれであろうとなかろうと、下道臣、吉備朝臣といえば吉備の地方豪族出身と見て支障はない。

真備の学問について触れる。真備の出世の基礎になったものは十七年の永きにわたる在唐留学による広範な修学、研鑽、そして将来の品々であった。『旧唐書』『新唐書』の東夷伝日本条に、「開元初に遣唐使が来たり、儒士に経を授けられんことを乞うたので、四門助教趙玄黙に詔して鴻臚寺について教えしめた」（意訳）とある儒士は、真備のことと見られている。『扶桑略記』天平七年（七三五）四月条には「凡そ伝学するところ、三史五経、名刑、筭術、陰陽暦道、天文漏剋、漢音、書道、秘術、雑占、一十三道、その受けるところの業、衆芸に渉り窮め、これにより太唐留め惜しんで帰朝を許さず云々」と見えている。真備が将来したものは『続紀』に書籍や器物が見えるが、前掲『扶桑略記』には「種々の書跡、要物等具に載せること能はず」としている。そのほか、たとえば『日本国見在書目録』に『東観漢記』をあげ「吉備大臣の将来する所なり」とあることなどが指摘される。さらに『江談抄』三「吉備入唐間事」には、真備在唐中の才芸のすぐれた奇談が見えるが、こうした話はよく巷間に広がったと見え、のち『吉備大臣入唐絵巻』（十二世紀後半）がつくられるような故事になっている。

真備の帰国は天平七年学問僧玄昉と同時である。玄昉とは渡唐の時も一緒であった。玄昉は内道場の看病禅師として皇太夫人宮子の病を治したことは［4僧玄昉］で述べた。そのとき真備は皇太夫人の付属官司の中宮亮であったので、同九年十二月丙寅27中宮職官人として従五位上に叙せられたのである。その天平九年、政権を担っていた藤原四卿が流行病のために相継いで没し、橘諸兄政権となると新帰朝者である真備と玄昉は政治顧問のように重用されたようである。同十二年（七四〇）藤原四卿の次世代である広嗣が筑紫で挙兵したが、叛乱の目的は真備と玄昉を除くということであった。藤原氏が衰え、僧侶と地方豪族出身の学者が政権の中枢にいることは我慢ならないことだったのである。

翌天平十三年に真備は東宮学士になった。皇太子阿倍内親王の学問の師となったのである。これが真備にとって決定的に重要な契機になった。「伝」では帰国後まもなく教えたように書かれているが、東宮学士でなくとも学問を教授することがあったかもしれない。しかし本格的には東宮学士になってからであろう。『礼記』と『漢書』とは経と史の代表であるから、当時の教養としての学問を教授したということである。同十五年には春宮大夫になり東宮学士を兼任した。皇太子との関係はますます密接になり、同十八年の吉備朝臣の賜姓も恩寵が篤い故であったという。こうして真備は皇太子との関係を軸として順風満帆という感じで昇任していった。

ところが一方の玄昉は天平十七年十一月筑紫観世音寺に配流され、翌十八年六月には広嗣の怨霊の祟りといわれるように死去した。真備の方は前述のように同十八年の吉備朝臣の賜姓のあと、天平勝宝元年（七四九）七月従四位上に昇叙したが、その後、半年もたたない翌二年正月己亥10突然筑前守に左遷された。これについては[語句解説10]で触れたように政治的陰謀の可能性がある。ということは当時台頭してきた藤原仲麻呂の策略と考えられよう。以後遣唐副使を経て大宰大弐に充てられ、天平宝字八年正月造東大寺長官として中央に復帰したが、仲麻呂の乱が勃発し、その鎮定に尽力したのは前述の通りである。

仲麻呂政権の時代は一貫して中央政界から外されていたが、入唐使としては僧鑑真の来朝に尽くし、大宰大弐としては怡土城の築城や大宰府警固の議などに務め、天平宝字四年十一月丙申10条には授刀舎人・中衛舎人ら六人に、大宰府において諸葛亮・孫子の兵法などを教授したとある。また翌五年の節度使の制は仲麻呂政権の重要政策のひとつであったが、真備は大宰大弐にいながら西海道節度使に充てられた。節度使配下の兵士に教習せしめた五行の陣などは真備の指導によるものであったろう。このように政局とは無関係に真備の真髄が各所において発揮されていたのである。

仲麻呂の没落のあと称徳朝道鏡政権になると、天平神護二年（七六六）正月中納言に任ぜられたが、三月大納言藤原真楯が没したので即日その後任として大納言に昇格した。さらに同年十月道鏡が法王の地位につくと、太政官の方は藤原永手を左大臣に真備を右大臣に任じた。真備としてはこの年いわば三段跳びで右大臣従二位にまでのぼりつめた。同年十月壬寅20右大臣任命のときの宣命に「吉備朝臣は朕の皇太子時代に師として教えさとされ、永年朕を護られているさまを見るとかたじけなく思われる云々」（意訳）と見える。

仲麻呂時代だけは不遇であったが、阿倍皇太子・孝謙天皇、また重祚して称徳天皇の時代に一貫して信任されたのが真備の人生であった。政界・官界に親族血縁の繋がりはなく、徒党を組み策略を尽くすということもなく、ただ高野天皇（阿倍・孝謙・称徳）の信任のもとで、広範な学問・智識にもとづいた真備独自の働きによって大臣の地位に就いたというべきであろう。

称徳天皇の没後、後継者を決めるため永手・真備をはじめ六人の公卿で策を禁中に定めた。これについては［24藤原永手］の項で詳述したので繰り返さないが、『紀略』にひく「百川伝」によると、禁中策定のとき真備は文室浄三（天武の孫、長親王の子）を推し、辞退されるとその弟文室大市を推挙したという。しかるに永手・百川は偽りの宣命の語を造り、宣して白壁王をたてた。真備は舌を巻いていかんともすることは出来ず、「長生きの弊、この恥にあふ」として致仕の表を奉って隠居した、という。これはどれ程真実であるかわからないが、『続紀』本文には真備の娘か妹かといわれる典蔵（くらのすけ）の吉備由利が、重篤の称徳天皇の臥内にひとり出入りして奏すべきことを伝えた、と見えるから、ことによると由利を通して称徳の最後の意志を真備は聞いていたかも知れないのである。

30　飯高諸高（いいたかのもろたか）――清廉貞節な女官と評価される――

巻三十四・宝亀八年五月戊寅28条

[現代語訳]

［典侍従三位（ないしのすけ）］飯高宿禰諸高は伊勢国飯高郡の人である。性格として大変無欲でつつしみ深く、貞節で清らかであるように心がけていた。奈保山（なほやま）に埋葬された［元正］天皇の御世（みよ）に内教坊（ないきょうぼう）に勤務して、ついに本郡（飯高郡）［出身］の采女（うねめ）に任ぜられた。［郡領氏族ではない］飯高氏が采女を出すことは、このときから始まったのである。［諸高は］四代の天皇（元正・聖武・孝謙（称徳）・光仁）につづいて仕えたが、その間ひきつづいて失敗ということはなかった。薨じた時八十歳であった。

[訓読文]

［典侍従三位飯高宿禰諸高薨ず[1]］。伊勢国飯高郡の人なり[2]。性甚だ廉謹にして、志（こころ）に貞潔を慕（した）ふ。奈保山に葬（はうむ）れる天皇[3]の御世、内教坊[4]に直（ちょく）して、遂に本郡の采女に補せらる[5]。飯高氏の采女を貢するは[6]、此れより始れり。四代に歴仕して[7]、終始失なし。薨ずる時年八十[8]。

[原文]

［典侍従三位飯高宿禰諸高薨］、伊勢国飯高郡人也、性甚廉謹、志慕貞潔、葬奈保山天皇御世、直内教

坊、遂補本郡采女、飯高氏貢采女者、自此始矣、歴仕四代、終始無失、薨時年八十、

［語句解説］

1典侍…後宮十二司のうちの内侍司の次官。長官は尚侍（ないしのかみ）。内侍司は天皇の日常生活に供奉し、奏請・宣伝のことを掌った。尚侍・典侍は普通有力貴族の妻などが任ぜられるので地方豪族の娘が就任するのはごく珍しいことである。

2飯高宿禰諸高…天平十四年（七四二）四月甲申10条に、「伊勢国飯高郡の采女正八位下飯高君笠目の親族　県（あがたの）造（みやつこ）らにみな飯高君の姓を賜はる」という記事がある。この笠目は後の諸高と見られる。この時すでに采女正八位下とあるのが注目されるが、県造と飯高君との関係については［考察］において述べる。その後、同十七年正月乙丑7条に笠目は正六位下から外従五位下に叙せられている。

この人物は「正倉院文書」の天平勝宝三年（七五一）八月から天平宝字二年（七五八）十二月まで、しばしば命婦（『大古』十一―一六五ほか）、または内侍（同三―五九七ほか）として見える。また『続紀』天平宝字四年正月丁卯5条に高野天皇と帝（淳仁）の藤原仲麻呂第行幸にさいして従五位上から正五位下に叙せられ、同五年六月己卯26条に皇太后周忌御斎に供奉したことで正五位下から一階すすめられた。宝亀元年（七七〇）十月以後に飯高宿禰諸高の名で見えるのは笠目のことであろう。ただし、名を改め、宿禰姓を賜わったことは見えない。神護景雲三年（七六九）二月辛酉22条に伊勢国飯高郡人正八位上飯高公家継ら三人に宿禰を賜わった記事があるが、笠目より位が低いので、笠目はこれより先に宿禰を賜わり、また名を改め、その後に一族が宿禰を賜わったのであろう。笠目改め諸高はその後も昇叙し、宝亀七年（七七六）四月丙子19条には従三位に

叙せられ、翌八年正月甲戌21条には年八十に登るとして物を賜わっている。

3伊勢国飯高郡…伊勢国の中央やや南に位置する。『和名抄』では七郷からなる。現三重県松阪市のあたり。もと飯高郡内とみられる飯高町・飯南町は松阪市に併合された。

4奈保山に葬る天皇…元正天皇のこと。天平二十年（七四八）四月庚申21に崩じ、同月丁卯28佐保山陵に火葬したが、天平勝宝二年（七五〇）十月癸酉18奈保山陵に改葬した。『延喜式』諸陵寮に「奈保山西陵〈平城宮御宇浄足姫天皇、在大和国添上郡、兆域東西三町、南北五町、守戸四烟〉」とある。現奈良市奈良阪町の弁財天山に当てられている。

5内教坊…後宮において女性の歌舞を教習し、演奏するための施設。唐初から設置されていたようであるが、玄宗の開元二年（七一四）に蓬萊宮（大明宮含元殿）の傍に置かれ制度をととのえた。これをとりいれたものとされる。天平宝字三年（七五九）正月乙酉18条・同七年正月庚申17条・神護景雲元年（七六七）十月庚子24条などに踏歌の奏楽などを行った記事が見える。

6采女…郡の大領・少領の姉妹ないし娘の形容端正な者が貢上され、後宮十二司に配属され仕える女性。同じように郡司の子弟で強幹で弓馬に優れた者を郡ごとに一名を兵衛として貢上する制度があるが、采女を出した郡は兵衛を出さない規定で、その割合は采女一、兵衛二であった。これらはいずれも古く服属儀礼として国造などが貢進していたことに系譜を引くと見られる。

7飯高氏の采女…采女は郡の大領・少領がその姉妹ないし娘を貢上するのであるが、飯高氏は郡領の家ではなかった。前述のように初め県造という氏族で、諸高（笠目）は歌舞が巧みであったので内教坊に召され、後に采女として仕えるようになったとみえる。それが前例となって飯高氏から采女を貢することとなったということである。地方豪族の女性が采女として朝廷に召されることは非常に誇らしいことであったろう。

8 **四代に歴仕**…この四代は天皇の代であるが、元正天皇から歴代を数えると、聖武・孝謙・淳仁・称徳・光仁と六代になるが、孝謙と称徳は同人で淳仁は廃帝だからとして除くと四代になる。

［考察］

まず諸高（笠目）の経歴の記録からつぎのようなことが考えられる。

①初見の天平十四年（七四二）四月には「伊勢国飯高郡采女正八位下」とあるが、この時点の年齢は薨年八十から逆算して四十五歳である。「伝」では、はじめ元正朝に内教坊に勤めてのち采女になったとする。采女は一般的に若い女性であるが、内教坊は前述のように女性に歌舞を教習する宮内の施設であるから、内教坊に召されたときはいっそう若かったことであろう。元正朝を天皇即位の霊亀元年（七一五）とすると笠目は十八歳ということになる。このあたりは適齢といえようか。内教坊に召集する仕組みは明らかではないが、在京氏族や地方豪族の若い子女のうち歌舞の巧みなものを選んで召したのであろう。笠目はその中からやがて采女に採用され、後宮に配属され勤続して位階を得たのであろう。

②つぎに同条に笠目の親族の県造らがみな飯高君の姓を賜わったという。これをどのように考えるか。いくつか考え方があるが、まず笠目が采女として褒められることがあって、ひとりだけ出身地にちなんだ飯高君の姓を賜わり、それが県造をウジナとする親族の人たちに及ぼされたものであろう。県造とは県主と同じく古く皇室の直領地とみられる県（あがた）の首長であったと考えられ、『皇太神宮儀式帳』（延暦二十三年撰）には「飯高県造」と見える。飯高の地は古く県であって、その首長の県造がそのまま氏姓となったものと見られる。一方、飯高君も

早くから存していた。『古事記』孝昭天皇段に天皇の長子天押帯日子命(あめおしたらしひこ)は春日臣ら十六氏の祖とされ、その一に伊勢飯高君が見えていて、笠目の賜姓以前に存在していたことが知られる。伊勢国の飯高県造の氏姓が飯高君であったのであろう。なお飯高の地については後述する。

③「正倉院文書」の天平勝宝二年（七五〇）から天平宝字五年（七六一）にかけての各所に飯高笠目のことが見える。「飯高命婦宣」「飯高内侍宣」「飯高笠目宣」などがそれで、いずれも「宣」とあるのは、天皇・皇后など高貴の人の命令を宣べ伝えているのである。命婦とは五位以上の位階をもつ女官のことであり、内侍は後宮十二司のうちの内侍司に属する宮人（女官）で「奏請・宣伝」、すなわち奏上して勅を請け、その勅を宣べ伝えることを任とした。その「内侍宣」は日常の勅などの命を宣べ伝えるのであるが、平安時代になると重要な政務にもかかわることになる。笠目は内侍の職務を積み重ねて、次第に地位も向上したが、天平宝字四年（七六〇）正月に正五位下、翌五年光明皇太后の周忌斎会に供奉して叙位され正五位上となった。しかしそのあとしばらく史上から姿を消すのである。

④称徳＝道鏡政権下では『続紀』や「正倉院文書」などにまったく見えない。前述の天平宝字五年以後の八年間は正五位上のままである。先述の仲麻呂邸行幸や皇太后周忌での叙位などからすると、笠目は光明＝仲麻呂派の女官のようにも見える。八年の空白をへて宝亀元年（七七〇）十月、光仁即位直後に従四位下に昇叙した。称徳＝道鏡政権下では冷遇されていた感もあるが、さりとてまったくの左降というわけではなく、宝亀元年に史料上に現われたときには、宿禰の姓を称し、名を諸高と改めていた。空白の八年間にどのようなことがあったのであろうか。七十歳前後（宝亀元年、七十三歳）になっても隠退することはなく、後宮の支柱として存在感があったことであろう。

⑤光仁即位直後の叙位のあと、翌十一月朔日に二階級特進している。これは諸高ひとりだけの独立した叙位であり、その意味は明らかではないが、前回の叙位の僅か五日後の特別の昇叙なので注目に値する。また同七年四月二階特進で従三位に昇ったが、地方豪族出身で三位に列した女性は他にみえない。光仁天皇の特別の恩寵である。そして翌八年正月には八十歳の祝いの賜物があった。『続紀』のその条には「絁八十疋・糸八十絇・調布八十端・庸布八十段」と見え、すべてめでたい八十の賀に合わせたものであった。

つぎに飯高の地について触れておく。前述のようにここは県の地であった。県については諸説があるが、だいたい大化前代の皇室直轄地であると説明される。その地の首長が県主または地域によっては県造といわれる。飯高氏は古くは飯高県造であったろうということも前述した。そしてその飯高の地は全国一の水銀の産地であったのである。

水銀は朱沙（丹砂・辰砂とも）とよばれる硫黄との化合物である赤土から精製されるが、文武天皇二年（六九八）九月乙酉28条では伊勢国から朱沙を献上させている。この朱沙は顔料としてであろうとされているが、水銀それ自体は用途が広く、仏像・鏡の鋳造や船舶その他の顔料にももちいられ、また薬品にも使われるという。『続紀』和銅六年（七一三）五月癸酉11条に伊勢国からは調布に代えて水銀を貢納させることとしている。『延喜式』民部省式下に交易雑物として、伊勢国は水銀四百斤としており、内蔵式の諸国年料にも「伊勢国進む所の水銀小四百斤」とあり、典薬寮式の諸国進年料雑薬として伊勢国水銀八斤と見える。伊勢国の貢納物として水銀が特別に指定されているのである。また仏像の塗金にもちいられることが多く、『東大寺要録』によれば、大仏鋳造のとき水銀五万八六二〇両を充てている。

伊勢国のなかでも飯高郡が水銀の産出地であったことは、『和名抄』に伊勢国飯高郡に丹生郷があり、『延喜式』

神名に飯高郡丹生神社と丹生中神社があることからも推察される。水銀の原鉱の産地は飯高郡から南の多気郡にわたる丹生山、ことに現多気(たき)町勢和の中尾谷に多数の採掘所跡があるという。『今昔物語集』巻十七の第十三話は伊勢国飯高郡の人が郡司に駆りだされて貢納の水銀を掘っていたところ落盤したという話である。まさに右の状況を語っている。また巻二十九の第三十六話は水銀を売買する京の商人の話である。この人は馬百余疋に絹・布・糸・綿・米などを背負わせて伊勢国と京を上下し、豊かな富を築いたという。これらは平安中末期のことを背景にしているものであろうが、飯高郡の人が貢納物としての水銀の採掘に使役されていること、京の商人が伊勢国の水銀商いに往来していることなどを知らせてくれる。

また飯高郡に接する多気郡には飯高氏の氏寺である近長谷寺(きんちょうこくじ)がある。天暦七年(九五三)二月十一日付の「近長谷寺資財帳」(『平安遺文』一ノ三八七～三九五頁)によると、この寺は仁和元年(八八五)の創建と伝え、巨大な本尊十一面観音をはじめ、伽藍・什物・器具や広大な田畑・垣内などが飯高氏から寄進されている。

これらは主として平安時代の話であるが、そうした傾向は古くからあったものと考えられる。飯高郡の地が古く県として皇室直轄地となっていたのは、水銀の産出と無関係ではなく、その地の首長であった県造氏(飯高氏)は水銀によって富裕な力を得ていたと見られる。

こうして飯高氏は古くから天皇家と関係があったことが考えられる。笠目が内教坊に召されたのは元正天皇の時とされ、天皇の諱は氷高(日高)皇女といったが、『東大寺要録』巻一には「(天平)廿年戊子(四月庚申)、飯高太上天皇崩、年六十九」と飯高と書かれている。皇子・皇女の諱はその乳母の氏族の名(ウジナ)、あるいはその土地名をとることがある。これらが認められるとすれば、飯高氏あるいは飯高笠目はいっそう天皇家との関係が深いことを考えさせられるのである。

31　大伴古慈斐——権力者に嫌われた大伴氏の長老——

巻三十四・宝亀八年八月丁酉19条

［現代語訳］

［大和守従三位］大伴宿禰古慈斐は飛鳥朝（天武天皇朝）の常道頭で贈大錦中小吹負の孫、平城朝（聖武天皇朝）の越前按察使従四位下祖父麻呂の子である。年少の時から才能があり、おおよそ典籍に通じていた。はじめて任官して大学寮の大允になった。贈太政大臣藤原朝臣不比等は、自分の娘を彼に娶せた。［天平］勝宝年間に、昇進を重ねて従四位上衛門督になった。［しかし］突然出雲守に遷された。［こうして］疎外されてから、こころは常に鬱々としていた。紫微内相の藤原仲麻呂は［彼は時の政治を］誇りけなしている、と偽って古慈斐をおとしいれ、土佐守に左遷し、せかせて任地に赴任させた。それから程なくして、［天平］勝宝八歳（九歳カ）の乱の時に、そのまま任地の土佐に配流された。［光仁］天皇は［彼の］罪を許して入京させ、［朝廷内での］故老であることによって従三位を授けられた。薨じた時、八十三歳であった。

［訓読文］

［大和守従三位大伴宿禰古慈斐薨ず］。飛鳥朝の常道頭[1]贈大錦中小吹負[2]の孫、平城朝の越前按察使従四位下祖父麻呂[3]の子也。少くして才幹あり、略書記に渉る。起家して大学大允[4]たり。贈太政大臣藤原

朝臣不比等、女[5]を以てこれに妻す。勝宝年中、累りに遷りて[6]従四位上衛門督たり。俄に出雲守[7]に遷さる。疎外せられしより、意常に鬱々たり。紫微内相藤原仲満、誣ふるに誹謗を以てし、土左守[8]に左降せられ、促して任に之かしむ。未だ幾もあらずして、勝宝八歳の乱[9]に、便ち土左に流さる。天皇、罪を宥して入京[10]せしめ、其の旧老なるを以て従三位[11]を授く。薨ずる時、年八十三[12]。

[原文]

[大和守従三位大伴宿禰古慈斐薨]、飛鳥朝常道頭贈大錦中小吹負之孫、平城朝越前按察使従四位下祖父麻呂之子也、少有才幹、略渉書記、起家大学大允、贈太政大臣藤原朝臣不比等、以女妻之、勝宝年中、累遷従四位上衛門督、俄遷出雲守、自見疎(1)外、意常鬱々、紫微内相藤原仲満、誣以誹謗、左降土左守、促令之任、未幾、勝宝八歳之乱、便流土左、天皇宥罪入京、以其旧老授従三位、薨時年八十三、

[校異]

（1）疎……底本「踈」とするが、意によって改めた。

[語句解説]

1常道頭……令制の常陸守に相当する大宝以前の称。常道は常陸の古名。頭は『書紀』持統天皇八年（六九四）三月条に「国司の頭より目に至るまで云々」と見える。この頭は令制の守にあたる。ただし、小吹負が常道頭に任ぜられたことは史に見えない。

2大伴小吹負…名は男吹負また吹負ともある。天平勝宝元年（七四九）閏五月壬戌29条の大伴牛養薨条に、牛養は咋子連の孫、小吹負の男とあるから、小吹負の父は咋子である。小吹負は壬申の乱に活躍した功臣。ここの飛鳥朝は飛鳥浄御原宮の天武朝。大錦中は天智天皇三年制定の冠位二十六階の第八位で、令制のほぼ四位に相当する。『書紀』に天武天皇十二年（六八三）八月卒し、壬申の年の功により大錦中を贈られたことがみえる。

3祖父麻呂…邑治麻呂ともある。『続紀』本文に霊亀二年（七一六）正月叙従五位下から天平三年（七三一）正月叙従四位下までの叙任記事が見える。越前按察使の任命記事はないが、天平三年二月付の「越前国正税帳」に「従四位下行按察使兼守」と位署がある。

4大学大允…大学寮の大判官（三等官）。正七位下相当。父祖父麻呂の従四位下の嫡子として蔭位出身とすれば、従七位下に直叙。

5不比等の女…この娘は系図その他に見えない。これによると古慈斐は光明皇后と義理の兄弟姉妹となる。若い古慈斐は不比等に見込まれたのであろう。

6官歴…『続紀』には天平九年（七三七）九月叙外従五位下（名を祜信備とする）から天平勝宝元年十一月叙従四位上まで各位階の叙位記事は見えるが、任官記事は見えない。『続紀』の記事から天平十四～同十八年頃は河内守であったことがわかる。また『万葉集』巻十九の四二六二の詞書には勝宝四年閏三月衛門督とあり、また同巻二十の四四六五の左注に出雲守とある。

7出雲守…「俄に」とあるが、任命の年月は不詳。後述のように天平勝宝六年（七五四）七月以後であろう。また『万葉集』巻二十の四四六五の長歌は大伴家持の有名な「族にさとす歌」で、その左注に古慈斐が出雲守の任を解かれたとき家持が作ったとあり、長歌と短歌二首からなる。これらは歌の並びから天平勝宝八歳の作と見られるが、この歌のあと四四七〇の左注に「以前六首、六月十七日、大伴家持作」とあり、四四六五からの六首は天平勝宝八歳六月十七日の家持の作となる。このことについては［考察］で触れる。

8土左守‥‥土佐守に左遷された時点も不詳であるが、天平宝字元年（七五七）七月の橘奈良麻呂の変のときは、すでに土佐守に在任している。前項7でふれた天平勝宝八歳六月十七日以後、まもない頃であろう。

9勝宝八歳の乱‥‥九歳（天平宝字元年）の誤りで橘奈良麻呂の乱のことである。古慈斐がどのようにこの事件にかかわっていたか具体的なことは不明である。おそらく「大伴佐伯之族」として同党とされ、「便に任国に流」されたのであろう。

10宥罪入京‥‥宝亀元年（七七〇）十一月に本位従四位上に復され、同年十二月大和守に任ぜられた。大和守は都にあって国司としての得分を得るという官職である。特典というべきであろう。

11従三位‥‥宝亀六年正月己酉15条に、古慈斐はひとりだけの叙位として正四位下から従三位に昇叙されている。この「伝」に「旧老なるを以て」とするのがこの叙位である。これこそ特別の恩恵というべきであろう。これについては［考察］で触れる。

12薨年八十三‥‥逆算すると持統天皇九年（六九五）の生まれとなるが、『公卿補任』宝亀六年条には「大宝元年辛丑生」とある。

［考察］

『万葉集』巻二十の大伴家持の長歌「族にさとす歌」の趣意は大略つぎのようなものである。まず神代の伝承から説き起こし、皇祖に弓矢を以って仕え、山川を跋渉し、まつろわぬものを打ち平らげ、代々の天皇に武を職として仕えてきた大伴のかがやく名を決しておろそかにしてはならぬ、として最後に「おほろかに 心思ひて 虚言(むなごと)も祖(おや)の名断つな 大伴の 氏の名に負へる 丈夫(ますらを)の伴」（おろそかに思って先祖の名声を断ってはならぬ。大伴の氏(うじ)名(な)を負った人々は）と歌いおさめ、氏人の軽率な行動を戒めているのである。ここには家持がいだく大伴一族の強い危機感を見ることができる。何がそうさせたのであろうか。

この歌は［語句解説7］で述べたように、天平勝宝八歳六月十七日の作ということが知られており、この長歌の左注には「右、淡海真人三船の讒言に縁り、出雲守大伴古慈斐宿禰、解任せらる。ここを以て、家持この歌を作れり」と見えている。この事件はあとで述べるように問題があるが、その前に家持と古慈斐との関係を見ておこう。二人は同じ大伴氏であるが、血縁からいうとかなり離れていた。古慈斐は家持の父旅人(たびと)と同世代といってよかった。古慈斐の祖父小吹負と旅人の祖父長徳(ながとこ)が兄弟という関係である。家持の年齢については二、三の説があるが、延暦四年（七八五）薨年六十八歳とすると（『日本古代人名辞典』）、養老二年（七一八）の生まれである。一方、古慈斐はこの「伝」に見るように宝亀八年（七七七）薨年八十三歳で、持統天皇九年（六九五）生まれである。

天平勝宝八歳（七五六）における両者の年齢は家持三十九歳、古慈斐六十二歳ということになる。古慈斐は大伴氏のなかで長老であったのである。しかも若い時には藤原不比等に見込まれて、その娘を嫁に貰い、官位も順調にのぼり、天平勝宝元年の大嘗会には須岐(すき)国の美濃守で従四位上に叙せられ、天平勝宝四年閏三月には衛門督であったが、その後「俄に出雲守に遷さる」とある。出雲守には天平勝宝六年七月丙午13条に阿倍綱麻呂を任じた記事があるが、綱麻呂はこれ以後史にみえず、古慈斐はその後任としてまもなく任ぜられたと思われる。この「伝」にみえるように、古慈斐はこの突然の任命（左遷ヵ）に疎外感を強め、鬱々たるものがあったという。ところがさらに同八歳にいたって事件が起こった。権力をつよめていた藤原仲麻呂の影がみえるところである。
その事件は、聖武太上天皇が天平勝宝八歳五月乙卯2に崩御すると、すぐの癸亥10条に、つぎのようにみえる。「出雲国守従四位上大伴宿禰古慈斐・内竪(ないじゅ)淡海真人三船、朝廷を誹謗し人臣の礼なしといふに坐(つみ)せられて、左右衛士府に禁ぜらる」とあり、三日後の丙寅13条に「詔して並びに放免す」とある。記事が短くてよくわからないが、古慈斐と三船の二人が朝廷を誹謗した罪によって禁固されたが、まもなく放免されたというのである。この事件と先にあげた『万葉集』にみえる事件は同じ頃に起こったらしくみえる。しかも登場人物はどちらも古慈斐・三船の二人である。しかし互いの立場は異なっているのである。これをいかに説明するか。この二つの記事は同じことをいっているのではなく、忠実に読むと別のことである。

　両方を生かしてみると、まず家持の歌は六月十七日であるというから、事件はその直前、右の記事の五月十日か、その直近の時となろう。これらのことからつぎのように理解される。古慈斐と三船の二人は朝廷を誹謗したという疑いで捕えられたが、一応解放された。これにつづく内竪として内裏に近い淡海三船の密告はありうることではあるが、実際には権力者仲麻呂の策略ではないかと推測される。今度は罪ではなくて、左遷という人事異動であった。それで古慈斐は解任され、翌天平宝字元年七月には土佐守に左遷されたのであろう。

　私が仲麻呂の策略ではないかと推測したのは、大伴家持の「族にさとす歌」にみる強い危機感からである。一族の長老が誹謗による被疑で禁固されたが、それは放免され、今度は讒言によって出雲守を解かれて土佐守に左遷されたということになり、家持はこの現実に一族の危機感を持ったのである。この心配は翌年の橘奈良麻呂の変で多数の大伴・佐伯の人々が罪に坐したことで現実となった。そうした状況を家持は早くに感じていたのではないか。

翌天平宝字元年の橘奈良麻呂の変に古慈斐がどのようにかかわったかまったくわからないが、同年七月庚戌4条の逆党として罪を定めるなかで、「信濃国守佐伯大成（おおなり）・土左国守大伴古慈斐二人は並びに便に任国に流す」とみえている。この佐伯大成は天平勝宝六年九月に従五位下で丹後守に任ぜられて以後、史に何もみえず、その後信濃守に転じたのであろうが、古慈斐と同じく橘奈良麻呂の変での記述はまったくみえていない人物である。おそらく二人は「大伴佐伯之徒」として同類とされ、このさい「便に任国に流す」と流罪にされたのであろう。「族にさとす歌」を詠じた大伴家持の心配は現実のものになった。

土佐に配流された古慈斐がその後入京を許されたという記事はなく十数年を経た。その間専権を誇った仲麻呂は没落し、そのあとの権力者道鏡もまたその栄華は長く続かず、白壁王が立って光仁朝になった。その当初から前代の政治的被害者が続々と復位・復籍されたことはよく知られているが、中川収氏はこれについて、まず慈訓・慶俊の復活があり、ついで和気広虫・清麻呂の姉弟の召喚があったが、一般官人のトップを切って古慈斐が本位に復され、その二日後に「先後の逆党、一切皆原宥に従へ」という勅が出て、一般の政治的被害者が免罪された、ということを指摘された。誠にその通りであって、古慈斐の不遇は即位前の白壁王がよく承知していて即位後まもなく本位に復し、大和守に就け、さらに従三位に特叙されるという恩恵が与えられたのである。没したとき八十三歳とあるが、長寿の故の享受であった。

32　藤原良継——権力に反抗した人が権力を握った——

巻三十四・宝亀八年九月丙寅18条

［現代語訳］

［内大臣従二位勲四等］藤原朝臣良継は、平城朝（聖武天皇朝）の参議正三位式部卿大宰帥馬養（宇合）の第二子である。天平十二年（七四〇）、兄広嗣の謀反事件に連坐して、伊豆に流された。同十四年に、罪を許されて［刑部省の］少判事に任命された。同十八年（七四六）、従五位［下］を授けられた。中央と地方の官職を歴任したが、どの職においても成績があがらなかった。太師（太政大臣）［恵美］押勝は、邸宅を楊梅宮の南に建設し、東西に高い楼を構えて、内裏をみおろし、南面の門をそのまま櫓のかたちにした。人々はそれを横目で見てそねみ、次第に、臣下にあるまじきことだ、とそしる者が出てきた。この頃押勝の男子三人がそろって参議に任ぜられた。良継の位は甥たちの下になったのでますます怒りと怨みを抱いた。そこで従四位下佐伯宿禰今毛人・従五位上石上朝臣宅嗣・大伴宿禰家持らと共謀して太師押勝を殺害しようとした。このとき、右大舎人の弓削宿禰男広が計画を知って太師押勝に密告した。［押勝は］直ちに彼らをみな捕え、役人に下げ渡して調べさせると、良継が答えていうのに、「良継ひとりだけが首謀者であって、他の人は与り知らぬことである」といった。そこで強いて天皇に対する不敬の罪とし、姓と位を剝奪した。そのまま二年経って、仲満（押勝）は謀反を起こし、近江に逃走した。［良継は］その日のうちに詔をうけたま

わって、兵数百を率いて、追撃してこれを討った。［その功により］従四位下勲四等を授けられ、つづいて参議に任ぜられ、従三位を授けられた。宝亀二年（七七一）には、中納言、さらに内臣（ないしん）を拝命し、職封一千戸を賜わった。［これによって良継は］政治権力をひとりで握って望みが叶い、［官人の］昇進や降格も思うままであった。［宝亀］八年内大臣に任ぜられた。薨じた時、六十二歳で従一位を贈られた。

［訓読文］

［内大臣従二位勲四等藤原朝臣良継薨ず[1]］。良継は、平城朝の参議正三位式部卿大宰帥馬養[2]の第二子なり。天平十二年、兄広嗣[3]の謀反に坐して、伊豆に流さる。十四年、罪を免ぜられ少判事[4]に補せらる。十八年、従五位を授けらる[5]。職を内外に歴（ふ）る[6]も、所在に績なし。太師押勝、宅を[7]楊梅宮[8]の南に起こし、東西に楼（たかどの）を構へて、高く内裏に臨み、南面の門を便（すなは）ち以て櫓となす。人士目を側（そば）め、稍（やや）く不臣の譏（そしり）あり。時に押勝の男三人[9]並びに参議に任ず。良継の位、子姪（してつ）の下にありて、益々忿怨（ふんゑん）を懐（いだ）けり。乃（すなは）ち従四位下佐伯宿禰今毛人・従五位上石上朝臣宅嗣・大伴宿禰家持らと同じく謀りて[10]太師を害せんと欲す。是（ここ）に於て、右大舎人弓削宿禰男広[11]、計（はかりごと）を知りて以て太師に告ぐ。即ち皆その身を捕へ、吏に下して験するに、良継対（こた）へて曰く、良継独（ひと）り謀首たり。他人は曽（かつ）て預り知らず、と。是に於て、強ひて大不敬[12]と劾（とが）めて、姓（かばね）を除き位を奪ふ[13]。居ること二歳にして、仲満謀反[14]して、近江に走る。即日詔を奉じ、兵数百を将ゐて、追ひてこれを討つ。従四位下勲四等を授けられ、尋（つい）で参議に補[15]せられ、従三位

を授けらる。宝亀二年、中納言より内臣[16]を拝し、職封一千戸を賜ふ。政を専らにし志を得て、升降自由なり。[17]八年内大臣[18]に任ず。薨ずる時、年六十二。[19]従一位を贈る。

【原文】

［内大臣従二位勲四等藤原朝臣良継薨］、平城朝参議正三位式部卿大宰帥馬養之第二子也、天平十二年、坐兄広嗣謀反、流于伊豆、十四年、免罪補少判事、十八年、授従五位、歴職内外、所在無績、太師押勝起宅於楊梅宮南、東西構楼、高臨内裏、南面之門便以為櫓、人士側目、稍有不臣之譏、于時押勝之男三人並任参議、良継位在子姪之下、益懐忿怨、乃与従四位下佐伯宿禰今毛人、従五位上石上朝臣宅嗣、大伴宿禰家持等、同謀欲害太師、於是、右大舎人弓削宿禰男広知計以告太師、即皆捕其身、下吏験之、良継対曰、良継独為謀首、他人曽不預知、於是、強劾大不敬、除姓奪位、居二歳、仲満謀反、走於近江、即日奉詔、将兵数百、追而討之、授従四位下勲四等、尋補参議、授従三位、宝亀二年、自中納言拝内臣、賜職封一千戸、専政得志、升降自由、八年任内大臣、薨時年六十二、贈従一位、

【語句解説】

1良継……この「伝」には見えないが、元の名は宿奈麻呂（すくなまろ）。天平十八年四月の叙従五位下の初見から宿奈麻呂と見えるが、宝亀元年（七七〇）十月朔条の叙正三位以降は良継と改名している。本稿では便宜上、良継に統一する。

2馬養…宇合とも書く。不比等の第三子で式家の祖とされる。良継の母は『公卿補任』天平神護二年条に「左大臣石川麻呂女、従五位下国盛大刀自（おおとじ）」とするが、石川麻呂は石上（いそのかみ）麻呂であろう。なお良継の娘乙牟漏（おとむろ）は桓武天皇の皇后となり、平城・嵯峨両天皇の生母となった。

3広嗣…宇合の第一子。良継の同母兄。天平十二年（七四〇）九月大宰府で挙兵。広嗣の乱の与党縁坐については、同十三年正月甲辰22条に、「死罪二十六人・没官五人・流罪四十七人・徒罪三十二人・杖罪百七十七人」と見えるが、良継を初め具体的な人名は見えない。神亀元年（七二四）三月庚申（干支に誤りあり、『拾芥抄』によると六月三日庚寅にあたる）によると伊豆は遠流の国である。免罪のことは天平十三年九月乙卯8条に、恭仁京遷都による大赦のうち「逆人広継によりて罪に入る者も咸く原免に従へ」とある。また良継の弟田麻呂も延暦二年（七八三）三月丙申19条の薨伝によると、兄広嗣の乱に連坐して隠岐に流されていたのを天平十四年に赦された、とある（40［藤原田麻呂］参照）。

4少判事…判事は刑部省に属する裁判官。大・中・少の三官があり、少判事は従六位下相当。

5授従五位…天平十八年四月、正六位下から従五位下に叙せられたことが見える。

6官歴①…天平宝字八年（七六四）までの官歴は、天平十八年六月任越前守、同年九月任上総守、天平勝宝四年（七五二）十一月任相模守、天平宝字元年五月叙従五位上、同年六月任民部少輔、同三年十一月任右中弁、同五年正月任上野守、同七年正月任造宮大輔、上野守もとの如し、以上である。

7太師押勝宅…藤原仲麻呂の田村第のことであろう。田村第は平城京の左京四条二坊の東半（九～十六坪）に推定されている。そのうち十五坪の地の発掘調査では奈良時代中後期の大規模礎石建物がでている。この邸宅の東西に楼を構え、南門を櫓として内裏を臨み見た、という。しかし田村第から内裏（楊梅宮）まで直線で約一・三キロはあるので、内裏をみおろすというのは文飾ではないか。それともこの建物は田村第とは別の土地に新築したものであろうか。

8楊梅宮…宝亀三年（七七二）十二月己巳23条に設斎（法要）を行ったと見えるのが初見。ただしまだ完成前で翌四年二月壬申27条に完成の記事があり、天皇はここに遷御した。その場所は平城宮の東、張り出し部分の南端の地で、この場所にあった東院を建て直したものと見られる。いま法華寺の西南にある宇奈太理（うなたり）神社は楊梅天神とも呼ばれていて、楊梅宮の遺名ではないかとされる。

9押勝男三人…真先（まさき）は天平宝字六年正月任参議、訓儒麻呂（くずまろ）・朝獦（あさかり）は共に同六年六月に任参議。

10謀議の三人…良継を中心とした謀議に与ったとされる佐伯今毛人・石上宅嗣・大伴家持の天平宝字七年から同八年にかけての任官状況をみると、つぎのような共通の特色がうかがわれる。すなわち天平宝字七年四月丁亥14の人事で三人ともこれまで就いていた官職に他人が任ぜられている。つまり今毛人の造東大寺長官には市原王が、宅嗣の文部大輔には布勢人主（ふせのひとぬし）が、家持の信部大輔には石川人成がそれぞれ任ぜられていて、今毛人等三人の新たな任官は見えない。ということは三人はこのときにそれぞれ免ぜられたのである。この状態、すなわち散位の身分から任官になったのは、翌八年正月己未21の人事であった。このとき今毛人は大宰府の営城監（新設の令外官）に、宅嗣は大宰少弐に、家持は薩摩守に任ぜられている。これはいずれも左遷人事であって、三人ともに大宰府管内に追いやられているのである。このようなことから中川収氏は押勝を害せんとした謀議は天平宝字七年四月上旬に起こったと推定される（［考察］参照）。この三人とも古くからの大氏族の氏上的な地位にある人物で、押勝の専権を快く思っていなかったことは推察される。なお藤原良継についてみると、前述の官歴①で見たように天平宝字七年正月壬子9従五位上で「為造宮大輔、上野守如故」とあるが、つぎの同年四月丁亥14には造宮大輔には石川豊人が、上野守には大原今城が任ぜられて、良継のことは仲麻呂の乱までまったく見えない。つまり「伝」でいう「姓を除き位を奪ふ」とされたのであろう。

11**弓削宿禰男広**……この人は他に見えない。道鏡の一族ではあろうが、宿禰という姓が事件当時のものであれば、道鏡の弟の浄人の連とは、別系統である。男広がこれによって褒賞の類や昇叙などに与った形跡はない（「考察」参照）。

12**大不敬**……律で定める八逆の第六にあり、「大社を毀つ」以下の罪があげられているが、天皇または天皇家に対してつつしまざる罪である。良継らの謀議は押勝に対するものとすれば、これには該当しないはずであるが、押勝を天皇家に準じて「強ひて大不敬」にあてはめたのであろうか。

13**姓を除き位を奪ふ**……カバネの朝臣を剝奪し、従五位下の位階を取りあげること、除名は、位階・勲等等を除くことで、カバネにはおよんでいない。

14**仲満謀反**……天平宝字八年九月の押勝の乱。はじめ中宮院にあった鈴印の争奪があって、押勝は太政官印をもって近江方面に逃走した。この時の『続紀』の記述に良継のことは見えない。乱の平定前の同年九月丙午12条に従五位上から従四位下に叙せられたことが見える。平定後の同年十月丙寅3条にさらに正四位上に叙せられた。しかし勲四等を授けられたことは本文には見えない。

15**官歴②**……その後、天平神護二年（七六六）十一月叙従三位、神護景雲二年（七六八）十一月兵部卿で兼造法華寺長官、宝亀元年（七七〇）七月任参議。同年八月称徳崩御にさいして策を禁中に定めるとき参画し、白壁王を擁立する。このあと『続紀』本文には任中納言のことは見えないが、『公卿補任』宝亀元年条に「八月廿日任中納言兼大宰帥」とある。しかし『続紀』同年九月乙亥10条には「為式部卿、造法華寺長官如故」とある。同年十月朔に光仁が即位すると、正三位に叙せられ、このときはじめて名は良継と見える（これ以前は宿奈麻呂）。良継の名については『日本高僧伝要文抄』に引く『延暦僧伝』に「先朝天皇これを易へて名を良継と賜ふ」と見える。

16**内臣**……宝亀二年三月中納言から内臣に任ぜられた。内臣は鎌足・房前の前例があるが、その場合は内廷の臣として皇位継承などにかかわる宮内における天皇の顧問的な地位であって、太政官の官職ではなかった。良継の場合はこれとは違って太政官の一員として左右大臣につぐものであった。同三月壬申15条の勅に「内臣の職掌・官位・禄賜・職分（職分田・職分資人）・雑物は宜しく皆大納言に同じくすべし。但し食封は一千戸を賜ふ」と、職掌などは大納言と同じであるが、職封は大納言が八百戸であるのに対して、これより多い一千戸とした点が違っていた。良継の内臣就任に関しては［考察］を参照。

17**升降自由**……官人の昇進や降格を意のままにすることで、「国家の大事、賞罰二柄」（天平宝字六年六月庚戌3詔）といわれるように、官人の賞罰は天皇の政のなかでも重大な権限であった。すなわち良継の内臣の性格は輔政の臣であり、良継はそれを充分に活用したということである。

18**内大臣**……宝亀八年正月内臣から内大臣に昇格したのは、おそらく鎌足の前例に倣ったのであり、内大臣固有の職掌があるわけではなく、いわば大臣格という待遇的なものであろう。右大臣として大中臣清麻呂がいたことも影響がある（［48大中臣清麻呂］参照）。

19**薨年**……六十二歳は『公卿補任』も同じ。逆算すると霊亀二年（七一六）の生まれ。

［考察］

藤原良継の伝に関しては、押勝に対する謀議事件と良継の内臣就任についての二点に関して考えてみたい。前者については、中川収氏に「藤原良継の変」という専論がある。この事件については『続紀』の本文には見えていない。史料はこの「伝」の記事のみである。良継を中心とした四人が押勝を害せんとして行った謀議が顕在化したとき、すなわち密告の時期については前述のように天平宝字七年四月上旬と見られる。良継と謀議に加わった三人はいずれも九州に左遷されている事実から、このいわゆる「藤原良継の変」の存在は否定すべくもないが、この「伝」の記述については二、三の疑問がある。以下それについて述べておく。

まずはじめに、仲麻呂が楊梅宮の南に楼を構えた邸宅を建設したということであるが、実はその楊梅宮はそれより十年ほど後の宝亀三年末から四年初めにかけて造営されたものであるから、仲麻呂の時代にはまだ存在しているはずはないのである。どうしてこんな矛盾が起こったのか。岸俊男氏は「伝」の筆者が宝亀八年以後の状態に基づいて仲麻呂邸の位置を記したものだから矛盾はない、とされたが、ここは仲麻呂邸の位置をしめすために楊梅宮を記しただけではなく、仲麻呂邸と楊梅宮（内裏）との関係を述べているわけであるから、この記事は矛盾というべきである。しかし一歩譲れば、楊梅宮の前身というか楊梅宮建設以前にその場所にあった施設と仲麻呂邸との関係ということになろう。

ところで今では楊梅宮の位置は正確にはわからないのである。近年の平城宮の発掘調査によると、平城宮のいわゆる東張出し部分の南地域から庭園をともなった宮殿建物群が発掘され、『続紀』等に見える東院といわれる離宮的施設であろうとされている。ただし発掘された庭園施設は東院の東南隅にあたっており、東院の中心部分は、その西北、現在宇奈多利神社のある台地の杜の辺ではないかと考えられる。この宇奈多利神社は式内社とされ、もと楊梅天神ともいわれていたことが『大和志』に見えるので、この辺が楊梅宮の故地ではないかとされるのである。そこでこの楊梅宮の前身は東院の一部分であって、内裏の一部（東張出し部分の南地域）という表現にもなるであろう。

これに対して仲麻呂の田村邸は左京四条二坊の地だから、確かにこの東院の南に位置している。しかし、その間に一条分以上をへだて直線距離にして約一・三キロも離れている。その上田村邸の地は楊梅宮（東院）の地より地形的にかなり低い土地であって、東西に楼を構えたとしても「高く内裏に臨み」というような状態とは到底いうことはできない。このようにこの記述は真実には遠く、あいまいな記述なのである。ところでこの楊梅宮と仲麻呂邸との関係の記述は、いわゆる「藤原良継の変」に必要不可欠で基本的なものではない。ただ変が起こる以前に、仲麻呂のやり方が人々の不満・嫉みを買っている、いわば専横の一例としてあげられたもので、そうした例としては適切とはいえないあいまいな記述であるといえるであろう。

この「藤原良継の変」の記事でおかしいのはそれにとどまらず、ことが漏れて容疑の人々が捕えられると、良継は自分ひとりの謀で他の人々は何のかかわりはないなどと嘯（うそぶ）いていたという。しかし処断としては良継は謀首として「除姓奪位」とされ、今毛人ら三人も九州に左遷されたのは罪を認定されたためであるが、この「伝」ではひとり良継だけが責任を背負うという、いわば格好よさだけが強調されているのではなかろうか。そしてその行為が仲麻呂を害しようという意図であったものであるにもかかわらず、「不敬」という天皇に危害を与える罪に換骨奪胎されているのである。

またこの事件は右大舎人の弓削宿禰男広の密告によって知られたとされる。この人物は不詳であるが、宿禰という姓が当時のものとすれば、仲麻呂の乱後従五位下に叙せられ、道鏡没落後も宿禰姓が許された弓削宿禰薩摩と同姓であり（宝亀七年三月辛卯4条）、浄人の連姓に対して弓削氏の本宗であるかもしれない。また大舎人は蔭位でなく位子または挙人等として就いたものとすれば優秀な下級官人である。台頭する枝氏の道鏡・浄人に対して一矢報いる意味で仲麻呂に忠勤を尽くす行動に出たのかもしれない。しかし一体どのような計略があったとして密告したのか、さらに密告者に褒賞がなく、以後に史上に現われないこと、等々疑問を投げかける点が多い。

全体として「伝」のうちの「藤原良継の変」の記事は不可解な部分が多い。謀議の四人がそれぞれ罰せられたのは「本文」の記事から明らかであるのに、その周辺の記事は判然としないあいまいなものなのである。以上この不可解な諸点をとりあげてみたが、総体としての判断、位置づけは十分にはできなかった。良継の伝記の記述として脚色が行われていると考えられる。

つぎに後者、すなわち良継の内臣就任をめぐる問題について考えて見たい。内臣の専論としては山本信吉氏の「内臣考」がある。［語句解説16］でも触れたように、内臣の前例は鎌足と房前とである。鎌足の内臣就任はいわゆる大化改新のさいのことで、孝徳即位の実現に功績があったことに関連しているが詳しいことはわからない。これに対して房前の内臣就任は養老五年（七二一）十月戊戌24条に見えるところで、元明太上天皇が重病の床にあり、元正女帝の後の皇位継承に不安な時期であった。このときの詔に「内外を計会し勅に准じて施行せよ」とある。房前は太政官では参議にすぎないが、内臣の権限は内廷（宮中）と外廷（太政官）とにわたってはかりごとを廻らし、その命令を勅に準じた手続きで発布されるということである。つまり房前は皇位継承の擁護者として重大な権限をもっていたのであろう。

ところで良継の場合は［語句解説16］でも触れたように、藤原永手没後の宝亀二年三月、右大臣に大中臣清麻呂、内臣に良継、大納言に文室大市（ふんやのおおち）・藤原魚名（うおな）など太政官の新編成を構成する任命であり、このときの内臣は房前のときのような内廷の臣ではなく、太政官の官として新置されたものであった。太政官のトップには光仁天皇の信任が厚い老臣大中臣清麻呂を据え（[48大中臣清麻呂]参照）、累代輔弼の藤原氏の筆頭公卿である良継がこれにつぎ、大納言より格の高い内臣に任じたのである。このように内臣は内廷の臣ではなく、おもての太政官の官職となったが、山本氏もいわれているように、良継の場合、なおも皇位継承と関係のある立場にあった。

良継と皇位継承との関係であるが、[24藤原永手]でも述べたように、称徳崩御のとき白壁王を強引に推して光仁天皇即位の実現をリードしたのは、藤原永手と良継・百川の兄弟であったといわれる。このうち百川は禁中定策のメンバーではなかった。光仁擁立後、良継はまもなく正三位に叙せられ、先任参議の魚名を超えて中納言に昇任し、永手の没後、太政官の新官職内臣についた。問題は内臣就任後の事態である。

まず時期を繰り返すようであるが、光仁即位の直後、聖武の皇女井上（いのえ）内親王が皇后に冊立され、その所生他戸（おさべ）親王が立太子した。その直後、左大臣の永手が没し、先述のように良継を内臣とする太政官の新編成が成立した。このような順であるが、その翌年、宝亀三年（七七二）三月に井上皇后は皇后を廃され、ついで五月他戸皇太子も廃太子となった。この翌四年山部親王（桓武）が立太子した。こうした推移から井上廃后・他戸廃太子のことは桓武擁立のための前提であって、その策略は藤原百川によって成されたものという評価がある。これらについてはつぎの[33藤原百川]において述べる。ここでは良継の問題である。良継はその間、内臣として内外に重い立場にあったのである。これについての記事は何もなく推定に過ぎないが、従来いわれるように百川の策略だけで成しおおせるものではなく、内臣の良継が絡んでいた可能性が大である。そして重要なことは、良継の娘乙牟漏が山部親王妃になったことである。乙牟漏がいつ山部親王に嫁したか明確ではないが、その所生の安殿王（のち平城天皇）が宝亀五年（七七四）生まれであることから、立太子の宝亀四年前後とみられる。

このように他戸廃太子・山部立太子・乙牟漏入内の三つは相前後して宝亀三〜四年の交に起こっているのであって、山部親王継嗣を予定しての企画であったことは明らかであろう。このようなことは良継の内臣としての立場と絡んでいるのかどうか、軽々しくはいえないが、百川の運動は兄良継を巻き込んでいたと見られるのである。しかし良継の後半生は光仁天皇の信頼をバックとして内外の権力を握って「升降自由」といわれ、没後は二帝の外祖父として称えられた。

33　藤原百川――奈良朝きっての策士という評判――

巻三十五・宝亀十年七月丙子9条

［現代語訳］

［参議中衛大将兼式部卿従三位］藤原朝臣百川は、平城朝（聖武天皇朝）の参議正三位式部卿兼大宰帥宇合の第八子である。幼少のときから心の広い性格で、［長じて］高く重要な地位を歴任して、宝亀九年（七七八）従三位中衛大将で式部卿を兼任するにいたった。歴任した職では、それぞれ勤勉で忠実に務めた。天皇は大変信任して、腹心の臣としてことを委ねた。宮内や太政官の政治の重要な政務で関係しないものはなかった。桓武天皇の東宮時代には特に心を寄せていた。あるとき東宮が病気で［回復せずに］何か月かたった。そのとき百川の憂いは顔色に現われるほどで、医薬や祈禱などすべてに精神と体力を尽くした。桓武天皇はこのことによって百川を重んじたのである。百川が没したとき天皇はことのほか悲しみ惜しんだ。時に四十八歳であった。延暦二年（七八三）、生前の功労を思いこし詔して右大臣を贈った。

［訓読文］

［参議中衛大将兼式部卿従三位藤原朝臣百川薨ず［1］］。（中略［2］）百川は平城朝の参議正三位式部卿兼大宰帥宇合の第八子なり［3］。幼きより器度あり。位は顕要を歴て［4］、宝亀九年、従三位中衛大将兼式部卿に

至る。歴たる所の職、各勤恪を為す。天皇甚だ信任し、委ぬるに腹心を以てす。内外の機務関[5]り知らずといふことなし。今上の東宮[6]に居せしとき、特に心を属す。時に上、不予にして已に累月を経たり。百川憂ひ色に形れて、医薬・祈禱、備に心力を尽す。上、是によりて重んず。薨ずるに及びて甚だ悼惜せり。時に年四十八。[7]延暦二年、前労を追思し、詔して右大臣を贈る。[8]

［原文］

［参議中衛大将兼式部卿従三位藤原朝臣百川薨］、（中略）百川、平城朝参議正三位式部卿兼大宰帥宇合之第八子也、幼有器度、歴位顕要、宝亀九年、至従三位中衛大将兼式部卿、所歴之職各為勤恪、天皇甚信任之、委以腹心、内外機務莫不関知、今上之居東宮也、特属心焉、于時上不予、已経累月、百川憂形於色、医薬祈禱、備尽心力、上由是重之、及薨甚悼惜焉、時年四十八、延暦二年追思前労、詔贈右大臣、

［語句解説］

1 **百川**……百川のもとの名は雄田麻呂。天平宝字三年（七五九）六月庚戌16叙従五位下が初見。宝亀二年（七七一）三月庚午13条の任大宰帥からは百川と見える。ここでは記述の便宜上、百川に統一する。

2 **中略**……この部分に、勅使を邸に遣わして従二位を贈り、葬送の用具を官給し、左右京から人夫を充てる詔を宣べたことを記している。

3宇合の第八子……宇合は不比等の第三子。式家の祖とされる。百川の兄として広嗣・良継・田麻呂・綱手が知られており、弟に蔵下麻呂（くらじまろ）がいる。百川の生母は宝亀十一年（七八〇）六月己未26条に卒去記事がある散位従四位下久米連若女（わかめ）である。

4官歴……宝亀九年までの叙位任官はつぎのとおりである。天平宝字三年（七五九）六月叙従五位下、同七年四月任智部少輔、天平神護二年（七六六）九月任山陽道巡察使、ときに正五位下、神護景雲元年（七六七）二月左中弁侍従内匠頭武蔵介として右兵衛督を兼ね、同二年二月任武蔵守、左中弁内匠頭右兵衛督はもとの如く、同年十月正五位上から従四位下に叙せられ、同年十一月癸未13任中務大輔、左中弁内匠頭武蔵守はもとの如く、同月己亥29任検校兵庫副将軍、同三年三月左中弁で内竪大輔を兼ね、同年十月任河内守、左中弁右兵衛督内匠頭はもとの如く、同月甲子30河内国が河内職となると河内大夫と改められ、叙従四位上。本官はもとの如くであった。宝亀元年（七七〇）八月癸巳4称徳崩御。同月辛亥22越前守を兼任（河内大夫を解く）、丁巳28右大弁に昇任、内竪大輔内匠頭右兵衛督はもとの如し（越前守ももとの如しヵ）。同年十月朔光仁即位、叙正四位下。同二年三月任大宰帥、右大弁内竪大輔右兵衛督越前守はもとの如し。この条ではじめて名を百川とし、割注に「本名雄田麻呂」とある。同年十一月参議に任ぜられ、同五年正月叙正四位上、さらに同年五月従三位に昇叙した。同八年十月式部卿を兼任し、右兵衛督はもとの如し、とある。また中衛大将に任じたのは同九年二月のことで、式部卿もとの如し、とある。結局この「伝」では「位は顕要を歴て」「歴たる所の職、各勤恪を為す」と抽象的であって、具体的には何も記していないのである（後述）。

5内外機務……内は宮内、外は太政官の政治。この両方で重要な仕事で関係しないものはなかった、ということ。光仁天皇の腹心として信任が篤かったことである。このことは皇太子問題（廃太子・立太子のこと）についても関与したということであろう。

6今上の東宮…今上は桓武天皇。この「伝」の執筆、『続紀』の編纂の時点での文である。桓武天皇が山部親王として東宮であった時代。山部の立太子は宝亀四年（七七三）正月戊寅2条にみえる。百川と山部の立太子の関係については［考察］参照。次の「上」も「今上」と同じく桓武のこと。宝亀八年十二月壬寅25条に「皇太子不悆（予）」とみえ、畿内の諸社に奉幣しているが、つづく同月乙巳28条に井上廃后の改葬をしている記事があり、皇太子の病気は井上の祟りと考えられていたのであろう。翌九年正月朔条に「廃朝」とあり、皇太子の「枕席不安」のためと見え、同年三月庚午24には勅があり、皇太子の病は数か月経ても平復せずとして、天下に大赦したり、得度をしたりしているところから見て、大変な事態であったようである。

7薨年…四十八歳は『公卿補任』も同じ。逆算すると天平四年（七三二）の生まれ。

8追贈…延暦二年（七八三）二月壬子5条に詔して右大臣を贈った事が見え、ときに故式部卿とある。また弘仁十四年（八二三）五月己未6、淳和天皇の外祖父に当たるとして太政大臣正一位が贈られた（『紀略』『類史』）。

［考察］

百川の「伝」で特徴的なことの一つは、先にも触れたように官歴が具体的に記されていないことである。本文を見ると特に称徳・道鏡政権下で兼官の多さが目立っている。神護景雲年間ではおおよそ左中弁・内匠頭・右兵衛督・中務大輔（内竪大輔）・武蔵守（河内守）という五官を兼ねている状態である。一般的にいって、特定の人に兼官数が集中するのはこの称徳朝の初期に始まり、光仁・桓武朝にも見られる。それは令外官が増えたことにもよるが、能力のある人物に兼官が集まることもあったであろう。百川が能吏であり、重用されていたことが推察されるのである。そしてこのような官職のうち、神護景雲二年（七六八）十一月己亥29に任ぜられた検校兵庫副将軍、同三年三月戊寅10兼任となった内竪大輔の官司の長官はともに道鏡の弟弓削浄人（ゆげのきよひと）であって、百川は次官としてそれを支える立場にあった。

また同三年十月癸丑19河内守に任ぜられたが、それは河内国の由義宮（ゆぎのみや）行幸中のことであった。由義宮は道鏡の本貫弓削郷に築いた離宮（弓削行宮とも見える）であったが、同月30条に詔して「由義宮を以て西京となし、河内国を河内職となす」とあり、由義宮は先の恭仁（くに）宮・保良（ほら）宮と同じように副都とされ、百川の河内守は河内大夫に改められ、従四位上に叙せられた。称徳・道鏡に信任され、重く用いられていることがわかる。翌宝亀元年（七七〇）三月辛卯28条には、再度の由義宮行幸にさいして地元河内の渡来系の人々の華麗な歌垣（うたがき）の披露のあと、百川は人々を率いて和舞（やまとまい）を奏上したとある。このような道鏡政権下での華やかな官歴は「顕要を歴て」の影に隠れているのである。

ところで白壁王（光仁）、つづいて山部王（桓武）の擁立に百川がどのようにかかわったのか、あるいはかかわっていなかったのか、ということが問題になっている。白壁王の擁立については先に「24藤原永手」の項で述べた。称徳天皇の後継を決める禁中の策定会議は永手の主導で行われ、白壁王に決定した。この策定会議のメンバーに百川の名はなく、『続紀』では百川に関して記すところはない。称徳天皇の後継問題で百川が積極的な役割を演じたとするのは『紀略』に引く「百川伝」の記事である。この「百川伝」によると、百川は永手・良継と策を定めて偽の宣命を作り、白壁王を立てて皇太子とすることが出来たという。

「百川伝」の評価についてはさまざまであるが、まったく否定しきれるものではない。百川はこの時点では永手・良継に比して地位は低いが、前述のように称徳・道鏡政権では非常に信任され重用されていたわけであり、またこの「伝」に見えるように、のち光仁天皇の「腹心」として内外の機務に与る人物である。「百川伝」に見えるような百川ひとりの立策とはいえないが、永手・良継を中心として深く内廷・台閣を掌握した藤原グループともいうべき結合が大きな役割を果たしたと思う。

ところで白壁王の妃は聖武の女井上内親王であり、またその間には他戸王がいた。したがって白壁即位、井上立后、他戸立太子となれば、草壁・聖武系の皇位は女系によって継承されることになる。これが藤原永手の主導によって実現した。しかしその永手は翌宝亀二年（七七一）二月己酉21に死去したのである。代わって右大臣大中臣清麻呂・内臣藤原良継という政権ができた（［32藤原良継］参照）。井上皇后が廃后となったのはその翌三年三月のことであり、同五月には他戸皇太子も廃止された。そして翌四年正月には山部親王が立太子したのである。『公卿補任』宝亀二年参議藤原百川の尻付に「本系云」として「大臣（百川）もとより心を桓武天皇に属く、竜潜の日（皇太子になる前）共に交情を結べり。宝亀天皇践祚の日に及びて、私に謀りて皇太子に為さんとす。時に庶人他部（他戸皇子）儲弐の位（皇太子の地位）にあり。公（百川）しばしば奇計を出し、遂に他部を廃し桓武天皇を太子と為す」とある。この「本系」も「百川伝」と同様のもので百川本位に書かれているが、永手没後の前述のような動きは、良継・百川兄弟の主導によるものと見てよいのではないか。のち桓武天皇の皇后となる良継の娘乙牟漏の入内も山部立太子の前後のことである。

百川らによる山部立太子の謀計は、永手の死去のあとに急に起こったのではなく、かなり前からの計画であったのではないかと思う。山部親王は天平九年（七三七）の生まれで宝亀元年（七七〇）には三十四歳、大学頭をへて同年八月には従四位下侍従に任じており、英邁の聞こえが高かったという。他戸親王の年齢はわからないが、おそらく二十歳未満であったであろう。しかし山部の生母が百済渡来人系であって他戸の生母、聖武の娘、井上内親王とは比較にならなかった。先述のように白壁即位ということは、井上皇后・他戸皇太子が当然であった。当時公卿を主導した永手の路線はまさにこれであって、良継・百川らもこれに追従することになる。白壁擁立のときの百川の働きは、あるいは道鏡を何らかの方法で抑えるためであったかもしれない。それはともかく、百川は「しばしば奇計を出し、遂に他部を廃し」たといわれるように、山部擁立のときは特に百川の働きがあったことであろう。

宝亀四年（七七三）正月、山部立太子は実現し、十月には廃后・廃太子の母子は大和国宇智郡の没官の家に幽閉され、その母子は同六年四月己丑27条に「並びに卒す」とある。毒殺などの暗殺の可能性がある。同八年十二月には山部皇太子は病となり、井上廃后の怨霊の祟りなのではないかとされ、数か月をへても平復しなかったので、同九年三月には「延命之術」として、「徳政」すなわち大赦令を発した。この「伝」にみえるように百川が皇太子の病を非常に憂えたというのは、廃后の怨霊の祟りを怖れたからである。皇太子の病は治ったが、逆に百川は翌十年七月に死没した。

のち左大臣になった藤原緒嗣（おつぐ）は百川の長子である。緒嗣の「伝」に、桓武天皇がその父百川の恩を思ってその子緒嗣に特志を与えたことが見えるので、ここに紹介しておきたい（『続後紀』承和十年七月庚戌24条）。まず延暦七年（七八八）緒嗣は十五歳になり、殿上に喚ばれ、天皇自らの幞頭（ぼくとう）や巾子（こじ）を下されて加冠され、直ちに正六位上を授けられ内舎人（うどねり）に任ぜられた。そのとき天皇は手ずから剣を下されて「この剣は汝の父が献じたものである。そのとき汝の父の寿詞は今に忘れない、ひとたび想像するだけで思わず涙が落ちる。この剣を遣わすから大切にせよ」（意訳、つぎも同じ）といい、ついで特別に封戸百五十戸を賜わったという。つぎに延暦二十一年（八〇二）六月神泉苑に行幸があり、その宴のときに緒嗣が和琴を弾じたのを聴いて天皇は涕を流し、詔を下して「もし緒嗣の父がいなかったならば、私はどうして帝位を践むことができたであろうか。この百川の『元功』を私はなお忘れることはできない。緒嗣はまだ若いので臣下たちが怪しむかもしれないが、いま緒嗣を参議に任じて百川への『宿恩』に報いたいと思う」と、見えている。この二つの挿話は桓武天皇がいかに百川に恩を感じていたか、を語るものである。

34　藤原縄麻呂（ふじわらのただまろ）——高野天皇側近の顕官——

巻三十五・宝亀十年十二月己酉13条

［現代語訳］

［中納言従三位兼勅旨卿侍従勲三等］（中略）藤原朝臣縄麻呂は右大臣従一位豊成の第四子である。代々の名門［の出身］であるので、しきりに重要な高い官を歴任して、［神護］景雲二年（七六八）従三位にいたった。宝亀の初めに中納言を拝命し、ついで皇太子傅（こうたいしふ）・勅旨卿を兼ねた。式部卿百川が没して後、そのあとをついで事に当たったが［それから］いくらも経たないうちに没した。時に五十一歳であった。

［訓読文］

［中納言従三位兼勅旨卿侍従勲三等藤原朝臣縄麻呂薨ず］。（中略）[1]、縄麻呂は右大臣従一位豊成の第四子なり[2]。累世の家門なるを以て、頻（しき）りに清顕を歴（へ）て[3]、［神護］景雲二年従三位に至る。宝亀の初めに中納言を拝し、尋（つ）いで皇太子傅・勅旨卿を兼ぬ。式部卿百川薨じて後、相継いで事を用ゐる。未だ幾（いくばく）ならずして薨ず。時に年五十一。

〔原文〕

〔中納言従三位兼勅旨卿侍従勲三等藤原朝臣縄麻呂薨〕、（中略）、縄麻呂、右大臣従一位豊成之第四子也、以累世家門、頻歴清顕、景雲二年至従三位、宝亀初拝中納言、尋兼皇太子傅勅旨卿、式部卿百川薨後、相継用事、未幾而薨、時年五十一、

〔語句解説〕

1中略……この部分に、勅使を邸に遣わして従二位大納言を贈り、葬送の用具を官給し、葬儀用の鼓吹司の夫を充てる詔を宣べたことを記している。

2豊成第四子……『公卿補任』『尊卑分脈』に母は房前女（ふささき）。『分脈』に兄に良因（りょういん）・継縄（つぐただ）・乙縄（おとただ）の名が見える。

3官歴……天平勝宝元年（七四九）四月正六位上より従五位下に叙せられた。薨年から逆算すると天平元年（七二九）の生まれで、このときは二十歳という若さであった。その年八月侍従に任じた。兵部卿・備中守をへて天平宝字七年（七六三）正月礼部（治部）大輔兼侍従。同八年正月正五位下に叙せられたが、九月仲麻呂の逆謀が現われると即日従四位下を授けられ、翌天平神護元年（七六五）正月には論功行賞により勲三等を授けられたので大きな功績があったと見られるが、具体的には明らかでない。また同年九月には民部卿正四位下であった（『大古』五─五一七）。また『公卿補任』によると、天平宝字八年条に九月十一日参議に任ぜられたとあるが、『続紀』では天平神護二年三月辛巳26近江守の兼任のとき、初めて参議民部卿正四位下勅旨大輔侍従とある。同月丁卯12大納言藤原真楯（またて）が没し、即日中納言吉備真備が大納言になっているので、このとき縄麻呂が参議になった可能性がある。

その後、神護景雲二年（七六八）正月従三位を授けられ、二月近江按察使となったが、その時の官位は参議で、民部卿・勅旨大輔・侍従はもとの如く、宝亀元年（七七〇）八月称徳天皇崩ずるや、左大臣藤原永手を中心に策を禁中に定めたが、このとき縄麻呂も参加している。すでに廟堂の実力者でもあったが、つぎに触れるように縄麻呂は侍従として一貫して称徳天皇の側近であったからであろう。翌二年三月中納言になったが、「伝」には、ついで皇太子傅・勅旨卿を兼ねたとある。縄麻呂が皇太子傅（東宮傅）になったことは他に見えない。宝亀二年正月他戸親王が立太子して大納言大中臣（おおなかとみの）清麻呂（きよまろ）が東宮傅を兼ねた。同三年四月廃太子となり、当然東宮坊は廃止され、『公卿補任』同年清麻呂の条に「五月傅を停む、坊を廃するなり」と見える。翌四年正月山部親王の立太子となったが、『続紀』に東宮傅のことは見えず、『補任』同四年条には大納言大中臣清麻呂の項に、ふたたび「東宮傅、正月十四日これを兼ぬ（立坊の日）」とある。それ以後、清麻呂の東宮傅は続いたようで、縄麻呂が任ぜられる隙がない。「伝」の皇太子傅の記述は疑われる。勅旨卿については、やや考証を要するが、簡単にいうと、勅旨省は天平宝字八年の仲麻呂の乱の前後に高野天皇（孝謙）側で設けた令外官で、機密保持・勅命伝達および勅旨田などの財産管理などを職務とした天皇の官房のような機関と見られる。縄麻呂がいつ勅旨省に関係し始めたか明らかでないが、『続紀』では天平神護二年三月丁卯12条に民部卿兼勅旨大輔侍従とあるのが初見である。『公卿補任』では天平宝字九年（天平神護元年）に勅旨卿侍従とあるが、勅旨大輔侍従の誤りであろう。勅旨卿の初見は『続紀』宝亀十年九月庚午4条に、中納言で兼中衛大将のとき「勅旨卿・侍従もとの如し」とある記事である。

［考察］

縄麻呂の履歴上の特徴は、若い時から侍従に任じ、引き続いて最後までその任を去っていないことである。はじめ天平勝宝元年（七四九）八月、即位してまもない孝謙天皇のもとで、従五位下に叙任したばかりの二十歳ながら侍従の任についたが、それ以来高い地位に遷っても、孝謙・称徳天皇の側近であり続けている。そして仲麻呂の乱を契機に新設された勅旨省の大輔、やがて卿となり、また晩年には中納言で中衛大将を兼ねたが、依然として勅旨卿・侍従の兼任も続けていた。中衛府は禁中警護の軍事力であり、これを掌握したのである。中衛大将の前任者は百川で、百川が宝亀十年（七七九）七月に没すると、その九月に縄麻呂がその後任になった。「伝」に縄麻呂は「百川薨じて後、相継いで事を用」うとある。これは中衛大将のことだけでなく、「内外の機務」に与ったということであろう。

百川は参議で四十八歳の若さで没したが、その政治的力量は自他ともに認めるものであったようである。縄麻呂は参議の百川より地位が上でしかも年上であったが、百川の政治的主導の立場を受け継いだということである。しかし縄麻呂はその三か月余のちに死没した（本条）。冒頭の従二位大納言を贈られたという特別待遇は、よほど縄麻呂の死を惜しんでのことであろう。

35　文室邑珍（ふんやのおおち）——僧形で身の安全をはかった皇孫——

巻三十六・宝亀十一年十一月戊子28条

［現代語訳］

［前（さきの）大納言正二位］文室真人邑珍は、二品長（ほんなが）親王の第七子である。天平年中に従四位下を授けられ、刑部卿に任ぜられた。［天平］勝宝四年（七五二）に文室真人の氏姓を賜わった。［天平］勝宝以後、皇親の諸王は［政争にまきこまれて］罪に陥る者が多かった。［そこで］邑珍は髪を剃って僧侶の姿になり、自らの身の安全をはかった。宝亀のはじめに従二位大納言にいたった。年老いたので辞職を願い出たが、詔を下して許されなかった。同五年（七七四）に重ねて辞職を願い出て、これは許された。ついで正二位を授けられた。薨じたときには七十七歳であった。

［訓読文］

［前大納言正二位文室真人邑珍薨ず］[1]。邑珍は二品長親王[2]の第七子なり。天平中に従四位下を授けら[3]れ、刑部卿を拝す。勝宝四年、姓を文室真人[4]と賜はる。勝宝以後、宗室枝族（そうしつしぞく）[5]、辜（つみ）に陥る者衆（おほ）し。邑珍、髪を削りて沙門（しゃもん）となり[6]、以て自ら全うせんことを図（はか）る。宝亀の初め従二位大納言[7]に至る。年老いて致仕[8]すれども、詔ありて許されず。五年、重ねて骸骨（がいこつ）を乞ふ[9]。これを許さる。尋（つい）で正二位[10]を授けらる。薨ずる時、年七十七[11]。

［原文］

［前大納言正二位文室真人邑珍薨］、邑珍二品長親王之第七子也、天平中授従四位下、拝刑部卿、勝宝四年(1)賜姓文室真人、勝宝以後、宗室枝族、陥辜者衆、邑珍削髪為沙門、以図自全、宝亀初至従二位大納言、年老致仕、有詔不許、五年重乞骸骨、許之、尋授正二位、薨時年七十七、

［校異］

（1）「年」……底本に「歳」とするが、意によって改めた。

［考察］

1邑珍……大市ともある。もと大市王（邑珍王）。智努(ちぬ)王（文室浄三(きよみ)）の弟。

2長親王……天武天皇皇子。母は天智皇女の大江皇女（天武天皇二年二月条）。霊亀元年（七一五）六月甲寅4没。時に一品とし、天武天皇第四皇子とある。

3官歴……天平十一年（七三九）正月従四位下直叙（親王の子の蔭位）、同十五年六月任刑部卿。その後、内匠頭・大蔵卿・弾正尹・民部卿などを経て、天平神護元年正月従三位に叙せられ、翌二年七月参議に任ぜられた。

4文室真人……『公卿補任』天平神護元年条、非参議文室大市の尻付に「勝宝四年（七五二）九月七日賜文室真人」とあるが、『続紀』では勝宝四年九月乙丑22条に智努王等に文室真人の姓を賜うことが見えており、邑珍も同時賜姓であったろう。この賜姓は天武の皇孫としては最も早い例である。文室のいわれについてはわからない。栗田寛『新撰姓氏録考証』に文室は地名ではなく、学館のことであり、学館の事に与ったので賜わったのであろうとするが、その証拠はない（［23文室浄三］参照）。

5**宗室枝族**……宗室は本家、枝族は分家のことであるが、皇親の諸王ということであろう。事件に巻き込まれて罪におちいることを怖れて、僧侶の形をして自らの安全をはかったという。これについては［考察］の項参照。

6**髪を削りて沙門となり**……このことは他に見えない。僧形になることだが、出家して世俗のことを捨てた姿である。これはいつのことであろうか。恒常的ではなく「勝宝以後」とあるが、何か事件にさいしてであろう（［考察］参照）。

7**従二位大納言**……叙従二位は宝亀二年（七七一）十一月庚戌28条に、任大納言は同年三月庚午13条に見える。

8**致仕を乞ふ**……宝亀三年二月癸丑2上表して致仕を乞うた（『続紀』にその上表文を引用する）が、詔に「宜しく力の堪ふる所に随ひて常の如く仕へ奉(まつ)るべし」とあってゆるされなかった。

9**重ねて骸骨を乞ふ**……「骸骨を乞ふ」は致仕を乞うと同じ。宝亀五年七月戊申11条に邑珍に対して「体力もし健(すこや)かならば時節に随ひて朝参せよ」と許され、御杖を賜わった。ところが『公卿補任』によると、同五年の条に「七月上表乞致仕、天皇不許、只停中務卿」とあり、同八年条に「十月五日致仕」と見える。

10**正二位**……宝亀五年十一月甲辰9条に天皇が坂合部(さかいべ)内親王（光仁異母姉）の第に行幸し、大市に正二位、内親王に三品を授く、と見える。他の例から見ると坂合部内親王は邑珍の室だったのであろう。

11**薨年**……七十七歳を逆算すると慶雲元年（七〇四）の生まれ。『公卿補任』天平神護元年（七六五）条に「慶雲元年甲辰生」とある。なお『尊卑分脈』には「贈右大臣」とある。

［考察］

この文室邑珍伝は短編であるが、なかの「勝宝以後云々」というフレーズは注目に値する。この語は後に引用する光仁即位前紀（白壁王）にも見えるもので、天平勝宝元年（七四九）阿倍内親王が即位して孝謙天皇になって改元した以後の政情不安な時期をさしている。天皇は女性であった上に後継である皇太子が決まっていなかったので、朝廷内ではいろいろと疑心暗鬼の状態がつづいたのである。光仁即位前紀の記述を見てみよう。

光仁天皇は即位前は白壁王といい、天智天皇の孫、施基(しき)親王の子である。奈良時代の皇統は天武系、なかでも草壁皇子の系統が文武・聖武・孝謙と続いていた。その時期白壁王はアウトサイダーとされたが、一般の諸王と同じく高級官僚への道を歩んでいた。光仁即位前紀の記述はその頃のことを述べているのである。「勝宝より以来、皇極継ぎなく（天皇の後継ぎがなく）人彼此(かれこれ)を疑ひて、罪し廃せらるるもの多し。天皇（白壁王）深く横禍の時を顧みて、或は酒をほしいままにして迹を晦(くら)ます。故を以て害を免がるることあまたたびなり」というフレーズである。これは邑珍伝に見られるものとおなじ状況、孝謙女帝の朝廷内の不安定な雰囲気について述べているものである。

孝謙女帝の皇嗣はなかなか決まらなかったが、聖武太上天皇は遺詔で新田部(にいたべ)親王の子道祖(ふなど)王を皇太子に指名して崩御した。そのあとそれは反故にされ、有力諸臣が推挙する諸王を抑えて舎人親王の子大炊(おおい)王の立太子となった。藤原仲麻呂の策略といわれる。その後まもなく橘奈良麻呂の乱が起こり、推戴された黄文(きぶみ)王や与党とされた道祖王は捕えられて獄中で死去し、安宿王も縁座配流されるなど諸王に累が及んだ。このころ殊に密告が盛行して人々は疑心暗鬼に駆りたてられていた。このあと押勝の乱（天平宝字八年九月）では塩焼王が偽帝に推戴され、また淳仁天皇（大炊王）は廃位されるなど疑獄事件が相ついだが、神護元年八月の和気王の変はその典型ともいうべきものである（[15和気王]参照）。さらに神護景雲三年五月には県犬養姉女(あがたいぬかいのあねめ)による巫蠱(ふこ)（呪詛）事件が起こり、不破内親王・氷上志計志麻呂(ひかみのしけしまろ)の追放・配流のことがあった。このようにこの時期の宮廷は暗雲が立ち込め、密告や誘惑によって罪に陥ったり、地位を失ったりするものが相ついだのである。

そうした状況にあるので、白壁王は酒の力を借りて行く先を晦まして被害を免がれたことがあったという。文室邑珍もまた僧侶の身を借りて自らの身の安全をはかったというのである。『紀略』に引く「百川伝」によると、称徳女帝の崩後、後継のため策を禁中に定めた時、吉備真備は長親王の子文室浄三を推し、浄三に断られるとその弟邑珍を推挙したという。邑珍はもちろん皇位に就かなかったけれども、賜姓して皇親から脱離してもなお誘惑や危険が渦巻く政情不安な世の中だったのである。

36　石上宅嗣——図書館を創始した文人政治家——

巻三十六・天応元年六月辛亥24条

[現代語訳]

［大納言正三位兼式部卿］石上大朝臣宅嗣は、左大臣従一位の麻呂の孫、中納言従三位の弟麻呂の子である。性格は明朗で覚りがよく、姿や様子が立派であった。儒学の経典や歴史書を愛し尊び、広く書物に通じていた。文章を作ることを好み、草書や隷書に巧みであった。天平勝宝三年（七五一）、従五位下を授けられ、治部少輔に任ぜられた。しばらくして文部（式部）大輔にうつり、［その後］中央や地方の官を歴任した。神護景雲二年（七六八）に参議従三位にいたった。宝亀［年間］の初めに地方官に出て大宰帥となった。在任いくらもしないで式部卿に転じ、中納言を拝命した。［その後］物部朝臣の姓を賜わった。それは願い出によってである。ついで皇太子傅を兼任し、改めて石上大朝臣の姓を賜わった。［宝亀］十一年（七八〇）、大納言に転じ正三位を授けられた。

宅嗣は言葉やふるまいがおだやかでみやびであり、［そのことで］当時有名であった。よい風景や山水にあうたびに、時に筆をとってこれを主題に詩文を作った。天平宝字［年間］から後は、宅嗣と淡海三船が文人の筆頭とされた。創作した詩賦は数十首あり、世間で多くこれを伝え朗詠されている。その旧宅を喜捨して阿閦寺とし、寺内の一隅に特に儒学の書を中心とした院を置き、芸亭と名づけた。もし学問好きの人がきて閲覧したい時には自由にそれを許可することとした。そこで規則を定めて後世に残すことにした。その要約はつぎのようである。「仏教と儒教とは本来一体のものである。漸（漸進）と極（急進）とは異なるように見えるが、善く導いたならば異なることはないのである。私は家を喜捨して寺とし、心を仏門に帰依してからすでに久しい。仏典の理解をたすけるために儒教などの書物を加え置いた。この土地は寺院である。［修行の妨げになることは］何事も禁じ戒めなければならない。願わくは同じ志を以てここに入る者は、空（くう）とか有（ゆう）とかを論じて滞るようなことはなく、兼ねて自我に固執する心を忘れるように、また後の時代に来るものは、俗世間の心労を超越して、悟りの境地にいたるように願うものである」と。その院は今も現に存在している。臨終のとき残した教えによって葬儀を簡単にさせた。薨じた時、五十三歳であった。当時の人はその死を惜しみ悲しんだ。

［訓読文］

［大納言正三位兼式部卿石上[1]大朝臣宅嗣薨ず。詔して正二位を贈る］。宅嗣は左大臣従一位麻呂[2]の孫、中納言従三位弟麻呂[3]の子なり。性朗悟（らうご）にして姿儀（しぎ）あり。経史を愛尚し、渉覧する所多し。好んで文を属（つら）ね[4]、草隷[5]を工（たくみ）にす。勝宝三年、従五位下を授けられ[6]、治部少輔に任ぜらる。稍（やや）く文部大輔に遷り、内外に歴居す。景雲二年、参議従三位に至る。宝亀の初、出でて大宰帥となる。居ること幾（いくばく）もなくして式部卿に遷り、中納言を拝す。姓を物部朝臣と賜はる。其の情願するを以てなり。尋（つ）いで皇太子傅を兼ぬ。改めて姓を石上大朝臣と賜はる。十一年、大納言に転じ、俄に正三位を加ふ。宅嗣、辞容（じよう）閑雅にして、時に名あり。風景山水に値（あ）ふごとに、時に筆を援（ひ）きて[7]これに題す。宝字より後、宅嗣及

び淡海真人三船[8]を文人の首(しゅ)となす。著はす所の詩賦(しふ)[9]数十首、世多くこれを伝誦(でんじゅ)す。その旧宅を捨して以て阿閦寺(あしゅくじ)[10]となし、寺内の一隅に特に外典(げてん)の院を置き、名づけて芸亭(うんてい)[11]と曰ふ。如(も)し好学の徒ありて、就きて閲せんと欲する者は恣(ほしいまま)にこれを聴す。仍(よっ)て条式[12]を記して以て後に貽(のこ)す。其の略に曰く、内外の両門[13]は本(もと)一体たり。漸と極とは異なるに似たれども、善く誘(みちび)けば殊ならず。僕(ぼく)、家を捨して寺と為し、心を帰すること久し。内典を助けんがために、外書(げしょ)[14]を加へ置く。地は是れ伽藍なり。事須らく禁戒すべし。庶(ねが)はくは同志を以て入る者は、空有(くうう)[15]に滞ることなくして、兼ねて物我を忘れ、異代に来らん者は、塵労(じんろう)を超出(ちょうしゅつ)して、覚地(かくち)に帰せんことを、と。其の院今見(げん)に存せり。臨終に遺教して薄葬せしむ。薨ずる時、年五十三[16]。時の人これを悼(いた)む。

［原文］

「大納言正三位兼式部卿石上大朝臣宅嗣薨、詔贈正二位」、宅嗣、左大臣従一位麻呂之孫、中納言従三位弟麻呂之子也、性朗悟有姿儀、愛尚経史、多所渉覧、好属文、工草隷、勝宝三年授従五位下、任治部少輔、稍遷文部大輔、歴居内外、景雲二年至参議従三位、宝亀初、出為大宰帥、居無幾遷式部卿、拝中納言、賜姓物部朝臣、以其情願也、尋兼皇太子傅、改賜姓石上大朝臣、十一年転大納言、俄加正三位、宅嗣辞容閑雅、有名於時、毎値風景山水、時援筆而題之、自宝字後、宅嗣及淡海真人三船為文人之首、所著詩賦数十首、世多伝誦之、捨其旧宅、以為阿閦寺、々内一隅、特置外典之院、名曰芸亭、如有好学之徒、欲就閲者恣聴之、仍記条式以貽於後、其略曰、内外両門本為一体、漸極似異、善誘不殊、僕捨家為寺、帰心久矣、為助内典、加置外書、地是伽藍、事須禁戒、庶以同志入者、無滞空有、兼忘物我、異代来者、超出塵労、帰於覚地矣、其院今見存焉、臨終遺教薄葬、薨時年五十三、時人悼之、

［語句解説］

1**石上氏**……もと物部氏。物部氏は饒速日命を祖と伝える古く大和王権の軍事を担当する有力氏族であるが、本宗とされる尾輿・守屋の系統は敏達朝に滅ぼされた。その後、孝徳朝に衛部大華(花)上になった宇麻乃、その子麻呂の系統が勢力をえて天武朝に朝臣を賜姓し、氏を石上と改めた。この系統は雄略朝の大連物部目の子孫と称した（養老元年三月癸卯3条）。石上は大和国山辺郡の地名。物部氏は古くからこの地の石上神宮の神宝を管理したと伝える。

2**石上麻呂**……難波朝（孝徳朝）の衛部大華上宇麻乃の子。はじめ壬申の乱のとき大友皇子の側近としてその敗死のときに侍した。のち天武朝に仕え、天武天皇五年（六七六）十月遣新羅使に任じ、同十年十二月小錦下に叙せられ、朱鳥元年（六八六）九月朝臣を賜姓、このとき氏を石上と改めたらしい。大宝元年（七〇一）三月大宝令の施行により叙正三位、任大納言。その後右大臣、正二位をへて和銅元年（七〇八）三月任左大臣。養老元年（七一七）三月没。七十八歳。贈従一位。

3**弟麻呂**……乙麻呂ともある。神亀元年（七二四）二月叙従五位下が初見。天平十年正月叙従四位下、任左大弁、その後、民部卿・中務卿などを経て天平勝宝元年（七四九）七月任中納言。同二年九月朔没。中納言従三位兼中務卿。『万葉集』『懐風藻』に作品がある。

4 **属文**……「文を属る」とも読む。文章を書き綴ること。

5 **草隷**……草書と隷書。二種の書体が巧みであったという。

6 **官歴**……『続紀』本文を見るに授従五位下は天平勝宝三年（七五一）正月。任治部少輔の記事は見えないが、『万葉集』巻十九・四二八二の詞書に「(天平勝宝) 五年正月四日、於治部少輔石上朝臣宅嗣家、宴歌三首」とあるので天平勝宝五年正月にはその任にあった。その後国司を歴任し、天平宝字五年（七六一）十月遣唐使の副使に任ぜられたが、翌六年三月朔に罷免された。その理由については諸説あるが、いずれも推定に過ぎない。罷免の「罷」の字は、制度・施設をヤメル、歓きわまって宴をヤメル、などのときに用いられていて、罷免とあっても懲罰的なものではない（[40藤原田麻呂] 参照）。翌宝字七年正月には文部大輔に任ぜられている。しかしそのあと同八年正月大宰少弐になったのは良継事件に関連しての左遷と見られる（[32藤原良継]参照）。
　天平神護二年（七六六）正月に任参議、神護景雲二年正月叙従三位とある。つづいて宝亀元年（七七〇）九月大宰帥を兼ね、同二年三月式部卿に任ぜられ、同年十一月中納言を拝命した。同六年十二月姓物部朝臣を賜わったが、その情願の意図は不詳。古い氏族意識を闡明にしたものである。兼皇太子傅のことは『続紀』本文に見えない。石上大朝臣の改賜姓のことは同十年十一月甲申18条に見える。「大」は美称であるが、その事情はわからない。先に情願して許された物部朝臣を解消することに本意があるのかもしれない。同十一年二月任大納言、翌天応元年四月叙正三位とある。

7 **筆を援きて**……「援」は引く、引き寄せる、助ける、の意。ここでは、景色のよいところに行くと、筆を手にとって詩文を書く、ということである。

8 **淡海真人三船**……もと御船王。天平勝宝三年賜姓淡海真人。詩文に優れていたことで著名（[42淡海三船]参照）。

9**詩賦**…『経国集』に詩・賦各一、『唐大和上東征伝』に鑑真追悼の詩一首が残っている。

10**阿閦寺**…『日本高僧伝要文抄』三に引く「延暦僧伝」に芸亭居士石上朝臣宅嗣の伝を記すが、それによると、天平宝字年間に遣唐大使に任ぜられると自宅を喜捨して仏寺とし、阿閦仏像を祀り云々とある。その場所を『建久御巡礼記』によって法華寺の東南とする説があるが、これは光明皇后の千人垢擦りの伝説によるもので「其の湯屋ヲ寺トナシテ阿閦寺ト名ツケラレキ、其ノ昔ノ跡ナリ」とあって、宅嗣の旧宅を寺としたものとはまったく別のものであろう。

11**芸亭**…芸は藝の新字体である「芸」とは別字。香草の一種で書物の虫喰いを防ぐのに用いられた。転じて書物そのものの称にもなった。書庫・書斎のことを芸閣、帙入りの書物を芸帙という。ここでは石上宅嗣の建てた芸亭院のこと。前にあげた『日本高僧伝要文抄』三に引く「延暦僧伝」の芸亭居士伝に、宅嗣の渡唐の船は風波の便宜が得られず本朝に戻されたのち、阿閦寺の東南に芸亭院を造ったとある。これについては［考察］参照。

12**条式**…規定、規則。「その略」とは規則の要約のこと。

13**内外の両門云々**…内は仏教、外は儒教のこと。仏教と儒教は根本はひとつである、漸進と急進の違いがあるように見えるが、よく導けば異なるところはない、という。これは『顔氏家訓』帰心篇十六にある「内外両教本為一体、漸極為異、深浅不同、云々」によるところであろう。

14**内典・外書云々**…内典すなわち仏典の理解を深めるために、外書すなわち儒教の経典などを置く、儒教の経典を置いてもこの場所は仏道修行の寺であるから、その禁戒に従わなければならない、の意。

15空有…世の中は仮のものであって事物はみな空であるとか、そうでない、などという議論に滞っていてはならない、の意。その他は［現代語訳］参照。

16薨年…五十三歳を逆算すると天平元年（七二九）の生まれ。『公卿補任』も没年五十三とし、神護二年の宅嗣の尻付にも「生年己巳」とする。己巳は天平元年であるが、分注に「神亀五年戊戌(辰カ)」とある。

［考察］

石上氏はもと物部氏で、宅嗣の祖父である麻呂が天武朝に石上朝臣に改賜姓された。その麻呂が左大臣、父弟(乙)麻呂は中納言に昇進している。麻呂の文事については伝えられていないが、乙麻呂は『懐風藻』に四首採用され、その略伝がある。それによれば、才能がすぐれ、閑雅な容貌であり、詩文を愛好した人であった。天平十一年（七三九）罪を得て土佐に配流されたが、『懐風藻』の四首はそのときの作品である。また詩集「銜悲藻(かんぴそう)」二巻がある。宅嗣が詩文に優れていたのは父親譲りであったかもしれない。宅嗣は山水の絶景などにあうと、その都度これを主題に詩文を綴り、作詩は数十首であるというが、現在残るものは僅かに『経国集』に詩賦各一、『唐大和上東征伝』に鑑真追悼の詩一首があるだけである。『経国集』の賦は「小山賦」と題し、築庭の山水を詠じたもので、そのあとに「和石上卿小山賦」と題する賀陽豊年(かやのとよとし)の賦が載せられている。これについてはなお後に触れる。もうひとつ『経国集』の詩は「三月三日於西大寺侍宴、応詔一首〈高野天皇在祚〉」という五言絶句であるが、これは『続紀』神護景雲元年（七六七）三月壬子3条に見える西大寺法院での曲水の宴のときの詩であろう。

さて石上宅嗣の事績で最も有名なのは、本邦最初の公開図書館とされる芸亭の創立である。その場所についてこの「伝」では「寺内一隅」とあり、『延暦僧録』には「於寺東南」とある。阿閦寺の寺内、東南の一隅ということであろう。この創立の時期について『延暦僧録』の記事によると、天平宝字年間に勅して遣唐大使になった。そこで万里の波濤を越えて王命を果たそうとして、心を妙覚に帰し、住宅を捨して玄寺となし、阿閦仏像一鋪を造った。ところが遣唐使船は「風色便ならず、却て本朝に還る」ということになり、そのあと寺の東南に芸亭院を造った、という流れになっている。この遣唐使については先に触れたが、『続紀』本文では、宅嗣は天平宝字五年（七六一）十月遣唐副使に任ぜられたが、翌六年三月朔条にはこれを免ぜられ、代わって藤原田麻呂が任ぜられ、その船は難波江口付近で破損したので、規模を縮小して唐人を送るための使としたが、結局風波の便なく渡海は中止になった、という経過である。宅嗣がなぜ免ぜられたか、その理由は不明であるが、いずれにせよ『延暦僧録』の右の記載は正確ではない。

まず宅嗣は副使であるのに遣唐大使を命ぜられたといい、いかにも渡海をしようとして便風を得ず帰国した、と取れるような書き方である。そこで新村出氏は、『延暦僧録』では芸亭を造ったのは帰国後のこととするが、この設立年代の所伝は信憑性がないとし、あとで引く『後紀』弘仁六年（八一五）六月丙寅27条の賀陽朝臣豊年の卒伝に、豊年が宅嗣の芸亭で書物を学んだという記事があり、それは宝亀二年（七七一）頃のことと思われるので、その頃の設立と考えられている。しかしこれも根拠があるものではない。『延暦僧録』の記事も正確を欠くが、天平宝字年間に遣唐使を命ぜられ、そのとき家を捨てて阿閦寺としたが、渡唐はせずに寺のうちに芸亭院を造ったということになる。その年代は不詳であるが、遣唐使を免ぜられてからさほど経過したときではなさそうである。

さて芸亭はその条式のなかで、内典を助けるために外典を置く。ただし場所は寺院なので僧侶の修行等に差し支えることは禁断する。志を同じくする者は利用できるが、空理空論にとどまるのではなく自我に固執せず、また後世の利用者は俗世間を超えてこころの悟りに達するように、と述べている。これが芸亭の設置方針であった。このようなことから見て、これは公開された図書館の創始であることで広く知られている。しかしまた私立学校の創始でもあるという桃裕行氏の説もある。その根拠はただ一つ、空海の「綜藝種智院式」（『性霊集』十）に「備僕射の二教、石納言の芸亭、此の如く等の院」が先蹤であったとする記述である。芸亭と並んであげられた吉備真備の二教院というものは他の史料には見えず、学校であったかどうかわからない。塾のようなものではないかと想像する。他方『後紀』弘仁六年六月丙寅27条の賀陽朝臣豊年の卒伝に「大納言石上朝臣宅嗣、礼待周厚にして、芸亭院に屈す。数年の間、博く群書を究む」と見える。新村出氏はこれを宝亀二年、宅嗣の式部卿任官から中納言昇任までの頃と考え、ときに豊年は二十一歳であったとされた。この年代については確証はないが、宅嗣は若い豊年に親切に厚く対応し、芸亭に招いて五年間諸書を閲読して研究する便宜をはかったということである。これから見ると芸亭は学校というより、やはり図書館であり、また研究所のようなものであったと見られる。芸亭院には見事な築庭があった。『延暦僧録』に「山を堅め沼を穿ち、竹を植ゑ花を栽ゑ、云々」とあり、「その西南に禅門を構へ、東北に方丈室を建つ」とある。また『経国集』に収める宅嗣の「小山賦」はこの庭に築かれた小山を描写したものと思われ、賀陽豊年の「和石上卿小山賦」に、「巌石池泉、魚鳥松蘭」と詠じられた「菴室」、「経史の閣に皓蕩する」というのは、この芸亭院の築庭を詠じたものであろう。

さらに『延暦僧録』によると、宅嗣は「三蔵讃頌」（玄奘三蔵を讃える文）を制作し、これが唐国にもたらされ、唐の内道場の大徳飛錫等の僧侶が読んで感嘆し、「日本国にも維摩詰がいるのか」とまでいわれたという。これに対して飛錫は『念仏五更讃』一巻を作り、来使に付けて日本にもたらされた。このように宅嗣の名は唐に広がり、光りが日本に掲げられたのである、と「芸亭居士伝」は終えている。

37 大伴伯麻呂——宴飲して談論風発の人——

巻三十七・延暦元年二月丙辰3条

[現代語訳]

［参議従三位中宮大夫兼衛門督］大伴宿禰伯麻呂の祖父の馬来田は内大紫を贈られ、父の道足は平城朝（聖武天皇朝）の参議正四位下であった。伯麻呂は［天平］勝宝の初めに従五位下を授けられ、上野守に任ぜられた。［その後］しきりに転任して、［天平］神護年間に従四位下左中弁にいたった。宝亀年間に宮内卿にうつり、ついで参議を拝命した。宴会でよく飲み談話し、大変気高いおもむきがあった。天宗高紹天皇（光仁天皇）は伯麻呂を寵愛した。ついで正四位上を授けられ、左大弁・衛門督・中宮大夫を歴任して、従三位を授けられた。薨じた時、六十五歳であった。

[訓読文]

［参議従三位中宮大夫兼衛門督大伴宿禰伯麻呂薨ず］。祖馬来田[1]は贈内大紫、父道足[2]は平城朝の参議正四位下たり。伯麻呂は勝宝の初め従五位下を授けられ[3]、上野守に除せらる。累りに遷りて、神護中に従四位下左中弁に至る。宝亀中に宮内卿に遷り、尋いで参議を拝す。宴飲談話、頗る風操有り。天宗高紹天皇これを寵幸す。尋いで正四位上を授けられ、左大弁・衛門督・中宮大夫を歴、従三位を加へらる。薨ずる時、年六十五。

[原文]

[参議従三位中宮大夫兼衛門督大伴宿禰伯麻呂薨]、祖馬来田、贈内大紫、父道足、平城朝参議正四位下、伯麻呂、勝宝初授従五位下、除上野守、累遷、神護中至従四位下左中弁、宝亀中遷宮内卿、尋拝参議、宴飲談話、頗有風操、天宗高紹天皇寵幸之、尋授正四位上、歴左大弁衛門督中宮大夫、加従三位、薨時年六十五、

[語句解説]

1**祖馬来田**……祖父の馬来田は囓(くい)（咋子(くいこ)）の子で長徳(ながとこ)（旅人の祖父）の弟とも見える。弟の吹負(ふけい)（小吹負(おふけい)）とともに壬申の功臣。天武天皇十二年（六八三）三月没するとき大紫を授けられ、大宝元年（七〇一）には中功封一百戸を賜わり四分の一を子に伝えられた。

2**道足**……天平三年（七三一）八月任参議。ときに右大弁正四位下。同十三年没。

3**官歴**……従五位下に叙せられたのは天平勝宝二年（七五〇）八月、同四年十一月上野守となり、神護景雲三年（七六九）四月従四位下に叙せられ、五月員外左中弁に任ぜられた。また宮内卿に任ぜられたのは宝亀五年（七七四）九月、参議になったのは同九年正月のことである。また左大弁は同十年十一月の任、天応元年（七八一）四月正四位上に叙せられ、五月に参議宮内卿で衛門督を兼ねたが、そのとき左大弁は解かれた（大伴家持任）。同月皇太夫人高野新笠(たかののにいがさ)のための中宮職が置かれ、その大夫を兼ねた。叙従三位は『続紀』本文に見えない。『公卿補任』では天応二年（延暦元年）条大伴伯麻呂の項に「正月叙従三位」とし、つづけて「閏正月十三日坐事解官」とあるのは、氷上川継事件のことであろうか。『続紀』には見えない。翌二月三日に没した。光仁天皇は

伯麻呂が宴会のとき大いに酒を飲み、談論風発でしかも気高い節操があったので好み、寵愛したという。

［考察］

ここでは「伝」に記載されなかった二点について補足的に述べておきたい。

第一は大伴氏の系譜に関してである。先にも触れたが、本「伝」の伯麻呂の祖父馬来田と先にあげた古慈斐の祖父吹負とは兄弟であった。したがって伯麻呂と古慈斐とは又従兄弟にあたるわけであるが、祖父の馬来田と吹負とは壬申の乱のとき、早くから大海人皇子に従った舎人の兄弟であって、乱後は功臣として表彰されている。この兄弟の父親は囓（咋子）であることは、『続紀』天平勝宝元年閏五月壬戌29吹負の子の牛養の薨条に、牛養は咋子の孫とあることなどから明確といえよう。ところが『大伴系図』（『続群書類従』所収）では、咋子の子は長徳（馬飼）としている。であれば長徳は馬来田・吹負の兄弟でありそうなものだが、そのようにはなっていない。長徳は『書紀』孝徳紀大化五年（六四九）四月に大紫・右大臣に叙任されており、『公卿補任』『大伴系図』などでは白雉二年（六五一）七月に死没しているので、馬来田・吹負の兄弟が活躍した壬申の乱（六七二）から一世代も古い人とみられる。また長徳の子御行（みゆき）・安麻呂の兄弟が壬申の乱で、大海人皇子側で活躍している記事が見られるから、ちょうど馬来田・吹負の兄弟と世代的に同じであったのではないか。

このように長徳と馬来田・吹負兄弟の血縁がいまひとつはっきりしないが、奈良時代には長徳の系統と馬来田の系統、そして吹負の系統と三系統が並存して活躍していたようである。すなわち一つは長徳の子安麻呂の子が旅人、その子が家持という万葉歌人の系譜であり、二つ目は馬来田の子が参議道足、その子が本条の伯麻呂である。第三の吹負の系統では、その子が祖父麻呂（おおじまろ）、さらにその子が古慈斐（宝亀八年没）である。この三系統の大伴氏が奈良朝に活躍した。ちなみに長徳の孫で万葉歌人旅人は天平三年（七三一）七月大納言で没したが、この年を例にとって見ると、同年馬来田の子道足は正四位下で参議に任ぜられており（同十三年頃没）、また吹負の子、祖父麻呂は同年には従四位下越前按察使兼守であった（没年不詳）。これらを系図に描くとつぎの如くである。ただし前述のように咋子は長徳との関係はよくわからず、仮に『大伴系図』によっておいた。

ところで大伴氏は古くから大和王権に軍事によって仕えた有力豪族であることは広く知られている。もともとは直木孝次郎氏がいわれるように、大伴とはすなわち大和王権に仕えるすべての伴造を総括するものであったようではあるが、特に軍事的なことで活躍する伝承が伝えられている。『古事記』『書紀』の神代巻によれば、大伴連の祖天忍日命（あめのおしひのみこと）が久米直の祖天津久米命（あまつくめのみこと）とともに武装して天孫降臨の先導をつとめたとし、神武東征における大伴連の祖道臣命（みちのおみのみこと）、日本武尊の東征に従軍した大伴連の祖武日（たけひ）の話は武門の代表的伝承である。詳細な系譜は不詳ながら、これらの祖先伝承は『古事記』『書紀』編纂の頃に大伴連が武門の家と見られていたことを示している。

［大伴氏略系図］

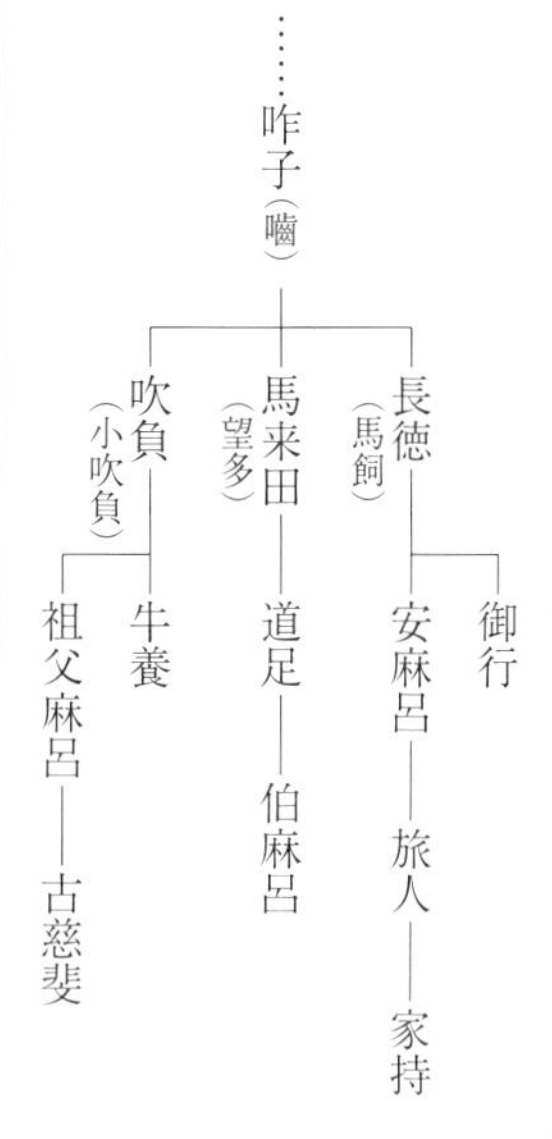

大伴氏の系譜としてやや史実性が見えてくるのは、雄略・清寧朝（五世紀後半カ）の大連室屋、仁賢・宣化朝（六世紀前半カ）の大連、金村のあたりからである。ついで崇峻・推古朝初期（六世紀後半～七世紀はじめ）に任那の救援、唐使の迎使をつとめたのが大伴連囓であり、この人が馬来田と吹負兄弟の父とされる咋子である。『大伴系図』というものは古

い系譜の部分は直ちには信じられないが、以上のような流れとして奈良朝にいたる大伴氏の系譜を考えることができるのである。

つぎに触れておきたいのは、東大寺大仏開眼供養会における久米舞の奉納である。久米舞は大伴・久米両氏が伝える歌舞である。前述のように、この両氏はともに大和王権に武を以って仕えた氏族で、大伴連は久米直の従える久米部をも率いて王権に仕奉する形が見られた。久米舞は神武東征のときの戦勝歌とされ、舞をともなって伝えられ、大王（天皇）の即位の宴などに奏上されたものと思われる。

こうした久米舞が東大寺の大仏の開眼会においても奏上されたのである。これについては『続紀』天平勝宝四年四月乙酉9条の有名な記事があるが、そこでは雅楽寮や諸寺の種々の音楽、王臣諸氏の五節・久米舞・楯伏・踏歌・袍袴等の歌舞が「東西より声を発し、庭を分けて奏す。なす所の奇偉のことあげて記すべからず。仏法東帰してより斎会の儀、未だ嘗てかくのごとく盛んなるはあらず」と見える。また『東大寺要録』巻二（供養章第三）にはさらに詳しくみえており、「大歌」舞二十人のあと、「久米舞」として大伴・佐伯各二十人によって奏上され、その舞頭として従五位下大伴宿禰伯麻呂・従五位上佐伯宿禰全成（またなり）の名があげられている。

大仏開眼という天平の盛儀に大伴とその同族の佐伯の氏人によって、先祖から伝えられた武門の歌舞を奏上され、その舞頭として五位になってからまもない伯麻呂が選ばれたことは大変光栄なことであったのである。

38　藤原百能（ふじわらのももの）――後宮女官の頂点にたった――

巻三十七・延暦元年四月己巳17条

[現代語訳]

［尚侍（ないしのかみ）従二位］藤原朝臣百能は兵部卿従三位麻呂の娘である。右大臣従一位豊成に嫁いだ。大臣（豊成）が薨じたのちも、［貞節の］志を長く守りつづけて、後宮に仕えて、貞節の心が固いと称賛された。薨じた時六十三歳であった。

[訓読文]

［尚侍[1]従二位藤原朝臣百能薨ず］。兵部卿従三位麻呂[2]の女（むすめ）なり。右大臣従一位豊成[3]に適（ゆ）けり。大臣薨[4]ぜし後、志を守ること年久しく、内職[5]に供奉（ぐぶ）して貞固と称せらる。薨ずる時、年六十三。

[原文]

［尚侍従二位藤原朝臣百能薨］、兵部卿従三位麻呂之女也、適右大臣従一位豊成、大臣薨後、守志年久、供奉内職、見称貞固、薨時年六十三、

［語句解説］

1**尚侍**…後宮十二司のうちの内侍司の長官。内侍司は天皇に近侍して奏請（官から天皇への奏上を受ける）・宣伝（天皇の言葉を宣べ伝える）のことを掌り、また女官全体の取り締まりにあたった。内侍司職員の定員は、尚侍（長官）二人・典侍（次官）四人・掌侍（判官）四人・女孺百人という、後宮内の最大の官司であるが、尚侍の地位は令制では従五位に准ずる官とされて高くなかった。しかしその職務から次第に地位が上昇し、奈良朝後期には尚蔵（くらのかみ）（蔵司の長官）と並んで、従三位に准ずる後宮の最高の地位となった。有力貴族の妻妾が尚侍の地位につくことが多かった。

2**兵部卿麻呂**…不比等の第四子麻呂は京家の祖といわれるように左京大夫として知られるが、天平三年（七三一）兵部卿に任じ、同九年七月乙酉13薨じたとき参議兵部卿従三位とある。

3**豊成**…南家武智麻呂の長子。豊成と百能はいとこの関係になるが、豊成は慶雲元年（七〇四）の生まれ、百能は養老四年（七二〇）の生まれで年齢では十六歳の差があった。結婚の年は不詳。

4**大臣薨**…豊成の薨去は天平神護元年（七六五）十一月甲申27条に見える。ときに従一位右大臣、六十二歳であった。

5**内職**…後宮の諸司のこと。豊成の未亡人として貞操は固く、そのことで賞賛された、という。長年の勤務で天皇の日常に近侍し、また女官を束ねる尚侍にまで上り詰めたわけである。

［考察］

尚侍が奈良朝後期には地位が向上し、有力貴族の妻がその地位に就くことが多かったことは先に［語句説明

1」で述べた。それは内侍司の機能を利用して宮廷内に太いパイプをつくることを企図したものと推察される。史料上確実な尚侍は四例にすぎないが、いずれも奈良朝後期の例である。

①藤原袁比良（藤原仲麻呂の妻）　天平宝字六年（七七二）六月没　尚蔵兼尚侍正三位
②大野仲仟（藤原永手の妻）　天応元年（七八一）三月没　尚侍兼尚蔵正三位
③藤原百能（藤原豊成の妻）　延暦元年（七八二）四月没　尚侍従二位
④阿倍古美奈（藤原良継の妻）　延暦三年（七八四）十月没　尚蔵兼尚侍従三位

その初例①の袁比良（宇比良古・表比良ともある。房前の娘）は権力者藤原仲麻呂の妻であった。仲麻呂政権下の後宮において、光明皇后、のち淳仁天皇のもとで働きがあったと思われる。しかし夫に先立って天平宝字六年六月庚午23に尚蔵兼侍正三位で死去した。

ついで仲麻呂の乱後、後宮で台頭したのは、本「伝」の主人公藤原百能であるが、尚侍として死去したのは②大野仲仟（東人の娘）が早いので、まず仲仟についてみてゆきたい。仲仟は道鏡政権下の左大臣藤原永手の妻であった。称徳天皇はときに永手邸に行幸することがあったが、そのとき何度か妻の仲仟に叙位されることがあった。その後、光仁朝の初め、宝亀元年（七七〇）十月には多数の女官の叙位のトップとして従三位に叙せられている。従三位は尚侍の基準位階でもあるので、このことは後宮のトップとしての尚侍になったことを表わしているのではないだろうか。夫永手は翌二年二月に没するが、仲仟はその後も尚侍の地位にあって、同九年に正三位に昇り、前記のように天応元年に没した。

つぎに③藤原百能であるが、夫の豊成は弟の仲麻呂の専権の時期に迫害されていたが、天平宝字八年九月、仲麻呂乱の鎮定後直ちに右大臣に復帰し、従一位に叙せられ、それに伴って妻の百能は正五位下から従三位に特叙された。この時の叙位は論功の意味もあるので、直ちに尚侍になったかはわからない。夫の豊成はその翌神護元年七月に没した。しかし百能はその三年後の神護景雲二年（七六八）十月に正三位に昇叙し、晩年の宝亀九年八月には従二位になっている。正三位になった称徳朝の後半に尚侍に就いた可能性がある。

ここで仲仟と百能は重なるが、尚侍の定員は令制で二人なので、両人は並んで在任していた時期があったのではないかと思われる。百能は仲仟の没後も尚侍として勤続し、桓武朝にいたったものと見られる。

もう一例④の阿倍古美奈（阿倍粳虫の娘）は内大臣従二位藤原良継の妻である。古美奈の場合は百能よりかなりあとの宝亀六年（七七五）八月に正五位上から従四位下に叙せられたのが初見である。このとき夫の良継は内臣として枢機の地位にいたが、同八年には死没した。古美奈はその後も昇叙して天応元年十一月従三位に昇っている。そして延暦三年十月に没したのは前記の如くである。古美奈が尚侍になったのは百能の没後のことであろう。

以上のようにいずれも尚侍の地位についた確実な年月は不詳であるが、尚侍の時期については凡そのことがわかる。また四人とも死没時において尚侍あるいは尚侍兼尚蔵の地位に在任していたことも知られるのである。また注目されるのは①袁比良を別として、②仲仟は夫の永手の最晩年、③百能と④古美奈は夫の死後に尚侍になったと思われることである。つまり当初予想した権力者が自己の体制を宮廷内に作ることを企図しただけではなく、その没後も後宮内で昇進し続け、尚侍にまでいたったことがわかるのである。これには天皇の方の積極的なちからがあったとみるべきであろう。

百能は豊成の妻ではあるが、後妻であって生児はないようである。それに対して古美奈の場合は、亡き良継との間の娘乙牟漏（おとむろ）が後に桓武の皇后となるということがある。乙牟漏が無位から正三位となり、夫人に召されたのは延暦二年のことであって、それは古美奈の最晩年、良継が没した宝亀八年から七年後のことであるが、当時すでに十八歳とみられるので、良継の晩年には乙牟漏の入内が予定に入っていたかもしれない。

39 道嶋嶋足——蝦夷出身の政府高官——

巻三十七・延暦二年正月乙酉8条

[現代語訳]

［正四位上］道嶋宿禰嶋足は、本の姓は牡鹿連といい、陸奥国牡鹿郡の人である。体格や容貌は雄々しく壮んで、気力はたけだけしく、生まれつき馬を馳せて矢を射ることが上手であった。天平宝字年中に授刀将曹に任ぜられた。［同］八年［押勝の乱にさいして］恵美訓儒麻呂が勅使を劫かした時、嶋足と将監の坂上苅田麻呂とが、詔を奉じてすばやく駆けつけ［訓儒麻呂を］射殺した。功績によって抜擢されて従四位下勲二等を授けられ、宿禰の姓を賜わり、授刀少将兼相模守に任ぜられた。［のち近衛］中将に転じ、本姓を改めて道嶋宿禰を賜わった。ついで正四位上を加えられ、内厩頭、下総・播磨等の守を歴任した。

[訓読文]

［正四位上道嶋宿禰嶋足卒す］。嶋足は本姓は牡鹿連、[1]陸奥国牡鹿郡の人なり。体貌雄壮に志気驍武にして、素より馳射を善くす。宝字中に授刀将曹[2]に任ぜらる。八年、恵美訓儒麻呂[3]の勅使を劫かせしとき、嶋足と将監坂上苅田麻呂と、詔を奉じて疾く馳せ、射てこれを殺せり。功を以て擢でられて従四位下勲二等を授けられ、[4]姓宿禰を賜ひ、授刀少将兼相模守に補せらる。中将に転じ、本姓を改めて

道嶋宿禰と賜ふ。尋で正四位上を加へられ、内廐頭、下総・播磨等の守を歴たり。

［原文］

［正四位上道嶋宿禰嶋足卒］、嶋足、本姓牡鹿連、陸奥国牡鹿郡人也、体貌雄壮、志気驍武、素善馳射、宝字中、任授刀将曹、八年恵美訓儒麻呂之劫勅使也、嶋足与将監坂上苅田麻呂、奉詔疾馳、射而殺之、以功擢授従四位下勲二等、賜姓宿禰、補授刀少将兼相模守、転中将、改本姓賜道嶋宿禰、尋加正四位上、歴内廐頭下総播磨等守、

［語句解説］

1 **牡鹿連**……道嶋宿禰の本姓は牡鹿連とあるが、天平勝宝五年（七五三）八月癸巳25条に、陸奥国人大初位下丸子嶋足が牡鹿連の姓を賜わった記事がある。丸子・丸子部というのは丈部・君子部等と共に政府軍に属した蝦夷の有力者に最初に与えられる姓で部民の名称である。しかし古い本来の部民制がそのまま行われていたのではなく、新服属の有力者を把握するための称であろう。その後、つぎの段階として土地名を冠した公・連・臣などの姓を与えられるのが一般的である。

嶋足に先立って、その年の六月丁丑8に牡鹿郡の外正六位下丸子牛麻呂・正七位下丸子豊嶋ら二十四人が牡鹿連の姓を賜わっている。牡鹿郡はいまの宮城県石巻市および牡鹿半島地域である。彼らは嶋足と同じ牡鹿連の姓を賜わっているところから見て同族と思われ、嶋足はすでに在京していたのではなかろうか。

2 **授刀将曹**……「宝字中」とあるが、後述のように天平宝字八年（七六四）ころの任命と思われる。それより以前、

天平宝字元年七月に橘奈良麻呂の乱の発逆の時、奈良麻呂側の策略で勇猛な者が追討軍に加わらないように集めて足止めさせていたことがみえるが、その中に嶋足の名が見える。その官職などは見えないが、坂上苅田麻呂と共にみえるので、嶋足はおそらく衛府のトネリで勇猛な人としてすでに有名であったと見られる。授刀衛は天平宝字三年十二月に設置されたものであるが、そのとき授刀衛の官職は督・佐・大少尉・大少志であって将曹はない。大将・将監・将曹などは、もともと中衛府などにある官職であるが、押勝の乱において授刀衛が孝謙上皇（高野天皇）側の武力の中心となっていて、改編充実して中衛府系の官職名になったと見られる（「17藤原真楯」参照）。したがって授刀将曹は天平宝字八年九月以降のものということになる。

3**恵美訓儒麻呂の射殺**…訓儒麻呂は久須麻呂とも書き、仲麻呂の長男である。押勝の乱の初期、淳仁天皇の中宮院にあった鈴印（駅鈴と内印）の争奪があった。高野天皇は少納言山村王を遣わして鈴印を収めさせた。これを知った押勝は子息訓儒麻呂を派遣してこれを奪わせたのであるが、授刀少尉坂上苅田麻呂と将曹嶋足が訓儒麻呂を射殺して鈴印を確保した。嶋足はこの勲功により一躍昇進した。

4**官歴**…天平宝字八年九月に従七位上から従四位下に特叙され、牡鹿宿禰の賜姓に与ったことが見える。同年十月には相模守を兼任したが、そのとき本官は授刀少将とある。天平神護元年（七六五）正月の論功行賞で勲二等を授けられ、同年二月には近衛員外中将に任ぜられた。この「伝」に「中将に転じ」とあるのは文脈としては授刀中将であるが、この近衛中将を指すか。

つぎに道嶋宿禰の賜姓記事は『続紀』の本文に欠落している。天平神護二年二月己亥13叙正四位下のとき道嶋宿禰と見えるのが初見。その前年の天平神護元年二月には牡鹿宿禰とあるので賜姓はこの間のことであろう。内廐頭の任官記事はない。下総守は宝亀九年（七七八）二月、播磨守は同十一年三月に兼任の記事がある。後者すなわち兼播磨守のとき本官は中衛中将（近衛カ）・内廐頭とある。蝦夷出身でここまで中央政府の高官になったものは他にいない。嶋足は傑出した人物であった。この「伝」に欠落しているのは陸奥大国造のことである。［考察］の項参照。

［考察］

嶋足ははじめ丸子嶋足と呼ばれていた。丸子ないし丸子部は陸奥国南部に分布する氏族であるが、もともとは古代氏族制下の部民の称の一種である。ほかに吉弥侯部（きみこ）（君子部）・大伴部・丈部などがある。このうち丸子部の性格は諸皇子共有の名代・子代部であったとか、和邇氏（わに）の部民であったとか諸説があるが確定的な説はない。私は丸子のことを和邇子と書いている所から和邇氏との関係を考えてみたいが、いずれにしても八世紀の蝦夷社会にこうした部民制が敷かれていたわけではない。蝦夷地の新服属の族長が服属時において特定の貴族と集団的従属関係をもつ形をとったか、または内国各地、たとえば常陸・下総・下野等からの移住者の関係か判然としないが、ともかく昔のような部民制そのものが陸奥の地で行われていたものではない。

蝦夷の名は政府側の記録では、たとえば沙尼具那（さにぐな）・宇婆佐（うばさ）・馬武（まむ）（斉明天皇四年紀）のような発音を一字一音で表記されるような、いわば蝦夷的な名であったとみられ、それが天平勝宝五年の段階では蝦夷対策の結果であろうが、すでに丸子という部民の称ながら氏を称し、名も牛麻呂・豊嶋・嶋足のような内国民と同様な名を称し、さらに下級位階も帯びるという段階にあり、この時さらに牡鹿連という地名を関した姓を賜わったのは、一層の内国化を進めたものである。嶋足はこれを本姓としている。この段階では先に推察したように、このとき牛麻呂・豊嶋は在地にあり、嶋足は上京して衛府などに仕えたものであろう。この「伝」にあるような「体貌雄壮、志気驍武」というような嶋足であれば、その武勇が期待されたに相違ない。

嶋足は上京して衛府のトネリになったのではなかろうか。天平宝字三年に授刀衛ができると坂上苅田麻呂とともにそこに編成された。授刀衛は押勝の乱の初期に高野天皇側の武力となって補強拡大されて、嶋足はそこの主典にあたる将曹に、苅田麻呂は一段上の判官すなわち将監に登用され、そこで殊功を立てたというわけである。嶋足はその功により破格ともいうべき従四位下授刀少将に叙任せられ、牡鹿宿禰の姓を賜わった。

嶋足が道嶋宿禰と見えるのは前述のように、天平神護二年二月己亥13条であるが、それより早く同元年十二月己亥13条に従六位下道嶋宿禰三山(みやま)の叙外従五位下が見える。三山は嶋足より位階身分が低い人であるから、嶋足より先に道嶋宿禰の賜姓に与ることは考えられない。嶋足の賜姓の記事は欠落しているが、これより先のことと思われる。このあと嶋足は正四位上内廐頭になったわけであるが、この「伝」では陸奥大国造のことが落ちている。

神護景雲元年(七六七)十二月嶋足は陸奥大国造に任ぜられた。同時に道嶋宿禰三山が陸奥国造に任ぜられている。この国造はもちろん律令国造で令前の国造のように政治権力があったわけではなく、国内の神祇祭祀のことを司るもので、往々にして名誉職的なものになる例があるが、嶋足は実質的な影響力をもっていたようである。それについては以下に記すところであるが、このとき同時に国造に任ぜられた三山は先述のように同じく道嶋宿禰になった同族と見られる。この年七月には陸奥国の少掾となり、十月には伊治城(これはりのき)築城に功績があって従五位上となり、のち陸奥大掾をへて員外介となるなど、国司として現地で活躍する人物である。

嶋足について最も注目すべきことは、神護景雲三年三月辛巳13条に見える陸奥人の大量の賜姓である。これは大国造道嶋宿禰嶋足の申請によるものとされており、それは大国造の権限というより、実質的な影響力によるものであろう。そのさい賜姓に与った人の地域は白河郡をはじめ、陸奥南部の十八郡（現宮城・福島県）にわたり、丈部をはじめとする七姓六十二人以上にのぼり、賜わった姓は安倍陸奥臣をはじめ十八姓に及んでいる。これら各地の族長などはみな嶋足の影響の下にあったものであろう。その後宝亀元年八月己亥10条に、蝦夷の宇漢迷公宇屈波宇なる者が徒族を率いて賊地に逃げ帰り、戻らないばかりか同族を率いて城柵を攻め侵すであろうという情勢であったので、政府は道嶋嶋足を現地に派遣して、ことの虚実を調べさせたということが見える。その後の結果等については記述がないが、蝦夷の間に嶋足の影響力があるのを利用した方策だったのであろう。

嶋足の一族としては先の陸奥の国衙の官人で国造になった三山のほかに、嶋足の本拠であった牡鹿郡の大領に道嶋大楯なる人物がいた。この大楯は反逆した夷俘の首長伊治公呰麻呂と争って殺され、呰麻呂反乱の契機となった。また延暦八年（七八九）征東将軍紀古佐美の下の別将として道嶋御楯がいるが、その名前からして大楯の親族であろう。のち御楯は征夷大将軍坂上田村麻呂の征討軍に加わり高い信頼を得て、同二十一年鎮守軍監から陸奥大国造となり、同二十三年（八〇四）には征夷副将軍、大同三年（八〇八）には鎮守副将軍ともなった。かれは嶋足の次世代であろう。桓武・平城朝の蝦夷経営に重要な役割を果たした。

40　藤原田麻呂（ふじわらのたまろ）――恭謙の公卿と称された――

巻三十七・延暦二年三月丙申19条

[現代語訳]

［右大臣従二位兼近衛大将皇太子傅（こうたいしふ）］藤原朝臣田麻呂は参議式部卿兼大宰帥正三位宇合（うまかい）の第五子である。性格は慎み深く、物事で人と争うということはなかった。天平十二年（七四〇）、兄の広嗣の乱に連座して隠岐に流された。同十四年、罪を赦されて［京に］召し戻されたが、［大和の］蜷淵（になぶち）の山中に隠棲して、時の政治にかかわらず、仏典への志を篤くして、脩行することを務めとした。［しかし呼び出されて官仕し、天平］宝字年間に従五位下を授けられ、南海道節度使の副となり、美濃守・陸奥按察使（あぜち）をへて次第に遷って、天平神護の初めに従四位下を授けられ、参議を拝命し、外衛大将・大宰大弐・兵部卿をへて、宝亀の初めに従三位を授けられ、中納言を拝命し、大納言兼近衛大将に転じた。延暦元年（七八二）には、栄進して右大臣となり、従二位を授けられ、ついで正二位を加えられた。薨じた時は六十二歳であった。

[訓読文]

［右大臣従二位兼行（ぎやう）[1]近衛大将皇太子傅藤原朝臣田麻呂薨ず］。田麻呂は参議式部卿兼大宰帥正三位宇合[2]の第五子[3]なり。性恭謙（きようけん）にして、物に競ふこと無し。天平十二年、兄広嗣の事[4]に坐せられて、隠伎

に流さる。十四年、罪を宥（ゆる）されて徴（め）し還され、蜷淵山中[5]に隠居して、時の事に預らず。志を釈典に敦ふして、脩行（しゆぎやう）するを務（つとめ）となす。宝字中に従五位下を授けられ[6]、南海道節度使の副となり、美濃守・陸奥按察使を歴（へ）たり。[7]稍（やや）く遷されて、神護の初め従四位下を授けられ、参議を拝し、外衛大将・大宰大弐・兵部卿を歴（へ）て、宝亀の初めに従三位を授けられ、中納言を拝し、大納言兼近衛大将に転ぜらる。延暦元年、進みて右大臣となり、従二位を授けられ、尋（つ）いで正二位を加へらる。薨ずる時、年六十二。[8]

［原文］

［右大臣従二位兼行近衛大将皇太子傅藤原朝臣田麻呂薨］、田麻呂、参議式部卿兼大宰帥正三位宇合之第五子也、性恭謙無競於物、天平十二年坐兄広嗣事、流於隠岐、十四年有罪徴還、隠居蜷淵山中、不預時事、敦志釈典、脩行為務、宝字中授従五位下、為南海道節度使副、歴美濃守陸奥按察使、稍遷、神護初授従四位下、拝参議、歴外衛大将・大宰大弐・兵部卿、宝亀初授従三位、拝中納言、転大納言兼近衛大将、延暦元年進為右大臣、授従二位、尋加正二位、薨時年六十二、

［語句解説］

1行……「選叙令」任内外官条に、帯している位階より相当位が低い官職に就いている場合は「行」と書き、高い官職ならば「守」を用いることを規定している。これは主として公文書の位署書などに用いられるもので、『続紀』の薨卒伝に用いられているのはここだけである。この場合は従二位の位階の方が近衛大将の相当位である

正三位（天平神護元年二月甲子3条）、皇太子傅の正四位上（官位令）より高いので「行」を用いている。

2**宇合**…馬養とも書く。藤原不比等の三男。式家の祖とされる。天平九年（七三七）八月没。正三位で参議式部卿兼大宰帥であった。享年四十四歳。

3**第五子**…『尊卑分脈』では宇合の四男で、広嗣・良継・清成の弟、綱手・百川・蔵下麻呂の兄とする。『公卿補任』に母は小治田朝臣功麻呂の男牛養の娘とある。

4**広嗣事**…天平十二年（七四〇）九月、大宰少弐藤原広嗣が朝廷で重用されている玄昉と吉備真備を除くことを主張して大宰府で挙兵した（「4僧玄昉・29吉備真備」参照）。朝廷は大野東人を大将軍として討伐軍を発した。翌十月三日広嗣は肥前国松浦郡で斬殺された。広嗣の与党は死罪二十六人、没官五人、流罪四十七人以下の数字が見えているが具体的な氏名等は見えない。田麻呂の次兄良継も連座して伊豆に配流され、同十四年赦免されたことがその伝に見える（「32藤原良継」参照）。田麻呂は享年六十二歳を逆算して養老六年（七二二）の生まれ、天平十二年は十九歳となる。百川・蔵下麻呂ら弟たちは幼年のため配流は免れたのであろう。

5**蜷淵山中**…天平十四年配流の罪は赦免されたが、官仕せず蜷淵山中に隠居したという。蜷淵は南淵・稲淵に通じ、飛鳥川の上流の地、現在の奈良県高市郡明日香村稲淵にあたる。『公卿補任』天応二年条に田麻呂のことを蜷淵大臣と称しているのは、のちにもここに別宅を構えていたのではないか。

6**授従五位下**…従五位下を授けられたのは「宝字中」とあるが、天平宝字五年（七六一）正月戊子2条に正六位上から従五位下に叙せられたことが見える。隠居をやめて官仕したことについて、木本好信氏は祖父正一位不比等の庶孫としての蔭位は正六位下であるが、不比等の正一位は贈位だから一階を降して従六位上となる、として田麻呂は従六位上の蔭位で出身したものとされ、それは十五年ほど隠居した後、天平勝宝末年～天平宝字元年頃に出仕したものとし、そのとき田麻呂は三十五歳頃と推測された。その可能性はあるだろうが、いかがなものか。いずれにせよその頃には兄良継のほかに弟百川・蔵下麻呂もすでに出仕していたであろうから、式家の再興ということから田麻呂も誘い出されたのではないか。それは何年のことか、推定する根拠を持たない。

7官歴……官歴すなわち叙位・任官の記事は田麻呂の薨伝のほとんどを占める。それは『続紀』本文の叙位任官記事と比べると省略などはあるが、基本的に矛盾するところはない。その具体的な特長や意義については［考察］において述べることとし、ここでは「伝」の記事には見えない（省略された）叙位・任官の記事について指摘しておきたい。まず仲麻呂政権最末期の天平宝字八年（七六四）正月の叙位で従五位下から正五位下に昇叙、仲麻呂没落後の翌天平神護元年正月に叙正五位上、道鏡政権では翌二年十二月に叙従四位上とあるなどは「伝」には見えない。また道鏡没落後の宝亀元年（七七〇）十月光仁即位にさいして正四位下を授けられている。そのほか抜けているものは、宝亀七年十月の任摂津大夫、天応元年四月桓武即位に伴う叙位で叙正三位などである。

8薨年……六十二歳は『公卿補任』も同じ。逆算すると養老六年（七二二）の生まれ。

［考察］

田麻呂の薨伝の大部分は叙位任官の記事で占められている。これを平凡に列記しても面白くない。彼の仕えた奈良朝に起こった政権の変動に対応して検討してゆく。これを仲麻呂政権、道鏡政権、光仁・桓武朝の三時期に分けて概観することにする。

①藤原仲麻呂政権の時期…隠棲から抜けて官仕し従五位下になった同じ天平宝字五年正月丁未21条に礼部（治部）少輔とある。同年十月仲麻呂の勢力下の近江に保良宮を新築したが、田麻呂がその造宮使であったことは、同月己卯28天皇がその保良宮に移御し、そこで田麻呂は造宮使として従五位上に叙せられていることで知られる。そのとき同時に近江按察使藤原御楯や同国の国司らがともに叙位に与っている。仲麻呂のもとで信任が厚かったことが知られるのである。その翌十一月には南海道節度使百済王敬福のもとで副（次官）に任ぜられているが、これは新羅征討のための準備であった。

田麻呂は翌天平宝字六年三月に節度使の副から遣唐副使に転任した。これは石上宅嗣の代替としてであった。そのときの本官は左虎賁衛督（左兵衛督）と見える。この遣唐副使の宅嗣から田麻呂への変更については議論があるが、この度の遣唐使には唐帝の要請によって兵器材料としての牛角を運ぶという特殊な任務があり（天平宝字五年十月辛酉10条）、その関係で文官の宅嗣から武官の田麻呂に変更されたという中川収氏の見解がある。先に宅嗣の罷免は懲罰的なものではないことを述べたが（［36石上宅嗣］参照）、はじめ節度使の副に任ぜられた田麻呂が節度使のもつ対新羅政策の関係から唐との軍事的意味合いが重要度を増し、急遽遣唐副使に抜擢されたという事情があったのかもしれない。しかしこの遣唐使は船の破壊などのことによって取りやめとなり、判官以下による軽使に切り替えられ、田麻呂の渡唐は中止になった。

その翌七年には美濃守、ついで陸奥出羽按察使に任ぜられ、仲麻呂政権の末期といえる同八年正月には正五位下に昇叙している。ときに四十三歳であった。このように仲麻呂政権下にあっては比較的仲麻呂に近い五位の中級官人として順調に昇叙したといえるが、この頃、兄良継（宿奈麻呂）は反仲麻呂の事件によって姓を除き位を奪われるという処罰をうける厳しい状況にあったのである（［32藤原良継］参照）。

②道鏡政権の時期……この年八月、仲麻呂の叛乱が起こると、兄良継はただちに高野天皇（孝謙上皇）の詔を奉じて追討にあたったが、田麻呂も新設の外衛中将に任ぜられ孝謙側の武力となっており、仲麻呂平定後の天平神護元年（七六五）正月に正五位上に叙せられ、二月には外衛大将（正五位上）に昇った。翌二年七月に参議に任ぜられたが、この時従四位下とある。叙従四位下のことは史に見えないが、この数か月の間に昇叙のことがあったのであろう。従四位下は参議の最低の条件ともいえるから、田麻呂は道鏡政権で抜擢されたといえるのではないか。そしてその五か月後の十二月には早くも従四位上に叙されている。その後、神護景雲二年（七六八）十一月に大宰大弐に任ぜられたが、同時に任ぜられた帥は弓削清人であったから、田麻呂は参議であっても大宰府の現地に赴任したのであろう。他方、弟の雄田麻呂（百川）は道鏡の信任を受けて華々しく活躍した（「33藤原百川」参照）。

③光仁・桓武朝……道鏡没落のあと擁立された光仁即位に伴う宝亀元年（七七〇）十月朔の叙位によって、田麻呂は正四位下に叙せられた。その時点での官職は不詳であるが、翌二年閏三月兼三河守に任ぜられたときの本官は左衛士督とある。しかし同七月丁未23条には兵部卿に任ぜられて三河守はもとの如しとある。仲麻呂政権下では左虎賁衛督（左兵衛督）、道鏡政権下では外衛大将、そして光仁朝では左衛士督・兵部卿と武官系の官職を歴任していたことがよくわかるのである。

この年十一月に大嘗会が行われ、三河国は由機国に指定された。それで慣例どおり二十六日田麻呂は由機国の国司として位階を一階あげられて正四位上となったが、翌日天皇の由機厨への出御があって、また一階昇叙されて従三位となったのである。大嘗会のとき由機・須岐国司に叙位を賜うことは通常であるが、そのあと天皇が両厨に御して再び国司に叙位のことがあるのは珍しいことである。三河守となり二度の昇叙に与ったことは幸運だったといえよう。このあたりの事情について、木本好信氏は田麻呂の昇叙を狙った良継の計画であろうとされる。良継は「志を得て升降自由」と評されるからそうしたこともあったかもしれない。

田麻呂はその後、宝亀七年十月に参議で摂津大夫に任じたが、十年九月には中務卿となり、翌十一年二月に中納言に任ぜられた。これは前年の十二月に中納言の藤原縄麻呂が没したのでその欠を補うためである。

さて翌宝亀十二年（七八一）は天応元年と改元され、その四月光仁天皇は譲位し、桓武天皇が受禅即位した。田麻呂は即位の祝賀の叙位で正三位に叙せられ、新たに皇太子となった早良親王の東宮傅を兼任することとなった。この桓武即位の時点で、右大臣に大中臣清麻呂、内大臣に藤原魚名、大納言に石上宅嗣、そして中納言として田麻呂と藤原継縄、というメンバーであった（『公卿補任』によると継縄も田麻呂と同時に前年宝亀十一年二月に任中納言とする）。

ところがまず六月二十三日、右大臣の大中臣清麻呂が辞任した。これには前からの経緯があり、八十歳の高齢でもあった（［48大中臣清麻呂］参照）。また翌日大納言の石上宅嗣が没した。そのため急遽二十七日藤原魚名を左大臣に上げて、もとからの兼大宰帥はそのままとし、田麻呂は大納言に昇格し、兼近衛大将となった。この近衛大将は魚名が兼帯していたもので、魚名からとりあげて、田麻呂に与えた形となっている。その年の十二月、光仁上皇は病没し、翌年六月、魚名は「事に坐して大臣を免」ぜられ、大宰府に赴任させられるのである（［41藤原魚名］参照）。

このようにして短時日のうちに田麻呂の上の人は全部いなくなり、延暦元年（七八二）六月右大臣に昇格して台閣の首班となった。田麻呂にとっては予期しないことであったであろう。しかしそれも長く続かず、翌二年三月に没したのである。没したときの位階は『続紀』本文の叙位記事では正三位のはずであるが、薨去記事には従二位を冠し、「伝」の文中に右大臣に進んだとき従二位を授けられ、ついで「加正二位」とある。本文に叙従二位の記事を欠いており、この正二位は贈位であろう。『公卿補任』でもこれと同じであるが、ただ延暦二年の条に左大臣とあるのは誤りであろう。

田麻呂の官人としての生涯を通じてみると、隠棲していて出仕が普通より遅かったが、その後の位階の昇進が非常に早かったことが特長としてあげられるであろう。天平宝字五年（七六一）四十歳で従五位下に叙爵したが、それから五年後の天平神護二年（七六六）に従四位下で参議になり、ついで五年後の宝亀二年（七七一）に従三位となり、さらにそれから十年余で延暦元年（七八二）右大臣として台閣の首班となるといった具合である。

そしてこの二十年、政局は流動的で非常に変動が大きかった。その経歴を見てわかるようにそうした変動の中、田麻呂は政変に巻き込まれることもなく見事に生涯をまっとうした。これは何によるものであろうか。先にもあげたように田麻呂は運に恵まれた幸運の人といえよう。しかし幸運だけでこうなるものでもなかろう。また同じ式家の良継・百川・蔵下麻呂の兄弟のはからいもあるに相違ないが、やはり『続紀』の撰者が「伝」のなかで「性、恭謙にして、物に競ふことなし」といった性格のもたらすところで、その慎み深く謙譲で人と争うことをしない性格が、あの流動的で厳しい政局にあっても人の信用するところとなったものに違いないと思うのである。

41　藤原魚名——晩年に暗転、配流された大臣——

巻三十七・延暦二年七月庚子25条

［現代語訳］

［大宰帥正二位］藤原朝臣魚名は、贈正一位太政大臣房前の第五子である。天平年間の末に従五位下を授けられ、侍従に任ぜられた。しばらくして職は移動して、天平宝字年間に従四位［下］宮内卿にいたった。天平神護二年（七六六）に従三位を授けられ参議となった。また宝亀の初めに正三位に叙せられ、大納言を拝命し、ついで中務卿を兼ねた。さらに同八年（七七七）に従二位を授けられた。年齢はすでに長老となって、ついで天皇の政務を助けることとなり、内臣を拝命した。それからまもなく勅があって、名称が改められて忠臣となった。同十年に進んで内大臣となった。天応元年（七八一）正二位を授けられ、にわかに左大臣を拝命し大宰帥を兼ねた。［ところが、桓武天皇の代になって］延暦元年（七八二）に罪に坐して大臣を免ぜられ、［大宰帥はそのままで］都を出て任地（大宰府）に行くこととなり、その途中、摂津国にいたって病気が起こって留まりつづけた。［これにたいして］勅があり、そのまま別荘に留まって治療を加えることを許された。そこに留まること二年、召されて都に還った。薨じた時、六十三歳であった。

〔訓読文〕

〔大宰帥正二位藤原朝臣魚名薨ず〕。魚名は贈正一位太政大臣房前の第五子なり[1]。天平の末に従五位下を授けられ、[2]侍従に補せらる。稍（やや）く遷されて、宝字中に従四位宮内卿に至る。神護二年、従三位を授けられ参議となる。宝亀の初めに正三位を加へられ大納言を拝し、尋（つ）いで中務卿を兼ぬ。八年に従二位を授けらる。年已に長（たけ）老いて、次いで輔政に当り、拝して内臣となる。未だ幾（いくばく）もあらずして勅ありて、改めて忠臣と号す。十年、進みて内大臣となる。天応元年、正二位を授けられ、俄に左大臣を拝し大宰帥を兼ぬ。延暦元年、事に坐せられて[3]大臣を免ぜらる。出でて任所に之（ゆ）く。摂津国に至りて病発（おこ）りて留連（るれん）す。勅ありて便（すなは）ち別業に留り以て療を加ふることを聴さる。居ること二年、召されて京（けい）師（し）に還る。薨ずる時、年六十三[4]。

〔原文〕

〔大宰帥正二位藤原朝臣魚名薨〕、魚名、贈正一位太政大臣房前之第五子也、天平末、授従五位下補侍従、稍遷、宝字中至従四位宮内卿、神護二年、授従三位、為参議、宝亀初、加正三位、拝大納言、尋兼中務卿、八年授従二位、年已長老、次当輔政、拝為内臣、未幾有勅、改号忠臣、十年進為内大臣、天応元年、授正二位、俄拝左大臣兼大宰帥、延暦元年坐事免大臣、出之任所、至摂津国、病発留連、有勅聴便留別業以加療焉、居二年、召還京師、薨時年六十三、

[語句解説]

1房前第五子……鳥養・永手・真楯・清河の弟、御楯・楓麻呂の兄。

2官歴……『続紀』本文では叙従五位下は天平二十年（七四八）二月、任侍従の記事はないが、天平勝宝元年（七四九）十一月甲寅24条に八幡大神入京の迎神使として侍従従五位下と見える。叙従四位下は天平宝字五年（七六一）正月、任宮内卿は同八年九月、叙従三位は天平神護二年（七六六）十一月、任参議は神護景雲二年（七六八）二月である。宝亀元年（七七〇）十月朔条に叙正三位、任大納言は翌二年三月、兼中務卿は同五年九月に見える。同八年正月従二位に叙せられた。内臣になったのは翌九年三月で、「近衛大将大宰帥もとの如し」とある。前年九月に内大臣（もと内臣）良継が没したのでその後を襲ったのであろうが、良継亡きあと魚名は五十八歳で藤原氏の最長老であった。内臣が忠臣と改称された理由は不詳。翌年正月内大臣に昇格した。良継と同じである。魚名もまた大中臣清麻呂の右大臣を越せなかった（[48大中臣清麻呂]参照）。

3事に坐して云々……延暦元年（七八二）六月乙丑14条に「事に坐して大臣を免ぜられ、其男正四位下鷹取は石見介に左遷せられ、従五位下末茂は土左介に、従五位下真鷲は父に従ひて並びに促して任にゆかしむ」とある。そして同月己卯28条に「大宰帥藤原朝臣魚名摂津国に到りて、病発して途に進むに堪へず。勅すらく、宜しく病愈ゆるを待ちて然る後に発進すべし」とあり、『続紀』本文は「伝」とほぼ同様である。そして、翌二年五月丁亥11条に「勅すらく、大宰帥正二位藤原朝臣魚名老病相仍りて、中路に留滞す。宜しく京に還らしめて其の郷親に託すべし」とあり、七月庚子25に死去したが（本条）、同月乙巳30条に、詔があって「故大宰帥正二位藤原朝臣魚名は乃祖乃父より世々茂功を著す。或は忠義を尽して君に事へ、或は風猷を宣べて以て時に伏す。ここに此を念ひて、懐に忘るることなし。今故に贈るに本官を以てし、其の先功に酬ゆ。宜しく去る延暦元年六月十四日に下すところの詔勅・官符等の類は、悉く皆焼却すべし」とみえる。この勅の末尾に見えるように魚名の左降に関する記録は焼却せられ、その真相は謎に包まれることになったのである。

4薨年六十三……逆算すると養老五年（七二一）生まれ。『公卿補任』も同じ。

［考察］

魚名の内臣就任は、鎌足・房前・良継の後を追うものであるが、山本信吉氏が指摘したように、魚名の場合は皇位継承問題とは関連がない。良継の没後、藤原氏の長老として、その後を継ぐにさいして良継の例にならって内臣に任ぜられたというものであろう（［32藤原良継］参照）。そのことと共に右大臣の位には大中臣清麻呂がいて、これを越えられない事情があったのではないか（［48大中臣清麻呂］参照）。魚名は大臣の権能はないが「輔政」に当たるという内臣となり、やがて良継の例にならって内大臣をめざすのであった。内臣となって一か月もせずに忠臣と改称されたのは、父祖の功績、歴代の忠義を背負っての美称であろう。それもほんの繋ぎで、翌年（宝亀十年）正月には内大臣に昇った。そしてまもなく天応元年（七八一）六月光仁に代わって桓武が即位すると右大臣清麻呂は上表して致仕するが、その直後魚名は右大臣を越えて左大臣となり、大宰帥を兼ねたのである。

さて桓武即位の一年後の延暦元年六月乙丑14条に、突然左大臣魚名について「事に坐せられて大臣を免ず」ということが見えるのである。この間のことは［語句解説3］に述べたように真相は謎に包まれている。天皇が太政官筆頭の左大臣を免官するということは尋常のことではない。事件のあらましは先に記した以上のことはわからないのである。魚名没後の詔に、免官された左大臣の官を贈り、関係の詔勅・官符等の類を悉く焼却する処置がとられたという。怨霊を恐れた思想ではないかと思われるが、ともかくそれで真相がわからなくなった。もちろん『続紀』にも関連記事は記されないわけである。

ところがこの光仁から桓武への代替わりのときにもう一つの大宰帥左降事件が起こっている。それは藤原浜成（はまなり）の事件である。桓武が即位した天応元年四月十五日の翌々十七日のことだから、即位反対者への怨恨ではないかと思われるように「従三位藤原朝臣浜成を大宰帥となす」という記事があり、これだけでは左遷かどうか判然としないが、六月十六日条によると、浜成はこれまで歴るところの職で善政が聞こえるところはないとして懲らしめのために、大宰帥を員外帥に切り替えたというのである。これでも理由が判然とせず種々考えられているが（〔52藤原浜成〕参照）、いずれにせよ桓武の専制的な処置が指摘されるところである。また浜成が員外帥になった六月十六日に大宰大弐佐伯今毛人（いまえみし）に下した勅によると、浜成には大宰府の政務に一切触れさせることなく、すべて今毛人が行うように、ということがことさらに述べられ、この直後の同月二十七日に魚名が左大臣に任ぜられると共に、空いた大宰帥を兼任しているのである。もちろんこの魚名の大宰帥は遥任であるが、前述のように翌年の六月十四日に「事に坐せられて大臣を免」じて大宰帥だけ残すことになるわけであるから、ことによると前年の左大臣兼大宰帥のときからの計画であったのかもしれない。

この魚名左降事件の理由については、氷上川継事件に連座しての左降、上昇する藤原種継の勢力による追い落し、などという説があるが、いずれも確証するにいたらない。私は魚名左降事件の理由としてではないが、太政官のトップをこともなげに左降してしまう専制性が桓武にはあったということを指摘したことがある（『長岡京の謎』）。このあと桓武は生涯左大臣さえ置いたことはなく、太政官を率いる右大臣や大納言はすべて六十歳から七十歳にかけての穏健な老臣ばかりで、中納言級を筆頭とする中小氏族出身の官僚を指揮して政治をリードしていったのである。

ところで新日本古典文学大系『続日本紀』五の補注はこの事件について丁寧に解説し、その理由を考察した二、三の説に疑問を呈したあとで、この事件は桓武の政治姿勢との関連で考察すべき事柄であるとし、光仁への服喪期間をめぐる桓武と公卿とのたび重なるやりとりを問題としている。そこでは天皇の権威・権力の確立を志向する桓武と、氏族制的原理に基づき天皇の専制化への志向を制御しようとする貴族との、政治の場における攻めぎあいが見られる、と指摘している。律令政治におけるこうした関係の指摘は重要である。ただし、この場合、服喪期間のやりとりは、魚名が左降された六月十四日を過ぎても続いているのであって、期間の短縮を求める公卿は七月二十九日、右大臣（藤原田麻呂）以下参議以上の連名で、相当に強硬、且つ脅迫的でさえある奏文を提出した。桓武はやむなくこれを容れ、直ちに翌八月朔日「百官釈服」とした。この光仁への服喪期間の問題については旧稿で述べたところであるが（「桓武天皇の政治思想」『平安時代の歴史と文学・歴史編』所収）、この経過を見ると、喪期の延長という桓武の考えは、先帝の崩御を悼む心情に発するものとはいえ、多分に尊父に対する厚葬を重んずる中国思想に由来するものであることは明らかである。

指摘されるように専制化を志向する桓武とそれを制御しようとする貴族との攻めぎあいが政治の場で見られると思う。桓武はそれを制して専制化に進んだのである。魚名左降事件は証拠書類の滅却によって謎となったが、たとえば山部王（桓武）の立太子問題における対立も視野に入れる必要がありはしないか、また早くから専制性を孕んでいる桓武のことだから些少な仕掛けによる疑獄の可能性もあろう。服喪期間の問題はむしろ公卿側が一矢を報いたというものではないか。

42　淡海三船――僧俗兼ね備えた文人政治家――

巻三十八・延暦四年七月庚戌17条

［現代語訳］

［刑部卿従四位下兼因幡守］淡海真人三船は、大友親王の曾孫である。祖父の葛野王は正四位上式部卿であり、父の池辺王は従五位上内匠頭であった。三船は生まれつき賢く鋭敏であり、多くの書物に広く目を通し、もっとも文を書くことを好んだ。天平宝字元年（七五七）淡海真人の姓を賜わり、始めて官職について式部少丞を拝命し、しきりに転任して、天平宝字年間に従五位下を授けられ、式部少輔や三河・美作守を歴任した。同八年（七六四）に造池使に任ぜられ、近江国に行って堤や池を修造した。そのとき［反乱を起こした］恵美仲麻呂（藤原仲麻呂）が宇治から逃走して近江を根拠地としようとして、まず使者を派遣して兵馬を徴発させた。［その時］三船は、勢多にいて［造池］使の判官の佐伯宿禰三野と共に賊徒とその仲間の者らとを捕えた。そのあと将軍の日下部宿禰子麻呂・佐伯宿禰伊達らが数百騎を率いて到着し、勢多橋を焼き落した。そのため賊軍は川を渡ることができず［琵琶湖の西岸］高嶋郡に走った。その功績によって［三船は］正五位上勲三等を授けられ、近江介に任ぜられた。［その後］中務大輔兼侍従に転任し、まもなく東山道巡察使に任ぜられた。出張して地方の状況を尋ね集め、仕事が終わって報告の奏上をしたところ、［地方官人への］評定が公平でなく、大いに朝廷の趣旨に背いていたので、勅によって責めとがめられ、大宰少弐に転出された。［その後］

刑部大輔にうつり、大判事・大学頭兼文章博士を歴任した。宝亀末年に従四位下を授けられ、刑部卿兼因幡守を拝命した。卒した時、六十四歳であった。

［訓読文］

［刑部卿従四位下兼因幡守淡海真人三船卒す］。三船は、大友親王[1]の曾孫なり。祖の葛野王[2]は正四位上式部卿たり。父の池辺王[3]は従五位上内匠頭たり。三船は性識聡敏[4]にして、群書を渉覧し、尤も筆札[5]を好む。宝字元年、姓を淡海真人と賜はり、起家[6]して式部少丞を拝し、累り[7]に遷りて、宝字中に従五位下を授けられ、式部少輔、参河・美作守を歴たり。八年、造池使に充てられ、近江国に往きて陂池を修造す。時に恵美仲麻呂、宇治より遁れ、走りて近江に拠り、先づ使者を遣して兵馬を調発せしむ。三船、勢多[8]にありて、使の判官佐伯宿禰三野と共に賊徒及び同悪の徒とを捉縛す[9]。尋いで将軍日下部宿禰子麻呂・佐伯宿禰伊達ら数百騎を率ゐて至り、勢多橋を焼き断つ。故を以て賊は江を渡ることを得ずして高嶋郡に奔る。功を以て正五位上勲三等を授けられ、近江介に除せらる。中務大輔兼侍従に遷り、尋いで東山道巡察使[10]に補せらる。出でて採訪し、事畢りて復奏するに、昇降慥ならずして頗る朝旨に乖けり。勅ありて譴責せらる。出でて大宰少弐[11]となり、刑部大輔に遷され、大判事・大学頭兼文章博士を歴たり。宝亀の末、従四位下を授けられ、刑部卿兼因幡守を拝す。卒する時、年六十四[12]。

［原文］

［刑部卿従四位下兼因幡守淡海真人三船卒］、三船、大友親王之曾孫也、祖葛野王正四位上式部卿、父池辺王従五位上内匠頭、三船、性識聡敏、渉覧群書、尤好筆札、宝字元年、賜姓淡海真人、起家拝式部少丞、累遷(1)、宝字中授従五位下、歴式部少輔・参河・美作守、八年被充造池使、往近江国修造陂池、時恵美仲麻呂遁自宇治、走拠近江、先遣使者、調発兵馬、三船在勢多、与使判官佐伯宿禰三野、共捉縛賊徒及同悪之徒、尋将軍日下部宿禰子麻呂、佐伯宿禰伊達等率数百騎而至、焼断勢多橋、以故賊不得渡江、奔高嶋郡、以功授正五位上勲三等、除近江介、遷中務大輔兼侍従、尋補東山道巡察使、出而採訪、事畢復奏、昇降不慥、頗乖朝旨、有勅譴責之、出為大宰少弐、遷刑部大輔、歴大判事大学頭兼文章博士、宝亀末、授従四位下、拝刑部卿兼因幡守、卒時年六十四、

［校異］

（1）遷・・・・底本に「迁」とあるが、俗字なので蓬左文庫本によって改めた。

［語句解説］

1**大友親王**・・・・天智天皇の子、大友皇子のこと。天智の後継争いとして叔父大海人皇子（天智の弟）と壬申の乱を戦い、大津の山前で敗死した。明治三年（一八七〇）弘文天皇と追尊。

2**葛野王**・・・・大友皇子の長子。母は天武天皇の娘十市皇女。生母の関係で連座を免れたのであろう。『懐風藻』に伝記と二首がある。それによると若くして学を好み、広く経史に渉り、文を綴ることを愛した、という。高

市皇子没後の皇嗣策定の議で皇位は子孫相承すべきと論じ、持統天皇の嘉賞を賜い、正四位上式部卿を授けられた。慶雲二年（七〇五）十二月没。ときに正四位上。

3池辺王…葛野王の子。神亀四年（七二七）正月従五位下直叙。天平九年十二月任内匠頭。没年不詳。『万葉集』巻四の六二三の詞書に「池辺王、宴に誦せる歌」とある。

4性識聡敏…識の字は諸本にないが、底本とした「国史大系」では明暦三年印本によって加えている。意味は変わりないが、四字熟語に整えたのであろう。生まれつき聡明で鋭敏だったということ。

5筆札…ふでと紙。札は木や竹の札（木簡）。転じて文を書くこと。

6賜姓淡海真人…この「伝」では天平宝字元年とするが、『続紀』本文では天平勝宝三年（七五一）正月辛亥27条に見える。このときは三十一人もの諸王が一斉に賜姓されており、天平宝字元年とするのは誤りではないか。

7官歴①…式部少丞は『続紀』本文には見えない。天平勝宝八歳五月癸亥10条には内竪（ないじゅ）とある。従五位下に叙せられたのは天平宝字五年正月である。式部少輔は押勝時代の官名では文部少輔であり、同六年正月に任ぜられている。また三河守は天平宝字五年正月、美作守は同八年八月己巳4の任命である。しかしその十日後の己卯14条に「使を遣して、池を大和・河内・山背・近江・丹波・播磨・讃岐等の国に築かしむ」と見え、これが「伝」にいう造池使であろう。仲麻呂の逆謀が漏れ、急遽、造池使の名目で畿内と周辺諸国に警戒する使が派遣されたのであろう。三船は近江国に充てられたのである。

8勢多…勢田・瀬田ともある。『和名抄』に近江国栗太郡に勢多郷が見える。現在の滋賀県大津市瀬田。東西に東山道の駅路が通り、琵琶湖から流出して南下する勢多川（瀬田川）に架けられた橋が勢多橋（瀬田橋）である。この地は東に勢多駅、近江国衙があり、さらに琵琶湖東岸から北陸道に通ずる交通の要衝である。現在の瀬田唐橋から約八〇メートル下流の川底から奈良時代の勢多橋の遺構が発見されている。

9 **押勝の乱**……造池使に充てられて近江国に赴く三船は押勝の乱に遭遇する。押勝は近江に行こうとして、先遣隊に兵馬の徴発を命じており、三船らは勢多の地で彼らを捉え、また将軍らとともに勢多橋を焼き落した。そのため押勝らは当初計画した琵琶湖の東岸にゆくことはできず、西岸の高嶋郡に逃走した、という。この功績によって正五位下に特叙された。勲三等を賜わったこと、近江介に任ぜられたことは『続紀』本文に見えないが、天平神護二年（七六六）二月丁未21条に功田二十町を賜わり、子に伝えしめられたことが見える。

10 **東山道巡察使**……これは天平神護二年九月に畿内および六道に巡察使を任命したもので、その使命は、「百姓の疾苦を採訪し」「前後交替の訟を判断し」「頃畝の損得を検す」という三か条で、三船が問題にされたのは、二番目の国司の交替の訴訟に関してであって、その判断が不公平であったということである。その具体的な状況はわからないが、神護景雲元年（七六七）六月癸未5条によると、下野前介弓削宿禰薩摩の訴状によるものであるという。道鏡一族にかかわることだけに不透明な事情があるのかもしれない。

11 **官歴②**……中務大輔兼侍従のことは見えないが、神護景雲元年三月任兵部大輔、同元年八月任大宰少弐、宝亀二年（七七一）七月任刑部大輔、同三年四月兼文章博士（大学頭正五位上）、同八年正月任大判事、同九年二月任大学頭（文章博士もとの如し）、同十一年二月叙従四位下、天応元年（七八一）十月任大学頭（大学頭に三度も任ぜられたというのはいかがなものか）。延暦元年（七八二）八月兼因幡守（大学頭従四位下）、同三年四月任刑部卿（大学頭因幡守もとの如し）。

12 **卒年六十四**……逆算すると養老五年（七二一）生まれ。

［考察］

さて淡海三船の評価としては、天応元年（七八一）六月辛亥24条の石上宅嗣伝に、「宝字より後、宅嗣及び淡海真人三船を文人の首となす」とあるのが最も著名である。一般にはこうした評価が人口に膾炙しているが、ところが『続紀』において三船の文事に関する記述はほとんど見られず、この「伝」でも「渉覧群書、尤好筆札」の八字のみである。他に神護景雲元年（七六七）六月癸未5条に巡察使の選に応じた三船について、「稟性聡恵、兼明文史」とあるくらいである。「伝」を含めて『続紀』の三船に関する記事のほとんどは官歴で占められている。官歴のうちで宝亀年間に大学頭で文章博士を兼ねているのは、彼の学者としての地位を示すものであろう。

また三船の経歴から知られるいまひとつの側面は法律家としてのそれであろう。神護景雲元年の巡察使としての処断が「検括酷苛」で法文を守って義理を顧みない、という評価で叱責を受けているが、まもなく宝亀二年（七七一）には刑部大輔に任ぜられ、さらに同八年には大判事となっている。この経過（評価の違い）を見ると、称徳＝道鏡政権と光仁朝の違いが反映しているのではないかと思われる。そしてその流れは最後に刑部卿となるのである。

一方、『延暦僧録』（『日本高僧伝要文抄』所引）の「淡海居士伝」によれば、三船は早く出家得度していた。僧名を元開といい、唐僧道璿について修行していたという（道璿は天平八年〈七三六〉の来朝）。ところが天平勝宝年中に勅があって還俗し、真人の姓を賜わったという。『続紀』には三船が僧侶であったことは見えず、前述のように同三年正月賜姓のことを記すが、このときは諸王三十一人の同時賜姓であった。その中に勅命による還俗の三船がいたということになる。『続紀』のその箇所には無位御船王とあるが、そのときの年齢を卒年から逆算すると三十歳であった。これらのことは彼がそれまで僧侶であったことを裏付けるものであろう。また『延暦僧録』には三船は「赴唐学生」（入唐留学生）になろうとしたが、疾によって取り止めになったことが見えている。これは若年のときのことであろうから、天平勝宝三年の還俗・賜姓以前のことであろう。学問を好んだ三船のことであるから、入唐学問僧を希望していたことも了解できるのである。そして還俗の五年後の同八歳五月癸亥10条に朝廷を誹謗するものとして衛府に禁ぜられたとある（［31大伴古慈斐］参照）。このとき三船は内竪という職にいた。内竪は天皇の側近に侍するものであるから、三船は勅命で還俗して天皇に近侍したことが知られる。還俗を命ぜられたのは彼の仏教を含む学問・詩文の能力によって天皇（殊に聖武太上天皇）に近侍せしめるためではないか。

押勝の乱についての記述は具体的であるが、本文には見えない。ただ従五位下から正五位上に特叙されたこと、功田二十町を賜わったことなど殊功によるものと推定されるところである。しかしそれから後、宝亀十一年（七八〇）にいたるまで十二年間位階はあがらなかった。硬骨な人柄が影響しているのであろうか。

三船の文事として今日もっとも知られているのは、唐より渡海して日本に戒律を伝えた鑑真の伝記『唐大和上東征伝』の撰述であろう。この書には冒頭に「真人元開」とあり、巻末の識語に「宝亀十年歳次己未二月八日己卯撰」とある。これは『延暦僧録』の思託伝によると鑑真の弟子思託の依頼により、思託の『大唐伝戒師僧名記大和上鑑真伝』三巻の内容を取捨選択し整理加筆して書かれたものとされている。この三巻の原本が現存しない現在、『東征伝』は貴重な伝記文学として評価される。

ところが後藤昭雄氏の研究によると（「『延暦僧録』「淡海居士伝」佚文考」参照）、『東征伝』を執筆したあと大乗仏教の中心思想を述べた『大乗起信論』の「注論」（解釈）を書いていることが知られる。このことは金剛寺（河内長野市）所蔵の『龍論鈔』という仏書に引く『延暦僧録』にみえることである。『延暦僧録』は前にも触れたように思託の著述であるが完本は存在せず、普通は『日本高僧伝要文抄』所引の逸文が用いられるが、『龍論鈔』には『要文抄』に引かれていない『延暦僧録』があり、ことに三船の「淡海居士伝」は『要文抄』の倍以上の分量がある。これによると、三船は「真俗兼該」、すなわち僧俗兼ね備わったといわれ、政務と仏事とを両立する能力を有していたといわれる。三船は仏教理論に詳しく他にも仏論を展開しているが、『大乗起信論』を書くということは半端なことではできない。いま現存していないが、制作されると入唐留学僧円覚によって唐にもたらされ、越州竜興寺の僧裕覚が手にして離すことなく、その「讃詩」を廻使につけて送ってきた、という。廻使とは帰朝する入唐使で天応元年（七八一）六月帰朝の布勢清直一行であろうという。さらに三船は「北山賦」なる一編を制作した。これも現存しないが、これを読んだ唐の詩人丘丹（蘇州嘉興の人、『全唐詩』巻三〇七・七八九に見える）が讃嘆し「日本にも曹植（字は子建、陳思王ともいう）がいたのか」といい、五言の「讃詩」を送ったという（後藤氏前掲論文）。

このように三船による「起信論注」「北山賦」の制作、唐への伝流、それに対する裕覚および丘丹の「讃詩」はこの時期の日唐の文化の交流としてみるべきものである。しかし現存する三船の詩は寥々たるもので、『唐大和上東征伝』の巻末に「初謁大和尚二首并序」が付載されているのが有名である。この五言詩二首は先に説明した『龍論鈔』所引の『延暦僧録』逸文にも引かれている。そのほかには『経国集』巻十に「於内道場観虚空蔵菩薩会」「扈従聖徳宮寺」「聴維摩経」「和藤六郎出家之作」「贈南山智上人」の五首が残るが、いずれも仏教関係である。もちろん俗世間を詠じた詩もあるはずであるが、残念ながら現存していない。なお三船は『懐風藻』の撰者に擬せられていることが広く知られているが、これは定説というわけではない。

最後に歴代天皇の漢風諡号（神武・綏靖…）の選定についてひとこと触れておく。これは『釈日本紀』所引の

「私記」に淡海御船の奉勅撰と見えることを本居宣長が指摘して以来、人々によってとりあげられたが、坂本太郎氏によって、神武以下持統まで、および元明・元正の漢風諡号（文武・聖武は早く撰せられ、孝謙は疑問が残る。称徳・光仁以下はその後の撰進）は三船の撰進に違いないという確証がえられた。その時期はおそらく天平宝字七、八年かと推定された。

43　大伴家持——万葉の大歌人、後半生の足跡——

巻三十八・延暦四年八月庚寅28条

［現代語訳］

［中納言従三位］大伴宿禰家持の祖父は、大納言贈従二位安麻呂であり、父は大納言従二位旅人である。家持は天平十七年（七四五）、従五位下を授けられ、宮内少輔に任ぜられた。中央や地方の官を歴任して、宝亀のはじめに従四位下左中弁兼式部員外大輔にいたった。同十一年（七八〇）に参議を拝命し、左右の大弁をへて、ついで従三位を授けられた。［その後］氷上川継の謀反の事件に坐して、官職を免ぜられ京外に移された。［まもなく］詔があって罪を赦されて、参議・春宮大夫に復職した。本官のまま京を出て陸奥按察使となった。在職してまもなく中納言を拝命した。春宮大夫はもとのままであった。死んで後、二十日余りたって、その屍がまだ埋葬されないうちに、［同族の］大伴継人や同竹良らが藤原種継を殺害し、そのことが発覚して投獄されたが、取り調べてみると家持らも関係していたとして、遡って［家持は］除名とされたのである。その子息の永主らはいずれも流罪に処せられた。

［訓読文］

［中納言従三位大伴宿禰家持死す］。祖父は大納言贈従二位安麻呂[1]、父は大納言従二位旅人[2]なり。家

持は天平十七年、従五位下を授けられ、宮内少輔に補せらる。内外を歴任して、宝亀の初め、従四位下左中弁兼式部員外大輔に至る。十一年参議を拝し、左右大弁を歴て、尋いで従三位を授けらる。氷上川継が反事に坐せられて、免じて京外に移さる。詔有りて罪を宥され、参議春宮大夫に復す。本官を以て出でて陸奥按察使となる。居ること幾も無くして中納言を拝す。春宮大夫故の如し。死して後廿余日、其屍未だ葬らざるに、大伴継人・竹良等種継を殺し、事発覚して獄に下る。これを案験するに、事家持等に連れり。是に由りて追ひて除名す。その息永主等は並びに流に処せらる。

[原文]

[中納言従三位大伴宿禰家持死]、祖父大納言贈従二位安麻呂、父大納言従二位旅人、家持天平十七年授従五位下、補宮内少輔、歴任内外、宝亀初、至従四位下左中弁兼式部員外大輔、十一年拝参議、歴左右大弁、尋授従三位、坐氷上川継反事、免移京外、有詔宥罪、復参議春宮大夫、以本官出為陸奥按察使、居無幾拝中納言、春宮大夫如故、死後廿余日、其屍未葬、大伴継人・竹良等殺種継、事発覚下獄、案験之、事連家持等、由是追除名、其息永主等並処流焉、

[語句解説]

1大伴安麻呂……孝徳朝の右大臣長徳の子。壬申の乱の功臣。姓は初め連。朱鳥元年(六八六)以後宿禰とある。式部卿・参議をへて慶雲二年(七〇五)任大納言。和銅七年(七一四)没。贈従二位。佐保大納言と称された

（『万葉集』四―六四九左註）。『万葉集』に数首所載。

2**旅人**…安麻呂の子。養老二年（七一八）中納言。神亀五年（七二八）ころ大宰帥に在任。天平二年（七三〇）ころには大納言。天平三年七月没（大納言従二位）。『万葉集』の代表的歌人の一人。

3**官歴①**…授従五位下は天平十七年（七四五）正月、補宮内少輔は同十八年三月。その後は同年六月越中守、天平勝宝六年（七五四）四月兵部少輔、天平宝字元年（七五七）六月兵部大輔、同二年六月因幡守、同六年正月信部（中務）大輔、同八年正月任薩摩守（藤原良継事件による左遷、後述）、神護景雲元年（七六七）八月任大宰少弐など歴任した。従四位下に叙せられたのは宝亀二年（七七一）十一月、任左中弁は同元年九月、兼式部員外大輔は同三年二月である。その後なお諸官を転任したが、宝亀十一年二月朔に任参議、同月甲辰9任右大弁、天応元年四月兼春宮大夫、同年五月左大弁に転じ、春宮大夫もとの如く、同年十一月大嘗祭に叙従三位。

4**氷上川継の反事**…延暦元年（七八二）閏正月、塩焼王の子氷上川継が謀反を起こしたという事件。家持はこの事件に縁座して解任された上、京外に移された。しかしまもなく同年五月赦免されて、元の通り参議従三位で春宮大夫に復任した。

5**官歴②**…春宮大夫に復任した翌月、すなわち延暦元年六月陸奥按察使鎮守将軍の兼任を命ぜられたが、これは赴任したか否かわからない。翌二年七月中納言に任ぜられ、翌三年二月に中納言のままで持節征東将軍に任ぜられた。これは持節、すなわち節刀を賜わってのことであるから現地に赴任したと見るべきであろう。その翌四年四月辛未7条に家持からの奏上がみえるが、それには中納言従三位兼春宮大夫陸奥按察使鎮守将軍という肩書きである。このうち陸奥按察使は延暦四年二月丁丑12に多治比真人宇美が任ぜられていて、同年三月甲辰9に在任している記事があるので記述に混乱があるようである。いずれにしても前記の家持の奏上は、陸奥国の名取以南十四郡の実情を述べ、この地の軍事的安定を目指すため、郡司を置かない権郡であった多賀と階上の二郡を郡司の定員を置く正規の郡に格上げするように願ったものであり、家持の現地赴任を裏付けるものである。これについては［考察］の項で改めて述べる。家持はそれからまもなく没した。「伝」の家持の死去のことは従三位なので「薨」とあるべきものを、藤原種継暗殺事件に縁座して死後除名されたことから庶人として「死」と記したのである。

6**継人**……大伴古麻呂の子。宝亀九年十一月乙卯13条に、同八年六月遣唐使判官として入唐し、帰路天草に漂着してその次第を奏上したことを載せている。同十年四月遣唐使として従六位上から叙従五位下。のち能登・伯耆守をへて延暦二年（七八三）四月任左少弁。種継暗殺事件には首謀者とされ、捕えられて斬刑に処せられた。

7**竹良**……親族の係累など不詳。種継暗殺事件の首謀者の一人とされる。六位以下なので経歴なども不詳。当時春宮少進であった。

8**除名**……除名とは官人の籍から削除することで、名例律に重罪の官人に対する付加刑として規定され、官位・勲位などを奪うことになっている。しかし本条に同時に中納言従三位と記しているのはこれと矛盾するわけで、『紀略』延暦四年八月庚寅28条には「今此れ薨と書かず、恐らくは先史の筆に乖くか」としている。なお『後紀』大同元年三月辛巳17条に桓武天皇は死の直前に家持らを赦免し元の位に復したとある。家持と種継暗殺事件については［考察］において述べる。

9**永主**……家持の子息。大伴宿禰永主は延暦三年正月己卯7に正六位上から従五位下に叙され、同年十月に右京亮に任ぜられている。『紀略』延暦四年九月丙辰24条に種継暗殺事件に関して、永主は隠岐に配流とされている。なお「伝」で家持の死後除名に関連して永主の配流のことをいうのは不自然である。

［考察］

大伴家持といえば『万葉集』の大歌人として著名である。彼の歌は集中の総歌数の一割以上に達し、長歌・短歌・旋頭歌など各体におよび、万葉後期を代表するばかりでなく、その編集にも関係していたといわれる。彼の年月のわかる最後の歌は天平宝字三年（七五九）正月朔に因幡国守として国庁で詠んだものである。家持の年齢はこの「伝」にも見えず、諸説があるが、『大伴系図』に没年六十八歳とし、『公卿補任』天応元年（七八一）条に六十四歳とあり、これも没年は六十八歳になって合致するので、これを良しとすると、宝字三年には四十二歳である。その後二十数年間まったく歌を詠まなかったかどうかはわからない。年次のはっきりする最後が天平宝字三年ということである。

この「伝」には家持の歌人としての側面をうかがわせるものは何ひとつとしてない。大伴氏は古来の名族で、家持には氏の名を惜しむ歌や「ますらを」ぶりの歌が詠われているが、政治社会では、奈良時代を通じて大伴氏は藤原氏の対極に置かれる傾向が強く、殊に中期以後の政界にあって勢力が減退してゆく状況にあり、家持には名族大伴氏の族長という自覚が強く、いろいろと苦悩の日々が続いたのではないか。先に大伴古慈斐（こしび）に関して「族にさとす歌」に触れたが、特に天平宝字元年の橘奈良麻呂のクーデター未遂事件は大伴氏に大きな動揺を与えたことであろう（［31大伴古慈斐］参照）。諸兄・奈良麻呂父子と親しい交流があったことは『万葉集』の歌その他からも知られ、実際に事件に巻き込まれた人もあった。この事件では家持に累は及ばなかったが、翌二年六月には因幡守として都を離れた。赴任した最初の正月、国庁で詠った歌を最後に彼の歌は『万葉集』から消えた。

因幡守を三年半ほど勤めて天平宝字六年正月には信部（中務）大輔に任ぜられて都に帰った。帰ったのも束の間、一年ほど経って藤原良継の事件に巻き込まれた（［32藤原良継］参照）。この事件に家持が実際どれほど関連していたかはわからないが、良継がひとり責任をとった形になっている。時の権力者恵美押勝は家持をも狙っていたのであろう。天平宝字八年（七六四）正月、家持は薩摩守に左遷された。それからしばらく記事が見えないところから察すると家持は薩摩に赴任したのであろうか。そして神護景雲元年（七六七）に同じ九州ではあるが、大宰少弐に移動した。そして光仁朝になると宝亀元年（七七〇）六月民部少輔として都に帰り、つづいて左中弁に転じ、正五位下に叙せられた。二十二年ぶりの昇叙である。家持はこのあと光仁朝では凱風満帆という感じで重んぜられているのである（［語句解説3］参照）。

宝亀十一年（七八〇）には正四位下で参議右大弁となり、翌天応元年四月、桓武即位、皇弟早良立太子となると、家持は左大弁で春宮大夫を兼ね、十一月には従三位に昇った。ところが光仁没後の翌延暦元年閏正月、氷上川継謀反事件に連座して官を免ぜられ、京外に移された。その理由については何も記してない。同時に坐した右衛士督坂上苅田麻呂についても同様である。この事件は故塩焼王の子川継がその母不破内親王とともに「逆乱」を企てたもの、とされているが真相はよくわからない。評価はさまざまであるが、桓武政権に反感を抱く人々の動きがあったのであろう。参議藤原浜成、左大臣藤原魚名を相ついで左遷するなど、桓武天皇は極度に疑心暗鬼になっている。家持や苅田麻呂がどうしてかかわったか不明であるが、半年もたたぬうちに彼らは元の官に復している。家持は光仁朝と違う桓武朝の空気を感じ取っていたであろう。

家持はその後延暦二年七月春宮大夫のままで中納言に任ぜられた。そして翌三年二月に持節征東将軍に任ぜられたことは前述の通りである。このとき六十七歳の高齢であったが、現地に赴任したかどうかが問題になっている。私は前述のように、任地に赴任したと思うのである。その根拠として先に「持節」の意味について、次に四年四月の意見奏上のことをあげたが、なおひとつ『公卿補任』延暦四年条の家持の記事に、はっきりと「在陸奥」

と記載されていることを追加しておきたい。

なぜこのように陸奥に赴任のことにこだわるかといえば、実は長岡遷都問題があるのである。記録の上で長岡遷都のことがはっきり見えるのは、延暦三年五月丙戌16に乙訓(おとくに)郡長岡村に土地を調べる使（相地使）を派遣したというのが最初である。これより先、延暦元年四月癸亥11の詔では「今は宮室居するに堪へ」として造宮省を他の二、三の官司とともに廃止している。それは造宮事業を行わない政策を示したものであるのに、なぜ急遽政策を変更して長岡造営になったのか、ということになる。先の相地使の派遣、同六月己酉10に造長岡宮使の任命、同十一月戊申11に長岡宮への移幸（遷都）という推移はいかにも早急で不審である。

私は先に述べたように長岡遷都は桓武天皇の中国政治思想（辛酉革命・甲子革令説）に基づくもので、天応元年（七八一）辛酉—桓武即位、延暦三年（七八四）甲子—長岡遷都、という流れであったと考える。つまり皇統が天武系から天智系に替わったことを「辛酉革命」ととらえ、新王朝には新都建設という、中国思想によるものと見るのである。このような新都建設は当然平城廃都を意味するから、平城京維持を唱える人々の激しい抵抗が予想されるわけである。延暦三年甲子の年に新都建設ということは、辛酉革命の年に即位した桓武の胸には早くからあったのではないか。早くいえば、同年二月の家持の持節征東将軍任命は彼を陸奥に追いやる政策だったと思われる。そして五月に新都の候補地長岡村に形式的な相地使が派遣され、以後早急に遷都のことが進んだのである（拙著『長岡京の謎』）。

長岡遷都の翌四年八月庚寅28、家持は陸奥の任地（多賀城であろう）で没した。六十八歳という老齢であった。歌わぬ詩人となって久しい家持の後半生は、名族の長者として激しい政争のなかで生き延びてきた日々であった。そして長岡遷都の公表以前に陸奥に赴任させられ、寂しく僻地で生涯を終えたのである。

その翌九月乙卯23に造宮長官藤原種継が長岡の工事現場で賊に襲われ射殺されるという事件が起きた。捕えられた大伴継人・佐伯高成らの告白では、故大伴家持が生前に「宜しく大伴・佐伯両氏を唱へ、以て種継を除くべし」といい、皇太子早良親王に奏上してそのことは決行されたという。このことから事件は家持の謀によるものとされたのである。この事件について詳しくは［44藤原種継］参照。

44 藤原種継（ふじわらのたねつぐ）——長岡京造営の犠牲となった寵臣——

巻三十八・延暦四年九月丙辰24条

［現代語訳］

［中納言正三位兼式部卿］藤原朝臣種継は、参議式部卿兼大宰帥正三位宇合（うまかい）の孫である。天平神護二年（七六六）、従五位下を授けられ、美作守（みまさか）に任ぜられた。しばらくして転任して、宝亀末年に左京大夫兼下総守に任ぜられたが、急に従四位下を授けられ、左衛士督兼近江按察使（あぜち）にうつされた。延暦のはじめに従三位を授けられ、中納言に任ぜられ式部卿を兼ねた。［延暦］三年（七八四）に正三位を授けられた。天皇はたいへん種継を信任され、内外のことすべてをとりしきった。はじめ［種継が］中心となって建議して都を長岡に遷そうとした。宮室を造りはじめ、まだ百官が執務するにいたらず、職人や人夫は夜を日についで作業していた。［そのときに］平城に行幸することになって、［早良］皇太子および右大臣藤原朝臣是公（これきみ）・中納言種継らが［長岡宮の］留守官となった。［種継は］たいまつを照らして［造営を］催し検分していたところ、明かりのもとで［賊に射られ］傷をうけて、翌日、自邸で薨じた。時に四十九歳であった。天皇はたいへん悼み惜しんで、詔して正一位左大臣を贈られた。

［訓読文］

［乙卯、中納言正三位兼式部卿藤原朝臣種継、賊に射られて薨ず。丙辰、車駕、平城より至る。大伴

継人、同竹良ならびに党与数十人を捕獲して推鞫するに、並びに皆承伏す。法に依りて推断して、或は斬し或は流す。その」種継は、参議式部卿兼大宰帥正三位宇合の孫なり[1]。神護二年、従五位下を授けられ[2]、美作守に除せらる。稍く遷されて、宝亀の末に左京大夫兼下総守に補せられ、俄に従四位下を加へられ、左衛士督兼近江按察使に遷さる。延暦の初、従三位を授けられ、中納言を拝し、式部卿を兼ぬ。三年、正三位を授けらる。天皇、甚だこれを委任して[3]、中外の事みな決を取る。初め首として議を建てゝ都を長岡に遷さんとす。宮室草創して、百官未だ就かず。匠手・役夫、日夜に兼作す[4]。平城に行幸[5]するに至りて、太子および右大臣藤原朝臣是公・中納言種継ら並びに留守たり。炬を照らして催検するに、燭下に傷を被りて[6]、明日、第に薨ず。時に年四十九[7]。天皇甚だ悼惜し、詔して正一位左大臣を贈らる[8]。

［原文］

「乙卯、中納言正三位兼式部卿藤原朝臣種継被賊射薨、丙辰、車駕至自平城、捕獲大伴継人、同竹良并党与数十人、推鞫之、並皆承伏、依法推断、或斬或流、其」種継、参議式部卿兼大宰帥正三位宇合之孫也、神護二年授従五位下、除美作守、稍遷(1)、宝亀末、補左京大夫兼下総守、俄加従四位下、遷(2)左衛士督兼近江按察使、延暦初、授従三位、拝中納言、兼式部卿、三年授正三位、天皇甚委任之、中外之事皆取決焉、初首建議遷都長岡、宮室草創、百官未就、匠手役夫、日夜兼作、至於行幸平城、太子及右大臣藤原朝臣是公・中納言種継等並為留守、照炬催検、燭下被傷、明日薨於第、時年四十九、天皇

甚悼惜之、詔贈正一位左大臣、

［校異］

（1）「遷」…底本「迁」につくるが、俗字なので蓬左文庫本によって改めた。

（2）「左」…底本「佐」につくるが、意によって改めた。

［語句解説］

1宇合…藤原不比等の三男。式家の祖とされる。天平九年（七三七）八月丙午5条に「参議式部卿兼大宰帥正三位藤原朝臣宇合薨。贈太政大臣不比等之第三子也」とある。種継の父（宇合の子）は清成であるが、無位で没した（『類聚国史』六六）。

2官歴…叙従五位下は天平神護二年（七六六）十一月。除美作守は神護景雲二年（七六八）二月。その後近衛少将兼山背守を経て宝亀九年（七七八）二月任左京大夫、同十一年三月兼下総守。位階は宝亀十一年十二月正五位上に叙されたばかりなのに、翌天応元年正月に従四位下に叙せられ、さらに同年四月に桓武即位によって従四位上に昇叙した。このあたりの任官の記述の順が『続紀』本文とは異なっている。左衛士督兼近江按察使は本文では延暦二年七月のこと。兼近江守ならば天応元年五月癸未25条に見える。任中納言は延暦三年正月戊子16条、兼式部卿は中納言より前の同二年七月庚子25であるが、中納言に任じても式部卿の兼任はつづいたということである。

3天皇の委任…種継の官歴をみると、桓武朝になって急速に官位ともに上昇していることは天皇の委任が厚かったことに対応しているものと思われる。「中外の事」とは宮中内のことと太政官政治のこと。長岡京遷都の事の主唱者とされているが、それはいつのことか。はやく桓武即位前後の頃の事ではないか。延暦三年五月丙戌16に長岡村相地使を任命するまで長岡遷都のことは公表しなかったと思われる。

4 **日夜兼作**……長岡京の造工事が夜を日についで行われたことを示している。

5 **平城に行幸**……事件の前日である八月丙戌24条に斎宮の朝原内親王が平城での斎期が終わって伊勢に向かうというので、桓武天皇は平城に行幸した事が見える。九月己亥7には内親王の伊勢行きを送って大和国の国堺までゆき、同庚子8には水雄岡（みずのおのおか）（宝亀三年十二月辛未25条には「山背国水雄岡」とある。現京都市右京区嵯峨水尾）に遊猟している。その行幸のとき建設中の長岡宮留守官に早良皇太子・藤原是公および種継があたっていた。その天皇の行幸中を狙って暗殺事件が起こったのである。

6 **燭下被傷**……「日夜兼作」とあるように夜も作業が行われていて、種継は灯りを用いて工事を点検している最中に賊に射殺され、灯りを照らしてみると傷を被っており、翌日自邸で薨じたというのである。［考察］の項参照。

7 **薨年四十九**……逆算すると天平九年（七三七）の生まれとなるが、『公卿補任』天応二年参議種継の尻付には「天平十三辛巳生」とある。

8 **追贈**……中納言正三位の官人に左大臣正一位が贈られたのは破格であるが、さらに『後紀』弘仁元年（八一〇）九月戊申11条の藤原仲成の伝に「贈太政大臣正一位種継之長子也」とあり、太政大臣を贈られていたことがわかる。その時期は『公卿補任』延暦四年の種継の尻付に「大同四年四月十二日贈太政大臣」とある。この時期は平城から嵯峨への移行期で微妙な時期であって、種継の娘薬子を寵幸した平城の意向の反映と思われるが、『後紀』のこの部分は欠巻であり、逸文もない。『紀略』『類史』では、翌日すなわち四月戊子13条に、嵯峨天皇の受禅即位を記している（『後紀』逸文か）。

［考察］

種継の官歴のうち宝亀十一年（七八〇）十二月辛丑11条に叙正五位上、翌天応元年正月丙子16条に叙従四位下とあるが、『続紀』の記述では二条とも種継ひとりだけの叙位であり、短い間隔で相つぐ昇叙は異常というべきである。この「伝」では、これを「俄に従四位下を加ふ」と表現している。何か特別の事情があったのではないか。これは桓武即位直前のことである。桓武即位するや、種継はたちまち参議・従三位・中納言と昇任したのは前述のごとくである（［語句解説2］参照）。桓武即位直前の二度の昇叙は、山部皇太子と種継の間で秘密裏に長岡遷都の相談が行われていたのではないか、と勘繰られるのである。そのような長岡遷都の推進者である種継が造営中の長岡新都で暗殺されたという大事件が起きたのである。

さて、この種継薨伝には種継暗殺事件の記述を取り込んでいるが、その内容はきわめて簡単なものである。ところが『紀略』の当該条には『続紀』に記されていない記述がある。これは後に述べるように現行の『続紀』はある時期に部分的に削除、改竄が行われたためである。つまり『紀略』の記述は、削除される前の『続紀』の記事をうかがわせるのである。それによると現行『続紀』になく『紀略』に見える主要なことはつぎの二点である。すなわち①犯行に与していたとして斬・流刑にされた人々のこと、②早良皇太子の廃太子・死去のいきさつ、の二つである。

まず①について、命ぜられて直接狙撃したのは、近衛（近衛府のトネリ）伯耆桴麻呂（いかだまろ）と中衛（中衛府のトネリ）の牡鹿木積麻呂（おしかのきつみまろ）の二人であった（ともに宮城警備の兵士）。彼らの自白によって、つぎつぎと謀議にかかわった者が判明し、まず左少弁大伴継人・春宮少進佐伯高成・主税頭大伴真麻呂・大伴竹良・大伴湊麻呂・春宮主書首多治比浜人らが、先の射手二人とともに斬刑に処せられ、また右兵衛督五百枝王・大蔵卿藤原雄依・春宮亮紀白麻呂・右京亮大伴永主（家持の息）・東宮学士林稲麻呂らは流刑であった。ここに記されているのは以上である。その他に死後除名罪となった大伴家持がいる（[43大伴家持]参照）。

つぎに②の早良皇太子の問題であるが、これは継人・高成等の自白によって、故大伴家持が「宜しく大伴・佐伯両氏を唱へ、種継を除くやうに」といっていたといい、また『紀略』の庚申28詔のなかでも家持・五百枝王・紀白麻呂らが相談して種継を殺し、朝廷を傾けて早良親王を君としようとし、決行するときに皇太子に申し出てその許しを得たとも見えている。こうしたことから累は早良皇太子におよび、詔につづく本文によると、皇太子は東宮から乙訓寺に移され、その後皇太子は十余日も飲食を摂らなかったという。これは自らの潔白を主張したのであろう。皇太子は船で淡路に移されようとしたが、その途中で自ら命を絶ったという。ここには皇太子を廃するという言葉はないが事実上の廃太子であり、のちの十月庚午8に山陵へ、廃太子の状を奉告した『続紀』にも見える。

このようにかなりの内容が『続紀』から削除されたのはつぎのような事情による。そのことは『後紀』弘仁元年九月丁未10条の嵯峨天皇の桓武山陵に奉告する宣命の後半に見える。それを敷衍すると、まず桓武天皇は早良親王と種継の対立に関する『続紀』の記事、ことに早良親王の怨霊の怖れのある記述をすべて削除させ、つぎの平城天皇のときには寵愛する種継の娘薬子が父種継の記述が不備なのに不満を抱き、削除されていた部分を復活させた。父種継の立場を正当化するつもりだったのであろう。しかし桓武天皇に忠実な嵯峨天皇は、桓武の意思を否定する復活ということは、けしからぬことであるとして、またもとのように削除した、というものである。

だいたい国史の記事を天皇の権力によって削除したり、復活したりする事が問題であるが、それについては今は問わない。このようなことで『紀略』は削除されていない『続紀』によって、それを抄録して文をなしたものと考えられるのである。

さて、種継暗殺事件の真相、そしてその背景は何か、という問題であるが、これについてはさまざまな説が出ている。それは百花斉放のごときであり、犯人探しのミステリーのような状態である。それを一々紹介し、ここで批判することはできない。私は先にもこれについて詳しく述べた事があるので、簡単に述べるにとどめたい。まず事件の謀議などにかかわったとして有罪とされた人々のなかで圧倒的に多いのは大伴一族である。先の人名のうち七名を数えるが、そのほか『公卿補任』弘仁十四年（八二三）の参議大伴国道の尻付によると、大伴継人の子息国道は父の罪に連座して佐渡に配流されたという。先にも触れたように継人らの自白によると、大伴家持が生前、大伴・佐伯の一族で種継を除くようにといっていたという。『万葉集』の「族にさとす歌」等によるとそうした雰囲気はあったであろうが、長い経験から家持は極めて慎重であったはずであるから、直接手を下すようなことはないと思われる。継人らの言葉は家持死後の告白であるから、果たしていかがなものであろうか。

つぎに東宮坊関係の人々である。まず東宮大夫の大伴家持、亮の紀白麻呂、少進の佐伯高成、東宮学士林稲麻呂、東宮主書首多治比浜人の五人になる。これでは東宮坊は反種継勢力の拠点のような観を呈していたように思われる。その東宮、すなわち早良親王は桓武天皇の実弟で早く出家して東大寺にいて親王禅師と呼ばれた有力者であった。天応元年（七八一）四月、光仁天皇は皇位を皇太子山部親王に譲るとともに、早良親王を還俗させて皇太子にたてたのである。そして大伴家持が東宮大夫に任ぜられたほか、造東大寺次官紀白麻呂が東宮亮に横滑りし、東宮学士林稲麻呂が造東大寺次官を兼ねるなど、造東大寺司と東宮坊とは密接な関係にあった。東大寺をはじめとする南都仏教の勢力は、もちろん平城廃都、長岡遷都に反対するわけで、そうした勢力が大伴・佐伯の古い氏族を巻き込んで反種継勢力となっていったのであろう。延暦三年二月、中納言兼東宮大夫の家持は現職のまま持節征東将軍に任ぜられて任地（陸奥）に赴任させられたことで、早良親王との接触が絶たれたことになる（「43大伴家持」参照）。

さて早良皇太子であるが、光仁天皇によって指名され南都仏教を後背にもつ立場であったが、光仁の崩御後は急速に桓武の専制化がすすむ状況の中で、その地位は不安定なものとなったと思われる。桓武には嫡子安殿をはじめとする男子が存在したからである。ことに長岡遷都の議がすすむと、前述のように反遷都勢力の象徴的存在は当然反種継でもあった。しかし謀議は種継を倒すことであって、庚申詔にあるような「朝廷を傾け」といったクーデターまでは計画してはいなかったであろう。早良皇太子は反遷都勢力の象徴的存在ではあったが、自ら積極的に行動したのではなく、逆にそれが桓武側に利用されたのではないか、と考えられるのである。

45　坂上苅田麻呂――武門の誉れを輝かせた――

巻三十九・延暦五年正月戊戌7条

［現代語訳］

［左京大夫従三位兼右衛士督］坂上大宿禰苅田麻呂は正四位上犬養の子である。［天平］宝字年中に、授刀少尉に任ぜられた。［同］八年（七六四）に恵美（藤原）仲麻呂が反逆を起こし、まず自分の子息の訓儒麻呂を［平城宮に］派遣して駅鈴と内印を強奪させた。苅田麻呂は［授刀］将曹の牡鹿嶋足と共に詔を奉じて直ちに馳せ参じ、訓儒麻呂を射て殺した。その功績によって従四位下勲二等を授けられ、姓を大忌寸と賜わり、中衛少将に任ぜられ、甲斐守を兼任した。その事は廃帝（淳仁天皇）紀に記されている。宝亀の初年に正四位下に昇進し、［地方に］転出して陸奥鎮守将軍となった。ほどなく召還されて、近衛員外中将となり、丹波・伊予等の国守を歴任した。天応元年（七八一）、正四位上を授けられ、右衛士督に転任した。

苅田麻呂は家柄が代々武芸のことを職としており、［自身も］馬を馳せて矢を射ることに勝れていた。宮中に宿直し警護することを任務として数代の朝廷に続けて仕えた。天皇の寵愛は特別に優遇であって、［通常のもののほかに］、別に封五十戸を賜わった。延暦四年（七八五）、従三位を授けられ左京大夫を拝命した。右衛士督下総守はもとのままとされた。薨じた時、五十九歳であった。

[訓読文]

[左京大夫従三位兼右衛士督・下総守坂上大宿禰苅田麻呂薨ず]。苅田麻呂は正四位上犬養の子なり。[1]宝字中、授刀少尉[2]に任ぜらる。八年、恵美仲麻呂逆をなし、先づ其の息訓儒麻呂を遣はして鈴印[3]を邀(むか)へ奪はしむ。苅田麻呂、将曹[4]牡鹿嶋足と共に詔を奉じて載(すなは)ち馳せ、訓儒麻呂を射てこれを殺す。功を以て従四位下勲二等[5]を授けられ、姓を大忌寸[6]と賜はり、中衛少将に補(ふ)せられ甲斐守を兼ぬ。語は廃帝紀[7]にあり。宝亀の初めに正四位下を加へられ、出でて陸奥鎮守将軍となる。居ること幾(いくばく)もなくして徴(め)し入れられ、近衛員外中将、丹波・伊予等の国守(くにのかみ)を歴(へ)たり。[8]天応元年、正四位上を授けられ、右衛士督に遷る。苅田麻呂、家(いへ)世々弓馬を事とし、[9]馳射(ちしや)を善くす。宮掖(きゆうえき)に宿衛(しゆくゑ)して、数朝に歴事す。天皇の寵遇優厚(ちようぐういうこう)にして、別に封五十戸[10]を賜ふ。延暦四年、従三位を授けられ左京大夫を拝す。右衛士督・下総守故(もと)の如し。薨ずる時、年五十九。[11]

[原文]

[左京大夫従三位兼右衛士督・下総守坂上大宿禰苅田麻呂薨]、苅田麻呂、正四位上犬養之子也、宝字中任授刀少尉、八年、恵美仲麻呂作逆、先遣其息訓儒麻呂、邀奪鈴印、苅田麻呂与将曹牡鹿嶋足、共奉詔載馳、射訓儒麻呂而殺之、以功授従四位下勲二等賜姓大忌寸、補中衛少将、兼甲斐守、語在廃帝紀、宝亀初、加正四位下、出為陸奥鎮守将軍、居無幾徴入、歴近衛員外中将丹波・伊予等国守、天応元年、授正四位上、遷右衛士督、苅田麻呂家世事弓馬、善馳射、宿衛宮掖、歴事数朝、天皇寵遇優厚、

別賜封五十戸、延暦四年授従三位、拝左京大夫、右衛士督下総守如故、薨時年五十九、

［語句解説］

1犬養…苅田麻呂の父。天平宝字八年十二月大和守正四位上で没。時に八十三歳（［14坂上犬養］参照）。

2授刀少尉…授刀衛の判官。ただし天平宝字八年恵美押勝の乱の初期に授刀衛の拡大強化により職名を変更して、判官（大少尉）は将監という名称になった（［考察］参照）。

3鈴印…駅鈴と天皇御璽（内印）。駅に常備の馬を徴発する駅鈴と天皇の命令を発する文書に捺印する天皇印。鈴印は天皇の許にあり、それを請け進めることに側近の少納言がかかわっていた。天皇権の発動に必須のものであったから、天平宝字元年（七五七）の橘奈良麻呂の変でも奈良麻呂らはまずこの奪取を計画したという（天平宝字元年七月庚戌4・戊午12条）。

4将曹…授刀衛の主典。天平宝字三年十二月授刀衛設置のときの主典は大少志であったが、押勝の乱の初期に将曹となった。（［考察］参照）。

5官歴①…押勝の乱の功績で乱の初期、天平宝字八年九月に正六位上から一挙に従四位下に叙され、大忌寸の姓を賜わったが、勲二等は翌神護元年（七六五）正月己亥7条に授けられたことが見える。また中衛少将に任ぜられた月日は見えないが、甲斐守を兼任したのは天平宝字八年十月で、そのときすでに本官は中衛少将である。なお天平神護二年二月に功田二十町を賜わったことが見えるが、この「伝」はまったく触れるところがない。宝亀の初めに、正四位下になったことは宝亀元年（七七〇）八月壬子23条に見えるが、「道鏡法師の奸計を告ぐるを以て也」とある（25［僧道鏡］参照）。その後同年九月に陸奥鎮守将軍に任ぜられたことが見え、翌二

年閏三月朔に中衛中将兼安芸守となったとあるが、考証によると中衛中将は「近衛員外中将」が正しい（新日本古典文学大系『続日本紀』）。宝亀八年十二月には兼国が丹波守にかわり、天応元年（七八一）五月には本官が右衛士督となった。

6大忌寸……「大」は美称で天皇の気持ち（恣意）で賜与される。延暦四年（七八五）六月に大宿禰になった。「大」を冠する姓は他に県犬養大宿禰、石上大朝臣の例がある。

7廃帝紀……廃帝は淳仁天皇。押勝の乱における苅田麻呂の活躍の記事は淳仁天皇紀にあるということ。

8官歴②……兼国についていては先に見えるもののほか、延暦三年（七八四）三月に伊予守、同年七月に備前守、同四年正月に下総守、同年十月には越前守と変遷がある。従三位は延暦四年二月、左京大夫は同四年七月に任命記事がある。なお延暦四年六月癸酉10条に、苅田麻呂等が上言して、先祖が渡来して以来の由緒を述べたのち、坂上ほか十一姓の同族とともに、姓の忌寸を改めて宿禰を賜わることを願い、これが許されたことが見える。このなかで坂上氏のみはこれまで大忌寸であったから、このとき大宿禰になった。これが子に伝えられている。

9弓馬の家……坂上氏は武を以って仕えた家柄であった（〔14坂上犬養〕参照）。なお苅田麻呂の子の田村麻呂は桓武朝の征夷大将軍として知られる。「数朝に歴事」とは孝謙・淳仁・称徳・光仁・桓武の五朝に仕えたことを指す。

10別封五十戸……このことについては本文にみえない。『公卿輔任』延暦四年条の苅田麻呂の尻付の文は、本「伝」と同じ。これとは別のこととして、前に触れたように『続紀』本文には功田二十町賜与のことが見えるが「伝」には見えない。

11薨年五十九……逆算すると神亀五年（七二八）の生まれ。『公卿補任』も同じ。

［考察］

坂上苅田麻呂が飛躍的に出世をしたのは、天平宝字八年（七六四）九月の恵美押勝の乱の鎮定の功績によってである。苅田麻呂はこれより以前授刀衛の少尉であったが、いち早く将曹の牡鹿嶋足とともに高野天皇（孝謙）の命を受けて押勝側に奪われそうになった駅鈴と内印を奪還した。この緒戦の武功が後まで大きな影響をもった。苅田麻呂は正六位上から従四位下に、牡鹿嶋足も従七位上から同じく従四位下に特叙され、また苅田麻呂は中衛少将に、嶋足は授刀少将に昇格した。彼らが属していた授刀衛が孝謙上皇側の中心的な武力として活躍したのである。この授刀衛について考えてみたい。

授刀衛の成立は天平宝字三年（七五九）十二月甲午2条に見える。これは、これまで中衛府（鎮国衙）に管理されていた授刀舎人（後述）の名籍が四百人を定員とされて中衛府から分離独立し、授刀衛として新置されたものである。その官員は督一人（従四位上）・佐一人（正五位上）・大尉一人（従六位上）・少尉一人（正七位上）・大志二人（従七位下）・少志二人（正八位下）というものである。これからみると令制五衛府より上、中衛府より下という規模のものであったといえる。授刀衛を新置した理由は明確にされてはいないが、この直前十一月戊寅16条に保良宮の造営が始まったことを記しているので、それに付随して警備等のために置かれたものと推察される。したがって設置当初は、特別に孝謙上皇近侍の衛府、反仲麻呂の拠点などという性格があったわけではなかった。その長官たる授刀督は仲麻呂の娘児従を室とする藤原御楯（もと千尋）であって、授刀衛はむしろ仲麻呂派のひとつの拠点とも見られよう。この御楯は仲麻呂の乱の少し前の天平宝字八年六月乙亥9に没している。その後任は不明のまま、同年九月の仲麻呂の叛乱が起こる。

仲麻呂の乱に関連して、この前後に授刀衛の官員の記述が散見するが、このあたりの『続紀』の記述には表記上の混乱があって若干の考証を必要とする。それについては笹山晴生氏の研究に基づいて整理して見ると、基本的には前述した設置時の督・佐系の官名から中衛府と同じ大将・少将系の官名に変更されているのである。その時期は明確ではないが、仲麻呂の乱の初期に孝謙上皇側によってなされたものと見られる。それは単なる官名の改称にとどまらず中衛府と同等、または中将があるところから中衛府以上の官制となり、組織の拡大強化がなされたことを意味する。こうした反仲麻呂的な武力として上皇側に掌握されたのはいつのことであろうか。少し遡って少なくとも上皇と淳仁天皇の間の紛糾が表面化する天平宝字六年前後が問題である。その前年の五年の時点で上皇は道鏡を信頼するとともに、反淳仁的な状況が生まれたのであろう。道鏡の弟浄人が召されて授刀少志になったのもこの頃であろう。こうした状況がすすんで帝権分裂後、上皇および道鏡勢力はこの授刀衛の兵力を掌握したものと考えられる。

ここで授刀衛の前身である授刀舎人寮に遡って見ておく必要がある。最初の授刀舎人寮は慶雲四年（七〇七）七月丙辰21に設置された。これは元明天皇即位の四日目に当たる。当時は皇位継承の不安定な状況であって、文武の嫡長子首皇子が幼少のため、元明の即位は中継ぎ的なものであった。このような状況で設置された授刀舎人寮は、皇位継承を期待される首皇子の身辺警護のための私的武力であった。

この授刀舎人寮は聖武即位後もしばらく維持されたが、神亀五年（七二八）七月二十一日勅（『三代格』巻四、『続紀』では八月甲午条）によって中衛府が設置され、授刀舎人寮は吸収・解消された。この時点での中衛府設置の意味は、前年に生まれた聖武の皇子（皇太子）擁護の武力に名をかりて藤原氏が親衛軍の編成替え、つまり公的な衛府に昇格させてより強力な勢力拠点と変質させていったものと考えられる。

ところが天平十八年（七四六）二月授刀舎人が再置された。『続紀』同年二月己丑7条に「騎舎人を改めて授刀舎人と為す」という記事がある。これが第二次授刀舎人である。そのもとになった「騎舎人」とは、私は天平十二年聖武天皇の東国行幸のさいの従駕の騎兵であったと考える。聖武は忠誠勇武な東人（あづまびと）の騎兵を若き女性の皇太子たる安倍内親王（のちの孝謙）の身辺警護のために編成したのである。これはかつて聖武幼少の折、元明天皇によって設けられた日嗣護持のための授刀舎人の先例にならったものと考えられる。

第二次授刀舎人についての史料は乏しいが、安倍内親王が即位して孝謙天皇になった天平勝宝元年（七四九）七月以後も解消せず存続した。これは孝謙女帝が父聖武天皇から譲られたこの身辺警護の武力をなお頼りにしていたからと推測される（このあたりの事情は、神護景雲三年正月朔条の称徳天皇の宣命詔の分析による）。そして同八年五月の聖武太上天皇の葬儀に従った授刀舎人二十人に位四階が増されているが、同年七月己巳17条の勅によれば、授刀舎人名籍はすべて中衛府に属することに改められ、同じ中衛府に属す中衛舎人とははっきり区別して四百人を維持することとされた。これは中衛大将であった仲麻呂の勢力下に繰り込まれたことを意味するが、なお中衛舎人とは性格がことなることを強調したものである。

翌天平宝字元年閏四月辛巳4条に大炊王立太子の儀についての賜禄叙位の対象となった人々は三つのグループに分けられている。その中で授刀舎人は内供奉竪子とともに、最初に天皇供奉の最も身近なグループとしてあげられており、中衛（舎人）は兵衛等と共に、つぎのグループに属してはっきりと区別されている。これによって授刀舎人は孝謙天皇の身辺警護として最も身近に供奉していたことが知られるのである。

翌天平宝字二年八月の官名改称では中衛府は鎮国衛と改められたが、授刀舎人は変化なく存続し名籍は鎮国衛に属したままであった。そして前述のように同三年十二月授刀衛が新設され、授刀舎人の官司が鎮国衛とは別に整備されたのである。その後同六年六月のいわゆる帝権二分になると、孝謙上皇の身近に供奉していた授刀舎人は当然上皇を護持する兵力として結集したのであろう。

さて改革前の授刀衛の長官授刀督は仲麻呂の婿であった藤原御楯が任じていたが、乱の直前宝字八年六月に死去したことは前に触れた。その後任については明確でなかったが、細かい任命時は確認されていないものの、御楯の兄真楯（またて）が任ぜられたと見られる。これについては［17藤原真楯］において述べたところであるが、孝謙上皇側で改革された授刀衛の長官授刀大将に真楯が任ぜられたのである。天平神護二年（七六六）三月丁卯12条の真楯の薨伝に、天平宝字八年に「正三位勲二等兼授刀大将」とある。このとき本官は中納言で、勲二等は天平神護元年正月の論功行賞の時の授与であるが、正三位は乱勃発直後の天平宝字八年九月丙午12に授けられたものである。この日若干の高級官人たちに叙位があったが、これは上皇側の強化策としての構成にかかわる叙位であったろう。ここで授刀衛の改革、強化がなされたのではなかろうか。『公卿補任』によると同年の中納言真楯の注記に「九月十一日叙正三位勲二等兼授刀大将」とある。この日付は他とのぶれがあるが、乱勃発直後のことには違いない。そして乱終結後の論功行賞において、真楯がそのなかで最高の勲二等を授けられたことは、彼が上皇側の強力な兵力の中心であった授刀衛を統率した授刀大将であったことを思えば叙勲の高さは当然のことといえよう。

最後に、この上皇の身近な兵力である授刀衛の官制が督・佐系から大将・少将系に変更すると共に組織の拡大強化されたのは、乱勃発間もない頃であったとしても、誰が主導したのであろうか。それは確実にはわからないが、私は吉備真備（まきび）ではないかと推測している。真備は孝謙上皇の皇太子時代から、東宮学士また東宮大夫として親しく仕え、儒学を教授したことは広く知られ、兵法・軍事にも広い知識をもっていた。天平宝字八年、仲麻呂が叛するや急に召されて内に入り、軍務に参謀したという（宝亀元年十月丙申8条、真備上表）。このとき上皇側の軍事を整備したのではないかと考えるのである。

46　藤原旅子（ふじわらのたびこ）――早逝した淳和天皇の生母――

巻三十九・延暦七年五月辛亥4条

［現代語訳］

［夫人（ぶにん）従三位（中略）］藤原朝臣旅子は贈右大臣従二位藤原朝臣百川（ももかわ）の娘である。延暦の初め後宮に召し入れられ、ついで従三位を授けられた。［延暦］五年（七八六）には昇格して夫人となり、大伴親王（のちの淳和天皇）を生んだ。薨ずる時、三十歳であった（妃ならびに正一位を贈られる）。

［訓読文］

［夫人従三位藤原朝臣旅子薨ず[1]（中略）（妃ならびに正一位を贈る）[2]］。妃は贈右大臣従二位藤原朝臣百川[3]の女なり。延暦の初め後宮に納（い）り[4]、尋（つ）いで従三位を授けらる。五年、進んで夫人となり、大伴親王を生む[5]。薨ずる時、年卅。

［原文］

［夫人従三位藤原朝臣旅子薨、（中略）（贈妃并正一位）］、妃贈右大臣従二位藤原朝臣百川之女也、延暦初納於後宮、尋授従三位、五年進為夫人、生大伴親王、薨時年卅、

［語句解説］

1夫人……天皇の側室として後宮職員令に「妃二員、夫人三員、嬪四員」が定められている。このうち妃は四品以上とあり、皇女（内親王）から撰ばれるものとされているが、夫人は三位以上、嬪は五位以上で、いずれも諸臣から撰ばれた。旅子は延暦五年（七八六）に夫人となり、薨去ののち妃が贈られたのは贈位ではあるが異例のことであり、天皇が百川に非常な恩義を感じていた現われかと思われる。

2中略……中略部分は葬儀の監護使および宣詔使を派遣して妃および正一位を贈る記事。

3藤原百川……式家宇合の第八男。宝亀十年（七七九）七月没。時に従三位参議中衛大将兼式部卿。延暦二年（七八三）二月右大臣を贈られた。百川は桓武即位に非常に尽力し、天皇はのちまでその恩義を感じ、その男緒嗣には特別の待遇をした（［33藤原百川］参照）。旅子に対してもそうした気持ちであったろう。

4延暦初め……延暦四年（七八五）十一月、無位から従三位直叙。時に二十七歳。

5大伴親王……のちの淳和天皇。承和七年（八四〇）五月没。薨年五十五歳から逆算して延暦五年（七八六）の誕生。旅子は翌々年三十歳の若さで没したことになる。

［考察］

旅子についての史料は少なく詳しいことはわからない。ここでは桓武天皇の夫人を中心に概観する。

桓武の夫人は旅子ひとりだけではなく、しかも旅子は早く死去したが、たまたま所生の皇子が皇位に即いたので、旅子は没後、贈皇太后といわれることになる。

旅子が桓武天皇の夫人となったのは、前述のように延暦五年のことであるが、そのときはすでに皇后として同二年に立后した藤原乙牟漏がいた。乙牟漏は旅子の母諸姉の姉妹という血縁関係にある（［39藤原乙牟漏］参照）。また桓武の夫人としては藤原吉子がいた。吉子は右大臣藤原是公（南家）の娘で延暦二年に入内し、伊予親王の生母となった（親王の生年は不詳であるが、加冠は延暦十一年（七九二）のことで、そのとき仮に十五歳であったとすれば、宝亀九年（七七八）の生まれである）。その後大同二年（八〇七）、いわゆる伊予親王事件で母子ともに死没する。こうして夫人の旅子・吉子ともに死去するが、なお、のち延暦十六年に夫人となる参議多治比長野の娘真宗がいる。真宗には所生の子女が多く、長子の葛原親王は仁寿三年（八五三）六十三歳で死去したが、逆算すると延暦五年の生まれで、桓武第三子とし、延暦五年九月生まれの嵯峨（神野親王）の兄とされている（『文徳実録』同年六月癸亥4条）。したがって真宗の身分は不詳ながら、夫人になる前にすでに皇子を儲けていたのである。

夫人としては、このほか『一代要記』『紹運録』によると、藤原鷲取（北家）の娘小屎がいる。その入内年代は不詳ながら、父の鷲取は左大臣藤原魚名の子であり、小屎は孫であるところから、延暦元年六月魚名失脚以前の入内であった可能性が高い。小屎の所生としては天長七年（八三〇）四月に四十三歳で没した万多親王がいる。親王は逆算して延暦七年（七八八）の生まれである。このように桓武後宮は賑々しいが、それに関しては［53藤原乙牟漏］参照。

先に触れたが、旅子所生の大伴親王は神野親王（嵯峨）と同じ延暦五年生まれであるが、淳和即位前紀では、こちらを桓武第三子としている（『紀略』）。延暦十七年四月加冠し、弘仁元年（八一〇）九月、嵯峨天皇の皇太子高丘親王（平城皇子）が廃太子されたあと皇太弟に立てられた。同十四年四月皇太弟大伴親王は受禅即位する。淳和天皇である。淳和天皇は即位直後に生母の故旅子に皇太后を贈った。また翌天長元年三月詔して、来る五月五日の節会は贈皇太后の忌日（五月四日）に近いという理由で停止することにした（『紀略』『類史』）。しかし同三年にはこの節会は四月二十七日に代えて行われることとなり（『三代格』十八）、仁明朝になると、同十年四月戊寅21に太政官の奏を可として元の五月五日に復している（『続後紀』）。

47　石川名足（いしかわのなたり）――剛直な官人として怖れられた――

巻三十九・延暦七年六月丙戌10条

［現代語訳］

［中納言従三位兼兵部卿・皇后宮大夫・左京大夫・大和守］石川朝臣名足は御史大夫（ぎょしだいぶ）正三位年足（としたり）の子である。［天平］宝字年間に従五位下を授けられ、伊勢守に任ぜられた。しばらくの間、処々に遷されて宝亀の初年に兵部大輔（ひょうぶのたいふ）に任ぜられ、また民部大輔に遷った。ついで従四位下を授けられ、地方に出て大宰大弐となった。在任二年にして、［都に］呼び戻されて左右大弁を歴任し、ついで参議兼右京大夫に任ぜられた。名足は耳に聞き、目に見るところを多く記憶しており、そればかりではなく弁舌が巧みで物事の是非曲直を判断して滞ることがなかった。しかし性格は大変度量が狭く性急で、好んで他人の過ちを問い詰めて非難した。官人が政務を報告するにさいし、自分の考えに合わないことがあると、すぐにその人に向かって、口を極めてののしった。このため諸司の官人で太政官の庁舎に参上する者は、名足が政務を聴取している場にあうと、たいていは背をかがめ抜き足でその場を避けた。延暦初年に従三位を授けられ、中納言を拝命し、兵部卿・皇后宮大夫・左京大夫を兼任した。薨じた時、六十一歳であった。

[訓読文]

[中納言従三位兼兵部卿・皇后宮・左京大夫・大和守石川朝臣名足薨ず]。名足は御史大夫[1]正三位年足[2]の子なり。宝字中に従五位下を授けられ[3]、伊勢守に除せらる。稍く遷されて宝亀の初め兵部大輔に任ぜられ、民部大輔に遷る。従四位下を授けられ、出でて大宰大弐となる。居ること二年、徴し入れられて左右大弁を歴て、尋いで参議兼右京大夫となる。名足、耳目の渉るところ、多く心に記す[4]。加以、利口にして剖断して滞ることなし。然して性頗る偏急にして、好みて人の過ちを詰る。官人の政を申すに、或は旨に合はざれば、即ち其の人に対して、口を極めて罵る。此れに因りて諸司の官曹[5]に候する者、名足が事を聴くに値へば、多く踞蹐して避く。延暦の初め、従三位を授けられ、中納言を拝し、兵部卿・皇后宮・左京大夫を兼ぬ。薨ずる時、年六十一[6]。

[原文]

[中納言従三位兼兵部卿皇后宮左京大夫大和守石川朝臣名足薨]、名足、御史大夫正三位年足之子也、宝字中授従五位下、除伊勢守、稍遷、宝亀初、任兵部大輔、遷民部大輔、授従四位下、出為大宰大弐、居二年徴入歴左右大弁、尋為参議兼右京大夫、名足耳目所渉、多記於心、加以利口剖断無滞、然性頗偏急、好詰人之過、官人申政、或不合旨、即対其人、極口而罵、因此諸司候官曹者、値名足聴事、多踞蹐而避、延暦初、授従三位、拝中納言、兼兵部卿・皇后宮・左京大夫、薨時年六十一、

［語句解説］

1御史大夫…大納言のこと。恵美押勝政権下の天平宝字二年（七五八）八月、官名改称のとき大納言を御史大夫と改称した。同八年九月押勝没落後直ちに元に戻った。

2年足…石足（いわたり）の子、天平宝字六年九月没。御史大夫正三位兼文部卿神祇伯勲十二等（［10石川年足］参照）。

3官歴…『続紀』本文と矛盾するところはないが、天平神護・神護景雲年間の履歴が見えていない。天平宝字五年正月叙従五位下が初見。天平宝字年間は下野・伊勢・備前守などの地方官を歴任した。天平神護二年（七六六）五月備前守として国内の郡郷分属のことについて上言して許されたことが見え、同年八月正五位下に叙せられた。神護景雲元年（七六七）七月備前守で兼陸奥鎮守副将軍となり、伊治（これはり）城の築城に功があって同年十月正五位上に叙せられた。翌年二月大和守となったが、その九月には陸奥鎮守将軍を兼任し、同三年八月には陸奥守に転じた。「稍く遷されて」とは、しばらくの間あちらこちらに転任して宝亀初年に都に戻って、という意であろう。宝亀二年（七七一）閏三月に兵部大輔、同年七月には民部大輔、同六年七月に大宰大弐と転じたが、二年後の同八年十月造東大寺長官として戻り、翌九年二月右大弁に任ぜられ、同十一年二月には参議に列せられた。桓武朝でも順調であり、本官は右大弁から左大弁となり、延暦四年（七八五）十一月には中納言に列した。兼任は中宮大夫・皇后宮大夫・兵部卿・左京大夫に任じ、兼国は播磨・大和守などである。最後は中納言従三位兼兵部卿皇后宮左京大夫大和守とあって中納言で四官を兼ねた。

4耳目に渉るところ云々…［考察］参照。

5官曹…太政官の庁舎。弁官はここで諸司の政務を聴いた。

6薨年六十一…逆算すると神亀五年（七二八）の生まれ。

［考察］

石川氏の系譜についてはすでに［10石川年足］において触れたが、ここで若干の補足をしておきたい。石川氏はもともとは蘇我氏の庶流であるが、奈良時代にはこの年足―名足の家が一族の本系となっている。氏の祖は蘇我馬子の子、蝦夷の弟、倉麻呂（雄当）である。その子倉山田石川麻呂は大化五年（六四九）山田寺で憤死を遂げたが、その弟の連子（牟羅志）は斉明・天智朝の大臣であり、その子安麻呂のとき石川氏を称し、天武天皇十三年（六八四）朝臣の姓を賜わった。石川とは蘇我氏の古い本拠地で、河内国石川郡または大和国高市郡石川にちなんだものと見られる（両説あり）。安麻呂の子石足が年足の父、名足の祖父である。

つぎに名足の官歴について特徴的な傾向を見ることとする。まず従五位下叙任は天平宝字五年（七六一）三十四歳のときであるから、この種の貴族としては早いほうではない。その後天平宝字年間、つまり仲麻呂政権下では下野・伊勢・備前などの国守として地方官を歴任した。これが中央政界の紛争に巻き込まれなかった一つの理由といえるかもしれない。道鏡政権下にあってもその傾向はつづき、ことに備前守で陸奥鎮守副将軍を兼ねたが、神護景雲元年（七六七）十月に伊治城築城の功績を評価されて昇叙されているので、陸奥の現地に赴任したものと思われる。翌二年に本官は大和守に転じたが、陸奥鎮守将軍を兼任し、翌三年陸奥守に任ぜられた。

このように称徳朝は地方官暮らしがつづいたが、光仁天皇が即位して宝亀二年（七七一）、都に召されて兵部大輔に任ぜられ、以後大宰大弐の二年間を除いて京官に終始した。ことに宝亀九年（七七八）からは右大弁、延暦四年（七八五）には左大弁に転じ、十年近く左右大弁に在任したことは特徴的である。弁官は太政官政治の中枢であった。諸官司から太政官に上げてくる政務の報告を受けて、これを公卿（議政官）会議に提出し、公卿会議の議を諸司に下すなど行政庶務の担当機関として太政官の心臓部分に当たる。したがって弁官には有能な官人が配置され、ことに左右の大弁はその責任者として多くは公卿に列した。名足も宝亀十一年二月に右大弁従四位下で参議に任ぜられた。従四位下は参議になる最低の位階である。

その頃のことであるが、宝亀十一年十月丙辰26条にみえる伊勢国の言上は、参議で伊勢守を兼ねていた名足に関係するものと思われる。そこには隠首（おんしゅ）といわれる籍帳に編付されていない浮浪の民を摘発し、国中で千に近いとされるほど多い戸口の増益、調庸の増収をもたらすという成果をあげ、これが七道諸国に見本として示されている（『三代格』十二の同日付太政官符にもみえる）。これは地方官を歴任し、かつ政府の要職に就いた能吏の手腕のしめしどころであったろう。延暦に入って従三位に叙せられ、左大弁に転じ、中納言に昇任した。晩年兵部卿・皇后宮大夫・中宮大夫など諸官を兼任したのは、広く政務を見る能力を認められたからであろう。

この「伝」に見える名足の性格についての記述は興味深いものがある。頭脳明晰で耳目に触れたことを多く記憶し、事を判断するのに滞るところがなかった、というのは有能な官人としての資質があったことを思わせる。反面、偏執なまでに硬直な寛容性に欠ける性格は、官人仲間、とりわけ下僚には嫌われたことであろう。諸司の官人が弁官の庁舎に政務を上げに来るときに、名足が座にいることを知ると忌避する人が多かったという。名足は自己の信ずることを主張し、固執する性格であったから、反面、自分の担当する政務については真面目に責務を遂行したことであろう。このことは、よくいえば理非曲直を弁えて政争には巻き込まれなかったひとつの理由かも知れない。なお名足は『続紀』の前身のひとつになる光仁朝の修史事業に、淡海三船・当麻永嗣（たいまのながつぐ）、また上毛野大川（かみつけぬのおおかわ）とかかわったことが知られている（『後紀』延暦十六年二月己巳13条、『類史』一四七国史、延暦十三年八月癸丑13条）。しかしこれは十分な成果が得られないまま頓挫したもようである。

48　大中臣清麻呂(おおなかとみのきよまろ)――国の古老といわれた祠官出身で大臣――

巻三十九・延暦七年七月癸酉28条

［現代語訳］

［前(さきの)右大臣正二位大中臣朝臣清麻呂の］曾祖父の国子(くにこ)は小治田(おはりだ)朝（推古天皇朝）の小徳冠(しょうとくかん)で、父の意美(おみ)麻呂は［元明天皇朝の］中納言正四位上であった。清麻呂は天平の末年に従五位下を授けられ、神祇大副に任ぜられた。［その後］左中弁・文部大輔・尾張守を歴任し、［天平］宝字年間に従四位上参議・左大弁兼神祇伯にいたった。要職を歴任して、その忠勤ぶりが称賛された。

［天平］神護元年（七六五）、仲満(なかまろ)（仲麻呂）の反乱が平定されたあと、勲四等を授けられた。その年十一月、高野天皇（称徳）が［重祚(ちょうそ)後］あらためて大嘗祭の事を行ったが、清麻呂はその時に神祇伯としてそのことに奉仕した。天皇は［彼が］神祇官に何度も在任して潔白で慎み深く自分の職をよく守っていることを褒めて、特に従三位を授けられた。［神護］景雲二年（七六八）、中納言を拝命し、手厚い詔を下されて大中臣の姓を賜わった。光仁天皇が天皇の地位に就いたさいに正三位を授けられ、大納言兼東宮傅(とうぐうふ)に転ぜられた。宝亀二年（七七一）には右大臣を拝命し従二位を授けられ、ついで正二位に昇叙された。

清麻呂は数代の天皇に仕えて国の古老とされ、朝廷の儀式や国家の仕来りを記憶し熟練するところが多かった。自分の席にあって政務を執るときは高齢になったとはいえ、精勤であって怠ることはなかった。七十歳になったとき上表して辞職を願い出たが、手厚い詔を下されて許されなかった。今上（桓武）が即位したさいに重ねて辞職を願い出た。［天皇は］詔してこれを許した。薨じた時、八十七歳であった。

［訓読文］

［前右大臣正二位大中臣朝臣清麻呂薨ず］。曾祖国子[1]は小治田朝[2]の小徳冠なり。父意美麻呂[3]は中納言正四位上なり。清麻呂は天平の末、従五位下を授けられ[4]、神祇大副に補せらる。左中弁・文部大輔・尾張守を歴、宝字中に従四位上参議・左大弁兼神祇伯に至る。顕要を歴居して、勤恪を称へらる。神護元年、仲満[5]平らぎて後、勲四等を加へらる。其の年十一月、高野天皇、更めて大嘗[6]の事を行ふ。清麻呂、時に神祇伯としてその事に供奉せり。天皇、その神祇官に累任して清慎にして自ら守るを嘉して、特に従三位を授く。景雲二年、中納言を拝し、優詔して姓を大中臣[7]と賜ふ。天宗高紹天皇践祚して、正三位を授けられ[8]、大納言兼東宮傅に転ぜらる。宝亀二年、右大臣を拝し従二位を授けられ、尋いで正二位を加へらる。清麻呂、数朝に歴事[9]して、国の旧老たり。朝儀国典[10]、諳練する所多し。位に在りて事を視ること、年老たりと雖も精勤にして怠るに匪ず。年七十に及びて上表して致仕[11]するも、優詔して許されず。今上、即位して重ねて骸骨を乞ふ。詔してこれを許さる。薨ずる時、年八十七[12]。

〔原文〕

〔前右大臣正二位大中臣朝臣清麻呂薨〕、曾祖国子、小治田朝小徳冠、父意美麻呂、中納言正四位上、清麻呂、天平末授従五位下、補神祇大副、歴左中弁・文部大輔・尾張守、宝字中、至従四位上参議・左大弁兼神祇伯、歴居顕要、見称勤恪、神護元年、仲満平後、加勲四等、其年十一月高野天皇更行大嘗之事、清麻呂時為神祇伯、供奉其事、天皇嘉其累任神祇官、清慎自守、特授従三位、景雲二年拝中納言、優詔賜姓大中臣、天宗高紹天皇践祚、授正三位、転大納言兼東宮傅、宝亀二年、拝右大臣授従二位、尋加正二位、清麻呂歴事数朝、為国旧老、朝儀国典多所諳練、在位視事、雖年老而精勤匪怠、年及七十上表致仕、優詔弗許、今上即位、重乞骸骨、詔許之、薨時年八十七、

〔語句解説〕

1**中臣連国子**……可多能祜（かたのこ）大連の子。推古天皇三十一年（六二三）新羅を討つ大将軍として活躍した。『中臣氏延喜本系』に可多能祜大連の次男、「小徳冠、前奏官兼祭官」「供奉岡本朝廷」とある。岡本朝廷は舒明天皇朝。また国子の子、意美麻呂の父となる国足は『書紀』には見えないが、『尊卑分脈』所載中臣系図に「賜朝臣、在任廿八ケ年、祭主、大錦上、奏官」とある。

2**小治田朝**……小墾田とも書く。飛鳥の小治田宮で政治を執った推古天皇の朝廷。小徳は推古天皇十一年制定の冠位十二階の第二位。

3**意美麻呂**……臣麻呂ともある。また葛原朝臣・藤原朝臣と称した時期がある。持統天皇三年（六八九）二月判事に任ぜられた。ときに務大肆（むだいし）。同七年六月直広肆（じきこうし）を授けられた。文武天皇二年（六九八）八月詔して、先に

鎌足が賜わった藤原朝臣の姓を不比等に継がせ、意美麻呂らは神事に仕えることによって中臣姓に戻った。同三年十二月鋳銭司の長官に任ぜられた。時に直大肆。慶雲二年（七〇五）四月任左大弁。時に従四位上。和銅元年（七〇八）三月神祇伯に任ぜられ、中納言を兼ね、同年七月正四位下に叙せられ、同四年四月正四位上になった。同四年閏六月卒した。時に中納言正四位上兼神祇伯とある。元明朝の中納言というべきであろう。

4官歴①…従五位下叙任は天平十五年（七四三）五月、任神祇大副は同年六月、任左中弁は天平勝宝六年（七五四）七月条に見えるが、『万葉集』では、すでに同三年十月、同五年八月に左中弁に在任している記事がある（十九—四二五八、二十—四二九六各左註）。文部（式部）大輔については『続紀』本文には見えないが、『万葉集』巻二十の四四九六の詞書に「（天平宝字二年）二月、於式部大輔中臣清麻呂朝臣之宅宴歌」と見える。任尾張守は天平十九年五月に見える。天平宝字中の叙任については同八年正月に従四位上、同年九月に正四位下に昇叙しているので「伝」の書き方は正確ではない。任官については、参議は天平宝字六年十二月、左大弁は同七年正月に見えるが、任神祇伯は本文に見えない。『公卿補任』天平宝字六年参議中臣清麻呂の尻付に「十二月一日任三木、兼左大弁・神祇伯」とあるが、『中臣氏系図』に引く「延喜本系」では天平宝字八年九月に神祇大副から伯に転じたとする。

5仲満…藤原仲麻呂のこと。藤原仲麻呂を仲満と表記するのは『続紀』の本文では薨卒伝と一部の贈位記事に限られている。仲麻呂の乱の論功行賞は乱の翌年の天平神護元年（七六五）正月に見える。清麻呂の勲四等の功績ついては具体的には見えていない。神祇への祈禱などと考えられるが、「正倉院文書」の天平宝字五年と見られる歴名文書に「台大忠中臣浄万呂兼」とある（『大古』十五—一三〇）。これは『続紀』には見られないが、清麻呂が紫微中台の大忠を兼任していたことを示す。また淳仁天皇と称徳上皇との帝権二分といわれるときには、同六年八月に、恵美訓儒麻呂らとともに天皇の中宮院に侍して勅旨に宣伝にあたっているなど、仲麻呂側かと見られる立場にあったらしい。

6大嘗の事……大嘗祭は天皇即位後最初の新嘗祭。一世一度の大祭。即位式が七月以前ならば年内に、八月以降ならば翌年挙行することになっている。孝謙天皇はすでに天平勝宝元年（七四九）十一月に行われているが、淳仁天皇を廃帝にし、自ら重祚したので、あらためて大嘗祭を行ったのである。即位式は行われていないとみられるが、ただし天平宝字八年十月丁丑14条の詔は事実上の重祚の宣言と見られる。そして翌天平神護元年十一月癸酉16条に大嘗祭が行われたことが見える。このとき清麻呂は特別に褒賞され、従三位に特叙されたのは、当時神祇伯にあって大嘗祭の挙行に力を尽くしたことによるものである。翌二年二月任中納言、神祇伯もとの如し、とある。

7大中臣……大中臣の賜姓は神護景雲三年六月乙卯19条にみえており、そのときの詔に「神語に大中臣といへることあり、云々」と見える。ここに神語というのは祝詞のことで、『延喜式』の大祓の祝詞などの言葉に神祇官の中臣に対して美称の大をつけて大中臣といっている。それを典拠に中臣清麻呂の勤功を称える美称としたのであろう。称徳天皇は自らの変則的な践祚を正当化した大嘗祭の挙行など清麻呂の忠節を嘉賞したのである。

8官歴②……正三位は光仁即位の宝亀元年（七七〇）十月朔条、任東宮傅は同二年正月大納言で兼東宮傅に任じたとする。ただし本文は任大納言の記事を欠いている。『公卿補任』では神護景雲四年（宝亀元）条に「七月任大納言、叙正三位、兼東宮傅」とあるが、光仁即位前のことなので疑わしい。実際には大納言正三位は十月であろう。任右大臣叙従二位は同二年三月、叙正二位は同三年二月である。

9数朝に歴事……聖武・孝謙・淳仁・称徳・光仁の五天皇の朝廷に仕え、国家の古老として尊敬されたのであろう。

10朝儀国典…朝儀は朝廷の儀式、国典は国の法典・史書など。具体的な故実や仕来りが詳しく身についていたのであろう。なお太政官における清麻呂の立場については［考察］参照。

11上表致仕…官人は七十以上になれば表（意見書）を奉って致仕（職を辞すること）することができる。宝亀五年十二月乙酉21条に、右大臣の地位にあった清麻呂は重ねて上表して致仕を願った、とある。時に七十三歳。この「伝」ではこれより前七十歳になって致仕を乞うたとあるので宝亀二年のことであろうが、本文には見えない。桓武天皇の代の天応元年（七八一）六月庚戌23条に上表してはじめて許され、几杖（きじょう）を賜わったことが見える。

12薨年八十七…逆算して大宝二年（七〇二）の生まれ。

［考察］

大中臣清麻呂の生涯の大きな特徴は、神祇祭祀を司る氏族から出て、右大臣にまで昇任し、しかも首席公卿をつづけたことである。中臣氏は周知のように大化前代から祭祀を職務として大和王権に仕奉した氏族である。天智朝の末期、鎌足が藤原氏を称して以後、一族のなかで藤原を称した人もあったが、清麻呂の父意美麻呂のとき文武天皇二年（六九八）八月詔によって、藤原の姓は不比等に継がせ、意美麻呂の系統は神事に仕奉するによってもとの中臣を称することとされた。中臣氏は神事の氏族であることを再確認したようなものである。

清麻呂は中央・地方の諸官を歴任しているが、『中臣氏系図』にひく「延喜本系」によると、天平十二年（七四〇）神祇大祐に任じたあと、少副・大副をへて天平宝字八年（七六四）神祇伯に就いた。宝亀八年（七七七）

正月子息の子老が伯になるまでその任にあった（兼任も含めて）。

その中で注目されるのは天平宝字七年正月左大弁に任じたことである。前年の六年十二月朔には参議に列しており、ここに左大弁に就任したのは清麻呂が単なる祠官出身ではなく政務に長けた官人であったことを思わせる。ことに仲麻呂政権下にあっては、前述のように同五年には紫微大忠を兼ねていた履歴もあることなので注目される。しかし翌八年九月丙午12、仲麻呂の乱が起こると上皇側の叙位で正四位下に叙せられ、乱後の行賞で勲四等が与えられている。［語句解説5］では神祇への祈禱などの功を推測したが、清麻呂の仲麻呂よりの立場や左大弁の地位を考えると、もっと具体的な功績があったのではなかろうか。つづく称徳朝では前述のように大嘗祭に関連して清慎勤労を賞された叙位、大中臣の賜姓など、その功労が嘉賞されている。

宝亀元年（七七〇）称徳の後継として白壁王の擁立ということがあって、光仁即位が実現した。白壁王は淳仁朝の末期から称徳朝にかけて中納言・大納言として、清麻呂と公卿会議の席を同じくしていた。二人ともすでに老境に入っており、互いに性格的にも旧知の仲であったろう。その光仁即位にともなって清麻呂は大納言に昇任した。ときに六十九歳であった。翌二年二月、左大臣藤原永手が急病のため清麻呂は大臣の事を摂行することとなったが、まもなく永手は没し、三月には慌しく清麻呂が右大臣に昇格した。このとき清麻呂は七十歳に達していて致仕の上表をしたということであるが、光仁天皇はそれを受け付けないばかりか、一層の忠勤を要請し、清麻呂は老齢ながら右大臣に就任し、筆頭公卿となった。

このとき次席には藤原良継（宿奈麻呂）が抜擢されて内臣という異例の官に就いた。内臣の職掌・待遇などは大納言に同じく、ただ職封が大納言八百戸であるのに、内臣は千戸という違いがあった。内臣に就いた良継はその薨伝（宝亀八年九月丙寅18条）に「政を専らにし志を得て升降自由なり」とあるように、水を得た魚のように自由に権力を振るったのであろう。練達な老臣清麻呂を筆頭公卿に、政務の実権を振るう内臣に良継を据えたのが光仁朝の太政官であった。この間に宝亀五年十二月清麻呂は前述のように再度の致仕を乞うたが許されず、これで光仁朝での致仕はあきらめたようである。内臣については［32藤原良継］参照。

右大臣清麻呂・内臣良継という形は宝亀七年（七七六）まで続いた。そして同八年正月良継は内大臣となった。待遇が大臣並みになったということで政権には変わったことはない。そしてその年九月丙寅18、良継は内大臣従二位で没した。良継の後継者は藤原魚名（うおな）であった。良継の没した翌九年三月、大納言魚名が内臣に就任した。しかしまもなく同月二十日に忠臣と称を改めた。その意味するところは明らかではないが、いずれにせよ形式的なことにとどまるであろう。そして翌十年（七七九）正月朔に内大臣となった。基本的に良継と同じパターンである（［41藤原魚名］参照）。

この間、大中臣清麻呂は一貫して右大臣の地位にあった。そして翌天応元年（七八一）四月に光仁天皇は譲位し、皇太子山部（やまべ）親王が受禅即位した。その六月、清麻呂は新しい桓武天皇に上表して致仕を乞い、初めて許され、宮中に参内するときの几杖を賜わった。

このように清麻呂は光仁朝を通して十年余、右大臣で筆頭公卿の地位を保持した。そのため「政を専ら」にしたといわれる藤原良継は、内臣という特別の地位に就いて長く清麻呂の下位に甘んじた。晩年内大臣となったが形式上は清麻呂の下位であることには違いなかった。そのあとを継いだ魚名も良継と同様であった。そして清麻呂が致仕すると、魚名は数日後の天応元年六月右大臣を越えて左大臣に昇任したのである。

なぜ清麻呂は左大臣に昇任することなく右大臣を続けたのであろうか。つぎにそれを考えたい。清麻呂が光仁天皇の篤い信任をうけていたことは前述した。皇統からは傍系であった白壁王（光仁）が六十二歳で即位するには「朝議国典」に明るい元同僚の清麻呂の補佐を必須と考えていたのではないか。信任を受けて補佐の任に当たった清麻呂は、光仁朝の大臣として磐石不動の地位を占めることとなったのであり、光仁朝では誰も清麻呂の右大臣を超えることはできなかった。ならば清麻呂はどうして左大臣に昇格しなかったのであろうか。

さて左大臣は職員令に「衆務を統理し、綱目を挙持して庶事を惣判することを掌る」とある。つまり太政官の政務を統括し、諸事を判断するのであるが、右大臣については「掌ること左大臣に同じ」とある。左大臣と右大臣とは職掌上は違うところはない。左大臣不在のときには右大臣がその任に当たるわけであり、右大臣のままでも太政官の運営には支障はないことになる。実際ほかにも右大臣のままで左大臣に昇らない人が存在する。

大宝以後宝亀までの間において、右大臣がいて左大臣が不在の期間を調べてみると、後に示すひとつの例外を別にすると、原則的には、ほかに知太政官事か太政大臣（恵美押勝と道鏡）が同時に存在しているのである（ただし交替時に若干の空席の時期はある）。その唯一の例外というのは、養老元年（七一七）三月左大臣石上麻呂（いそのかみのまろ）の没から同四年八月知太政官事舎人親王の就任までのほぼ四年五か月の間である。この間は右大臣として藤原不比等が在任するが、左大臣や知太政官事は不在であった。そして『公卿補任』養老二年右大臣藤原不比等の分注に「月日雖被任太政大臣、固辞不受」とある。『続紀』には見えないが、太政大臣に任ぜられようとして辞退したということである。養老四年八月癸未3不比等が没すると、直ちに翌甲申4に舎人親王を知太政官事に任命している事実がある。不比等は右大臣であって左大臣ではなかったが、右の慣行から見て事実上左大臣的な地位にあったことを示している。

ただし、他方知太政官事はまったくの意味で左大臣に代わるものではなく、知太政官事在任中に左大臣が任命されていることが何度かある。知太政官事穂積親王と左大臣石上麻呂（和銅元年三月～霊亀元年七月）、知太政官事舎人親王と左大臣長屋王（神亀元年二月～天平元年二月）、知太政官事鈴鹿王と左大臣橘諸兄（天平十五年五月～同十七年九月）の三例がそれである。すなわち知太政官事は左大臣のように太政官を統括するものではないと理解される。知太政官事については別個検討する必要があるが、天皇の政治を補佐する皇親政治の側面から考えなければならない。

問題はもとに戻って清麻呂はなぜ右大臣をつづけたのであろうか。結局、清麻呂が左大臣に就かなかった（あるいは就けなかった）わけは、先の藤原不比等の場合とは違って、中臣氏は神祇祭祀の家柄であり、左大臣として太政官政治を統括し、代表するような家柄ではないからであろう。そうした慣行、朝儀国典にかかわることは清麻呂のよく知るところであった。清麻呂は左大臣に昇任しないが良継や魚名はそれを越えなかった。かつての内臣、内大臣を換骨奪胎してその職に就くにとどまったのである。清麻呂と良継は車の両輪のごとくにして光仁天皇の政治を補佐したのであろう。良継は内臣ないし内大臣の地位にあって「政を専らにし志を得て升降自由なり」というほど実権があったが、それが専横・専制とならなかったのは、かつて大納言でもあった光仁天皇の知るところであり、またそのもとで朝儀国典に詳しい清麻呂とペアであったからではないか。良継が死去し天皇が代わり、清麻呂が致仕して枠が解けると、魚名は直ちに右大臣を越えて左大臣に昇任したのである。

49　藤原是公（ふじわらのこれきみ）——桓武の外舅として信任が篤かった——

巻四十・延暦八年九月戊午19条

［現代語訳］

［右大臣従二位兼中衛大将］藤原朝臣是公は、贈太政大臣正一位武智麻呂（むちまろ）の孫で参議兵部卿従三位乙麻呂（おとまろ）の第一子である。からだつきは背が高く大きく、その姿は威厳があった。［天平］宝字年中に従五位下を授けられ、神祇大副に任ぜられた。［その後］山背（やましろ）・播磨の守、左衛士督をへて、［天平］神護二年（七六六）に従四位下を授けられ、内竪大輔（ないじゆのたいふ）・式部大輔・春宮大夫（とうぐうのだいぶ）をへて、宝亀末年には参議・左大弁［に任ぜられ］従三位にいたった。天応元年（七八一）に正三位を授けられ、中衛大将兼式部卿に遷され、俄に中納言を拝命した。さらに中衛大将兼式部卿を兼任したまま、大納言に転じた。延暦二年（七八三）には右大臣を拝命し、中衛大将はもとのまま兼任であった。是公は時の政務に通暁しており、ものごとを判断するに滞ることはなかった。薨ずる時、六十三歳であった（詔して従一位を贈られた）。

［訓読文］

［右大臣従二位兼中衛大将藤原朝臣是公薨ず。詔して従一位を贈る］。是公は贈太政大臣正一位武智麻呂[1]の孫、参議兵部卿従三位乙麻呂[2]の第一子なり。人となり長大にして、兼ねて威容有り。宝字中に

従五位下を授けられ、[3]神祇大副に補せらる。山背・播磨守、左衛士督を歴(へ)て、神護二年、従四位下を授けられ、内竪・式部大輔、春宮大夫を歴て、宝亀の末に参議・左大弁、従三位に至る。天応元年、正三位を加へられ、中衛大将兼式部卿に遷され、俄に中納言を拝す。中衛大将・式部卿は故(もと)の如くにして大納言に転ぜらる。延暦二年、右大臣を拝し、中衛大将故の如し。是公、時務に暁習して、割断するに滞ることなし。薨ずる時、年六十三。[4]

［原文］

［右大臣従二位兼中衛大将藤原朝臣是公薨、詔贈従一位］、是公、贈太政大臣正一位武智麻呂之孫、参議兵部卿従三位乙麻呂之第一子也、為人長大、兼有威容、宝字中、授従五位下、補神祇大副、歴山背・播磨守・左衛士督、神護二年、授従四位下、歴内竪・式部大輔・春宮大夫、宝亀末、至参議・左大弁従三位、天応元年、加正三位、遷中衛大将兼式部卿、俄拝中納言、中衛大将式部卿如故、転大納言、延暦二年、拝右大臣、中衛大将如故(1)、是公暁習時務、割断無滞、薨時年六十三、

［校異］

（1）故……底本は「元」とするが蓬左文庫本によって改めた。

［語句解説］

1 **武智麻呂**……不比等の第一子。南家の祖とされる。長屋王事件の後、天平元年（七二九）大納言、同六年右大

臣となり、三人の弟とともに議政官に並んだので、この時期は藤原四卿の時代といわれる。同九年七月病床で正一位に叙せられ左大臣に任ぜられたが、即日没した。

2乙麻呂……武智麻呂の第四子。天平宝字四年（七六〇）六月武部（兵部）卿従三位で没。『続紀』本文には参議とは見えない。『公卿補任』では天平勝宝九歳（天平宝字元年）条の非参議に載せ、以後は見えない。

3官歴……ここには見えないが、是公は初め黒麻呂という名であった。『続紀』での初見は天平宝字五年正月戊子2条に藤原朝臣黒麻呂として従五位下を授けられ、以後黒麻呂と見えるが、天平神護元年（七六五）九月戊申19条の任左衛士督の是公の分注に「本名黒麻呂」とあり、以後は是公として見える。

まず黒麻呂としては、従五位下叙任のあと「補神祇大副」は本文には見えない。つぎの山背守は天平宝字八年十一月、播磨守はその一月前の同年十月に見え、左衛士督は前に触れたように天平神護元年九月に任官記事が見え、このあとは是公になる。道鏡政権下の神護景雲元年（七六七）七月に内竪省が置かれると、是公が大輔となったことが注目されるが、これについては［考察］の項で述べたい。

つぎに式部大輔は宝亀五年（七七四）三月に兼任することが見えるが、本官は春宮大夫・左衛士督とある。春宮大夫の任官記事はないが、その前年の同四年正月戊寅2条に山部(やまべ)親王の立太子の儀が見え、是公はその五日後の正月癸未7条に叙正四位下とあるので（このあたり、『続紀』に干支の順に乱れあり。要注意）、他戸(おさべ)廃太子後に立太子した山部皇太子の新たな東宮坊の長官に任ぜられたと見られる。つづいて同五年五月に任参議、同八年十月に任左大弁、そして同十年正月に叙従三位とある。

また桓武即位の天応元年（七八一）四月癸卯15条に叙正三位、「中衛大将兼式部卿」は同年六月に見える。その数か月後の九月戊午3に内裏で宴があり、そのとき藤原継縄に正三位を授け、同時に是公を中納言に任じた。

「伝」の「俄に」とは何を指すか詳らかでないが、この宴でのことであろう。天皇の恣意を感じさせる。藤原継縄は現任の中納言だが、位階は従三位である。正三位の是公を中納言に任じるために継縄を一階あげて正三位にした可能性がある。さらに翌延暦元年六月壬申21に是公は大納言に任ぜられた。これは数日前の六月乙丑14条に左大臣藤原魚名が「事に坐して大臣を免ぜられ」たので、この日大納言の藤原田麻呂が右大臣に、中納言の是公が大納言に格上げされた。中納言の先任継縄を越えたのである。またその翌延暦二年七月、右大臣に任ぜられた。これは同年三月に右大臣の田麻呂が死没したからである。このように桓武天皇の信任とともに運も手伝って、是公は無人の野を行くように出世した。このあと同三年正月従二位に叙せられた。

4**薨年六十三**・・・逆算すると神亀四年（七二七）の生まれ。『公卿補任』も同じ。

[考察]

是公の「伝」には、その生涯での重要な二点について触れられていない。まずこれを述べておきたい。その一は黒麻呂から是公への改名である。この改名の初見は前に触れたように、天平神護元年九月戊申19条であるが、その前の同年二月己巳8条に黒麻呂とあるのでその間に名を変えたものと見られる。ときに三十八歳でちょうど道鏡政権に入った時期なので興味を引くが、改名の意味するところは明らかでなく、今のところその手がかりもない。

第二は是公の娘吉子（きっし）が桓武の宮廷に入内（じゅだい）したことである。延暦二年（七八三）二月壬子5従三位を授けられ、二日後の甲寅7夫人（ぶにん）とされた。この吉子は伊予親王を生んでいる。親王の生年は不詳ながら、延暦十一年（七九二）に加冠しているから、このとき仮に十五歳とすれば宝亀九年（七七八）の生まれであり、十三歳とすれば同十一年の生まれとなる。いずれにしても吉子は桓武の皇太子時代からのキサキであって、後で述べるようにこのとき是公は春宮大夫であった。のち桓武天皇は伊予親王の第にしばしば行幸するなど、親王をことのほか寵愛していたという。是公は桓武の外舅として信任が篤く、桓武朝における出世はそのこととも関係があろう。

さて、是公の「伝」は官歴の記事に満ちているが、最初に大きな体軀でしかも威容があったことを記している。高級官人として優秀な資質を持っていたといえよう。ところで、[語句解説3]で触れたように、神護景雲元年(七六七)内竪省が置かれて道鏡政権の軍事力が強化されたと見られるが、この長官の卿は道鏡の弟弓削清人(ゆげのきよひと)が大納言で兼任した。そして次官である大輔には左衛士督是公が、少輔には右衛士督の藤原雄依(おより)が任ぜられたことは、左右衛士府の武力をそのまま内竪省が掌握したことを意味している。このように是公は道鏡政権の一翼を担ったかに見えるのであるが、なぜか一年も経たない翌二年二月、左衛士督を免ぜられて佐伯伊多智(いたち)と交代し、是公は同年十一月に侍従兼内蔵頭に転じ、内竪大輔からもはずされたらしい。翌三年三月には藤原雄田麻呂(おたまろ)(百川(ももかわ))が内竪大輔に任ぜられている。

光仁即位前後における是公の具体的な動きは見えないが、注目すべきは宝亀四年(七七三)他戸親王にかわって立太子した山部皇太子の新しい東宮坊の長官たる春宮大夫に任ぜられたことである。そのあと同五年には参議に列し、同八年には左大弁を兼ねたが春宮大夫はそのままで、山部皇太子の即位の天応元年(七八一)まで継続してその地位にあった。前述のようにこの間、娘の吉子は夫人として伊予親王を生むなど、是公の桓武朝での立場は強固なものになった。その後の是公の出世の状況は前述したので繰り返さないが、桓武を擁立した良継・百川が宝亀年間中に没し、即位後も田麻呂や種継が相ついで死去するなか、是公は延暦二年(七八三)からは右大臣で筆頭公卿として太政官を率いたのである。

延暦三年閏九月乙卯17条に、天皇が右大臣の田村第に行幸して宴飲し、その三男弟友（おととも）に従五位下を授けた、という記事がある。右大臣はもちろん是公であるが、田村第は左京四条二坊にあった藤原仲麻呂の邸宅として知られている。是公の田村第がこれと同一かどうか断言はできないが、たぶん仲麻呂没落後は一旦没官されて、のちやはり南家の是公の手に入ったのではないか。仲麻呂は是公の伯父である関係から是公が伝承したものであろう。この二か月後の同三年十一月戊申11長岡宮に移幸したまま、いわゆる長岡遷都になるのである。

50　高倉福信――高句麗系渡来人の出世頭――

巻四十・延暦八年十月乙酉17条

［現代語訳］

［散位従三位］高倉朝臣福信は武蔵国高麗郡の人である。本姓は肖奈という。その祖父福徳は唐の［高句麗遠征軍の］将軍李勣が平壌城を攻め落したときにあたって、わが国に渡来して帰化し、武蔵に居住した。福信はその福徳の孫である。少年のとき伯父の肖奈行文に従って都に入った。その時に同じ年頃の仲間と夕方に石上の町に出かけて、遊び戯れて相撲を取ったが、［福信は］巧みに自分の力を用いて相手に勝った。［その評判が］ついに内裏にまで聞こえて、召されて内竪所に仕えることになった。これから［福信の］名が知られるようになった。はじめ右衛士大志に任ぜられ、しばらくして遷って、天平年中に外従五位下を授けられ、春宮亮に任ぜられた。聖武天皇は［福信を］大変寵愛された。［天平］勝宝のはじめに従四位紫微少弼にいたった。本の姓を改めて高麗朝臣の姓を賜い、信部（中務）大輔に転任した。［天平］神護元年（七六五）に従三位を授けられ、造宮卿に任ぜられ、武蔵・近江守をつづいて兼任した。宝亀十年（七七九）、書を奉っていうには、「臣が天皇の聖化を慕って帰化してから、年月がかなり経ちました。ただ新しく賜わった栄えある朝臣の姓は分に過ぎたものでありますが、古い習わしの号である高麗はまだ除かれないままです。どうか願わくは、高麗を改めて高倉としていただきたい」、と。［光仁天皇は］詔してこれを許された。天応元年（七八一）、

弾正尹（だんじょうのいん）に遷り武蔵守を兼ねた。延暦四年（七八五）、上表して辞職を願い出て、［許されて］散位となって屋敷に帰った。薨じた時、八十一歳であった。

［訓読文］

［散位従三位高倉朝臣福信薨ず］。福信[1]は武蔵国高麗郡[2]の人なり。本姓は肖奈[3]、其の祖福徳[4]は唐将李勣[5]の平壌城を抜くに属（あた）りて、国家に来り帰して武蔵に居せり[6]。福信は即ち福徳の孫なり。小年にして伯父肖奈行文[7]に随ひて都に入る。時に同輩と晩頭に石上衢（いそのかみのちまた）[8]に往き、遊戯（いうぎ）して相撲（すまひ）[9]す。巧みに其の力を用ゐて、能く其の敵に勝つ。遂に内裏に聞こえて、召して内竪所[10]に侍らしむ。是より名を著（あらは）す。初め右衛士大志[11]に任じ、稍（やや）く遷りて、天平中に外従五位下を授けられ[12]、春宮亮に任ぜらる。聖武皇帝、甚だ恩幸を加ふ。勝宝の初め従四位紫微少弼に至る。本姓を改めて高麗朝臣を賜ひ、信部大輔に遷さる。神護元年、従三位を授けられ、造宮卿を拝し、兼ねて武蔵・近江守を歴たり。宝亀十年、書を上りて言（いは）く、臣、聖化に投じてより、年歳已（すで）に深し。但し新姓の栄、朝臣は分に過ぐると雖も、旧俗の号、高麗は未だ除かれず。伏して乞ふらくは、高麗を改めて以て高倉と為さんことを、と。詔してこれを許す。天応元年、弾正尹に遷り武蔵守を兼ぬ。延暦四年、表を上りて身を乞ひ、散位を以て第に帰る。薨ずる時、年八十一[13]。

［原文］

［散位従三位高倉朝臣福信薨］、福信、武蔵国高麗郡人也、本姓肖[1]奈、其祖福徳、属唐将李勣抜平壌城、来帰国家、居武蔵焉、福信即福徳之孫也、小年随伯父肖[1]奈行文入都、時与同輩、晩頭往石上衢、遊戯相撲、巧用其力、能勝其敵、遂聞内裏、召令侍内竪所、自是著名、初任右衛士大志、稍遷、天平中授外従五位下、任春宮亮、聖武皇帝甚加恩幸、勝宝初、至従四位紫微少弼、改本姓賜高麗朝臣、遷信部大輔、神護元年、授従三位、拝造宮卿、兼歴武蔵・近江守、宝亀十年上書言、臣自投聖化、年歳已深、但雖新姓之栄朝臣過分、而旧俗之号高麗未除、伏乞、改高麗以為高倉、詔許之、天応元年、遷弾正尹兼武蔵守、延暦四年、上表乞身、以散位帰第焉、薨時年八十一、

［校異］

（1）「肖」（二か所）‥‥底本「背」につくるが意によって改めた（［語句解説3］および［考察］参照）。

［語句解説］

1高倉福信‥‥はじめ肖奈福信、ついで高麗福信、高倉福信とウジナが変わった。

2高麗郡‥‥『和名抄』にも見え、訓は「古万」。現在の埼玉県日高市高麗本郷を中心とした地域と考えられている。

3肖奈‥‥消奈と同じで高句麗五部のひとつ消奴部に由来する地域名を冠する高句麗渡来系氏族。肖奈公、肖奈王ともある。のち高麗朝臣に改姓（［考察］参照）。

4 **福徳**…他に見えない。高句麗滅亡（六六八年）のとき、日本にきて帰化したという（「語句解説6」参照）。

5 **李勣**…唐の将軍、英国公。高句麗遠征の軍を率いて高宗の総章元年（六六八）平壌を攻略し、高句麗を滅ぼした。『旧唐書』『新唐書』に伝がある。

6 **武蔵国の高麗氏**…福徳は高句麗滅亡後、日本に帰化し武蔵国に住したとあるが、霊亀二年（七一六）五月辛卯16条に駿河など七か国の高麗人一七九九人を武蔵国に遷して、はじめて高麗郡を置いた、とある。福徳は渡来後、はじめは七か国のどこかに配属されていたのを、このとき武蔵国に移されたのかもしれない。また大宝三年（七〇三）四月乙未4条に従五位下高麗若光（じゃくこう）に王姓を賜う、とみえるが、これは建郡以前からいた高麗渡来人で、武蔵高麗本郷の高麗神社の祠官高麗氏の先祖ともいわれている。またこの人物は『書紀』天智天皇五年十月条に高句麗の副使として来朝した玄武若光と同一人で、祖国滅亡のため日本に帰化したのではないか、と推測する説がある。いずれにせよ武蔵国の高麗氏と肖奈氏との関係は不詳である。右の年次を信ずるかぎり、別系統とするのがよさそうである。

7 **肖奈行文**…奈良朝初期の学者文人として知られる。養老五年正月学業が優れ、師範にたるとして表彰され、物を賜わった。そのとき明経第二博士肖奈公行文とある。『家伝』下に神亀の頃の宿儒（しゅくじゅ）の一人とされ、『万葉集』巻十六の三八三六の左注に「右の歌一首は博士消奈行文大夫作れり」とある。また『懐風藻』五言詩二首が見える。

8 **石上衢**…石上は山辺郡石上郷。『和名抄』の訓は「伊曾乃加美」。現在の奈良県天理市石上町。古代交通の要衝で市が立ったという。いま石上市神社がある。

9 **相撲**…朝廷では抜出司（ぬきでし）（養老三年七月初見）を諸国に派遣して相撲人を集め、七月七日の相撲節（すまいのせち）が行われた。

天平六年七月丙寅7条に、天皇が相撲の戯を観るという記事がある。相撲節の初めであろうか。一方、神亀五年（七二八）四月辛卯25条に、諸国の郡司らが相撲（人）や膂力者（力持ち）を集めて王公卿相の家に供給しているため、国がもとめるときには得られないという状況を記している。本条の記事は少年たちが人の集まるところで相撲の会のようなことを行っていたということで、民間でそのような風習があったことを思わせる。

10**内竪所**……内竪を管理するところ。内竪ははじめ竪子ともいい、天皇の側近に仕えるが、少年だけではなく成年男子を中心としていたようである。内竪所は令制の官司ではなく内裏内の施設であったが、道鏡政権下の神護景雲元年（七六七）七月内竪省に組織され、その後廃置の変遷があった。

11**右衛士大志**……右衛士府の主典。正八位下相当である。「初め右衛士大志に任じ」とあるが、これは太政官の官職に任じたことで、最初は内竪所の内竪に抱えられ、衛士を管理する衛士府に登用されたのであろう。

12**官歴**……基本的には本文と矛盾はない。天平十年三月叙外従五位下と同十一年七月叙従五位下の二条は肖奈公と見える。つぎに同十五年五月叙正五位下と同年六月任春宮亮の二条は肖奈王とするが、王の賜姓はこのあと天平十九年六月だから、ここは撰者の追記であろう。その十九年六月辛亥7条の肖奈福信ら八人に肖奈王を賜う条には「公」とあるべきなのに「公」を脱している。これは「国史大系」本の頭注でも指摘されている。

紫微少弼は天平勝宝元年八月の任であるが、このときすでに中衛少将を本官としており、少弼は兼任である。その任中衛少将の年月は見えない。その直後の十一月に大嘗祭が行われ、福信は由機・須岐国司の一員として従四位上に叙せられている。福信がそのとき須岐国であった美濃国の員外介であったことは、翌二年四月二十二日付の美濃国司解（『大古』三―三九〇）によって知られ、これより先の同二年正月丙辰27条に肖奈王福信ら六人に高麗朝臣の姓を賜与されているのである。これについては［考察］の項で述べる。天平宝字元年の橘奈良麻呂の乱では奈良麻呂側の策略で足止めさせられて事件に参向できなかったが、あとから一党を捉え衛府に禁着するなど活躍した。

　仲麻呂政権下では正四位下信部（中務）大輔であった。しかし仲麻呂の乱後の天平神護元年（七六五）正月己亥7条では正四位下から従三位に一階越えた昇叙が見えている。道鏡政権下では造宮卿であったが、神護景雲元年（七六七）三月法王宮職が置かれると、その長官の大夫に兼任となった。道鏡政権下の任官記事はこの一条だけである。道鏡没落後の宝亀元年（七七〇）八月造宮卿のままで武蔵守を兼任した。道鏡政権下のことは何の咎めもなかったということである。

　光仁朝では一貫して造宮卿であって武蔵守を兼ねたが、楊梅宮（やまもも）の造営を担当した。宝亀四年二月壬申27条にはその楊梅宮が竣工して天皇はそこに移ったことを記している。同十年三月戊午17条には高倉朝臣の姓を賜わったことを記すが簡単であって、この「伝」の方が詳しい。これについても［考察］の項で述べる。桓武朝では福信はすでに七十三歳であるが、天応元年（七八一）五月乙丑7弾正尹となり、延暦二年（七八三）六月丙寅21には再び武蔵守を兼任した。同四年二月丁未（乙未ヵ）上表して致仕した。本文には御杖ならびに衾（ふすま）を賜わった、とある。

13 **薨年八十一**……逆算すると和銅二年（七〇九）の生まれ。『公卿補任』も同じ。

［考察］

　高句麗系渡来人のウジナ「肖奈」は、従来「背奈」とされていたが、写本の文字の検討その他から、肖奈であることが明らかにされた（佐伯有清「背奈氏の氏称とその一族」、新日本古典文学大系『続日本紀』三―四六六頁)。肖奈は消奴と同じで高句麗五部の一の消奴部に由来する。この高句麗の「部」(ホウ)は地域にねざす部族の古称であって、消奴部はまた右部、下部ともいわれる。百済にも五部がある。高句麗・百済の五部については『後漢書』高句麗伝に見え、『書紀』『姓氏録』にも散見する。このような部の古称が地域名として残り、人名の上に冠するようになった。高句麗の福徳が日本に帰化して出身地の肖奈を冠して名乗り、ウジナとなったもので、その地の有力者であったことから「公」の姓が許されたものであろう。

その肖奈公福信らが天平十九年六月に肖奈王の姓を賜与された。この王姓賜与の意味については諸説あるが、田中史生氏は、当時の東アジアの情勢を踏まえて、日本の律令国家の中華理念から、高句麗王族の肖奈氏が日本の臣下として存在することは、高句麗の後身国とされる渤海の王族が日本王権の下にあることを示し、ひいては新羅をも下位に置くという、日本の中華思想の具体化に他ならないとする。首肯すべき考え方であるが、ならばなぜ百済王とならぶ高麗王を授けないのか、という問いがあろう。それは、現実に存在する新羅国王に対する日本国内の新羅王が存在しないことと同様に、高句麗(高麗)の後身と自他ともに認める渤海国王が存在する以上は、国内で渤海王ないし高麗王が賜与されないのであろう。かつて大宝三年(高句麗滅亡後、渤海国は未成立)に賜与された高麗王はその後史上に見えず、その氏姓は消滅したものと見る。したがって高句麗の王族と称する肖奈氏に日本王権が姓(カバネ)としての王を与えて肖奈王とすることは、田中氏のいう律令国家の中華理念から説明することができるであろう。

肖奈王に改姓されておよそ二年後の天平勝宝二年(七五〇)正月、肖奈王は高麗朝臣と改姓される(巨万朝臣と表記することもある)。この意味は田中氏が指摘しているとおり、同氏がそれ以後盛んに対外使節に任用されていることと関係があるだろう。彼らは肖奈王としてではなく、まして高麗王ではなく、高麗を冠する朝臣であることに意義があった。このことは日本王権の臣下になっている高句麗王族出身者の存在を対外的に誇示し、渤海や新羅に対する優位性をアピールすることを狙っているものと思われる。

そしてそれから三十年近くを経た宝亀十年（七七九）三月、福信は上表して高麗朝臣を高倉朝臣と改姓することを願い、許された。その頃はすでに律令国家の中華思想の具体化というような傾向は稀薄となっていたのである。高倉のウジナに特別な意味はなく、高という文字を共通にした好字であっただけであろう。

以上は氏姓の変化について見て来たが、つぎに福信の履歴のなかから若干考えてみたい。この「伝」は官歴の記載が少ないほうである。まず天平十年（七三八）三月、従六位上から外従五位下に叙せられ、翌十一年七月従五位下となった。その後も順調に位階は進み、天平十五年（七四三）に春宮亮に任じている。皇太子は安倍内親王、のちの孝謙天皇である。このとき春宮大夫は吉備真備であるが、まもなく同十八年には石川年足に代わる。年足は仲麻呂派の官人と見做されており、このときから東宮坊は仲麻呂派によって占められるようになったというのが通説であろう。

やがて天平勝宝元年（七四九）に孝謙天皇が即位すると、仲麻呂は紫微中台を組織して自らその長官紫微令となって光明皇太后と密着して政権を形成する。そのとき紫微令になった大納言仲麻呂は中衛大将も兼ねており、またこのとき肖奈王福信も中衛少将で紫微少弼を兼ねることとなった。つまり福信は中衛府でも、紫微中台でも仲麻呂の副官的な地位にいたわけである。その後淳仁天皇が即位すると、天平宝字二年（七五八）仲麻呂は大保（右大臣）として権力基盤を太政官に移し、紫微中台は坤宮官となり政治権力は薄れ皇太后職になる。このとき福信はどこにいたのか不詳であるが、坤宮官の大・少弼あたりではないかと想像する。しかしそれは短期間であって、同四年正月には太政官の信部（中務）大輔に就き、ついで同年六月には内匠頭になっている（『大古』

四―一九三頁）。

かつて仲麻呂の側近的地位にいた福信にこのころから蔭りが見えてきており、四年後の天平宝字八年九月には反仲麻呂の旗色を鮮明にする。これについて近江昌司氏は「仲麻呂政治から次第にはみ出され、孝謙上皇の側に戻っていく」と表現している。その福信は仲麻呂の乱鎮定後、道鏡政権初の天平神護元年（七六五）正月の叙位で正四位下から従三位にと一階越えた昇叙に与っている。しかも従三位といえば非参議ではあるが、公卿に列したわけで渡来人としては前例はなく、特別の処遇であるといわなくてはならない。しかし当日行われた叙勲には与っていないことから直接の論功行賞とはいえないが、仲麻呂倒壊直後の特別の叙位であったと思われる。

さて道鏡政権下では福信の本官は造宮卿で一貫しているが、注目すべきは神護景雲元年（七六七）三月道鏡のための法王宮職ができると、その長官たる大夫に起用されたことである。法王は天皇に準ずる待遇であり、それに属する法王宮職は政権の心臓部であった。その長官に福信が就いたが、次官たる亮には高丘比良麻呂、大進に葛井道依が任ぜられた。この二人はともに百済系渡来人であったが、高丘比良麻呂は仲麻呂の叛の密告者でもある。このように法王宮職の幹部は渡来系氏族によって占められていることが注目されているが、井上薫氏は、かれらは藤原氏や旧名族のように、成り上がりの道鏡に反発することはなく、意のままに動くからだろう、と推察され、福信は道鏡に忠実な腹臣の一人だったろう、とされている。

その後、法王宮大夫としての福信の動きは伝えられず、三年後の宝亀元年（七七〇）八月の道鏡の没落では当然法王宮職は崩壊した。しかし福信は何らの咎めを受けるところなく、依然として本官たる造宮卿は続いていた。道鏡が下野に配流されたとき、宇佐の習宜阿曾麻呂が多褹嶋（種子島）に流されたほか、弟の清人とその子三人が縁座して流されただけで道鏡与党の追及はなく、政権下の官人に対しても一様に寛大であった。これは即位した白壁王が、仲麻呂時代末期から道鏡時代にかけて長く中納言・大納言の任にあり、政界の事情に精通していたことと関係があるであろう。これは「前後の逆党」（奈良麻呂・仲麻呂両乱の与党）の罪を許した事情と通ずるものがある。

こうして福信は政争の間を無事に身を処して長寿を保ち、旧号を改めて高倉朝臣の氏姓を賜い、再度故郷の武蔵守を兼任し、延暦四年（七八五）七十七歳で致仕した。

51　高野新笠――桓武天皇の生母・百済系渡来人――

巻四十・延暦八年十二月条附載の明年正月壬子15条

［現代語訳］

皇太后（高野新笠）は姓は和氏、諱は新笠といい、贈正一位乙継の女である。母は贈正一位大枝朝臣真妹である。后（新笠）の先祖は百済の武寧王の子純陁太子から出ている。皇后は姿かたちも徳もすぐれていて、早くから誉れが高かった。天宗高紹天皇（光仁）はまだ即位しないときに［新笠を］娶って宮に入れた。［新笠は］今上（桓武天皇）・早良親王・能登内親王を生んだ。宝亀年中に［和史の］姓を高野朝臣と改めた。今上［天皇］が即位すると［新笠を］尊んで皇太夫人と称し、［没後の延暦］九年（七九〇）には、遡って皇太后の尊号を奉った。［新笠の先祖の］百済の遠祖である都慕王は、河伯（河の神）の娘が太陽の光に感応して生んだ子であるという。皇太后はその後裔である。このことによって［天高知日之子姫尊と］諡を奉った。

［訓読文］

［（皇太后崩ず）大枝山陵[1]に葬る］。皇太后[2]（高野新笠）、姓は和氏[3]、諱は新笠。贈正一位乙継[4]の女なり。母は贈正一位大枝朝臣真妹[5]なり。后の先は百済の武寧王[6]の子純陁太子[7]より出づ。皇后は容徳淑茂にして、夙に声誉を著す。天宗高紹天皇[8]竜潜の日[9]、娉して納る。今上・早良親王[10]・能登内親王[11]を

生む。宝亀年中に姓を改めて高野朝臣12となす。今上、即位し尊びて皇太夫人となす。九年、追ひて尊号を上（たてまつ）りて皇太后といふ。その百済の遠祖都慕王13は、河伯の女、日精に感じて生む所なり。皇太后は即ちその後なり。因（より）て以て諡14を奉る。

〔原文〕

〔（皇太后崩）葬於大枝山陵〕、皇太后姓和氏、諱新笠、贈正一位乙継之女也、母贈正一位大枝朝臣真妹、后先出自百済武寧王之子純陁太子、皇后容徳淑茂、夙著声誉、天宗高紹天皇竜潜之日、娉而納焉、生今上・早良親王・能登内親王、宝亀年中、改姓為高野朝臣、今上即位、尊為皇太夫人、九年追上尊号、曰皇太后、其百済遠祖都慕王者、河伯之女感日精而所生、皇太后即其後也、因以奉諡焉、

〔語句解説〕

1 **大枝山陵**……延暦八年（七八九）十二月乙未28条に「皇太后崩」とある。葬った大枝山陵は、現京都市西京区大枝沓掛町にある高野新笠の墓と伝える円墳。『延喜式』諸陵寮に「大枝陵〈太皇太后高野氏、在山城国乙訓郡、北域東一町一段、西九段、南二町、北三町、守戸五烟〉」と見える。

2 **皇太后**……下文にみえるように、崩じた翌延暦九年の追尊。生前皇后になっていないが、天皇の生母として特別の尊号の追上。

3 **和氏**……姓は史（ふひと）。延暦二年四月丙寅20条に左京人外従五位下和史国守ら三十五人が姓朝臣を賜わった記事があ

る。乙継・新笠はこの一族であろう。また『姓氏録』左京諸蕃下に「和朝臣、百済国都慕王十八世孫武寧王より出づるなり」と見える（[考察]参照）。

4和乙継……新笠の父。弟嗣ともある。後の延暦九年十二月朔条の詔に「朕外祖父高野朝臣」とあるが、高野朝臣は追贈（時期不詳）。同詔において正一位が追贈されている。したがって本条の正一位も編纂時の追記。なお『後紀』延暦二十三年四月辛未27条の和家麻呂の薨伝に「家麻呂は贈正一位高野朝臣弟嗣の孫なり。その先は百済国の人なり云々」とある。この家麻呂は新笠の兄弟の子、つまり甥に当たるわけである。

5大枝朝臣真妹……新笠の母。和乙継の妻。大枝氏はもと土師（はじ）宿禰氏。延暦九年十二月朔条に外祖母真妹は正一位を追贈されるとともに、その出自の土師宿禰は大枝朝臣を賜わったことが見える。したがって本条の大枝朝臣は追記である。同九年十二月辛酉30条によると、真妹の大枝姓の土師氏は土師四腹のうちでも、秋篠・菅原とは別の毛受（もづ）腹といわれる系統であるという。大枝というウジナは新笠の陵墓の地、大枝によるものか。

6武寧王……『三国史記』百済本紀に「武寧王、諱は斯摩、牟大王の第二子なり、身長八尺、眉目画くが如し、仁慈寛厚、民心帰附す、牟大在位二十三年にして薨じ、即位す」とある。韓国忠清南道公州の宋山里に武寧王陵があり、そこから出土した買地券に「寧東大将軍百済斯摩王年六十二歳、癸卯年五月丙戌朔七日壬辰崩云々」とあり、『書紀』の雄略紀や武烈紀の本文には、嶋王・嶋公と見え、また継体天皇十七年五月条に「百済王武寧薨」とあり、この年は癸卯（五二三年）で前掲『三国史記』や買地券の没年月と合致する。

7純陀太子……『書紀』継体天皇七年八月条に「百済太子淳陀薨」とある人と同一人物と見られる。この死没は父武寧王より先であり、武寧王の跡継ぎとしては純陀の弟かと見られる明がおり、即位して聖明王となった。新笠の系譜が純陀太子から出ていることについては［考察］参照。

8天宗高紹天皇…光仁天皇の国風（和風）諡号。天応元年（七八一）十二月条附載の明年正月己未6条にこの諡号を奉ることが見える。

9竜潜の日…天子になる人の即位以前の時期。新笠が嫁いだ年は不詳であるが、所生の山部親王（桓武）は天平九年（七三七）の生まれである（［考察］参照）。

10早良親王…天応元年四月山部親王が即位して桓武天皇となると弟早良親王は立太子した。しかし延暦四年八月、藤原種継暗殺事件が起こると犯人側との関係の嫌疑が掛けられ食を断って没した（［44藤原種継］参照）。

11能登内親王…宝亀元年十一月内親王となって叙四品、同七年正月に三品昇叙。天応元年二月丙午17没。市原王に嫁し、五百井（いおい）女王・五百枝（いおえ）王を生んだ。没年四十九歳。

12高野朝臣…宝亀中に改姓とあるが、年月は不詳。所生の山部親王が立太子した宝亀四年頃の可能性がある。高野朝臣を冠しているのは新笠と父乙継だけで、乙継は追贈と見られるので実質は新笠だけの賜姓であろう。高野は西大寺近辺の地名で、新笠が成育した母真妹の土師氏の住地と推定される。土師氏の他の系統秋篠・菅原も地名にちなんだ改姓（［考察］参照）。しかし高野は高野天皇（孝謙・称徳）にちなむもので禁忌とされたはずである。天皇の生母として新笠への賜姓はひとりだけの特別のものであろう。

13都慕王…百済王家の始祖で扶余（ふよ）を開いたと伝える伝説上の人物。延暦九年七月辛巳17条の百済王仁貞らの上表文にも「夫れ百済太祖都慕大王は日神霊を降し、扶余を奄（おお）って国を開き、天帝籙（ろく）を授けて、諸韓を惣（す）べて王と称す」と見えている。なお扶余開国の祖は『後漢書』扶余国伝では東明、『魏書』高句麗伝では朱蒙、『三国史記』百済本紀では鄒牟（すうぼう）として開国伝説を伝えている。

14天高知日之子姫尊…皇太后高野新笠の諡（おくりな）。この「伝」の直前、明年正月十四日辛亥条に、この諡を奉ることが見えている。「日之子姫」の名の所以をここに説明しているのである。

[考察]

高野新笠の年齢、生まれ年は不詳であるが、白壁王（光仁）との所生の山部王（桓武）は天平九年（七三七）の誕生である。そのとき白壁王は二十九歳で、この年の九月に無位から従四位下に直叙されてはじめて官界に入っている。白壁王は天智天皇の孫施基皇子の子であるが、奈良朝の皇統からは傍系とされ、皇位継承からはいわばマイナーな環境にあった。また前述のように能登内親王は天応元年（七八一）二月に死没の記事があり、ときに四十九歳とあるので、逆算すると天平五年（七三三）の生まれで山部王の姉にあたる。このようなことから白壁王と新笠の婚姻はこれ以前、天平初年のころと推定される。

これに対してのち皇后になった井上内親王は、早く養老五年（七二一）斎宮に卜定され、神亀四年（七二七）神宮に侍し、天平十八年（七四六）に任を終えて帰京したらしく、翌十九年正月に無品から二品に特叙されている。したがって白壁王妃になったのはそれ以後である。その所生の他戸王の生年は不明であるが、『一代要記』では宝亀二年（七七一）立太子のとき十一歳としている。これによると天平宝字五年（七六一）の生まれとなるが正確とはいえない。また同腹の酒人女王（内親王）は天長六年（八二九）薨年七十六から逆算して天平勝宝六年（七五四）の誕生で他戸王の姉であった。

これらのことで井上内親王が白壁王妃になったおよその年が推測されるが、村尾次郎氏は白壁王が天平宝字元年五月に正四位下、翌二年八月に正四位上、さらに同三年六月には従三位に躍進しているのは井上内親王を正妃に迎えたから、とされる。とすれば正妃になる前に婚姻は成立していたことになるが、いずれにせよ白壁王との婚姻は新笠が井上内親王より前であったことは疑いない。しかし百済系渡来人の娘と聖武天皇の皇女とは比べようもなく、朝廷における白壁王の地位は井上内親王を妃に迎えたことで飛躍的に上昇したことであろう。

さて高野新笠の家系は本来、「和史」という百済系渡来氏族である。史（ふひと）は古くは文筆によって大和王権に仕えた渡来氏族の姓とされるが、七、八世紀ころには文筆に限らず下級官人のなかにこの氏姓を称する人が見え、「正倉院文書」には写経師・校生・経師などとしても散見するところである。これに対して百済王家の系譜を引くとされるのは義慈王の子禅広王の子孫とされる百済王氏、聖明王の第二子恵王の子孫と伝える百済朝臣氏、それに百済王族酒君（さけのきみ）の子孫と伝える百済公氏などがあるが、和氏とこれら氏族との系譜関係は何も伝えられていない。

武寧王およびその子純陀（淳陀）太子については前記［語句説明7］で述べたように『書紀』に見えるところであり、また武烈天皇七年四月条に百済武寧王が王族斯我君（しがきし）を使者として日本に遣わし、斯我君の子法師君（ほうしきし）が倭君（やまとのきみ）の祖となったと見える。この倭君という氏姓は他には見るところはなく、おそらく君は姓ではなく王族個人に対する称であろう。和史とは別のものと思われる。百済王の末が百済王氏または百済朝臣氏を称したのに対して和史の姓の史は低いカバネであって王族などではなく、一般の百済系の渡来人のカバネといわなくてはならない。

和史氏は先に触れたように「正倉院文書」に写経師などとして散見する下級官人を輩出する氏族であって、天応元年四月桓武天皇即位にさいしての叙位で外従五位下に叙せられた和史国守は、新笠の出身氏族としての特別待遇として、和史氏としては始めて五位に叙せられたのであるが、当然外従五位下という外位コースであった。それが延暦二年（七八三）四月に朝臣を賜姓されてから和朝臣は内位コースに変わっている。

ところで高野新笠の出自の家系は、平野邦雄氏が指摘されたように新笠の委嘱によって和気清麻呂（わけのきよまろ）が撰上した

「和氏譜」によって策定されたものである。『後紀』延暦十八年（七九九）二月乙未21条の和気清麻呂薨伝に「中宮（新笠）の教を奉じて和氏譜を撰し、これを奏す。帝甚だこれを善す」とある。和気清麻呂は延暦七年二月丙午28に中宮大夫に任ぜられているから、それ以後の新笠の晩年のことであろう。この撰上は天皇も非常に喜んだとあるように、天皇の生母の家系が天皇家に見合うものとして百済王家の系譜を引く形に作り変えられたと考えられる。延暦九年二月甲午27条の詔に「百済王らは朕の外戚なり」と述べているのは新笠没後のことであるが、和気清麻呂撰上の「和氏譜」によるものであろう。また本条の「伝」や『姓氏録』の和朝臣の記述などもそれによるものであろう。

つぎに高野朝臣について述べておきたい。この「伝」に高野朝臣の賜姓は宝亀年中とあるが、本文では宝亀九年（七七八）正月に従四位下から従三位に叙せられたときが初見である。これ以前の従四位下叙位の記事はみえない。賜姓の時期は山部親王が立太子した宝亀四年正月頃の可能性があるであろう。そのとき賜姓に与ったのはおそらく皇太子の生母としての新笠だけに限られていたと見られる。ただし延暦九年十二月壬辰朔条に「朕外祖父高野朝臣」と見えるが、父乙継はすでに故人と思われ、これは追贈の氏姓であろう。この乙継の孫でのち中納言になった家麻呂は、延暦二年四月丙寅20条に和史国守ら三十五人が朝臣を賜姓したときに含まれていたと見られるが、これは和朝臣である。このように新笠の一族は高野朝臣の改姓に含まれずに、和史のままであったのが、延暦二年四月にいたって和朝臣になったのである。本人ひとりだけの改姓は異例であるが、これはウジナ「高野」が高野天皇（孝謙・称徳）にちなむことから、おそらく一般には禁忌とされたものと考えられ、逆にその称を賜わったことはひとりだけの異例というべきであろう。

なぜ高野天皇と高野新笠が同じ高野を称しているのであろうか。この二人の個人的な関係については史料ではまったく見られない。天皇に仕えた女官は多いが、女叙位には新笠の名は見出すことはできない。そこで考えられるのは高野という地名である。

高野天皇という称は『続紀』の用例を見ると、孝謙天皇の退位後の称であって、おそらく譲位後の座所のひとつの地名に冠したものと考える。それは高野天皇の発願として知られる西大寺の近傍、『和名抄』の「添下（そふのしも）郡佐紀郷」の高野（たかの）の天皇の「山荘」に充てることができるのではないであろうか。その山荘は寺の古図に見られるのである。すなわち正和五年（一三一六）の書き込みのある図に寺の西北に「本願天皇御山荘跡」とあり、宝亀十一年（七八〇）の古図を写したという元禄十一年（一六九八）図にも「本願天皇山荘御殿」と見えている。この地は奈良文化財研究所によって調査され、該当地に中島・湧水をもつ園池があることが確認されている（『同研究所年報　一九六二』所載「昭和三六年度西大寺調査」）。この地は『万葉集』巻一の八四の詞書と歌に見える佐紀宮近傍の「高野原」の地であり、宝亀年間より六十年以上も古いこの歌が詠まれた和銅のころにも佐紀郷に高野の地名が存在していたことが確かめられる。

いっぽう高野新笠についてであるが、私はこの高野の地こそ新笠の古い居住地だったのではないかと推測する。まず当時の妻問婚からいうと、新笠は母の土師真妹の家に生まれ育ったものと考えることができる。土師氏はその分流のうちすでに居住地によって、天応元年六月に菅原宿禰、延暦元年五月に秋篠宿禰と改姓していたが、真妹の一流はそれらの改姓には含まれず、依然として土師宿禰を称していた。

いま菅原の地を菅原寺（喜光寺）・菅原神社の付近、秋篠を秋篠寺の付近と考えると、この二地点を結ぶ南北線のほぼ中間に西大寺が位置することに注目したい。このあたり一帯はいわゆる狭城盾列（さきたたなみ）古墳群に近く、土師氏の住居地としては格好のところである。真妹の出た土師氏の系統は秋篠でも菅原でもなく、しかしその近傍の高野・西大寺付近の地を居住地としていたのではなかろうか。新笠はその高野に住んだ土師氏の娘として生まれ育ったと推定するのである。

一般的に住居地によって氏を称することは多い。菅原を居地とした土師氏の一流は菅原と改称し、秋篠を居地とした一流は秋篠と改称したが、高野を居地とした一流は、たやすく高野と改称できなかった。天皇の称にちなむことは避けるべきであった。真妹の属した高野の一流は容易に改称しえず、古い土師氏を称することを余儀なくされたのであった。したがってこの一流は、高野を称せずに、のち新笠の墓所にちなんで大枝を称することになったのである。

新笠は皇太子山部親王の生母という特別の関係から、ひとり一代に限って普通では禁忌とされる高野というウジナを称することが認められたのである。

52 藤原浜成（ふじわらのはまなり）——左遷された学者公卿——

巻四十・延暦九年二月乙酉18条

［現代語訳］

［大宰員外帥（いんがいのそち）従三位］藤原朝臣浜成は、贈太政大臣正一位不比等の孫で兵部卿従三位麻呂の子である。多くの書物にほぼ通じており、たいへん天文や暦・数学などに習熟していた。大臣・宰相の子孫という理由で、中央・地方の諸官を歴任したが、どこの職においても成績があがらず、［配下の］官人や人民はこのことを苦にしていた。宝亀年中に参議従三位に昇任し、弾正尹（だんじょうのいん）・刑部卿を歴任した。天応元年（七八一）、事件のために罪せられて［大宰員外帥に］左遷された。この日に任地［大宰府］で薨じた。時に六十七歳であった。

［訓読文］

［大宰員外帥従三位藤原朝臣浜成薨ず］。浜成は贈太政大臣正一位不比等[1]の孫、兵部卿従三位麻呂[2]の子なり。略（ほぼ）群書に渉（わた）りて、頗る術数（じゅつすう）[3]に習へり。宰輔（さいふ）の胤（いん）[4]を以て、職を内外に歴（ふ）れども、所在に績なくし[5]て、吏民これを患（うれ）ふ。宝亀中に参議従三位に至り[6]、弾正尹・刑部卿を歴（へ）たり。天応元年、事に坐せられて左遷せらる。是（ここ）に至りて任所に薨ず。時に年六十七[7]。

［原文］

［大宰員外帥従三位藤原朝臣浜成薨］、浜成贈太政大臣正一位不比等之孫、兵部卿従三位麻呂之子也、略渉群書、頗習術数、以宰輔之胤、歴職内外、所在無績、吏民患之、宝亀中、至参議従三位、歴弾正尹・刑部卿、天応元年、坐事左遷、至是薨於任所、時年六十七、

［語句説明］

1 **不比等**……藤原鎌足の第二子。大宝律令の制定、平城京への遷都・建設など時代を領導した政治家。養老二年（七一八）没。右大臣正二位。贈太政大臣正一位。

2 **麻呂**……不比等の第四子。京家の祖とされる。長く京職大夫であったのでこの家流を京家といった。天平九年（七三七）没。参議兵部卿。没年四十三。

3 **術数**……卜占術や天文・暦数など。

4 **宰輔の胤**……大臣・宰相の子孫の意。不比等や麻呂の孫・子としてその能力を期待されて。

5 **所在に績なし**……期待されて都の官や地方官を歴任したが、どこでも成績があがらなかった、というが、これは天応元年六月の員外帥左遷のときの勅の「歴るところの職、善政聞こゆることなし」という文言によるものであろう（［考察］参照）。「患」はわずらう、うれう。

6 **官歴**……初めは名を浜足という。宝亀三年（七七二）十一月頃浜成と改名する。まず天平勝宝三年（七五一）正月従五位下に叙爵。その後大蔵少輔・大判事・節部（大蔵）大輔をへて、恵美押勝の乱に功績があり、天平宝字八年（七六四）中に二度昇叙があって従四位下勲四等となった。宝亀年間は任官・叙位は順調で、宝亀三

年四月従四位下で参議に列した。同年十一月朔条の任大蔵卿のとき名は浜成とある（以後同じ）。同五年三月刑部卿に再任し武蔵守を兼ねた。位階は同七年正月朔に従三位に昇った。弾正尹に任ぜられたことは『続紀』本文に見えないが、『公卿補任』宝亀十年条に「月日任弾正尹」とある。ところが桓武即位以後はまったく裏を返したように落ち目となっていった。桓武即位の直後、天応元年四月乙巳17大宰帥に任ぜられたが、後の記事からみて、これは現地に赴任させられたようである。それを追うように同年六月癸卯16条に員外帥に降すことがみえ、勅に「歴るところの職、善政聞こゆることなし、……もし懲粛せしめずんば何ぞ後効を得ん」として、「員外帥に貶し云々」というきびしい勅が出された（［考察］参照）。翌延暦元年閏正月辛丑18謀反事件を起こした氷上川継（ひかみのかわつぐ）の妻法壱が浜成の娘であることから、浜成もまた川継の与党であろうとして、浜成が持つ参議と侍従の職を解き、員外帥はそのままとされた。その後はまったく史上に見えず、員外帥のまま大宰府で没した。

7薨年六十七……『公卿補任』も同じ。逆算すると神亀元年（七二四）生まれ。

［考察］

浜成の経歴を大観すると①仲麻呂の乱平定による褒賞、②光仁朝における厚遇、③桓武朝における暗転、の三つの局面があった。まず①について、仲麻呂の乱における具体的な功績は明らかではないが、まず乱平定直後の天平宝字八年九月甲寅20条の有功者に対する叙位で、従五位上から正五位上に越えて加階されているが、この時の叙位は、左遷されていた仲麻呂の兄藤原豊成、告発した和気王、最初の鈴印争奪で功を立てた山村王などと同時の第一級ともいえる有功者としてであり、さらに一か月も経ない同年十月庚午7条の「親王・大臣の胤（いん）、逆徒を討つに預（あず）かる」人の叙位で従四位下に叙せられ、翌天平神護元年（七六五）正月己亥7の叙勲では勲四等に与っている、等々から功績は具体的には不詳ながら褒賞による叙位叙勲で飛躍的な昇進であった。

②仲麻呂の乱の功績で大きく台頭したにもかかわらず、道鏡政権下の称徳朝ではまったく国史に名を現わさない。前述の天平神護元年正月以後、宝亀二年（七七一）閏三月までの六年間、年齢は四十二歳から四十八歳までの働き盛りの期間、叙位・任官の記事もないのはどうしたことか不明であるが、その間隠棲生活をしていたのではないかと思えるほどの状態である。ところが光仁朝に入ると、まず宝亀二年閏三月には刑部卿に任ぜられ、従四位上に昇叙し、翌三年四月には参議に列し、十一月大蔵卿になった。このようなことから見ると、浜成は光仁天皇の即位を支持したのであろう。参議になってまもなく名を浜足から浜成に改めた。光仁朝ではさらに宝亀七年正月庚寅朔に従三位に昇るという、まさに順風満帆という状況であった。そのことは後に述べるように光仁天皇との親しい関係、寵任によるものであろう。

③桓武朝に入ると状況はまったく変わった。天応元年（七八一）四月辛卯3光仁天皇は譲位して、即日皇太子山部親王が即位した。この即位はのちにいう践祚であって、同月癸卯15に改めて大極殿で即位の詔（宣命）を宣した。そしてその翌々日乙巳17、浜成は大宰帥に任ぜられた。『続紀』では、この日浜成ひとりだけの任官記事である。大宰帥は従三位相当の官であるからあながち左遷とはいえない。大納言・中納言が兼任する例は多く、その場合は赴任しないが、参議の場合は他に帯官していないと赴任することになるのであろう。それは、少なくとも中央政界からはずされることになる。実はそれだけではなく、追い討ちをかけるように六月癸卯16に勅が出て、帥から員外帥に貶（おと）されることになった。そのとき帥ならば八人充てられる傔仗（けんじょう）（武装した随身）を三人とされた。そして大弐佐伯今毛人（いまえみし）に勅して、浜成は「経る所の職、善政聞こゆることなし」と、その懲しめのために員外帥に貶したのだから公廨（くがい）（給与）は三分の一を与えるが、仕事には一切就けないようにし、大宰府内の諸事は

今毛人等が行うように、というきびしい処分であった。

翌延暦元年（七八二）閏正月に氷上川継謀反事件が起こった。即刻その母不破内親王と川継の姉妹らは配流され、妻の法壱も川継に従って遠流に処せられたが、実は法壱は浜成の娘であったのである。そのため浜成は大宰府にいるにもかかわらず「思ふに与党たらん」として員外帥はそのまま、兼帯していた参議と侍従の職を解かれた（佐藤信氏は金沢文庫本によって「男も支党たり」と読まれている。ここでは底本たる「国史大系本」による）。

この経緯をどう考えるか、浜成は集中的に桓武からいじめを受けているように見える。ことに第一弾が桓武の即位直後のことだけあって、普通ではない。桓武の宿念のように思える。具体的な理由に関しては国史、ことに桓武勅撰の同時代史には書けないことだったのではないか。これに関して気がつくことは、低俗の書として評価が低い『水鏡』によると、桓武すなわち山部親王の立太子にさいして積極的に推す藤原百川に対して、浜成の態度は、山部は卑母の出生であるとしてこれを退け、卑母でない稗田親王（光仁第三子、母は湯原親王の女尾張女王）を推したが、百川に押し切られて、浜成は色を失ったという。このことは真実かどうかわからない。一部にはそうした風評があったのかもしれない。桓武は自分に反対をした浜成に強い反感を持っていた可能性がある。

浜成の大宰員外帥左遷後に川継の乱が起こった。この乱の関係者はほとんどが早くに許されたが、浜成はついに優免されなかった。浜成のあと同じ延暦元年六月、左大臣兼大宰帥藤原魚名は事に坐して左大臣を免ぜられ大宰府への赴任を命ぜられたが、赴任途中の摂津で病気となり、帰京が許され、まもなく没した。没後に罪を許されて本官左大臣に復し名誉を回復されたが、浜成は名誉を回復されることもなかった（[41藤原魚名]参照）。

つぎに浜成の著述として知られている『歌経標式』について一瞥しておこう。浜成の文事については、この「伝」では「ほぼ群書に渉る」とだけあって具体的には何も見えないが、この『歌経標式』は和歌についての最古の歌論書とされ、「浜成式」とも呼ばれて後世和歌の世界では珍重されたといわれる。序に「近代の歌人、歌句に長けたりといへども、音韵（音韻と同じ）を知らず、他の悦懌を含むとも猶病を知ること無きがごとし」と近頃の和歌は、音韻と歌病（欠陥）のことを知らない、と批判している。内容は和歌には歌病が七種あるといい、その例歌をあげて説明し、また歌体に関しては求韻・査体・雅体などということについて例歌をあげて説いている。これらは文字や韻の置く場所など漢詩の論を形式的に流用している弊もあるが、論は対句や比喩のような修辞に及んでおり、和歌を体系的に観察した最古の歌学書とされている。この書にとりあげられた例歌には撰者が作った歌も含まれているが、三十数人の作者の名とその作歌があげられている。これらの歌には『万葉集』所収の歌と近似するものがあり、現代の研究者にとっては、二十巻のいまの『万葉集』以前を考えさせる材料ともなる。

さてこの書は巻末に「以前の歌式、制を奉りて刪定すること件の如し、（中略）伏して願はくは、鴻慈、曲かに照覧を垂れんことを、謹言」とあるように、光仁天皇の制（勅令）によって撰述したものである。日付は序文末には宝亀三年（七七二）五月七日とあり、巻末の謹上の日付は同年五月二十五日である。ここに十八日間の差がある。意味は不詳であるが、内容を見ると、佐藤信氏が指摘されているように、歌句の表現にまで光仁の「制」をうけて、浜成が論旨に手を入れた部分が二か所存在している。これによると、完成までに浜成と光仁とは親しく交流していることが想像されるわけで、日付の十八日間の差は、一度呈上した案に手を入れた証とも思われる。

ところでこの時期には宮廷では大変な大事件が起こっていた。宝亀三年三月二日に井上皇后の廃后のことがあったが、翌四月二十日には浜成は参議に列している。そして五月には上記の『歌経標式』撰述のことで浜成は光仁天皇と親密なやり取りが見られ、巻末の日付によれば五月二十五日に撰上しているが、その直後の二十七日には他戸皇太子廃太子事件が起こったのである（いずれも『続紀』記載の干支に当てた日付）。やがて翌四年正月二日に山部親王の立太子（同上）となる。こうした宮廷内の推移と浜成の営為とはどのように考えられるであろうか。これら一連の政治的動きに浜成はまったく蚊帳の外だったようである。山口博氏は、『歌経標式』の撰述は光仁や浜成にとって保身の策としての遊楽の精神の表現であり、韜晦的意味を持った、とされるが、佐藤信氏は積極的に和歌の文運隆昌によって政治的安定を強く希求する「文章経国」的立場を考えている。

なるほど「制を奉じて」撰述し、また「歌式」を作ろうとしている所には積極的な意味がある。しかしこの時期の宮廷に和歌を中心としたいわゆる「文章経国」的な雰囲気があったかどうか。いわゆる廃后・廃太子事件というものは、光仁天皇にかなりのダメージを与えたはずである。少なくともこのころ光仁天皇に積極的な「文章経国」の理念があったとは思われないし、浜成に和歌の隆昌によって「経国」的な思いがあったとしたら、それは独りよがりというべきではないか。彼は政治のこととは無関係に研究に沈潜したのではなかろうか。晩年許されることもなく、没するまで大宰府で読書と執筆の日々を送ったのであろう。

53　藤原乙牟漏（ふじわらのおとむろ）——藤原氏からでた二人めの皇后——

巻四十・延暦九年閏三月甲午28条

［現代語訳］

［天之高藤広宗照姫尊（あめのたかふじひろむねてるひめのみこと）］。皇后は、姓は藤原氏で諱（いみな）は乙牟漏（おとむろ）という。内大臣贈従一位良継の娘である。母は尚侍（ないしのかみ）贈従一位阿倍朝臣古美奈（こみな）である。皇后は性格がやさしくたおやかで美しい姿であった。ふるまいが女性の規範に適っており、母としての徳性を備えていた。今の天皇（桓武）がまだ皇太子であったときに召し入れて妃とし、皇太子（後の平城天皇）・賀美能（かみの）親王（後の嵯峨天皇）・高志（こし）内親王を生んだ。［桓武天皇が］即位することになって、立てて皇后とした。薨じた時、三十一歳であった。

［訓読文］

［丙子[1]、是の日、皇后崩ず。（中略[2]）甲午、諡（おくりな）して天之高藤広宗照姫尊[3]と曰ふ。是の日、長岡山陵[4]に葬（はうむ）る］。皇后、姓は藤原氏、諱は乙牟漏。内大臣贈従一位良継[5]の女（むすめ）なり。母は尚侍[6]贈従一位阿倍朝臣古美奈[7]なり。后は性、柔婉（じうゑん）にして美姿（びし）[8]なり。儀、女則に閑（なら）ひて、母儀（ぼぎ）の徳あり。今上の儲宮（ちよぐう）[9]にありしとき、納（い）れて以て妃となす。皇太子[10]・賀美能親王[11]・高志内親王[12]を生む。即位するに及びて、立てて皇后[13]となす。薨ずる時、春秋（しゆんじう）卅有一[14]。

〔原文〕

〔丙子、是日、皇后崩、（中略）甲午、謚曰天之高藤広宗照姫之尊、是日、葬於長岡山陵〕、皇后、姓藤原氏、諱乙牟漏、内大臣贈従一位良継之女也、母尚侍贈従一位阿倍朝臣古美奈、后性(1)柔婉美姿、儀閑於女則、有母儀之徳焉、今上之在儲宮也、納以為妃、生皇太子・賀美能親王・高志内親王、及於即位、立為皇后、薨時春秋卅有一、

〔校異〕

（1）性…底本に「姓」とするが蓬左文庫本によって改めた。

〔語句解説〕

1 **丙子**…閏三月丁卯朔丙子、すなわち十日。この日皇后没。薨伝は埋葬の甲午28条に架ける。

2 **中略**…中略の部分は、丁丑11、御葬司・山作司・養民司の任命、素服期間の発令。壬午16、大赦の詔等の記事。

3 **天之高藤広宗照姫之尊**…皇后藤原乙牟漏の和風謚号（おくりな）。慣例に則って美辞を組み合わせて作成したもの。このうち「藤」は藤原氏を示す語であろう。

4 **長岡山陵**…『延喜式』諸陵寮では「高畑陵」とし、「皇太后藤原氏、在山城国乙訓(おとくに)郡、兆域東三町、西五町、南三町、北六町、守戸五烟」とある。現在の京都府向日(むこう)市寺戸町大牧の円墳に比定されている。

5 **藤原良継**…乙牟漏の父。式家宇合(うまかい)の第二子。宝亀八年（七七七）九月内大臣従二位で没（〔32藤原良継〕参照）。

6 **尚侍**…後宮の内侍司の長官。内侍司は後宮における天皇の日常生活に供奉し、奏請宣伝（天皇に奏上して勅

を請い、その勅を宣べ伝えること）を掌った。女官として最高級の地位。

7**阿倍古美奈**…藤虫の娘。藤原良継の室。延暦三年（七八四）十月乙未28没。時に尚蔵兼尚侍従三位とある。

8**性柔婉云々**…性格はやさしく女らしく、容姿が美しく、ふるまいが女として規範に適い、母としての徳性を備えていた。女性の手本のような最大級の表現といえよう。

9**儲宮**…皇太子のこと。ここでは山部親王（桓武）の皇太子のとき。立太子は宝亀四年（七七三）正月。第一子小殿王の誕生は翌五年。妃となったのは立太子の頃か。

10**皇太子**…この皇太子は安殿親王（のち平城天皇）。宝亀五年八月誕生。初め名は小殿。延暦二年（七八三）四月安殿と改める。同四年十一月、十二歳で立太子。大同元年（八〇六）五月即位。同四年四月皇太弟神野親王（嵯峨）に譲位する。天長元年（八二四）七月没。享年五十一。

11**賀美能親王**…神野親王ともある。延暦五年（七八六）九月誕生。大同元年五月、皇太弟に立つ。同四年四月受禅即位（嵯峨天皇）。弘仁十四年（八二三）四月皇太弟大伴親王（淳和）に譲位。承和九年（八四二）七月嵯峨院で没。七十七歳。

12**高志内親王**…延暦二十三年（八〇四）正月叙三品。異母兄の大伴親王（淳和）の妃となり、恒世親王と氏子・有子・貞子内親王らを生んだが、大同四年（八〇九）五月、二十一歳で没した。贈一品。淳和天皇の即位前に没し、皇后にはならなかったが、淳和即位の弘仁十四年六月皇后を追贈された。

13**立后**…桓武即位は天応元年（七八一）四月、乙牟漏は延暦二年（七八三）二月夫人となり、同年四月甲子18に皇后に立てられた。

14**春秋卅有一**…亡くなった時、三十一歳であった。逆算して天平宝字四年（七六〇）の生まれ。

【考察】

藤原乙牟漏は光明皇后についで藤原氏出身の二人目の皇后であるが、光明立后（天平元年）の頃とは状況が大いに異なり、天皇家と藤原氏とのミウチ的な関係は深まり、また政権における藤原氏の力は強大になってきた。乙牟漏の立后については何の支障もなかった。また乙牟漏は光明子のように政治の前面に出ることもなく、皇后としての安定した立場にあったことであろう。その反面、光明皇后やのちの檀林皇后（橘嘉智子）のような逸話が伝えられることもなかった。ここでは桓武天皇の後宮の状況を概観することとする。

乙牟漏は桓武の皇太子時代（山部親王）に妃となった。その時期は、所生の第一皇子安殿親王（のち平城）が宝亀五年（七七四）の誕生であるから、立太子まもない同四年のころであろう。父は藤原良継で、内臣として「政を専らにし、志を得て升降自由なり」といわれた権臣である（宝亀八年九月没）。［32藤原良継］参照。桓武即位後は延暦二年（七八三）二月に夫人となり、同年四月に皇后に立てられた。

桓武の後宮は後述のように前例がないほど繁栄したが、東宮時代からのキサキとしては他に、桓武即位後の延暦二年、乙牟漏と同時に夫人となった南家是公の娘藤原吉子がいる。吉子所生の伊予親王は宝亀九年頃の誕生と推定され、安殿親王につぐ第二皇子であった。是公は延暦二年右大臣となって廟堂の首班に立ち、同八年九月没するまでその地位にあった。吉子の入内は是公最晩年のことであろう（［49藤原是公］参照）。乙牟漏・吉子のほか山部皇太子時代に結ばれていた女性として酒人内親王がいる。内親王は井上内親王（光仁皇后、のち廃后）の所生で桓武の異母妹である（生母を高野新笠とする説があるが誤り）。内親王は宝亀三年十一月斎宮となり、同五年八月伊勢に赴いたが、生母井上内親王の死去によって翌六年帰京したと見られる。『斎宮記』には「在位二年」とある。まもなく桓武の妃となり、その所生皇女朝原内親王は宝亀十年の誕生と見られる。

このほか東宮時代に結ばれた女性としては、その年次は不詳であるが、坂上苅田麻呂の娘又子（全子）がいる。又子は『続紀』延暦九年七月乙酉21条の坂上又子の卒伝に「天皇の儲宮に在りしとき選を以て入り、高津内親王を生む」とみえる。また多治比豊継が桓武の東宮時代、女孺であったとき皇子を儲けた。皇子の名は岡成という。延暦六年二月長岡朝臣の姓を賜わって臣籍に降下した（『姓氏録』左京皇別上）。

以上は東宮時代からの関係の女性であるが、それをも含めた桓武後宮のキサキを調べると二十四人が判明する。それらは所生の皇子・皇女（臣籍降下二人を含む）三十五人の生母二十二人とその他の根拠による二人を加えたものであるが、ほかにも史料の欠落した女性がいたかもしれない。はっきりしている二十四人の人たち身位は皇后一、妃一、夫人四、女御九、不詳九（推定を含む）となる。これらは時期の違いなどがあり、同時に存在したものではない。しかし桓武の後宮はこれまでになく繁栄したものといえる。

このように繁栄した桓武後宮であるが、乙牟漏の没後、再び皇后を立てることはなかった。つまり皇后の地位に就いたのは乙牟漏ひとりであった。それは所生の安殿親王が延暦四年十一月皇太子に立っていたからであるが、一天皇は一皇后という考えがあったのかもしれない。安殿立太子の翌五年には神野（賀美能）親王が生まれたが、この年天皇は藤原百川の娘旅子を夫人に入れている（［46藤原旅子］参照）。旅子は延暦の初年に後宮に入り、同四年十一月に無位から従三位に叙せられ、翌五年正月に夫人となり、同年大伴親王を生んだ。この旅子の母は乙牟漏の妹諸姉である。良継も百川もすでに死去していたが、この二人は光仁・桓武冊立の原動力となった人で、ことに百川の功績は桓武の思いに深く存在し、その子息緒継を特別に処遇した。旅子を夫人にしたのはそうしたことによるのではないかと思われる。しかし旅子は薄命で延暦七年五月、三十歳で没した。

先に桓武後宮の夫人を四人としたのは、前記の乙牟漏（のち皇后）・吉子・旅子のほか、参議多治比長野の娘真宗がいるのである。『紀略』弘仁十四年（八二三）六月甲午11条に多治比真宗の薨去記事があり、真宗は「桓武天皇の掖庭（後宮）に入り六親王を生む、云々、正二位を贈る、時に年五十五」とあり、同月丁酉14条の追悼の宣命に「夫人多治比真人、云々」と見える。ちなみに六親王とは、葛原・佐味・賀陽・大野親王と因幡・安濃内親王である。『一代要記』によると、夫人多治比真人真宗は「延暦十六年従三位に叙し、夫人となす」とある。なお同書によると、夫人として、他に藤原曹司と藤原小屎をあげているが、前者は光仁天皇夫人の攙入である。後者は藤原鷲取の娘とし、『紹運録』にも万多親王の母として「母夫人藤原小屎、鷲取女」としているが、国史等には徴証がない。

なお話を乙牟漏に戻すが、先に［語句解説11］で述べたように桓武と乙牟漏との間に生まれた高志内親王は異母兄の大伴親王に嫁したが、この大伴親王は嵯峨天皇の皇太弟となり、弘仁十四年（八二三）四月嵯峨の譲りを受けて即位した（淳和天皇）。そこで生母である旅子に皇太后が追贈されたのである。このように乙牟漏は早く没したが、皇子の平城・嵯峨の二人が相ついで即位し、娘の高志内親王も淳和の贈皇后となるなど没後にも影響するところがあった。

54　佐伯今毛人――東大寺建立の功労者――

巻四十・延暦九年十月乙未3条

［現代語訳］

［散位正三位佐伯宿禰今毛人は］右衛士督従五位下人足の子である。天平十五年（七四三）、聖武皇帝は願を立てて、始めて東大寺を建て［ようとして］、人民を動員して、まさに造営工事に専念することとなった。今毛人はそのために催促・検閲を担当し、たいへん巧みな手段によって、労役の人民を使役した。聖武皇帝はその優れた才能と勇気を記録させ、特に信任して仕事をさせた。［天平］勝宝の初めに大和介に任ぜられ、急に従五位下を授けられた。累りに遷って、［天平］宝字中に、従四位下摂津大夫にいたり、播磨守・大宰大弐・左大弁・皇后宮大夫を歴て、延暦の初めに従三位を授けられた。ついで参議に任ぜられ、正三位を授けられ、民部卿に遷されたが皇后宮大夫は故のままであった。［延暦］五年（七八六）、大宰帥に赴任し、在任三年で七十歳になったので、上表して職を辞することを願い出た。詔があってこれが許された。薨ずる時、七十二歳であった。

［訓読文］

［散位[1]正三位佐伯宿禰今毛人薨ず］。右衛士督従五位下人足[2]の子なり。天平十五年、聖武皇帝願を発して[3]、始めて東大寺を建つ。百姓を徴発して、方に営作を事とす。今毛人、為に催検を領し、頗る

方便を以て、役民を勧め使ふ。聖武皇帝、その幹勇を録して、殊にこれを任使せり。勝宝の初め、大和介に除せられ、[4]俄に従五位下を授けらる。累りに遷されて、宝字中に、従四位下摂津大夫に至り、播磨守・大宰大弐・左大弁・皇后宮大夫を歴て、延暦の初め従三位を授けらる。尋いで参議を拝し、正三位を加へられ、民部卿に遷さる。皇后宮大夫は故の如し。五年、出でて大宰帥となる。居ること三年、年七十に及びて、上表して骸骨を乞ふ。詔してこれを許さる。薨ずる時、年七十二。[5]

〔原文〕

〔散位正三位佐伯宿禰今毛人薨〕、右衛士督従五位下人足之子也、天平十五年、聖武皇帝発願、始建東大寺、徴発百姓、方事営作、今毛人為領催検、頗以方便、勧使役民、聖武皇帝、録其幹勇、殊任使之、勝宝初、除大和介、俄授従五位下、累遷、宝字中、至従四位下摂津大夫、歴播磨守・大宰大弐・左大弁・皇后宮大夫、延暦初授従三位、尋拝参議、加正三位、遷民部卿、皇后宮大夫如故、五年出為大宰帥、居三年、年及七十、上表乞骸骨、詔許之、薨時年七十二、

〔語句解説〕

1**散位**……位を持ち官職に就いていない官人。今毛人は延暦八年、上表して致仕した。

2**佐伯宿禰人足**……今毛人の父。天平三年正月丙子27正六位上から叙外従五位下、同年六月庚寅13任右衛士督。その後、従五位下になったと思われる。没年不詳。

3**天平十五年聖武皇帝発願**…天平十五年十月辛巳15条の大仏造営の詔を指す。後述のように今毛人は天平十二年ころ東宮坊の舎人監の舎人であり、同十七年四月に従七位下に叙せられ、翌十八年三月に一階進められて従七位上になった。そのような時に召し出されて東大寺大仏造営事業に参加した。その後一貫して造東大寺司の官人で大和少掾を兼ねた(［考察］参照)。

4**官歴**…任大和介の年月は不詳ながら、「正倉院文書」に天平勝宝元年(七四九)九月正六位上造東大寺司次官兼大倭介と見える(『大古』三―三一〇)。急に従五位下を授けられたというのは、同年十二月の大仏鋳造関係者の叙位である(［考察］参照)。つぎに「累遷」とあるが、これまで造東大寺司次官であったのが天平勝宝七歳正月長官と見え、兼任は同四年以後、下総員外介に移っている程度で大きな変動はない。しかし天平宝字三年(七五九)十一月長年の造東大寺司をはずされて摂津大夫に転じた。叙従四位下は同元年五月のことである。同七年正月造東大寺司長官に再任している。

この年四月に藤原良継の変という事件が起きている(［32藤原良継］参照)。良継を中心とする反仲麻呂の事件であるが、今毛人はこれに荷担したらしい。翌八年正月に大宰府管下の営城監に追いやられ、同八月には肥前守を兼ねた。都では九月仲麻呂の乱が起き、平定されると大宰府にいた大弐佐伯毛人は仲麻呂側として天平神護元年(七六五)正月大弐を免ぜられ、今毛人がその後の大弐に任ぜられ、ついで三月怡土城専知官とされた。

大宰大弐は二年ほどで、神護景雲元年(七六七)二月天皇勅願の西大寺造営のための造西大寺司長官として都に呼び戻されている。同年八月本官を左大弁とし、造西大寺司長官は兼任となった。このあたりのことはなぜかまったく「伝」には触れるところはない。この左大弁兼造西大寺司長官はしばらくつづき、その間に兼国として因幡守・播磨守を歴任している。宝亀六年（七七五）六月、遣唐大使に任ぜられた。この遣唐使については、順風待ちのことや副使以下の交代のことその他があったが、結局同年六月、今毛人は病のために渡海しなかった。このときの遣唐使は帰路難破したわけで、今毛人は命を永らえたことになるが、官人社会での評判を落したことになろう。

宝亀八年（七七七）六月、遣唐使は大使なしで出発した。その十月、左大弁の職には参議春宮大夫藤原是公が兼任することになったので、このときまでに今毛人は左大弁から外されていたことが知られる。しかし一年おいた同十年九月には大宰大弐に再任された。このときの帥は内大臣藤原魚名の兼任であったから、今毛人は大宰府に赴任したであろう。

天応元年（七八一）四月、桓武朝になるとすぐ大宰帥は藤原浜成にかわり、六月には浜成は員外帥に貶され、今毛人に府内のことはすべて委ねられた（［52藤原浜成］参照）。

翌延暦元年（七八二）四月、今毛人は京に呼び戻されて左大弁に再任することになった。ついで大和守を兼任し、六月には従三位に叙せられた。翌二年五月本官左大弁で皇后宮大夫を兼ね、大和守はもとの如くであった。その翌三年十二月参議に列せられ、帯官はそのままであった。この年長岡京に遷都したが、『日本高僧伝要文抄』所引の『延暦僧録』の「東大居士伝」（佐伯今毛人）によると「延暦の年、勅して造長岡京別当とす」とあり、毎日大いに励んで都の内を巡回し奉公を尽くした、という意味のことが見える。

翌延暦四年五月に皇后宮の庁上に赤い雀が現われ、瑞として奏上し、六月祥瑞として正三位に昇叙された。その後は同年七月左大弁を解いて民部卿に任ぜられ、翌五年四月大宰帥に転じた。このとき民部卿・皇后宮大夫・大和守の三官を解かれており、「伝」に「出でて大宰帥となり、居ること三年」とあることを文字通り解すれば、任地に赴任したものとみられる。とすれば今毛人の大宰府赴任は三回目となる。同八年正月壬子9条に上表して致仕したことが見える。

5薨年七十二……『公卿補任』も同じ。逆算すると養老三年（七一九）の生まれ。なお、『公卿補任』延暦三年の今毛人の尻付に「養老四年庚申生」としている。

[考察]

佐伯今毛人は佐伯氏としては唯ひとり参議正二位に昇った人物として特筆され、その後半生は多事多難であったが、その生涯を通してみると、最も輝かしいのは、二、三十歳代の造東大寺司での活躍であろう。この「伝」で聖武天皇が誉めているのもその事柄である。彼が天平十二年（七四〇）頃、舎人として官仕してから、天平宝字三年（七五九）十一月摂津大夫に任ぜられて造東大寺司を去るまでのほぼ二十年間の時期である。このうち天平勝宝元年（七四九）十二月従五位下に叙せられるまでは『続紀』には名が現われない。しかし、この人の場合は幸い「正倉院文書」中各所にその名が見えるので、従五位下叙爵までの今毛人の動きを「正倉院文書」によってあとづけてみたい。ただし現存の「正倉院文書」は写経所関係が中心であって大仏造営関係については制約が大きい。

今毛人ははじめ若子（わくご）という名であって、天平十九年までの文書に大倭少掾佐伯若子とあるが、同年十一月十四日の文書からは大倭少掾は今毛人として見えることから、若子が今毛人と改名したことが推定されている。この十一月十四日の今毛人の名の初見文書には大倭少掾従七位上とあり、今毛人は自署である（『大古』九—五一五）。また後の天平勝宝元年十月の造東大寺司解によって彼の前歴について知ることができる。この文書は造東大寺司が所属の官人四人の勤務成績を記して叙位を太政官に申請した「考文」とみられる（同二十五―八八）。このとき今毛人は三十一歳で造東大寺司の次官の地位にあった。そこに記されている今毛人の前歴は、はじめ舎人監の舎人であって、天平十六年（七四四）にそれまでの勤務成績の年限が満ちて選考され（成選）、その結果翌十七年四月に従七位下に叙せられたという。舎人監とは春宮坊に管下の官司で、正を長官とする小司であるが、そこには六百人の舎人が属している。それが東宮舎人である。東宮舎人は皇太子（この時は阿倍内親王）側近の諸用を勤めるほか他の役所などに出向・派遣されている。今毛人（当時は若子）は造東大寺司の前身官司などに出向していたと考えられる。

さて、この「伝」にあるように、天平十五年聖武天皇は大仏造立を発願され、その事業が始まると今毛人はそれに召されて活動を開始したのである。大仏の造営は当初紫香楽（しがらき）宮で行われた。天平十六年十一月、紫香楽において大仏の体骨柱が建てられ、天皇自らその縄を引いたという。こうして大仏の造営事業は紫香楽で行われることとなったが、このとき今毛人はどのように大仏事業にかかわったであろうか。史料上直接これを示すものはない。今毛人は紫香楽に出向したものと想像される。天平十四年八月十一日に紫香楽宮を造るために造離宮司が設けられたが（『続紀』その条）、角田文衞氏は、これはおそらく造甲賀宮司とよばれたに相違なく、長官は智努（ちぬ）王、次官は高岡連河内であり、そのもとで佐伯若子（今毛人の先名）は主典として特に労務関係の仕事を担当していたのではないか、とされた。無理ともいえる推測ではあるが、他にふさわしい官司の記載が史料上ないので、可能性がある一案であろう。

同十七年に入ると紫香楽（甲賀宮）の周囲に山火事が連続して起こるなど不安な状況のなかで、五月には平城京に還都することになる。紫香楽での大仏造営事業は中止になって平城還都後、添上郡において工事が再開された。この年月については諸説あるが「大仏殿碑文」（『東大寺要録』二）によれば、同年八月二十三日大和国添上郡で鍬入れ式が行われた。そのほぼ一年後の同十八年十月六日に金鍾寺（東大寺の前身）に行幸があって盧遮那仏の燃灯供養が行われたが、これは大仏の鋳造前の塑像が完成したものと見られる。

この頃から佐伯若子（今毛人）が「正倉院文書」（写経所関係）に見られる。天平十七年十二月経師等調度充帳に、「優婆塞司佐伯若子」の紙百六十帳を装潢させたことが見える（『大古』八―五八一）。また翌十八年二月写経料銭経師布施等注文案帳と題する文書綴りがある（題籤に「自私所来案」とあって、私的なところから来た文書写しである）。そのうちに二月二十七日の日付で、紙四十六帳の装潢に関して、もし駈使丁がいなければ、「造丈六院銅守」や「優婆塞等」を使役する、という佐伯若子の宣（命令）をうけて葛野古麻呂が写経務所に宛てた文書がある（同九―一九八）。この「造丈六院」は他には見えないが、丈六とは現に建設中の盧舎那仏のことであろう。院とは一定の囲いのある場所であるが、この場合、製作中の大仏をめぐって回廊か塀などによって周囲が仕切られているのであろう。「銅守」は不詳ながら「堂守」のことで、お堂の当直などの人であろう。造丈六院の堂守や作業に従事する優婆塞らを佐伯若子は命令によって使役できたことを示しているのであり、前の文書の「優婆塞司」はそのような若子の職名ではないかと考えられる。

優婆塞というと思い出すのは、行基の周りに集まったいわゆる行基集団が大仏造営に参加したということである。しかしこの行基の優婆塞集団の大仏の勧進としての活躍は、主として初期の紫香楽での造営でのことであった。集団が公認され行基が大僧正になった天平十七年の時点では、彼ら勧進の優婆塞集団は官によって把握され、組織され「優婆塞司」という形で若子がそれを管理、統制して動かしていたのではないかと考えられるのである。

このころ若子は前述のように従七位下で、翌十八年三月に白亀の祥瑞によって六位以下は皆一階を加えることとなり、従七位上になった。その年の十一月には大養徳(やまと)(大倭)国少掾従七位上として見える(同九―三〇一)。この大倭国少掾にいつ任ぜられたのか、優婆塞司との関係はどうなのか、ということは今のところ明らかではない。その十二月二十二日金光明寺(金鍾寺の変名、東大寺の前身)で関係者への褒賞があった。これは十月六日の燃灯法要に関係があるのかもしれない。全員で金光明寺六十一名とあるが、そのうち、佐伯今毛人(若子改名)は一等として絁四匹・綿十屯・布四匹を賜わった(同九―三一九)。ちなみに二等は川内祖足・田辺真人の二人で各絁二匹・綿四屯・布一匹であり、三等は仏師十一人、その他五等まであった。二等の二人はともにのち造東大寺司判官になる人で、このとき主典か史生ぐらいであろうか。今毛人はその上の次官に相当する地位かと考えられる。

金光明寺がいつ東大寺の称となったか、正確には議論があるが、天平十九年末ころには東大寺写経所という名称が見える(同九―六三二)。造東大寺司の方は、同十九年ころには造寺司、造東大寺寺務所などと見え、同二十年八月二十四日には造東大寺司務所と見える(同三―一一一)。その頃には官制も確立し、長官・次官各一名、判官・主典各二名という四等官制になったようである。同年九月の文書に、今毛人は造東大寺司次官兼大倭少掾従七位上と見える(同十―二七六、その他)。この時期長官は任ぜられず、玄蕃頭の市原王が造東大寺司の知事とされた。したがって実質的には今毛人が実務を取り仕切るという大任を負っていたわけである。

「大仏殿碑文」(『東大寺要録』二)によれば、大仏は天平十九年に鋳造が始まり、三か年八度の鋳造によって、天平勝宝元年(七四九)十月二十四日に鋳造が終わったという。

天平二十一年(天平勝宝元年)二月陸奥から金が産出したことが報告され、大仏の塗金に困っていたところに大きな朗報であった。四月一日天皇は東大寺に行幸して盧舎那仏像の前殿に御して勅を宣し、元号を天平勝宝と改めるなどの喜びを表わし、多数の関係者の位階を上げた。前掲の天平勝宝元年の造東大寺司解によれば今毛人はこのとき三十一歳であった。またこの「伝」によると、天平勝宝の初めに大和介に任ぜられており、同元年九月の文書には「(造東大寺司)次官正六位上兼大倭介」とある(同三―三二〇)。

先に触れたように、この年十月一日造東大寺司は七月末に成選をむかえた四人の考選人の考文を太政官に提出した。この一人が「次官正六位上佐伯宿禰今毛人〈年三十一左京人〉」である。彼のこのときの考第(勤務成績のランク)は天平十七年から天平勝宝までの各年ともすべて「中上」であったことがわかる。この考文による叙位は翌年行われるはずであったが、それを待たずにその年の末に昇叙があった(『大古』一一十五―八八。[語句解説4]参照)。

同年十二月二十七日、宇佐八幡の大神の神託があったとして、禰宜尼大神杜女(おおみわのもりめ)が上京して東大寺を拝することとなり、天皇(孝謙)・太上天皇(聖武)および光明皇太后の行幸があった。僧五千を請じた大法要となった。そのとき外従五位下高市大国・正六位上内蔵伊美吉(くらのいみき)黒人・佐伯今毛人に従五位下、正六位上柿本小玉・従六位上高市真麻呂に外従五位下が授けられたのである。このうち高市大国・柿本小玉・高市真麻呂の三人は大仏像を鋳造した大鋳師という技術官である(『東大寺要録』二)。内蔵伊美吉黒人は今毛人と同じ行政官であるが、天平十七年十月舎人監の舎人正正六位下として造甲賀宮所解に加署している人物であり(『大古』二一―四七六)、翌十八年二月一階を加えられて正六位上となったものであるが、このとき造東大寺司での役職等は明らかでない。

こうして今毛人は従五位下に叙爵した。今毛人はこのあと、翌天平勝宝二年(七五〇)十二月に二階とびこして正五位下となり、造東大寺司の次官から天平勝宝七歳(七五五)正月長官となり、天平宝字元年(七五七)五月には従四位下に叙せられたが、同三年十一月摂津大夫に転ぜられた。ここに長い造東大寺司から離れ、官人として政争渦巻く政治社会に深く入ることとなる。以降は［語句解説4］に譲る。

あとがき

かつて私は『続日本紀』の全注釈を志した。まず講義ノートを中心として『〈完訳注釈〉続日本紀』と題して六分冊・索引資料一冊（一九八五～八九）を出版した。しかし意に満たない点が多く、まもなく廃版にしてその改訂に努めたが、なかなか困難であった。

一方、恩師岩橋小弥太先生記念の『日本史籍論集』に「『続日本紀』掲載の伝記について」、同じく坂本太郎先生記念の『続日本古代史論集』に「『続日本紀』の功臣伝について」の二本の論文を書いていた。これは共に『続日本紀』の薨卒伝についてのものである。そうしたいわれがあるのでこの部分の注釈とそれにかかわる考察をまとめてみようとしたのが本書である。

底本には最も普及してる基本的な「〈新訂増補〉国史大系」の『続日本紀』上下巻の本文を用いたが文字を二、三改訂した。訓読については議論があると思うが、古訓を全部復元することはできないこんにち、むしろ現代日本人の慣行的な漢文読みに従ったつもりである。考察においては不十分な箇所もあるが、特に奈良朝後期の政治過程に関心を持って自由に叙述した。

本書を刊行するに当たっては友人山本信吉氏および小川一義氏にお世話になった。特に小川氏には校正を見ていただいたばかりでなく、面倒な原典あたりをお願いした。その労は言い尽くしがたいが、ここにお礼申し上げる。また思文閣出版の長田岳士氏・田中峰人氏にお世話になった。あわせてお礼申し上げる。

二〇一〇年四月一日

著者

参考文献一覧

各章（各人物伝）に関係する主要な著書・論文等を掲げる。上の数字は各章の番号（0は全般・序説）。ただし、内容が複数の章にかかわるものについては前出の章に掲げた。

0竹内理三他編『日本古代人名辞典』一～七　一九五八～一九七七（吉川弘文館）
林　陸朗「『続日本紀』掲載の伝記について」（『日本史籍論集』上）一九六九（吉川弘文館）
林　陸朗「『続日本紀』の功臣伝について」（『続日本古代史論集』中）一九六九（吉川弘文館）
林　陸朗校注訓釈『続日本紀』一～七　一九八五～一九八九（現代思潮社）
直木孝次郎他訳注『続日本紀』一～四（東洋文庫）一九八六～一九九二（平凡社）
続日本紀注解編纂会編『続日本紀』一～五、索引・年表（新日本古典文学大系）一九八九～二〇〇〇（岩波書店）
中西康裕「薨卒記事」（『続日本紀と奈良朝の政変』第一編第二章第二節）二〇〇二（吉川弘文館）
1佐久間竜「道昭」（『日本古代僧伝の研究』）一九八三（吉川弘文館）
井上光貞「王仁の後継氏族とその仏教」（『井上光貞著作集』三）一九八六（岩波書店）初出一九四三
藤野道生「禅院寺考」（『史学雑誌』六六―九）一九五七
堀池春峰「平城右京禅院寺と奈良時代仏教」（『仏教史学』二―四）
福山敏男「奈良朝における写経所に関する研究」（『史学雑誌』四三―一二）一九三二
2亀田隆之「良吏政治」（『日本古代制度史論』）一九八〇（吉川弘文館）
亀田隆之「国司と治水・灌漑」（『日本古代治水史の研究』）二〇〇〇（吉川弘文館）
浅香年木「道氏に関する一試論」（『古代地域史の研究』）一九七八（法政大学出版局）初出一九七二

井上辰雄「道君首名研究ノート」（『熊本大学法文学部論叢』三六）一九七五
網田龍生「史跡池辺寺の調査とその保存・活用」（『日本歴史』七三六）二〇〇九（吉川弘文館）
3井上　薫「道慈」（『日本古代の政治と宗教』）一九六一（吉川弘文館）
田村円澄「末法思想と道慈」（『続日本紀研究』一二四）一九六四
井上　薫「日本書紀仏教伝来記載の思想」（『続日本紀研究』一二七）一九六五
水野柳太郎「日本書紀仏教伝来記事と道慈」（『続日本紀研究』一二七）一九六五
佐久間竜「道慈伝の一齣」（『日本古代僧伝の研究』）一九八三（吉川弘文館）
4井上　薫『奈良朝仏教史の研究』一九六六（吉川弘文館）
井上光貞『日本古代の国家と仏教』一九七一（岩波書店）
鷺森浩幸「玄昉発願法華経・法華摂釈の書写について」（『続日本紀研究』二五一）一九八八
皆川完一「光明皇后御願五月一日経の書写について」（『日本古代史論集上』一九六二（吉川弘文館）
5井上　薫『行基』（人物叢書）一九五九（吉川弘文館）
井上　薫編『行基事典』一九九七（国書刊行会）
飛鳥資料館『日本古代の墓誌銘文篇』一九七六（同朋舎）
井上光貞「行基年譜――特に天平十三年記の研究――」（『律令国家と貴族社会』）一九六九（吉川弘文館）
中井真琴『行基と古代仏教』一九九一（永田文昌堂）
二葉憲香『古代仏教思想の研究』一九六二（永田文昌堂）
米田雄介「行基と古代仏教政策」（『歴史学研究』三七四）一九七一
榮原永遠男「行基と三世一身法」（赤松俊秀教授退官記念『国史論集』）一九七二（同記念会）

平岡定海・中井真孝編『行基・鑑真』（日本名僧論集一）一九八三（吉川弘文館）
6佐伯有清『新撰姓氏録の研究』（考証篇第一）一九八一（吉川弘文館）
7岸　俊男「光明立后の史的意義」（『日本古代政治史研究』）一九六六（塙書房）初出一九五七
林　陸朗『光明皇后』（人物叢書）一九六一（吉川弘文館）
中川　収『奈良朝政治史の研究』一九九一（高科書店）
渡辺晃宏『平城京と木簡の世紀』（日本の歴史04）二〇〇一（講談社）
8直木孝次郎「巨勢氏祖先伝承の成立過程」（『日本古代の氏族と天皇』）一九六六（塙書房）
直木孝次郎「武内宿禰伝説に関する一考察」（『飛鳥奈良時代の研究』）一九七五（塙書房）
9岸　俊男「紀氏に関する一考察」（『日本古代政治史研究』）一九六六（塙書房）
10梅原末治「石川年足の墳墓」（『考古学雑誌』一〇―一二）一九二〇
滝川政次郎「石川年足とその法律的事蹟」（『歴史と地理』二三―六）一九二九
木本好信「石川年足と藤原仲麻呂政権」（『奈良時代の藤原氏と諸氏族』）二〇〇四（おうふう）
大阪府教育委員会『（大阪府の文化財）石川年足墓誌』一九六二（同委員会）
11安藤更生『鑑真大和上伝之研究』一九六〇（平凡社）
安藤更生『鑑真』（人物叢書）一九六七（吉川弘文館）
石田瑞麿『鑑真――その戒律思想――』一九七四（大蔵出版）
佐久間竜「渡来後の鑑真」（『日本古代僧伝の研究』）一九八三（吉川弘文館）
蔵中　進『唐大和上東征伝の研究』一九七六（桜楓社）
東野治之『鑑真』（岩波新書）二〇〇九（岩波書店）

12奈良国立文化財研究所『平城京長屋王邸宅と木簡』一九九一（吉川弘文館）
大山誠一『長屋王木簡と奈良朝政治史』一九九三（吉川弘文館）
13岸　俊男『藤原仲麻呂』（人物叢書）一九六九（吉川弘文館）
岸　俊男「藤原仲麻呂の田村第」（『日本古代政治史研究』）一九六六（塙書房）初出一九五六
中川　收「藤原仲麻呂政権の研究」（『奈良朝政治史の研究』）一九九一（高科書店）
木本好信『藤原仲麻呂政権の基礎的考察』一九九三（高科書店）
河内祥輔『古代政治史における天皇制の論理』一九九六（吉川弘文館）
14関　晃「倭漢氏の研究」（『関晃著作集』二）一九九六（吉川弘文館）初出一九五三
上田正昭『帰化人』一九六五（至文堂）
加藤謙吉「東漢氏の氏族組織の成立」（『大和政権と古代氏族』）一九九一（吉川弘文館）
加藤謙吉『大和の豪族と渡来人』二〇〇二（吉川弘文館）
15角田文衞「紀寺の奴」（『律令国家の展開』）一九六五（塙書房）
中川　収「天平神護元年における和気王の謀叛」（『奈良朝政治史の研究』）一九九一（高科書店）
倉本一宏『奈良朝の政変劇』一九九八（吉川弘文館）
17野村忠夫「藤原北家――永手・真楯・御楯――」（『奈良朝の政治と藤原氏』）一九九五（吉川弘文館）
笹山晴生「中衛府の研究」（『日本古代衛府制度研究』）一九八五（東京大学出版会）初出一九五七
18長瀬一平「白村江敗戦後における『百済王権』について」（『千葉史学』六）一九八五
筧　敏生「百済王姓の成立と日本古代帝国」（『日本史研究』三一七）一九八九
田中史生「王姓賜与と日本古代国家」（『日本古代国家の民族支配と渡来人』）一九九七（校倉書店）

胡口靖夫「大化改新後の日本と百済」（『近江朝と渡来人』）一九九六（雄山閣）初出一九八一
平凡社地方資料センター編『大阪府の地名』（日本歴史地名大系）一九八六（平凡社）
22滝川政次郎「養老律令の編纂者」（『律令の研究』第一編第五章）一九三一（刀江書院）
岩橋小弥太「大和宿禰長岡」（『律令叢説』）一九七二（吉川弘文館）
角田文衞「大和宿禰長岡の事蹟」（『律令国家の展開』）一九六五（塙書房）
木本好信「大和宿禰長岡の卒伝について」（『藤原仲麻呂政権の基礎的考察』）一九九三（高科書店）
水本浩典「大和宿禰長岡と広嗣の乱」（『続日本紀の時代』）一九九四（塙書房）
23蔵中しのぶ『「延暦僧録」注釈』二〇〇八（大東文化大学東洋研究所）
24滝浪貞子「藤原永手と藤原百川」（『日本古代宮廷社会の研究』）一九九一（思文閣出版）
俣野好治「藤原永手」（『平城京の落日』古代の人物3）二〇〇五（清文堂）
25横田健一『道鏡』（人物叢書）一九五九（吉川弘文館）
中西康裕『道鏡事件』（『続日本紀と奈良朝の政変』）二〇〇二（吉川弘文館）初出一九九三
26小林　剛『国中連公麻呂』（『奈良国立文化財研究所学報』三）一九五五
浅香年木「国中連公麻呂に関する一考察」（『続日本紀研究』四―一）一九五七
27村山修一「宮廷陰陽道の成立」（『延喜天暦時代の研究』）一九六九（吉川弘文館）
29宮田俊彦『吉備真備』（人物叢書）一九六一（吉川弘文館）
30横田健一「天平の采女飯高諸高とその一族」（『古代王権と女性たち』）一九九四（吉川弘文館）
31中川　収「家持の『族に喩す歌』の背景」（『奈良朝政治史の研究』）一九九一（高科書店）
中川　収「光仁朝における復位・復籍」（『奈良朝政治史の研究』）一九九一（高科書店）

32中川　収「藤原良継の変」（『奈良朝政治史の研究』）一九九一（高科書店）初出一九六〇
山本信吉「内臣考」（『摂関政治史論考』）二〇〇三（吉川弘文館）初出一九六一
山本幸男「藤原良継」（『平城京の落日』古代の人物3）二〇〇五（清文堂）
33林　陸朗「奈良朝後期宮廷の暗雲」（『上代政治史研究』）一九六九（吉川弘文館）初出一九六一
木本好信「藤原百川」（『藤原式家官人の考察』）一九九八（高科書店）
舘野和己「井上内親王・不破内親王・他戸親王」（『平城京の落日』）二〇〇五（清文堂）
36新村　出「石上宅嗣の芸亭につきて」（『典籍叢談』）一九二五（岡書院）
新村　出「芸亭院と賀陽豊年」（同右）
桃　裕行「上代に於ける私学」（『上代学制の研究〔修訂版〕』桃裕行著作集1）一九九四（思文閣出版）初出
一九四七
37直木孝次郎「大伴連と軍事的伴」（『日本古代兵制史の研究』）一九六八（吉川弘文館）
38野村忠夫「藤原京家――麻呂と浜成――」（『奈良朝の政治と藤原氏』）一九九五（吉川弘文館）
角田文衞「藤原袁比良」（『律令国家の展開』）一九六五（塙書房）
39井上光貞「陸奥の族長道嶋宿禰について」（『日本古代国家の研究』）一九六五（岩波書店）
大塚徳郎『みちのくの古代史』一九八四（刀水書房）
40木本好信「藤原田麻呂」（『藤原式家官人の考察』）一九八九（高科書店）初出一九九七
41林　陸朗「桓武天皇の政治思想」（『平安時代の歴史と文学・歴史編』）一九七九（吉川弘文館）
亀田隆之「藤原魚名左降事件」（『関西学院創立百周年文学部記念論文集』）一九八九
42後藤昭雄「『延暦僧録』考」（『国語と国文学』六五―一二）一九八五

後藤昭雄「『延暦僧録』「淡海居士伝」佚文考」(『日本歴史』五一〇)一九九〇
蔵中　進「淡海三船『送戒明和尚状』考」(『万葉』七三)
坂本太郎「列聖漢風謚号の撰進について」(『坂本太郎著作集・七』(吉川弘文館)初出一九三二
43木本好信「大伴家持と平城京の政界」(『万葉時代の人びとと政争』)二〇〇八(おうふう)
44林　陸朗『長岡京の謎』一九七二(新人物往来社)
山田英雄「早良親王と東大寺」(『南都仏教』一二)一九六二
高田　淳「早良親王と長岡遷都」(『日本古代の政治と制度』)一九八五(続群書類従完成会)
木本好信「藤原種継」(『藤原式家官人の考察』)一九八九(高科書店)初出一九九四
木本好信「種継暗殺と早良廃太子の政治的背景」(同右)一九八九(高科書店)初出一九九七
45笹山晴生「中衛府の研究」(『日本古代衛府制度研究』)一九八五(東京大学出版会)初出一九五七
林　陸朗「皇位継承と親衛隊」(『上代政治社会の研究』)一九六九(吉川弘文館)
46林　陸朗「桓武朝後宮の構成とその特徴」(『桓武朝論』)一九九四(雄山閣出版)
48山本信吉「摂政・関白と左右大臣」(『摂関政治史論考』)二〇〇三(吉川弘文館)
50近江昌司「仲麻呂政権下の高麗朝臣福信」(『日本古代の政治と制度』)一九八五(続群書類従完成会)
田中史生「王姓賜与と日本古代国家」(『日本古代国家の民族支配と渡来人』)一九九七(校倉書房)
佐伯有清「背奈氏の氏称とその一族」(『成城文芸』一三六)一九九一
51村尾次郎『桓武天皇』(人物叢書)一九六三(吉川弘文館)
平野邦雄「今来漢人」(『大化前代社会組織の研究』)一九六九(吉川弘文館)
田中史生「桓武朝の百済王氏」(『日本古代国家の民族支配と渡来人』)一九九七(校倉書房)

橋本義則「西大寺古図と『称徳天皇御山荘』」（『平安宮成立史の研究』）一九九五（塙書房）
井上満郎『桓武天皇』（日本評伝選）二〇〇六（ミネルヴァ書房）
52 山口　博『王朝歌壇の研究〈桓武・仁明・光孝編〉』一九八二（桜楓社）
佐藤　信「藤原浜成とその時代」（『歌経標式・注釈と研究』）一九九三（桜楓社）
54 大庭　脩「佐伯宿禰今毛人伝略考」（『龍谷史壇』四）一九五八
角田文衞『佐伯今毛人』（人物叢書）一九六三（吉川弘文館）

◎著者紹介◎

林　陸朗（はやし・ろくろう）

1925年生まれ．1949年國學院大學卒業．
國學院大學教授・文学博士．同大學文学部長，大學院委員長，國學院短期大學学長をへて，現在國學院大學名誉教授．

〔主要著書〕
『光明皇后』（吉川弘文館），『上代政治社会の研究』（吉川弘文館），『長岡京の謎』（新人物往来社），『〈校注〉将門記』（現代思潮社），『古代末期の反乱』（教育社），『〈完訳注釈〉続日本紀』（現代思潮社），『桓武朝論』（雄山閣出版），『長崎唐通事』（吉川弘文館）

奈良朝人物列伝（ならちょうじんぶつれつでん）
――『続日本紀』薨卒伝の検討（しょくにほんぎこうしゅつでんのけんとう）――

2010（平成22）年５月28日発行
定価：本体7,000円（税別）

著　者　林　陸朗
発行者　田中周二
発行所　株式会社思文閣出版
〒606-8203　京都市左京区田中関田町2-7
電話 075-751-1781（代表）

印　刷
製　本　株式会社 図書印刷 同朋舎

© R. Hayashi
ISBN978-4-7842-1517-1　C3021